Joachim Gnilka

PETRUS UND ROM

Joachim Gnilka

PETRUS UND ROM

Das Petrusbild in den ersten zwei Jahrhunderten

HERDER

FREIBURG · BASEL · WIEN

Die deutsche Bibliothek – CIP-Einheitsaufnahme

Gnilka, Joachim:
Petrus und Rom : das Petrusbild in den ersten zwei
Jahrhunderten / Joachim Gnilka. – Freiburg im Breisgau ;
Basel ; Wien : Herder, 2002
ISBN 3-451-27492-2

Satz: Barbara Herrmann, Freiburg
Druck und Weiterverarbeitung: fgb · freiburger graphische betriebe 2002
www.fgb.de

www.herder.de
ISBN 3-451-27492-2

INHALT

Vorwort

Es gibt nur wenige Persönlichkeiten, von denen im Neuen Testament berichtet wird, über die ein Buch zu schreiben möglich und wichtig ist. Es sind dies in erster Linie Jesus von Nazaret und Paulus von Tarsus, der Apostel. Über beide habe ich Bücher vorgelegt (1990 und 1994), über deren freundliche Aufnahme ich meinen Lesern danke. Wenn ich jetzt ein Buch über Simon Petrus geschrieben habe, so war ich mir der unterschiedlichen Quellenlage bewußt. Obwohl diese weitaus schwieriger ist, lohnt es sich, mit dieser Gründergestalt des Christentums sich auseinanderzusetzen. Er ist unter den Aposteln neben Paulus jener, dessen Name und Wirken die größte Wirkungsgeschichte ausgelöst hat.

Nicht nur um mich von vorliegenden Petrusbüchern abzuheben, sondern auch um der Sache willen, habe ich die Untersuchung über das Neue Testament hinaus ausgedehnt. Die Anfänge der Wirkungsgeschichte des Apostels Petrus verdienen unsere besondere Aufmerksamkeit. Sein Weg führt von Bethsaida, Kafarnaum am »Meer von Galiläa« (Mk 1, 16) und Jerusalem nach Rom, vom Zusammensein mit Jesus über missionarisches Wirken zum Martyrium in der Metropole des römisches Weltreiches. Sein Gedächtnis wird in Rom in besonderer Weise bis heute aufbewahrt. Der Bischof von Rom bezeichnet sich als seinen Nachfolger. In der Bramante-Kuppel von St. Peter stehen auf goldenem Grund die Worte von Mt 16, 18. Die hier vorliegenden Untersuchungen lenken zurück zum schlichten apostolischen Leben des einstigen Fischers und zur römischen Gemeinde im zweiten Jahrhundert.

Wenn wir heute nach einer neuen Einheit in der gespaltenen Kirche suchen, kann uns die Rückbesinnung gewiß kein Modell liefern, das nach zweitausendjähriger Kirchengeschichte nachgebaut werden sollte, aber vielleicht doch Anregungen geben, daß wir von verschiedenen Standpunkten aus in der Christenheit bei Wahrung der Verschiedenheit besser zusammenfinden.

Wiederum danke ich Herrn Dr. Peter Suchla vom Herder-Verlag für die gute Zusammenarbeit.

München, den 6. 1. 2002 *Joachim Gnilka*

Erstes Kapitel

Petrusforschung

Die Petrusforschung erwacht mit dem Aufkommen der biblischen Exegese als Wissenschaft. Dabei steht zunächst gar nicht die Persönlichkeit des Petrus im Zentrum des Interesses. Auch ist das Interesse an Paulus weitaus größer als das an Petrus. Das hängt sicher damit zusammen, daß wir von Paulus weitaus mehr Nachrichten haben als von Petrus. Von den beiden Petrusbriefen war der zweite von Anfang an umstritten. Schon Eusebios von Kaisareia meldet Bedenken an.[1] Die Konstellation, in der Petrus den kürzeren zieht, hängt auch mit den Zeitläuften zusammen, in der die wissenschaftliche Exegese entsteht. Es war die Zeit der Reformation, für die Paulus der wichtigere war.

Die Petrusforschung beginnt eigentlich damit, daß man Unterschiede zwischen Petrus und Paulus feststellt, nach ihrem Verhältnis zueinander fragt und nach den Auswirkungen, die sich daraus für die theologiegeschichtliche und kirchenpolitische Entwicklung ergaben. Man erblickt nicht nur Unterschiede, sondern teilweise sogar unüberbrückbare Gegensätze. Petrus wird zum Repräsentanten des palästinensischen Judenchristentums, Paulus wird als Repräsentant eines universalen Heidenchristentums festgemacht. So sagt J. S. Semler (1725–1791): „Die Abgeneigtheit der Anhänger Petri von den Schülern Pauli ist aus den ältesten Überbleibseln einer Geschichte unleugbar."[2] Ihre klassische Ausprägung gewinnt diese Konstellation durch F. Chr. Baur (1792–1860), der sich in seiner Lebensgeschichte von einem konservativen zu einem höchst kritischen Exegeten entwickelte. Die ersten Resultate seiner kritischen Forschung veröffentlichte er in einem Aufsatz über „Die Christuspartei in der korinthischen Ge-

---

[1] Hist. eccl. 3, 3, 1: „Bezüglich des sogenannten zweiten (Petrusbriefes) werden wir darüber belehrt, daß er nicht zur Bibel gehört. Doch erschien er vielen als nützlich, so daß sie ihn mit den anderen Schriften gleichschätzten." Auch Hieronymus, De viris illustribus 1, vermeldet, daß der zweite Petrusbrief dem Petrus wegen seiner stilistischen Abweichungen vom ersten durch die meisten abgesprochen wird.

[2] Zitiert nach Kümmel, Das NT 80. Ähnlich Th. Morgan († 1743) bei Kümmel, Das NT 62.

meinde, der Gegensatz des petrinischen und paulinischen Christentums in der ältesten Kirche, der Apostel Petrus in Rom."[3] Die Argumente werden in erster Linie – wie schon dieser Einstieg zeigt – aus den Paulusbriefen gewonnen. In der Beurteilung des Judentums führen die Wege der beiden Apostel und Richtungen nach der Meinung Baurs auseinander. Während Petrus hofft, das Christentum könne mit dem Judentum versöhnt werden, sei die andere Richtung an der Bekehrung der Juden zu Jesus verzweifelt. Der Bruch zwischen petrinischem Judenchristentum und paulinischem Heidenchristentum sei allerdings nur ein vorübergehender gewesen. Aus beiden Richtungen entsprang in einem länger währenden Prozeß wie aus dem Zusammenwirken von These und Antithese die Synthese einer übergreifenden Einheit. Nach diesem von Hegels Auffassung von Geschichte als eines dialektischen Prozesses beeinflußten Konzept ist aus der Verschmelzung von Petrinismus und Paulinismus die katholische Kirche hervorgegangen.[4]

Dieses geistreiche Konzept von der Entstehung des Urchristentums, in dem Petrus als der Vertreter des Judenchristentums erscheint, hat lange nachgewirkt und ist – wie wir noch sehen werden – wenn auch auf andere Weise bis heute wirksam. Freilich sehen wir heute das Verhältnis von Judenchristentum und Heidenchristentum, von Petrus und Paulus, anders, differenzierter. An Baur's Konstruktion haftet der Fehler, daß sie das Gewicht des Judaismus überschätzte und die universale Tendenz allein dem Paulus zuschreibt.[5] Der Gegensatz zwischen extremem Judaismus und der paulinischen Mission entbrannte erst nach der Anerkennung der Paulusmission durch die Urapostel. Der extreme Judaismus tritt zurück und rückt später – nach der Katastrophe des Jahres 70 – in die Bedeutungslosigkeit ein. Petrus selber gewinnt ein distanzierteres Verhältnis zu diesem und begibt sich auf Missionsreise nach dem Westen, indem er Jerusalem und dann auch Antiochia verläßt.

Im 20. Jahrhundert verändert sich die Forschungslage. Die Persönlichkeit des Petrus beginnt, interessant zu werden. Petrusbücher werden geschrieben. Vor allem die Pertrusverheißung Mt 16, 16–19

[3] TZTh 4 (1831) 61 ff.

[4] Baur hat nur vier Briefe als echte Paulusbriefe anerkannt. Die anderen Briefe sind ihm Produkte des Übergangs und der Versöhnung, vor allem der Philipperbrief mit seiner Erwähnung der Bischöfe und Diakone im Präskript und des Clemens in 4, 3, den er für Clemens von Rom hält. Auch die Apg dient dem Ausgleich. Vgl. Kümmel, Das NT 156–176.

[5] Schon A. Jülicher, bei Kümmel, Das NT 218.

gewinnt eine unglaubliche Aufmerksamkeit. Eine Fülle von Veröffentlichungen – meist in Aufsatzform – erscheint, wie nicht anders zu erwarten, mit konträren Auffassungen. Diese Geschäftigkeit ist kaum ohne das erste Vatikanische Konzil zu verstehen. Dieses hatte mit seinem Unfehlbarkeitsdogma die Stellungnahme der Theologen herausgefordert. Die Exegeten konzentrierten sich auf die Interpretation der Matthäusstelle. Wichtige Beiträge stammen von Ch. Journet, K. L. Schmidt, J. Ringger, A Vögtle.[6] Alle Möglichkeiten der Deutung wurden ausgereizt. Die Debatte konzentrierte sich nochmals auf die Frage, ob wir es mit einem ipsissimum verbum Jesu zu tun haben oder nicht. Gerade hierin zeigt sich der überholte Standpunkt. Wir haben inzwischen ein anderes Verhältnis zur Jesusüberlieferung gewonnen, gerade auch in theologischer Hinsicht. Die historische Rekonstruktion – so notwendig sie ist – bleibt hypothetisch. Die theologische Auseinandersetzung gilt dem zur Schrift gewordenen Wort.

Wenn wir die Reihe der inzwischen erschienenen Petrusbücher überschauen, so muß als erstes das von O. Cullmann genannt werden. Ihm kommt wohl auch das Verdienst zu, die Petrusforschung des vergangenen Jahrhunderts angestoßen zu haben. Wenn er nach der historischen Frage, in der er zwischen Petrus dem Jünger, dem Apostel und dem Märtyrer unterscheidet, die exegetisch-theologische Frage behandelt, so geschieht letzteres ausschließlich in einer ausführlichen Erörterung von Mt 16, 17–19. Der Schwerpunkt liegt auf der abschließenden möglichen Anwendung auf die heutige Situation. Das Ergebnis lautet: Die Verheißung Christi, „der Fels, das Fundament für alle Kirchen aller Zeiten" zu sein, gilt allein dem historischen Petrus, nicht irgendeinem Nachfolger oder Inhaber eines Bischofssitzes. Auf Petrus baut Christus seine Kirche immer wieder auf.[7] Kritisch muß man die Frage stellen, was den Exegeten auf Grund seiner historischen Forschungsergebnisse, die richtig sein mögen, berechtigt, diese weitreichenden theologischen Perspektiven zu eröffnen. Und was heißt es konkret, daß Christus seine Kirche immer wieder auf Petrus aufbaut?

Für eine Sichtung weiterer Petrusbücher empfiehlt sich eine Aufteilung, mit der ich mich an T. Wiarda[8] anlehne. Da haben wir zunächst jene, zu denen das Buch von Cullmann gehört, die sich an der historischen Gestalt des Petrus orientieren. R. Pesch, der sich

[6] Vgl. auch die Übersicht bei Gnilka, Mt II 50–54.71–80.

[7] Cullmann, Petrus 244–271, hier 271.

[8] Peter 9–33.

zweimal zur Petrusfrage geäußert hat,[9] gehört auch hierher. Doch überschreitet er erfreulicherweise die historische Fragestellung und geht auf die verschiedenen neutestamentlichen Petrusbilder ein, auch auf die der Apokryphen, und widmet sich – besonders in seinem zweiten Werk – systematisch-bibeltheologischen Problemen. Was mir – aus persönlich-subjektiver Sicht – wichtig erscheint, ist, daß Pesch eine historische Höherbewertung des Petrus gegenüber Paulus darin sieht, daß Petrus als Erstapostel für die Jesustradition bürgt, daß für die Beurteilung des Petrus über die einzelnen neutestamentlichen Schriften hinausgreifend der neutestamentliche Kanon zu berücksichtigen sei, daß für die Bewertung des Petrusdienstes heute die Einbindung des Bischofs von Rom in die römische Gemeinde erforderlich sei.[10] Abschließend bezeichnet Pesch die geschichtliche Bedeutung des Petrus für die Glaubensgemeinschaft, deren erster Apostel er ist, als factum theologicum. Im Streit darum streitet die Kirche um ihre Identität.[11]

Eine zweite Gruppe von Petrusbüchern legt den Schwerpunkt auf die Erarbeitung der Petrusbilder der einzelnen einschlägigen neutestamentlichen Schriften. Wir erwähnen hier das Petrusbuch von P. Dschulnigg, dem es darum geht, im Petrusbild die einmalige und typische Funktion zu erschließen, seine Bedeutung für das Jüngerbild wie seine Stellung als des ersten Jüngers.[12] Von besonderem Interesse ist ein Petrusbuch wegen seiner ökumenischen Bedeutung, das eine Gruppe von römisch-katholischen und lutherischen amerikanischen Exegeten gemeinsam herausgegeben hat. Sorgsam sind hier die Ergebnisse der Diskussionen zusammengetragen, die das Petrusbild der verschiedenen Schriften des Neues Testaments betrafen. In interpretatorischen Fragen besteht eine erstaunliche Nähe. Auch das römische Martyrium des Petrus wird weitgehend anerkannt.[13] Bezüglich

---

[9] Simon-Petrus (1980) und Was an Petrus sichtbar war (2000).

[10] Wie wäre diese interessante Perspektive zu konkretisieren? Eigentlich vertritt heute das Kardinalskollegium die römische Gemeinde. Dies läßt sich sagen, wenn man seine Entstehung historisch betrachtet.

[11] Simon-Petrus 170. In seinem zweiten Buch geht Pesch weiter, wie schon der volle Titel „Was an Petrus sichtbar war, ist in den Primat eingegangen“ zu verstehen gibt. Hier fragt er nach dem Richtungssinn des Endtextes, der auf Nachfolge hin angelegt sei (37), bemerkt aber, daß das NT noch keine Amtsstruktur mit einem Nachfolger Petri ausformuliert und nicht von einem bestimmten Nachfolger in seinem Amt spreche. Vgl. auch Simon-Petrus 167.

[12] Petrus 6. Im Blick auf die spätere Entwicklung spricht Dschulnigg auch davon, daß diese im Einklang mit dem Richtungssinn erfolgt sei (212).

[13] Petrus 156.

der Auswertung bestehen Meinungsverschiedenheiten. Im Blick auf die Vergangenheit heißt es: Die Katholiken entnahmen dem Neuen Testament deutliche Hinweise darauf, daß Jesus dem Petrus eine einzigartige Führungsrolle in der ganzen Kirche und für alle Zeiten gegeben hat und in diesem Sinn Nachfolger vorsah, nämlich die Bischöfe von Rom. So gesehen blieb das Papsttum durch die Jahrhunderte unverändert. Die Lutheraner dagegen haben Petrus in der frühen Kirche möglichst geringe Bedeutung beigemessen und bestritten, daß ein Petrusdienst in späteren Zeiten weiterbestand. Das heutige Verständnis des Neuen Testaments aber hat einen neuen Zugang zu Struktur und Wirken des Papsttums eröffnet. Daraus erwachse Hoffnung für die Zukunft.[14]

Eine dritte Gruppe von Veröffentlichungen soll nicht unerwähnt bleiben, in der sich auch ein Interesse an der Geschichte anmeldet, aber ein in spezifischer Weise verschobenes. Man bemüht sich hier nicht um ein Verständnis der Persönlichkeit des Petrus an sich, sondern meint, über die Darstellung des Petrus und anderer Jünger in den Evangelien Einblicke in konkrete geschichtliche Entwicklungen in der frühen Christenheit zu gewinnen. Das Augenmerk ruht hier ausschließlich auf den Evangelien, und bevorzugt auf dem Markusevangelium. Dic Autoren, die sich in diesem Sinn geäußert haben, kommen bei unterschiedlichen Ansätzen darin überein, daß Petrus und andere Jünger als Repräsentanten einer Gruppe im Urchristentum genommen werden, die sich am leidenden Messias stießen und Jesus als glorreichen Messias verkündet hätten.[15] Indem die Jünger in einer ihnen zugewiesenen Rolle aufgehen, verlieren sie ihre Individualität – in verschiedenen Veröffentlichungen in verschiedenem Maße – und werden zu Figuren eines allerdings noch historischen Spiels. Man kann diese Position eigentlich nur dann richtig beurteilen, wenn man sieht, daß sie in einer Zeit gewachsen ist, als man die sogenannte redaktionsgeschichtliche Betrachtung der Evangelien überstrapazierte, das heißt, jene Betrachtung, in der man die Leistung des Evangelisten als Autor zwar erkannt hatte, aber in einer nicht zulässigen Weise für die Rekonstruktionen historischer Gemeindesituationen benützte.

Eine vierte und letzte Gruppe von Veröffentlichungen vertritt eine Sicht, die heute immer mehr Aufmerksamkeit auf sich zieht. Auch sie bleibt ausschließlich auf die Evangelien ausgerichtet. Man betrachtet

[14] Petrus 153 und 161 f.

[15] Als Beispiele verweise ich auf Weeden, Heresy, und Kelber, The Hour.

das literarische Werk, in diesem Fall also die Evangelien, als eine in sich ruhende erzählerische und literarische Welt. Bei diesem narrativen Zugriff soll der Leser, von dessen Standpunkt aus interpretiert wird, in diese Welt hereingeholt werden, um mit den dort auftretenden Personen sich auseinanderzusetzen, sich mit ihnen zu identifizieren, weil er sie sympathisch findet, oder sich von ihnen abstoßen zu lassen. Er erkennt in ihnen sich selbst oder wenigstens Übereinstimmungen ihres Verhaltens mit dem seinen. Durch die Beschäftigung mit dieser literarischen Welt soll er verwandelt werden und als Veränderter in seine eigene Welt zurückkehren. Der Interpret hat kein historisches Interesse.[16] Darum fragt er auch nicht nach den dem Evangelium vorausliegenden möglichen Traditionen. Er vertritt sogar die Auffassung, daß auch der Evangelist beziehungsweise der Erzähler kein historisches Interesse verfolgt habe, sondern nur seine literarische Welt habe aufbauen wollen.

Es ist allerdings sogleich hinzuzufügen, daß die vorliegenden Untersuchungen nicht Petrus zum Gegenstand haben. Nur kommt Petrus auch in ihnen vor. Petrus wird zur Darstellung eines Charakters in einer fiktiven Welt. So wird für R. A. Culpepper, der das Johannesevangelium in diesem Sinn untersucht hat, Petrus in einem dreifachen Sinn zum Typos; er ist einer, der an Jesus festhält, obwohl er ihn manchmal mißversteht, er bildet paradigmatisch den Jünger ab und auch dessen Versagen.[17] Einen besonderen Hinweis verdient das Werk von T. Wiarda, weil es als bisher einziges die Gestalt des Petrus in den Evangelien im besagten Sinn untersucht. Das historische Interesse wird nicht völlig unterdrückt. Denn Wiarda entdeckt neben typischen patterns im Verhältnis Jesus-Petrus auch solche individueller Natur. Hierzu rechnet er das unversöhnlich erscheinende Nebeneinander von beachtlichem Versagen und treuer Anhänglichkeit im Petrusbild, in das sich alle vier Evangelien teilen. Zu den typischen Jüngerzügen, in denen sich der Leser wiedererkennen soll und die pastoral verwertbar sind, seien zu zählen, daß die Sünde nicht zu ei-

---

[16] Ähnlich urteilte schon die Redaktionsgeschichte, aber von einer anderen Basis aus. So sagt W. Marxsen, einer der Begründer der Redaktionsgeschichte: Das Evangelium sei als Verkündigung zu lesen, sei als solches Anrede, nicht Bericht von Jesus. „Daß hier auch Berichtetes auftaucht, ist unter diesem Aspekt fast zufällig.“ Vgl. Der Evangelist Markus. Studien zur Redaktionsgeschichte des Evangeliums (FRLANT 67) (Göttingen ^{2}1959) 87.

[17] Anatomy 147 f. Über das Typische hinaus greift die Darstellung Petri als Hirt und Märtyrer (120 f.). Vgl. Rhoads-Michie, Mark as Story.

nem völligen Bruch mit Jesus führt oder daß wichtiger als siegreiches Bestehen die Anhänglichkeit (devotion) sei.[18]

Der Ansatz, die Evangelien als literarische Welt zu betrachten, soll hier nicht weiter verfolgt werden. Es ist nicht zutreffend, daß die Evangelisten überhaupt kein historisches Anliegen verfolgten. Es ist richtig, daß im Rahmen der narrativen Methode das historische Anliegen keine Rolle spielen kann. Die erzielten Ergebnisse sind ethischer und psychologischer Natur. Man darf fragen, ob der große Aufwand in einem proportionalen Verhältnis zu den Resultaten steht. Wichtige Fragen, wie die nach der Bedeutung des Petrus in der Urgemeinde fallen unter den Tisch. Eine Exegese, die auf die historische Dimension verzichtet, ist in der Gefahr, zum unverbindlichen Spiel zu werden, zum l'art pour l'art.

Damit kommen wir zu den Intentionen und den Mitteln der Darstellung, die ich in meinem Buch aufgegriffen habe. Am Anfang stand der Entschluß, die einschlägige Literatur der ersten beiden Jahrhunderte zu behandeln. Das bedeutet, daß über die Grenzen des Neuen Testaments und seines Kanons hinausgedacht werden sollte. Gewiß bildet das Neue Testament den Schwerpunkt wie es auch inhaltsmäßig die Mehrzahl der Kapitel ausfüllt. Aber im Neuen Testament sich abzeichnende Linien sollten weitergezogen werden. Das legte sich auch deshalb nahe, weil die sogenannten beiden Petrusbriefe neutestamentliche Spätschriften sind, die dazu einladen, den beschrittenen Weg fortzusetzen. Der zweite Petrusbrief gilt als die jüngste Schrift des Neuen Testaments. Es sollte aber auch nicht über die Grenze des zweiten Jahrhunderts hinausgegangen werden.

Damit sind die benutzten Quellen schon angedeutet. Innerhalb des Neuen Testaments sind es vor allem die Evangelien und die Apostelgeschichte, unter den Paulusbriefen der Galater- und erste Korintherbrief, dann die Petrusbriefe. Wenn wir auch neutestamentliche Apokryphen (9. Kapitel) miteinbezogen haben, so beschränkten wir uns auf jene, die den Namen des Petrus tragen. Man sah auch immer wieder Bezüge zum zweiten Petrusbrief. Erstaunlicher ist, daß diese apokryphen Schriften im zweiten Jahrhundert abgefaßt worden sind, also schon in einer relativ frühen Zeit. Die apokryphe Literatur fließt üppiger als die offizielle. Wichtige Quellen für das zweite Jahrhundert

---

[18] Peter 218–228 und 233. Romanhaft ist H. Frisch, War Petrus eine Frau?, in: R. Niemann, Petrus der Fels des Anstoßes (Stuttgart 1994). Danach war Simon-Petrus eine Zwillingsschwester (Simone) des Andreas, die in Männerkleider schlüpfte, um sich von Jesus berufen zu lassen.

sind der erste Clemensbrief und Ignatius von Antiochia, Irenäus von Lyon, die Kirchengeschichte des Eusebios von Kaisareia und die nordafrikanischen Theologen Tertullian und Cyprian. Auch archäologische Zeugnisse sind von Bedeutung und bedürfen einer Stellungnahme, die Ausgrabungen unter der Peterskirche in Rom und die These von der Überführung der Gebeine in die Katakombe an der Via Appia Antica.

Es sind im wesentlichen zwei Anliegen, die dieses Buch bewegen, ein historisches und ein theologisches. Beide greifen ineinander. Das erste richtet sich darauf, Leben, Wirken und Martyrium des Petrus zu beschreiben, das zweite seine Stellung in der Urgemeinde und die Frage nach dem Fortwirken seines Dienstes in möglichen Nachfolgern. Entsprechend ist das Buch gegliedert. Um die Herkunft des Petrus zu erhellen, werden die beiden Dörfer, die seine Jugend bestimmen, vorgestellt, Bethsaida und Kafarnaum. Für die Evangelien, die uns besonders beschäftigten, haben wir zwei Durchgänge gewählt. Der erste ist auf Ereignisse gerichtet, von denen alle Evangelien berichten (3. Kapitel). Die Ausnahme bildet die Einkehr Jesu in Simons Haus, von der die Synoptiker erzählen. Der evangeliare/synoptische Vergleich ist aufschlußreich. Wir glauben, daß wir hier am ehesten auf historische Spuren stoßen. Der zweite Durchgang ist dem Petrusbild der vier Evangelisten gewidmet (6. Kapitel). Jerusalemer und missionarische Tätigkeit und Martyrium führen den historischen Teil fort und schließen ihn ab (4. und 5. Kapitel). Die beiden Petrusbriefe bedürfen als einzige neutestamentliche Dokumente, die dem Petrus zugeschrieben werden, einer eingehenderen Untersuchung und werfen die Frage nach einer Petrusschule auf (7. Kapitel).

Für die nachneutestamentlichen Dokumente des zweiten Jahrhunderts kommt es uns darauf an, Einblicke in die römische Gemeinde zu gewähren, ihre Verfaßtheit, ihre Stellung anderen Gemeinden gegenüber, ihr sich abzeichnender Anspruch auf eine führende Position. Dabei behalten wir Petrus (und Paulus) im Blick, deren Martyrium in Rom am Anfang steht und zunehmend für einen besonderen Rang der Römer in Anspruch genommen wird. In aufkommenden Streitigkeiten wie vor allem dem Streit um den Termin des Osterfestes tritt zum erstenmal ein Leiter der römischen Gemeinde hervor, der Presbyter/Bischof Viktor, der – allerdings nicht unangefochten – eine erstaunliche, über die römische Gemeinde weit hinausgreifende Autorität für sich reklamiert. Amts- und Sukzessionsstrukturen zeichnen sich immer klarer ab. In diesem Zusammenhang muß auch ein Blick auf die römischen Presbyter-Episkopenlisten ein Blick geworfen werden. Von Wichtigkeit ist insbesondere die Frage, welche Schriftargumente man benutzte, um römische Autorität zu begründen. Wir fragen insbesondere nach der Deutung von Mt 16, 17–19. Fündig werden wir hier bei den nordafrikanischen Theologen an der Wende vom zweiten zum dritten Jahrhundert. Das Wort vom Binden und Lösen spielt in der heiß diskutierten Frage nach der Vergebung und Wiederaufnahme abgefallener Christen eine entscheidende Rolle. Letztlich werden in dieser Auseinandersetzung die Elemente bereit gelegt, die eine Primatialdoktrin des römischen Bischofs ausmachen.

Eine nicht zu übersehende Eigenheit in der Entwicklung liegt darin, daß sich eine besondere Stellung des römischen Bischofs nicht geradlinig aus Mt 16, 17–19 entfaltete. Diese besondere Stellung ist zu einem bestimmten Zeitpunkt theologisches Faktum. Die römische Gemeinde hat von Anfang an eine herausragende Position eingenommen. Die spätere Stellung des römischen Bischofs ist in diese eingebettet. Wenn man sich auch erst – soweit dieser Prozeß für uns überhaupt noch genau rekonstruierbar ist – später auf Mt 16, 17–19 besann, so ist letztlich dieser Prozeß der Wirkungsgeschichte dieser Bibelstelle verdankt. Dieser Prozeß mit seinen Komplikationen und Brüchen soll im Folgenden aufgezeigt werden.

LITERATUR:

K. L. Schmidt, Jesu Worte an Petrus über die Kirche: Festgabe für A. Deissmann (Tübingen ²1932) 280–302.

Ch. Journet, Primauté de Pierre (Paris 1953).

G. R. Balleine, Simon Whome He Surnamed Peter (London 1958).

P. Gaechter, Petrus und seine Zeit (Innsbruck 1958).

O. Cullmann, Petrus (Zürich ²1960).

T. J. Weeden, The Heresy That Necessitated Mark's Gospel: ZNW 59 (1968) 145–158.

A. Vögtle, Messiasbekenntnis und Petrusverheißung: Das Evangelium und die Evangelien (KBANT) (Düsseldorf 1971) 137–170.

W. Dietrich, Das Petrusbild der lukanischen Schriften (Stuttgart 1972).

R. E. Brown u. a. (Hrsg.), Der Petrus der Bibel (aus dem Amerikanischen) (Stuttgart 1976).

W. Kelber, The Hour of the Son of Man: Kelber (Hrsg.), The Passion in Mark (Philadelphia 1976) 41–60.153–180.

R. Pesch, Simon-Petrus (Stuttgart 1980).

D. Rhoads/D. Michie, Mark as Story (Philadelphia 1982).

R. A. Culpepper, Anatomy of the Fourth Gospel (Philadelphia 1983).

G. Claudel, La Confession de Pierre (EtB) (Paris 1988).

J. D. Kingsbury, Matthew as Story (Philadelphia ^{2}1988).
W. R. Farmer/R. Kereszty, Peter and Paul in the Church of Rome (New York 1990).
A. Nau, Peter in Matthew (Collegeville 1992).
M. Grant, Saint Peter (London 1994).
R. Minnerath, De Jérusalem à Rome (Paris 1994).
C. Grappe, Images de Pierre aux deux premiers siècles (EHPhR 75) (Paris 1995).
P. Dschulnigg, Petrus im NT (Stuttgart 1996).
R. Pesch, Was an Petrus sichtbar war, ist in den Primat eingegangen (Freiburg 2000).
T. Wiarda, Peter in the Gospels (WUNT II/127) (Tübingen 2000).

Zweites Kapitel

Herkunft und Beruf

1. In Bethsaida

Er hieß Simon. Das hebräische Äquivalent ist Schimon. Damit trug er den Namen eines der Jakobssöhne und Stammväter Israels (Gn 29, 33). Allerdings begegnet der Name Simon seit Aristophanes auch bei den Griechen und ist dort inschriftlich bezeugt.[1] So darf man die Frage stellen, welcher Hintergrund bei der Namengebung maßgeblicher war, der jüdische oder der griechische. Wahrscheinlich schon der jüdische. Doch ist daran zu erinnern, daß sein Bruder Andreas hieß, also einen griechischen Namen hatte (Mk 1, 16). Zweifelsfrei war er Jude, stammte aus einer jüdischen Familie. Paulus spricht ihn anläßlich des „Antiochenischen Zwischenfalles" so an: „Wenn du ein Jude bist" und fährt fort, indem er sich miteinschließt: „Wir sind von Natur Juden und nicht Sünder aus den Heiden" (Gal 2, 14 f.). Dieser Hintergrund der Annäherung an das Griechische macht es verständlich, wenn Simon später als Christ gegenüber den Heiden offener ist als manche seiner Genossen.[2]

Freilich wird dieser Mann im Neuen Testament weit häufiger Petrus als Simon genannt. Das ist der ihm später übertragene Name. Damit ist seine spätere Geschichte eingeholt. Simon heißt er vor allem im Zusammenhang mit seiner Berufung (Mk 1, 16.29.30.36; Lk 5, 3–10). Simon Petrus oder Simon, genannt Petrus heißt er in Mt 4, 18; 10, 2; 16, 16; Lk 5, 8; 6, 14, immer im Johannesevangelium. Den Übergang bildet Joh 1, 42, die Szene der Namensübertragung. Ansonsten ist bei den Synoptikern Petrus der geläufige Name, in der Apo-

---

[1] Vgl. Bauer, Wörterbuch 1501.

[2] Der Name Schimon begegnet im AT neben dem Jakobssohn nur noch in Esr 10, 31. In den Makkabäerbüchern spielt der Hohepriester und Fürst Simon eine hervorragende Rolle. Im NT ist der Name weit häufiger anzutreffen, meist mit einem Beiwort: Simon, der Kananäer bzw. Zelot im Apostelkreis (Mt 10, 4; Lk 6, 15); Simon, der Herrenbruder (Mk 6, 3); Simon, der Aussätzige (Mk 14, 3); Simon von Kyrene (Mk 15, 21); Simon, der Pharisäer (Lk 7, 40); Simon Iskariot, der Vater von Judas Iskariot (Joh 13, 2.26); Simon, der Gerber (Apg 9, 43); Simon, der Magier (Apg 8, 9).

stelgeschichte heißt er immer so, übrigens auch in der apokryphen Literatur wie etwa in den Petrus-Akten. Paulus bietet in seinen Briefen immer mit Ausnahme von Gal 2, 7 f. – hier: Petrus – den Namen Kephas, insgesamt achtmal. Das ist die gräzisierte aramäische und ursprüngliche Form von Petrus (aramäisch: Kepha). Sie kennt auch Joh 1, 42. Interessant ist auch die archaisch wirkende semitische Form Symeon.[3] Mit diesem Namen spricht der Herrenbruder Jakobus auf dem Apostelkonvent gemäß Apg 15, 14 Petrus an. Als Symeon Petrus bezeichnet sich der Verfasser des zweiten Petrusbriefes (1, 1).[4]

Der Vater Simons trug den Namen Johannes, hebräisch: Jochanan. Diese Nachricht verdanken wir Joh 1, 42; 21, 15–17. Die Mutter tritt nirgendwo hervor, auch nicht ihr Name. Rätselvoll ist der Beiname Barjona, der nur im Makarismus Jesu über Simon in Erscheinung tritt: „Selig bist du, Simon Barjona, denn nicht Fleisch und Blut schenkten dir Offenbarung" (Mt 16, 17). Beliebt ist die Erklärung, daß Barjona Vatersname und Jona Abkürzung von Jochanan sei, Mt 16, 17 also mit den johanneischen Stellen übereinstimme, Barjona also gleich Sohn des Jona, gleichbedeutend mit Sohn des Jochanan sei. Doch ist diese Abkürzung Jona = Johannes nicht sicher nachweisbar.[5] Es gibt auch eine andere Interpretation. Die Zeloten nannten sich Barjone bzw. wurden so genannt.[6] Der Name bedeutet so viel wie „draußen in der Wildnis lebend, Strolche", englisch: outcast.[7] Dann würde er die einstige Zugehörigkeit des Simon zur Partei der Zeloten oder seine zelotische Gesinnung bezeichnen. Doch sind die Belege für die Benennung der Zeloten als Barjone spät. Und paßt das in den Zusammenhang der Seligpreisung in Mt 16, 17? Oder paßt es doch? Immerhin bäumt er sich sogleich gegen den Gedanken

---

[3] Hierzu vgl. Bauer, Wörterbuch 1553. Der Name Symeon begegnet noch in der lukanischen Kindheitsgeschichte (2, 25.34), im Stammbaum Jesu (Lk 3, 30), in Apk 7, 7. In der Gemeinde von Antiochia gibt es einen Symeon, genannt Niger (Apg 13, 1).

[4] Im Präskript von 1 Petr 1, 1 heißt es nur: Petrus.

[5] Vgl. G. Dalman, Grammatik des jüdisch-palästinischen Aramäisch (Leipzig [2]1905, Nachdruck 1960) 179 Anm. 5. J. Jeremias: ThWNT III 410, der sich um Nachweise aus den LXX bemüht, macht auf die weitere Schwierigkeit aufmerksam, daß Jona außer als Name des Propheten bis zum 3. Jahrhundert n. Chr. als selbständiger männlicher Eigenname nicht nachgewiesen werden kann. Er hält darum Jona nicht für eine Abkürzung von Jochanan, sondern meint umgekehrt, daß das Johannesevangelium den seltenen Namen Jona, den der Vater Simons getragen habe, durch den geläufigen Namen Johannes ersetzt habe.

[6] Belege bei M. Hengel, Die Zeloten (AGSU 1) (Leiden 1961) 55.

[7] Vgl. M. Jastrow, A Dictionary of the Targumim etc. I (New York 1950) 193.

auf, daß der Messias leiden müsse (16, 21–23). Die Frage muß offen bleiben.

Über das Geburtsjahr des Simon kann man nur Spekulationen anstellen. Nach Joh 21, 18 starb er als alter Mann. Freilich war man nach damaligen Vorstellungen schon mit fünfzig alt. Auch in der Szene von Joh 20, 1–10 wird er als der Ältere vorgestellt. Vermutlich wird er um die Zeitenwende geboren worden sein.

Die Heimat Simons war das Land am See Gennesaret, der aus der kleinen Perspektive des Galiläers, für den dieses Land die Welt bedeutet, Meer von Galiläa (Mk 1, 16), Meer Kinnereth (Nm 34, 11; Jos 13, 27) genannt werden kann. Dieses „Meer" besaß eine Ausdehnung von 21 und 12 Kilometern – jeweils an den breitesten Stellen von Ufer zu Ufer in der Länge und Breite – und eine Tiefe von 42 bis 48 Metern.[8] Im Jordangraben, der das Land von Dan bis zum Toten Meer durchfurcht, gelegen, liegt sein Spiegel 208 Meter unter dem Mittelmeer. Die Lage des Sees bringt es mit sich, daß ihn meist nur schmale Streifen kulturfähigen Landes umrahmen. Anders das Nordende des Westufers, wo das Schwemmland von drei hier einmündender Bäche eine Uferebene größeren Umfangs geschaffen hat, die damals die Ebene von Ginnesar hieß.[9] Von diesem Landstrich hat der See seinen Namen. Das Wasser ist süß und trinkbar. Auch ist es klar, weil der See überall an sandigen Ufern aufhört. Es hat eine Temperatur, die es zum Schöpfen geeignet macht, und ist weicher als Fluß- oder Quellwasser. Die in ihm lebenden Fischarten sind nach der Meinung des Josephus nach Geschmack und Aussehen von den anderswo lebenden verschieden.[10] Hier wäre jener Fisch zu erwähnen, der heute inzwischen den Namen Petrusfisch erhalten hat.

Während die Synoptiker die Beheimatung des Simon nur allgemein im Land am See und für seine spätere Zeit in Kafarnaum voraussetzen, verdanken wir Joh 1, 44 die Nachricht, daß Simon aus Bethsaida stammt, dieser Ort also als sein Geburtsort zu gelten hat. Dort finden wir die beiläufige Bemerkung: „Philippus war von Bethsaida, aus der Stadt des Andreas und Petrus." Aufschlußreich ist, daß auch Philippus einen griechischen Namen trägt, alle Mitglieder des Zwölferkreises, die einen griechischen Namen haben, also aus Bethsaida kommen. Bethsaida wird insgesamt siebenmal in den Evangelien er-

---

[8] Heute liegt der Wasserspiegel oft niedriger. Das Jordanwasser ist die Lebensader des Gebietes.

[9] Vgl. Dalman, Orte und Wege 132 f.

[10] Vgl. bell. 3, 506–508. Dazu vgl. Dalman, Arbeit und Sitte VI 358.

wähnt, davon einmal im Zusammenhang mit einer Blindenheilung Jesu (Mk 8, 22) und einmal in den Weherufen über die galiläischen Städte (Mt 11, 21; Lk 10, 13).[11]

Bethsaida liegt am Nordufer des Sees, östlich der Einmündung des Jordan in den See. Das geographische Problem besteht darin, daß das Ausgrabungsgelände, auf dem man das alte Bethsaida sucht – heute et-Tell genannt – zwei Kilometer vom See entfernt ist. Darum hat man nicht et-Tell, sondern el-Aradsch, ein untergegangenes Fischerdorf direkt am See, für das Bethsaida des Petrus gehalten.[12] Doch rechnet man heute mit tektonischen Veränderungen, die mit einem Erdbeben im 4. Jahrhundert in Verbindung stehen können.[13] Zuvor dürfte et-Tell unmittelbaren Zugang zum See gehabt haben, vielleicht über eine Lagune. Wir können davon ausgehen, daß et-Tell das Bethsaida des Simon und Andreas ist. Die Fläche des Hügels beträgt 1,5 Hektar. Die Ausgräber haben bisher unter anderem zwei repräsentative Hofhäuser aus hellenistischer Zeit (2. und 1. Jahrhundert v. Chr.) entdeckt. In dem einen fanden sich besonders viele Fischereiutensilien wie Netzgewichte.[14]

Eine einschneidende Veränderung und Aufwertung erfuhr Bethsaida durch den Tetrarchen Philippus. Dieser erhob das Dorf Bethsaida zum Rang einer Stadt. Diese Nachricht entnehmen wir wieder dem jüdischen Geschichtsschreiber Josephus.[15] Philippus hatte nach dem Tod seines Vaters Herodes des Großen die nordöstlichen Gebiete von dessen Reich geerbt, näherhin Ituräa, die Gaulanitis und die Trachonitis (vgl. Lk 3, 1), und regierte von 4 v. Chr. bis 34 n. Chr. Er gab der Stadt den neuen Namen Julias.[16] Während Josephus die Stadt regelmäßig Julias nennt, verharren die Evangelien beim alten Namen Bethsaida, übrigens auch die rabbinische Literatur, wo er in der Form Sajdan wiederbegegnet.[17] Das bedeutet wohl, daß die jüdi-

---

[11] Noch Mk 6, 45; Lk 9, 10; Joh 12, 21.

[12] Noch Schnackenburg, Joh I 313 (zu Joh 1, 44).

[13] Vgl. Inbar, River Delta, und Pixner, Wege 133.

[14] Der Ausgräber ist Prof. R. Arav, unterstützt von Prof. H.-W. Kuhn, München. Vgl. dessen Kurzbericht zum neuesten Stand. Organisatorisch wird das Projekt auch von Prof. R. A. Freund, Nebraska, unterstützt. Arav begann mit systematischen Ausgrabungen im Jahr 1987. Vgl. ferner Kuhn/Arav, The Bethsaida Excavation.

[15] Ant. 18, 28.

[16] Josephus leitet den Namen von der Kaisertochter ab. Heute aber ist man zur Auffassung gelangt, daß Livia-Julia, die Frau des Augustus, die Namengeberin war. Die Erhebung zur Stadt erfolgte im Jahr 31.

[17] Vgl. Dalman, Orte und Wege 175. Joh 1, 44 spricht von einer Stadt, Mk 6, 23 von einem Dorf.

sche Bevölkerung den alten Namen bevorzugte. Der Tetrarch Philippus starb in Bethsaida-Julias und wurde in dem Grabmal, das er sich schon zu Lebzeiten erbaut hatte, mit großem Prunk beigesetzt.[18]

Philippus wird, als er Bethsaida zur Stadt erhob, die bevorzugte Lage des Ortes bedacht haben. Unweit befand sich eine Jordanfurt. Die Via Maris, die Damaskus mit Ägypten verband, zog in der Nähe vorüber. Ein reger Verkehr wird trotz der Zollgrenze mit dem über den See nur vier Kilometer entfernten Kafarnaum bestanden haben. Die Bevölkerung war gemischt. Juden und Syrer lebten hier untereinander. Wer in Bethsaida groß geworden war, wird nicht nur Griechisch verstanden haben, sondern auch durch den Verkehr mit Fremden an griechische Kultur gewöhnt gewesen sein.[19] Die griechischen Namen der aus Bethsaida stammenden Apostel können dies bestätigen. Wo Juden lebten, fehlte es nicht an Stätten des öffentlichen Gebetes und der Thoravorlesung. Wir können sicher sein, daß Bethsaida eine Synagoge besaß. Spuren von ihr haben die Archäologen bis jetzt noch nicht entdeckt. Aber man fand in dem nur 1,5 Kilometer von et-Tell im Jordantal entfernt liegenden ed-dikke Reste einer Synagoge in einfachster Form mit sechs Säulen als Stützen der Decke und einen bedeutend größeren Synagogenbau in umm el-kanatir, zwölf Kilometer südöstlich von Bethsaida auf dem Hochland an einem Seitenzweig des wadi es-samak.[20]

Der Name Bethsaida bedeutet soviel wie Fischhausen (Dalman: Fischfangort). Der Name ist aufschlußreich, denn er läßt den Schluß zu, daß die Bewohner des Ortes weitgehend vom Fischfang lebten. Noch die rabbinische Literatur rühmt den Fischreichtum und bezeichnet Sajdan (Bethsaida) als den Ort, wo man dreihundert Fische in eine Schüssel bringen kann.[21] Enthusiastisch wird sogar die Quelle von Ez 47, 8–10 mit ihrem heilenden Wasser und ihren vielen Fischen auf den durch den See Gennesaret strömenden Jordan bezogen.

Von daher versteht es sich fast von selbst, daß Simon wie auch sein Bruder Andreas von Beruf Fischer waren (Mk 1, 16). Aller Wahrscheinlichkeit nach waren sie selbständig arbeitende Fischersleute,

---

[18] Josephus, ant. 18, 108. Mit dem Volksmund wird es auch zu tun haben, wenn Joh 12, 21 Bethsaida nach Galiläa verweist. Faktisch bildete der Jordan die Grenze zwischen der Gaulanitis (Golan) und Galiläa, lag also das östlich vom Jordan befindliche Bethsaida nicht mehr in Galiläa. Auch Ptolemäus, Geogr. 5, 16, 4, rechnet Julias zu Galiläa.

[19] Vgl. Josephus, bell. 3, 57 und Dalman, Orte und Wege 177.

[20] Vgl. Dalman, Orte und Wege 177 f.

[21] jSchek 6, 50 a.

nicht Lohnarbeiter. Ob sie wenigstens gelegentlich Lohnarbeiter, Tagelöhner beschäftigten, kann vermutet werden, wird aber ausdrücklich nur für Jakobus und Johannes bestätigt (1, 20). Im übrigen ist es keinesfalls sicher, daß auch dieses Brüderpaar aus Bethsaida stammt.[22] Über ihren genauen Herkunftsort, außer daß es das Land am See war, erfahren wir nichts.

Über die Tätigkeit der Fischer am und auf dem See bieten uns die Evangelien reichhaltiges Anschauungsmaterial.[23] Sie werfen das Wurfnetz, vielleicht im Wasser stehend, aus (Mk 1, 16). Das Schleppnetz (σαγήνη) wird von einem oder auch zwei Booten gezogen und der Ertrag an Land gebracht (Mt 13, 47 f.). Das Fischnetz (δίκτυον) läßt man vom Boot herunter (Lk 5, 4 und 9). Es kann wegen der Menge der Fische zerreißen. Man ordnet es auf dem Boot für das Auswerfen (Mk 1, 19). Nach dem Fischen bedürfen die Netze des Waschens. Dies geschieht am Ufer (Lk 5, 2). Vielleicht handelt es sich dabei um Auslegenetze. Die Angel (ἄγκιστρον) war damals schon das Gerät für den Fischfang im kleinen vom Ufer aus (Mt 17, 27). Wenn man nachts fängt (Lk 5, 5), geht es um Fische, die tagsüber auf dem Grund des Sees ruhen und nachts nach oben kommen. Die Boote auf dem See wurden durch Segel und Ruder vorwärtsbewegt (vgl. Mk 6, 48; Joh 6, 19). Sie besaßen ein Heck, das zum Schlaf einladen konnte (Mk 4, 38).[24]

Neben seiner beruflichen Ausbildung, die man üblicherweise von seiten des Vaters erfuhr, wird Simon seine sonstige Bildung aus dem Besuch der Synagoge geschöpft haben. Wenn er – zusammen mit Johannes – von den Hohepriestern in Jerusalem als ungelehrter, einfacher Mann angesehen wird (Apg 4, 13), steht das im Kontext im Gegensatz zum geisterfüllten Zeugnis, das er für Jesus ablegt. Die Charakterisierung hat literarische, weniger historische Bedeutung.[25] Doch stimmt sie insofern, als Simon (und Johannes) für die öffentliche Rede überhaupt nicht ausgebildet waren, nicht Schriftgelehrsamkeit sich hatten aneignen können, sondern schlichte Leute vom Lande waren. Die Menschen, die durch die eigene Arbeit den eigenen Lebensunterhalt und den ihrer Familie erwerben mußten, galten als

---

[22] Diese Auffassung setzt sich erst später durch. Sie vertritt etwa Theodosius Archidiaconus um 530. Vgl. Itinera Hiersolymitana: CSEL 39, 138.

[23] Vgl. Dalman, Arbeit und Sitte VI 356–370.

[24] Vor ein paar Jahren kam bei Magdala bei extremem Niedrigwasser ein Boot aus dem 1. Jahrhundert zum Vorschein, das in einem kleinen Museum besichtigt werden kann.

[25] Vgl. die Kommentare von Conzelmann, Schneider z. St.

arm. Dies gilt zumindest, wenn man ihre Lage aus der Perspektive der Oberschicht betrachtet.[26] Hinzu kommt, daß sie wegen ihrer Nichtbeteiligung an politischen Ämtern über keinerlei politische Macht verfügten. Vom soziologischen Standpunkt aus ist es schwierig, die Grenze zwischen relativ Armen und relativ Wohlhabenden zu ziehen. Zu ersteren wird man die rechnen müssen, die gerade noch ihr Auskommen erzielten. Die überwältigende Mehrheit der Bevölkerung zählte zur Unterschicht. Man nährte sich hauptsächlich von Brot, Fisch und Olivenöl. Ein qualifizierter Handwerker verdiente selten mehr als ein Lohnarbeiter. Man rechnet für das Land Israel im ersten Jahrhundert mit einem jährlichen Pro-Kopf-Einkommen von vierzig Denaren. Ein jährliches Einkommen von 200 Denaren galt als Existenzminimum einer Familie mit 5–6 Mitgliedern. Zwar war das Land um den See Gennesaret besonders fruchtbar und der See sehr fischreich, doch wissen wir, daß in der Herodesdynastie die Bevölkerung zunehmend verelendete. Herodes der Große und seine Nachfolger haben gewiß die Wirtschaft vorangebracht. Aber sie betrachteten das Land weitgehend als ihr Eigentum und nahmen die Bewohner enorm in Anspruch.[27]

LITERATUR:

G. Dalman, Bethsaida Julius: PJB 8 (1912) 45–48.

C. Kopp, Die heiligen Stätten der Evangelien (Regensburg 1959) 230–243.

M. Inbar, River Delta on Lake Kinneret Caused by Recent Changes in the Drainage Bassin: H. Poser (Hrsg.), Geomorphologische Prozesse und Prozeßkombinationen in der Gegenwart (Göttingen 1974) 197–207.

H.-W. Kuhn/R. Arav, The Bethsaida Excavations: Historical and Archaeological Approaches, in: The Future of Early Christianity (Festschrift H. Koester) (Minneapolis 1991) 77–106.

H.-W. Kuhn, Zum neuesten Stand der Grabungen auf et-Tell: Welt der Bibel 4/1998, 78–80.

---

[26] Vgl. Cicero, De offic. 1, 150 f. Cicero schätzt unter allen Dingen, aus denen ein Erwerb gezogen wird, am meisten den Landbau (agri cultura). Die Fischer zählt er zu den Künsten, die Dienerinnen der Genüsse sind. Hier erkennt man freilich den Aristokraten, der zum Leben der einfachen armen Menschen keine Beziehung hat und so in Realitätsferne lebt.

[27] Vgl. Stegemann/Stegemann, Sozialgeschichte 70–94.

2. In Kafarnaum

In den Evangelien ist Simons Name mit Kafarnaum verbunden. Dort befindet sich das Haus des Simon und Andreas, seines Bruders (Mk 1, 29). Das bedeutet, daß Simon zwischenzeitlich von Bethsaida nach Kafarnaum umgezogen war. Den Anlaß für den Umzug können wir nur vermuten. In der Regel nimmt man an, daß er mit seiner Heirat verbunden war. Im Haus wohnt auch Simons Schwiegermutter (1, 30). Auch in Kafarnaum übten die beiden Brüder den Beruf des Fischers aus. Vielleicht hatten sie sich zu einer kleinen Fischereigenossenschaft vereinigt.

Zunächst muß etwas über Kafarnaum gesagt werden. Über die genaue Lage des Ortes, der sechzehnmal in den Evangelien erwähnt wird, hat man bis in die Gegenwart hinein noch heftig gestritten. Seine Lage am See ist vorausgesetzt, ebenfalls seine Zugehörigkeit zu Galiläa, und damit zur Tetrarchie des Herodes Antipas. Nach Mt 4, 15 gehörte es zum einstigen Stammesgebiet von Naftali. Lassen uns die Evangelien hinsichtlich einer genaueren Lagebestimmung im Stich, so führt uns Josephus etwas weiter. Er selbst war dort. Im Krieg kommt er „in das Dorf Kefarnokon".[28] Es besteht kein Zweifel daß Kafarnaum gemeint ist. Es ist zu beachten, daß Josephus von einem Dorf spricht. In seiner Beschreibung Galiläas redet er von einer „sehr kräftigen Quelle, welche die Einwohner Kafarnaum nennen".[29] Mehrheitlich ist man der Meinung, daß Josephus die „sieben Quellen" (Heptapegon) im Blick hat, die wegen ihres schwefelhaltigen und warmen Wassers die Fische anlocken.[30] Die Lage dieser Quellen, die heute noch da sind, können wir ausweisen. Es handelt sich um Tabga. Dieser Name ist von Heptapegon abzuleiten. Weil sich aber hier zur Zeit Jesu kein Ort befand, muß der Ort Kafarnaum in der Nähe gelegen gewesen sein.

Größere Sicherheit in der Lokalisierung von Kafarnaum bieten uns rabbinische und die Zeugnisse späterer christlicher Pilger. Sie führten dazu, den einstigen Ort des Simon mit den Ruinen von telchum zu identifizieren.[31] Sie liegen am Nordwestufer des Sees, etwa

[28] B. Niese bevorzugt diese Lesart. Es gibt die Lesarten Kefarnakon, Kefarnomon. Vgl. Josephus, vita 403.

[29] Bell. 3, 519.

[30] Die Quellen fließen in den See. Ihre Temperatur beträgt 28–32 Grad. Vgl. Kopp, Heilige Stätten 216–218.

[31] Die Identifizierung des ntl Kafarnaum mit chirbet el-minje, 3,5 km von telchum entfernt, ist weitgehend aufgegeben. Der Name telchum kommt von tanchum. Die

vier Kilometer westlich von der Einmündung des Jordans entfernt. Der Ortsname Kafarnaum (Kefr Nahum) bedeutet Dorf des Nahum.[32] Welcher Nahum gemeint ist, kann nicht mehr ausgemacht werden. Nach wiederholten Aussagen der Evangelien besaß das Dorf eine Synagoge (Mk 1, 21–28; Lk 4, 31–38; Joh 6, 59).

Das archäologische Gelände, das bestückt ist mit einer ganzen Sammlung von Mühlsteinen, Ölpressen und anderen Geräten aus späterer Zeit, besitzt seinen Anziehungspunkt in einer glanzvollen, aus den alten Stücken wieder zum Teil zusammengesetzten Synagoge. Sie war geschmückt mit Figuren von Putten, Löwen, Adlern, Zentauren, was für ein jüdisches Gebetshaus außergewöhnlich ist und auf einen wohlhabenden Spender schließen läßt. Sie war von Norden nach Süden ausgerichtet, das heißt, zum Jerusalemer Tempel hin. Ihr Inneres hatte eine Ausdehnung von 22, 5 mal 16, 4 Metern und besaß einen auf drei Seiten herumlaufenden Säulengang. Die Säulen trugen korinthische beziehungsweise dorische Kapitäle, an den Wänden befanden sich Steinbänke, ein Obergeschoß dürfte für die Frauen bestimmt gewesen sein. Nach Osten schloß sich ein Hof mit Säulengang an. Am Westrand des Ortes gelegen, mußte man auf mehreren Stufen zu ihr hinaufsteigen, wie uns Pilgerberichte überliefern.[33]

Während man zu Beginn des 20. Jahrhunderts noch der Meinung war, daß es sich um die Synagoge zur Zeit Jesu handelt, ist man heute gewiß, daß sie aus byzantinischer Zeit stammen muß, wahrscheinlich aus dem 3./4. Jahrhundert. Man rechnet mit einer Schau- oder Memorialsynagoge, die gebaut wurde, weil zu dieser Zeit das römische Imperium christlich geworden war und bereits zahlreiche Pilger zu den Stätten des Evangeliums pilgerten.[34]

Die entscheidende Frage lautet, ob die byzantinische Synagoge an der Stelle errichtet wurde, wo die alte gestanden hatte. Während der israelische Archäologe E. L. Sukenik bei seinen Ausgrabungen auf keine älteren Schichten stieß, glaubt man, bei neueren Grabungsarbeiten Spuren der alten Synagoge entdeckt zu haben. Unter dem Kalk-

---

Rabbinen verehrten hier später das Gedächtnis des gleichnamigen Rabbi. Vgl. Kopp, Heilige Stätten 221 f. Die Schreibweise mit Doppel-l (tell) ist falsch. Etwa Michel-Bauernfeind, De bello Judaico III 463 Anm. 126. Zu den rabbinischen und Pilgertraditionen vgl. Kopp 220–230.

[32] Die Ableitung „Ort des Trostes" ist abzulehnen.

[33] So schon der Bericht der Aetheria vom Jahr 385, bei Kopp, Heilige Stätten 223. Zum Ganzen vgl. Dalman, Orte und Wege 150–157.

[34] Pixner, Wege 126, denkt daran, daß Kaiser Theodosius I. (379–395) den Prachtbau der Kalksteinsynagoge ermöglichte.

steinbau der byzantinischen Synagoge traf man auf einen im Vergleich zu diesem kleineren Bau aus Basaltsteinen, mit Mörtel verputzt. Dies könnte bedeuten, daß sich die alte Synagoge an dieser Stelle erhob.[35] Auch sie wäre nach Jerusalem hin ausgerichtet gewesen. Die in ihr versammelten Beter blickten in Richtung See Gennesaret.

Es gibt keinen Ort, an dem sich die Erinnerungen an die Evangelien so häufen wie Kafarnaum. In der Synagoge heilte Jesus einen Besessenen (Mk 1, 21–28 par) und brachte den kraftlos gewordenen Arm eines Mannes wieder in Ordnung (3, 1–6 parr). In der Synagoge trat er gemäß Joh 6, 59 als Lehrender auf. In Kafarnaum befand sich das Haus des Hauptmanns, dessen Knecht, durch Jesu Wort geheilt wurde (Mt 8, 5–13 par; vgl. Joh 4, 46–54). Nach Lk 7, 5 war es dieser Hauptmann, der die Synagoge hatte erbauen lassen.[36] An diesem Ort werden wir auch das Haus des Zöllners Levi zu suchen haben, der nach seiner Berufung für seine Kollegen, für Jesus und seine Jünger ein Gastmahl gibt (Mk 2, 13–17 parr). In der Nähe von Kafarnaum erfolgte die Berufung der ersten Jünger, vielleicht auch eine Seepredigt.

Vor allem gewinnt auch das Haus des Simon für Jesus Bedeutung. Hier heilte er dessen Schwiegermutter vom Fieber (Mk 1, 29–31 parr). Vor der Tür des Hauses versammelt sich die Volksmenge des Abends. Dort nächtigt er und geht in der Frühe hinaus, um zu beten, daß Simon ihn suchen muß (1, 32–39). Jesus dürfte wiederholt in diesem Haus eingekehrt sein (vgl. 9, 33).[37] Auch bei der Heilung eines Gelähmten, der von vier Männern auf einer Liege gebracht und wegen der vor der Tür zusammengeströmten Volksscharen durch das Dach des Hauses Jesus zu Füßen gelegt wird, werden wir an Simons Haus zu denken haben (Mk 2, 1–12 parr).

Das Haus Simons wird man sich als ein- oder zweiräumiges Haus vorzustellen haben. Über den Hausbau haben wir mancherlei Hin-

---

[35] Vgl. V. Corbo, Resti della sinagoga del primo secolo a Cafarnao: Studia Hierosolymitana III, SBF. CMa 30 (Jerusalem 1982) 313–357. Bei weiteren Ausgrabungen in Kafarnaum fand man Reste von typisch römischen Bauten aus behauenem Kalkstein und mit heizbaren Badeanlagen, die dem 1. Jahrhundert n. Chr. zugewiesen werden. War das die römische Garnisonsanlage? Vgl. Pixner, Wege 118–123.

[36] Tosephta, Megilla III, berichtet von Stiftungen für Synagogen, die Heiden machten. Solchen Schenkungen stand man jüdischerseits nicht immer unbedenklich gegenüber. Von der Erbauung einer Synagoge durch einen Heiden hören wir sonst nicht. Vgl. Dalman, Orte und Wege 150 f.

[37] Freilich gibt es bei Markus das Schema Belehrung des Volkes in der Öffentlichkeit – Belehrung der Jünger im Haus. Dies entspricht einem auch den Rabbinen bekannten Schema. Vgl. D. Daube, The NT and Rabbinic Judaism (London 1956) 141–150.

weise im Alten und Neuen Testament.[38] Das Gleichniswort vom Licht auf dem Leuchter etwa (Mt 5, 15 f.) setzt ein einräumiges Haus voraus, das eben ganz durch dieses Licht erhellt wird. Es gibt aber auch drei- und mehrräumige. Der Wohnraum ist oft terrassenförmig erhöht. Vorhandenes Vieh befindet sich unter demselben Dach. Das Dach kann durch Säulen abgestützt werden. Für ein gewöhnliches Haus waren das Gebälk und der darauf ruhende Estrich unentbehrlich. Dieser wurde aus dürrem Gras oder Schilf gewonnen (vgl. 2 Kg 19, 26; Jes 37, 27). Wenn die Männer das Dach des Hauses aufreißen, um die Liege mit dem Kranken herunterzulassen, muß es so beschaffen gewesen sein.[39] Das Tageslicht fiel durch die Tür, die nachts verrammelt wurde (vgl. Lk 11, 5–8), oder eine Fensteröffnung herein.

Wie es um die oben erwähnten Begebenheiten aus den Evangelien unter historischem Aspekt im einzelnen auch bestellt sein mag, diese haben auf jeden Fall die Erinnerung aufbewahrt, daß Jesus den Schwerpunkt seiner galiläischen Tätigkeit in Kafarnaum setzte. Matthäus nennt es seine Stadt (9, 1) und unterstreicht Jesu Umzug von Nazaret nach Kafarnaum am Beginn seines Wirkens, indem er Jes 8, 23 f. erfüllt sieht: „Land Zabulon und Land Neftalim, Meerstraße, anderes Ufer des Jordan, Galiläa der Heiden, das Volk, das in Finsternis saß, schaute ein großes Licht, und denen, die im Gebiet und Schatten des Todes saßen, ging ein Licht auf" (Mt 4, 13–16). Doch Kafarnaum nahm letztlich sein Wort nicht an. Darum gilt ihm neben Chorazin und Bethsaida am Schluß seines galiläischen Wirkens ein eigener Weheruf: „Und du, Kafarnaum, daß du nicht, bis zum Himmel erhöht, zur Unterwelt herabgestürzt werden wirst. Denn wären in Sodoma solche Machttaten geschehen, wie bei dir geschehen sind, es stünde bis heute. Doch ich sage euch: Es wird dem Land Sodoma am Tag des Gerichts erträglicher gehen als dir" (11, 23 f.).

---

[38] Vgl. Dalman, Arbeit und Sitte VII 1–175.

[39] Der Gang auf das Dach ist leichter vorstellbar, wenn das Haus eine Treppe besaß, die von außen auf das Dach hinaufführte. Vgl. auch bei Dalman, Arbeit und Sitte VII die zahlreichen Zeichnungen und Abbildungen, besonders Abb. 35 und 40a.

LITERATUR:

H. Kohl/C. Watzinger, Antike Synagogen in Galiläa (Leipzig 1916).

C. Kopp, Die heiligen Stätten der Evangelien (Regensburg 1959) 215–230.

D. Neemann, Capernaum (Tel Aviv 1967).

G. Foerster, Notes on Recent Excavations at Capernaum: L. J. Levine (Hrsg.), Ancient Synagogues Revealed (Jerusalem 1981) 57–59.

V. Tsaferis, New Archeological Evidence on Ancient Capernaum: BA 46 (1983) 198–204.

R. Riesner, Neues von den Synagogen Kafarnaums: BiKi 40 (1985) 133–135.

D. Chen, On the Chronology of the Ancient Synagogue at Capernaum: ZDPV 102 (1986) 134–143.

Drittes Kapitel

Simon der Jünger Jesu

Im vorausgehenden Kapitel, das von Herkunft und Beruf Simons handelte, haben wir ausschließlich die historische Frage gestellt und sie mit Hilfe vor allem außerbiblischer und archäologischer Quellen zu beantworten gesucht. Wenn wir uns jetzt Simon dem Jünger Jesu zuwenden, wollen wir das historische Anliegen gewiß nicht verlassen. Doch haben wir primär und nachdrücklich die theologische Sicht herauszuarbeiten, in die Simon gestellt wurde. Diese Sicht treffen wir in den vier Evangelien an, auf die allein wir uns jetzt berufen. Natürlich meinen wir die kanonischen Evangelien. Neutestamentliche apokryphe bzw. pseudographe Schriften[1] werden wir erst ganz am Schluß aufgreifen, wenn wir einen Blick auf das „nachkanonische" Petrusbild werfen, das für spätere Zeiten freilich zum Teil erhebliche Bedeutung gewann. Der Tendenz, die Grenze zwischen kanonischen und nichtkanonischen Schriften zu verwischen, ist zu widerstehen.[2]

Uns um das theologische Bild, das Simon zunehmend gewinnt, zu bemühen, werden wir durch die Evangelien gewiesen. Denn diese sind bekanntlich von ihrer Struktur und inneren Verfaßtheit her Kerygma und Bericht. Sie wollen verkündigen, indem sie berichten. Man könnte nicht umgekehrt sagen: Sie wollen berichten, indem sie verkündigen. Hinter dem Verkündigungsgehalt den historischen Kern zu erreichen, ist manches Mal schwierig. So darf es uns nicht wundern oder stören, wenn die Akzente in den vier Evangelien unterschiedlich gesetzt werden oder sich unterschiedliche Petrusbilder ergeben. Mit dem Verkündigungsgehalt hängt es auch zusammen, daß die Bedeutung des nachösterlichen Simon Petrus in die Evangelien, das heißt, in die Darstellung seines Jüngerseins bei Jesus, hineinwirkt, oder auch, daß man sich mit seiner Stellung auseinandersetzt. Dennoch versuchen wir, jeweils ein historisches Resümee zu ziehen. Bei dieser

[1] Die Terminologie ist nicht einheitlich. Auf jeden Fall sind nichtkanonische Schriften gemeint.

[2] Vgl. J. D. Crossan, Der historische Jesus (Übs. aus dem Englischen) (München 1994).

Verfahrensweise wird es uns besser gelingen, den Weg in den Griff zu bekommen, den dieser Jünger gegangen ist.

Es ist der Weg, der aus Simon den Petrus, den Fels, werden ließ.

1. Die Berufung

Von der Berufung Simons wird in allen vier Evangelien relativ ausführlich berichtet. Sie ist eingebettet in die Berufung anderer Jünger. Die Art und Weise der Darstellung aber ist recht unterschiedlich. Bevor wir uns die einzelnen Berufungsgeschichten anschauen, sollen die markantesten Unterschiede gekennzeichnet sein. Nach Markus und Matthäus wird Simon zusammen mit seinem Bruder Andreas berufen. Der Ruf ergeht am See Gennesaret und trifft auch auf das Brüderpaar Jakobus und Johannes (Mk 1, 16–20; Mt 4, 18–22). Im weiteren Verlauf erzählen beide Evangelisten noch von der Berufung des Levi bzw. des Matthäus (Mk 2, 14; Mt 9, 9).[3] Lukas 5, 1–11 konzentriert die Geschichte auf Simon und verknüpft sie mit dessen reichem Fischfang. Damit gewinnt sie eine ganz andere Qualität und kann kaum noch als Berufungsgeschichte bezeichnet werden. Andreas wird gar nicht mehr, Jakobus und Johannes nurmehr beiläufig erwähnt (5, 10). Die Berufung des Levi findet sich auch in Lk 5, 27 f. Der vierte Evangelist löst die Geschichte vom See Gennesaret. Johannes der Täufer, von dem es in 1, 28 heißt, daß er in Betanien jenseits des Jordan taufte, führt die ersten Jünger zu Jesus, die zuvor zu seiner Jüngerschaft gehört hatten. Es sind dies Andreas und ein namenlos Bleibender. Simon kommt durch Vermittlung seines Bruders Andreas zu Jesus. Weiter hören wir von der Berufung des Philippus, durch den Natanael zu Jesus gebracht wird (1, 35–51). Selbstverständlich hatten die Evangelisten bei dieser Ausgestaltung der Geschichten ihre eigenen Ideen. Diesen wollen wir jetzt nachgehen, indem wir unser besonderes Augenmerk auf Simon richten.

a) Nach Mk 1, 16–20 beginnt Jesus sein Wirken mit der Berufung der ersten vier Jünger. Markus legt Wert darauf zu zeigen, daß es von Anfang an solche gab, die Zeugen seines Wirkens waren. Voraus geht die prägnante Zusammenfassung seiner Botschaft vom Reich Gottes, die mit der Forderung der Umkehr und des Glaubens an das Evangelium verbunden ist (1, 15) und die er jetzt in Galiläa eröffnet. Die vier Jünger sind als ihre ersten Hörer vorgestellt. Jesus beginnt sein Wir-

---

[3] Zur Problematik des Namensaustausches vgl. Gnilka, Mt I 329–331.

ken, nachdem Johannes (in das Gefängnis) ausgeliefert worden war (1, 14). Damit ist eine klare Zäsur zwischen dem Wirken des Täufers und dem Jesu gezogen. Falls Markus von einer ehemaligen Zugehörigkeit der Vier oder einzelner von ihnen zum Jüngerkreis des Täufers gewußt haben sollte, was eher unwahrscheinlich ist, hat dies keine Bedeutung mehr. Denn die Rolle des Täufers als Vorläufer Jesu, ist eindeutig definiert (1, 1–8).

Die markinische Berufungsgeschichte ist im wesentlichen von drei Anliegen bestimmt. Zunächst ist es die machtvolle Initiative Jesu. Während er am „Meer von Galiläa" entlangging, fiel sein erwählender Blick auf Simon und Andreas. Sein Ruf ergeht an sie als Befehl: „Hierher, mir nach!" Jesus selbst sucht sich seine Jünger aus, nicht ist es umgekehrt. Während im rabbinischen Jüngertum der Schüler sich seinen Lehrer aussucht, sicherlich den, von dem er am meisten zu profitieren hofft, geht in der Jüngerschaft Jesu der Meister auf den Jünger zu. Das zweite Anliegen ist der unbedingte Gehorsam, den die Gerufenen leisten. Sofort verließen sie ihre Netze und folgten ihm nach. Der Gehorsamscharakter kommt noch deutlicher zum Vorschein, wenn man wahrnimmt, daß die Geschichte geprägt ist nach dem Vorbild jener alttestamentlichen Berufungsgeschichte, in der der Prophet Elija den Elischa, den Sohn Safars, beruft (1 Kg 19, 19–21). Auch Elischa ist bei der täglichen Arbeit, als ihm der Ruf des Propheten trifft. Er ist gerade dabei, seine Felder zu pflügen. Elija wirft seinen Mantel über Elischa, als Zeichen dafür, daß er ihn in seinen Dienst nehmen will. Weil das Kleid als Teil der Persönlichkeit galt, ist durch diese Handlung angezeigt, daß der Prophet etwas von seinem Wesen auf Elischa überträgt. Elischa geht auf den Ruf ein, nur bittet er darum, sich von seinem Vater Schafat verabschieden zu dürfen. Dieses Verzögerungsmotiv fehlt in der Berufung Simons und seines Bruders, könnte aber in der Berufung des Jakobus und Johannes angedeutet sein, wo Zebedäus, der Vater, erwähnt wird (Mk 1, 20). Der Befehlsruf „Hierher, mir nach!" ist aber in LXX 4 Kg 6, 19 anzutreffen, wo Elischa den feindlichen Truppen der Aramäer gebietet. Als neues Motiv gegenüber den alttestamentlichen Vorbildern haben wir das Auftragswort: „Ich werde euch zu Menschenfischern machen." Es ist ein vollmächtiges Wort. Es knüpft an die Situation an, in der Jesus Simon und Andreas vorfindet. Sie werfen das Wurfnetz aus, vermutlich im Wasser stehend. Das Wort Jesu macht aus ihnen etwas Neues. Anstelle des Fischfangs sollen sie jetzt als Menschenfischer Menschen fangen. Sie bekommen mit ihrer Berufung eine neue Aufgabe übertragen. Das ist das dritte Anliegen der Geschichte. Als

Jünger Jesu sollen sie ihn in seiner Verkündigung unterstützen und Menschen für das Reich Gottes zu gewinnen helfen. Das Menschenfischerwort hat in seiner positiven Sinngebung keine Vorbilder. Das Bild begegnet in negativer Form wiederholt im Alten Testament und besonders in den Qumran-Handschriften. Dort ist von Fischern die Rede, die ihr Netz gegen die Söhne des Frevels ausstrecken, und von den drei Fangnetzen Beliafs (vgl. Jer 16, 16; 1 QH 3, 26; 5, 7 f.).[4] Die Berufungsgeschichte schließt mit den Worten: „und sie folgten ihm nach" (Mk 1, 18). Das bedeutet, sie treten in die Lebensgemeinschaft mit Jesus ein. Sie geben das Bisherige auf und beginnen in der Gemeinschaft mit ihm einen ganz neuen Lebensabschnitt. Die Lebens- wird sich zur Schicksalsgemeinschaft entwickeln.

In ihrer prägnanten, stilisierten Form gewinnt die Geschichte, in der Jesus diesen Männern zum erstenmal, als Fremder, begegnet und sie dennoch unverzüglich auf sein gebietendes Wort sich einlassen, paradigmatische Bedeutung.

Die Jünger werden zum Vorbild. Man hat die Geschichte auf unterschiedliche Weise charakterisiert: Epiphanie-Geschichte (E. Lohmeyer), ätiologische Jüngerlegende (R. Pesch). Vielleicht spricht man am besten von einer idealen Szene.

b) Mt 4, 18–22 gestaltet die markinische Berufungsgeschichte, die er vor sich liegen hat, nur geringfügig um. Er trennt das Wirken Jesu von dem des Täufers noch mehr, indem Jesus nach der Taufe durch Johannes nochmals nach Nazaret zurückkehrt. Er beginnt sein Wirken, nachdem er von der Gefangensetzung des Täufers hört und macht Kafarnaum zum Zentrum seiner Tätigkeit. Im Umzug Jesu von Nazaret nach Kafarnaum sieht Matthäus das prophetische Wort Jes 8, 23 f. erfüllt, nach dem dem „Galiläa der Heiden" (LXX-Version) ein großes, Leben spendendes Licht aufstrahlt (4, 12–16).[5] Wie bei Markus folgt auf die Zusammenfassung der Basileiapredigt Jesu (4, 17) die Berufung Simons und seines Bruders. Wenn Matthäus den brüderlichen Gedanken verstärkt – „Er sah zwei Brüder" – mag sich dahinter die Absicht andeuten, die Jüngerschaft als Bruderschaft, als Familie, zu begreifen (vgl. 23, 8; 12, 50). Simon wird schon an dieser Stelle mit seinem „Amtsnamen" eingeführt: „Simon, der Petrus heißt." Was das bedeutet, erfahren wir allerdings noch nicht. Eine et-

---

[4] Weitere Belege bei Hengel, Nachfolge und Charisma 85 f. Auch im griechischen Sprachraum ist das Bild nur in negativer Form bekannt.

[5] Zur Rekonstruktion des Jesajazitats vgl. Gnilka, Mt I 95–97.

was größere Anschaulichkeit gewinnt die Geschichte darin, daß sie ausdrücklich das Wurfnetz, das die Brüder auswerfen, erwähnt.

c) Völlig anders erzählt Lukas. Hier beginnt Jesus sein Wirken in der Synagoge seines Heimatdorfes Nazaret. Es schließen sich die Geschichten von den Heilungen eines Besessenen in der Synagoge von Kafarnaum und der Schwiegermutter des Simon in dessen Haus und zahlreicher Kranker vor der Tür des Hauses an (4, 16–44). Erst danach kommt die Berufungsgeschichte, die ganz auf Simon konzentriert mit seinem reichen Fischfang verbunden ist (5, 1–11). Für den Berufenen also ist Jesus zu diesem Zeitpunkt kein Unbekannter mehr wie bei Markus und Matthäus. Dennoch ordnet Lukas seinen Stoff nicht in dieser Weise an, weil er die Berufung psychologisch vorbereiten will. Vielmehr geht es ihm im Gesamtaufbau des Evangeliums darum, zunächst erst einmal Jesus seinem Leser vorzustellen, und zwar Jesus in seinem Wort und Werk.[6]

Die Berufungsgeschichte ist eine in sich geschlossene Komposition. Sie beginnt mit der Seeszene. Jesus predigt vom Boot des Simon aus zu den Volksscharen, die sich am Ufer aufgestellt haben. Danach fordert er Simon auf, das Netz zum Fang auszuwerfen. Dieser macht den Einwand, daß sie die ganze Nacht gearbeitet und nichts gefangen hätten. Dennoch ist er bereit, auf Jesu Wort hin nochmals die Netze auszuwerfen. Der reiche Fischfang überwältigt und veranlaßt ihn, sich vor Jesus niederzuwerfen und als Sünder zu bekennen. An ihn ergeht das Auftragswort: „Fürchte dich nicht! Von jetzt an wirst du Menschen fangen." Dazwischen geschaltet sind die Zebedäussöhne Jakobus und Johannes, die am Schluß zusammen mit Simon ihre Boote an Land ziehen, alles verlassen und Jesus nachfolgen. Erst durch diese Schlußbemerkung wird die ganze Komposition zu einer Berufungsgeschichte.

Wenn wir diese die beiden Zebedäussöhne betreffende Schlußszene, die aus Mk 1, 19 f. übernommen sein dürfte, herausnehmen, schält sich eine Simon-Geschichte heraus, die eine eigene Tradition darstellt und von der Bestellung Simons zum ersten Missionar erzählt. Fischfang und pralles Netz sind Symbole der Mission. Das Auftragswort bestätigt es. Es ist anders formuliert wie bei Mk 1, 17 par. Hieß es dort: „Ich werde euch zu Menschenfischern machen" so hier: „Von jetzt an wirst du Menschen fangen." Das griechische Wort ζωγρέω (= lebendig fangen) wird auch für den Fischfang gebraucht.[7] Die Er-

---

[6] Vgl. Bovon, Lk I 228.

[7] Belege bei Passow s. v. Vgl. auch 2 Tim 2, 26.

zählung trägt Züge einer Epiphanie. Die Beteiligten werden von Schrecken erfaßt. Simon fällt zu Boden, wird sich angesichts der Offenbarung des Göttlichen seiner Sündhaftigkeit bewußt. Jesus muß ihm die Furcht nehmen. Simon erkennt Jesus als Herrn. Der Kyrios-Anrede in Vers 8 muß theologisches Gewicht gegeben werden.[8] Es dürfte kein Zufall sein, daß der Jünger im Zusammenhang mit diesem Bekenntnis – in der ganzen Perikope nur hier – Simon Petrus genannt wird. Es ist die erste Erwähnung des Petrusnamens im Lukasevangelium.

Es ist umstritten, ob die Geschichte von der Bestellung Simons zum ersten Missionar ihren ursprünglichen Ort im Wirken des irdischen Jesus hat wie bei Lukas oder ob sie eine Ostergeschichte ist. Im Johannesevangelium lesen wir die Erzählung als dritte Ostererscheinungsgeschichte (21, 1–14). Hat Lukas sie in die vorösterliche Zeit hereingeholt oder hat er ihr originäres Ambiente bewahrt? In Joh 21 sind sieben Jünger am Fischfang beteiligt. Simon Petrus aber und der Jünger, „den Jesus liebte“, treten in den Vordergrund. Zwar zieht Petrus das prall gefüllte Netz ans Ufer, doch die Erkenntnisszene, daß „es der Herr ist“, ist auf den Lieblingsjünger übertragen. Dies wird als johanneische Gestaltung anzusprechen sein. Auch gewinnt die Erkenntnisszene eine gewandelte Bedeutung. Der vom Tod auferweckte Jesus wird in seiner Identität erkannt und „Herr“ genannt. Heute mehren sich die Stimmen, die den ursprünglichen Ort dieser Tradition im Bereich des Wirkens des irdischen Jesus sehen. Dem ist zuzustimmen.[9]

d) Das vierte Evangelium bietet die Berufungsgeschichten wie Markus als Einleitung des öffentlichen Wirkens Jesu. Es fehlt aber die klare chronologische Trennung zwischen der Tätigkeit Jesu und der des Täufers. Beider Wirken greift ineinander. Mehr noch: der Täufer führt die ersten Jünger zu Jesus. Sie gehörten bis dahin zu seinem Jüngerkreis. Es sind dies Andreas, der Bruder des Simon Petrus, wie wir im Nachhinein erfahren (1, 35–40), und ein Zweiter, dessen Name nicht gelüftet wird. Dies ist ebenso auffällig wie die Bevorzugung des Andreas, der in der lukanischen Berufungsgeschichte gar nicht vorkam.[10]

---

[8] Vgl. Dietrich, Petrusbild 77–79.

[9] Zu den vorliegenden Analysen vgl. Dietrich, Petrusbild 23–38; Bovon, Lk I 228 f.; Schneider, Lk I 122 f.; Schmithals, Mk I 107–109; Pesch, Fischfang.

[10] Der Name Andreas kommt im lukanischen Doppelwerk nur in den beiden Apostelkatalogen vor (Lk 6, 14; Apg 1, 13).

Es wird auch nicht gesagt, wo die Berufung stattfindet. Der See Gennesaret wird nicht erwähnt, das Menschenfischerwort fehlt. Die Geschichte ist bestimmt vom weisheitlichen Suchen und Finden (vgl. Spr 8, 17; 16, 5). „Was sucht ihr?“ lautet das an die Zwei gerichtete Wort Jesu. Es ist das erste Wort, das der johanneische Christus spricht (1, 38). „Wo wohnst du?“ ist die korrespondierende Jüngerfrage. Sie fragt nicht nach seinem Haus, sondern ist wesenhaft auf seinen Ursprung gerichtet und eine Ahnung davon, daß er bei Gott beheimatet ist. Die Geschichte mündet aus in das bekenntnishafte Wort des Andreas: „Wir haben den Messias gefunden.“ Es ist an dessen Bruder Simon Petrus gerichtet, dem Andreas zuerst begegnet.

Damit sind wir bei der uns besonders interessierenden Pointe der Geschichte angelangt, wie nämlich Simon in der Darstellung des vierten Evangeliums berufen wird. Es geschieht nicht durch ein unmittelbar an ihn gerichtetes Wort Jesu, sondern durch die Vermittlung seines Bruders Andreas. Das bedeutet eine Hintansetzung des Simon gegenüber einem anderen. Dieser kann nicht Andreas sein, sondern jener Anonymus, der zusammen mit Andreas als erster berufen wird. Vergleichen wir diese Darstellung mit dem markinischen Bericht, wo Simon und Andreas die Erstberufenen sind, so ergibt sich, daß der Anonymus an die Stelle Simons getreten ist. Wenn man wissen will, wer dieser Anonymus ist, so wird man ihn mit dem Lieblingsjünger identifizieren müssen. Denn dieser ist auch sonst für die johanneische Darstellung zentral und tritt wiederholt in Konkurrenz zu Simon Petrus.[11] Seinen eigentlichen Namen erfahren wir nirgendwo. In Joh 13, 23 – beim letzten Mahl – hat er den Ehrenplatz neben Jesus. Hier wird auch zum ersten Mal sein ihn auszeichnender Deckname genannt: „den Jesus liebte“. Bei seiner Berufung konnte dieser Name noch nicht gut genannt werden, handelt es sich hier doch um die erste Begegnung.

Ist Simon im vierten Evangelium auch nicht Erstberufener, so erhält er bei seiner ersten Begegnung mit Jesus, die durch Andreas zustandekam, einen neuen Namen. Jesu erwählender Blick fällt auf Simon, und er spricht zu ihm: „Du bist Simon, der Sohn des Johannes. Du wirst Kephas genannt werden, das heißt übersetzt: Petrus“ (1, 42). Wenn der Name Kephas, der außer in den Paulusbriefen im Neuen Testament nur hier verkommt, auch für die des Aramäischen unkun-

[11] Darum ist die Identifizierung des „anderen“ mit Philippus weniger überzeugend. Man könnte aber fragen, ob in einer vorjohanneischen Überlieferung von Philippus die Rede war. Dann müßte man auch 1, 43 Joh R zuweisen.

digen Leser ins Griechische übersetzt wird, bleibt der Sinn der Namengebung einigermaßen im Dunkeln. Von dieser Namengebung hören wir auch in Mt 16, 18, allerdings dort im Zusammenhang mit dem kirchenstiftenden Wort. Die Interpreten sprechen von einer Parallele von Joh 1, 42b und Mt 16, 18a,[12] die sich also nur auf die Namensübertragung beschränkt. Vielleicht sollte man auch das Messiasbekenntnis, das nach Joh 1, 41 freilich Andreas ablegt, in die Überlegungen miteinbeziehen (vgl. Mt 16, 16). Messiasbekenntnis und Namensübertragung rücken auch durch die jeweilige Übersetzung enger zusammen: Messias = Gesalbter, Kephas = Fels. In welcher Beziehung steht der „Fels" zum „Gesalbten"? Das bleibt offen. Man darf aber schon hier auf Joh 21, 15 ff. verweisen.

Die Berufungen des Philippus und Natanael schließen die Berufungsgeschichten ab (1, 43–51). Beide Berufungen sind Eigengut des vierten Evangeliums. Am gemeinsamen Auftreten von Andreas und Philippus haftet ein besonderes Interesse (noch 6, 7 f.; 12, 22). Weiß die Tradition vielleicht noch um ein gemeinsames späteres Wirken der beiden? Ihre Berufung erfolgt auf dem Weg nach Galiläa (1, 43). Das mag der Versuch einer Anbindung an die galiläische Berufungstradition sein.

Wenn wir die hauptsächlichen Intentionen, die die johanneische Berufungsgeschichte prägen, nochmals überschauen, so sind es die folgenden: Hintansetzung des Simon Petrus bei gleichzeitiger Anerkennung seiner Autorität; Christus als die Weisheit, die gesucht werden muß und gefunden werden kann; der Übertritt von Johannesjüngern zu Jesus. Zu diesem letzten Punkt ist noch ein Wort zu sagen. Der vierte Evangelist setzt sich kritisch mit einer Entwicklung in Täuferkreisen auseinander, die dazu übergingen, den verstorbenen Täufer Johannes für den Messias zu halten. An verschiedenen Stellen wird diese Auffassung zurückgewiesen, am deutlichsten in 1, 19–23 (vgl. 3, 27–30), und wird der Täufer in seine Rolle als Vorläufer des Messias Jesus eingewiesen (1, 6–8.15.29–34). In den Berufungsgeschichten drückt sich diese Tendenz darin aus, daß der Täufer selbst seine Jünger zu Jesus führt und ihnen diesen vorstellt als das allein sündentilgende Lamm (1, 36.29).[13]

---

[12] Vgl. Hahn, Jüngerberufung 179. Nach Becker, Joh I 101, kannte die vorjohanneische Quelle eine Mt 16, 13 ff. analoge Tradition.

[13] Von der Johannestaufe als „Taufe der Umkehr zur Vergebung der Sünden" (Mk 1, 4) spricht der Täufer im vierten Evangelium nicht mehr.

e) Es ist sicher nicht einfach, aus den unterschiedlich gestalteten Berufungsgeschichten der Evangelien den historischen Extrakt zu gewinnen. Was hat sich zugetragen? Mit Behutsamkeit läßt sich dieses sagen: Jesus ging von Nazaret zu Johannes dem Täufer, um sich von ihm taufen zu lassen. Die Johannestaufe gehört zu den unbestrittensten Überlieferungen der Evangelien. Mit dem Zug zum Jordan tritt Jesus aus der Verborgenheit von Nazaret hervor. Beim Täufer lernt er einige von dessen Jüngern kennen, darunter Andreas, vermutlich auch Simon. Das heißt, wir rechnen damit, daß der Täufer einen Jüngerkreis um sich geschart hatte. Neuerdings ist das in Frage gestellt worden.[14] J. Ernst gibt zu bedenken, daß die Existenz eines Schülerkreises im ausgeprägten Sinne nicht zur Gerichtspredigt des Täufers passe. In der Tat werden wir uns das Jüngertum des Täufers anders vorzustellen haben als das Jesu. Vor allem werden jene, die sich ihm enger angeschlossen hatten, ihn in seiner Tauftätigkeit unterstützt haben (vgl. Joh 4, 1 f.).

Als Jesus vom Jordan wegging, eröffnete er in Galiläa seine eigene Tätigkeit. Der Täufer und Jesus wirkten eine Zeitlang zeitlich nebeneinander, örtlich aber getrennt, der eine am Jordan, der andere in Galiläa. Jesus machte Kafarnaum zum besonderen Schwerpunkt seines Wirkens. Wir möchten vermuten, daß Andreas und Simon ihm dabei äußere Hilfestellung gegeben haben. Dann könnte es sein, daß Andreas und – falls dieser auch zum Täuferkreis gehörte – Simon mit ihm vom Jordan nach Galiläa gezogen sind. Dort entschloß sich Jesus auch, einen Jüngerkreis zu konstituieren. Zunächst dürfte er allein gewirkt haben. Es paßt ganz in die Situation, wenn Simon und Andreas seine ersten Jünger wurden. Hier ist auf jeden Fall die synoptische, näherhin die markinisch-matthäische Überlieferung zu bevorzugen. Wenn Simon an erster Stelle genannt wird, ist das im Kontext seiner Bedeutung zu sehen. Es wird aber auch damit zusammenhängen, daß Simon gegenüber seinem Bruder Andreas der ältere war. Beide gingen wieder ihrem Fischerhandwerk nach. Von diesem hat sie Jesus weggeholt. Als er dies tat, war er ihnen längst kein Unbekannter mehr. Das Menschenfischerwort fügt sich ebenfalls in sein Wirken ein. In einprägsamen Bildern, die den Menschen das Reich Gottes erschlossen, vermochte er ihnen die Forderungen der Stunde näherzubringen. Es ist dabei gar nicht auszuschließen, daß er sie damit bei ihrer täglichen Arbeit überraschte.[15] Es ist verständlich, daß sie erst

---

[14] Vgl. J. Ernst, Johannes der Täufer (BZNW 53) (Berlin 1989) 338 f.

[15] Gemäß einer älteren Pilgerüberlieferung soll der Ort der Berufung Tabga in der

allmählich in die Nachfolge Jesu hineinwuchsen. Sie gaben ihren Beruf und die Absicherungen in ihrer persönlichen Existenz auf. Die Familie des Simon aber hat nach allem, was wir noch ausmachen können, das Haus in Kafarnaum behalten.

LITERATUR:

L. Brun, Die Berufung der ersten Jünger Jesu in der evangelischen Tradition: SyOs 11 (1932) 35–54.

G. Klein, Die Berufung des Petrus: ZNW 58 (1967) 1–44.

W. Wuellner, The Meaning of „Fishers of Men" (Philadelphia 1967).

M. Hengel, Nachfolge und Charisma (BZNW 34) (Berlin 1968).

R. Pesch, Der reiche Fischfang (KBANT 6) (Düsseldorf 1969).

W. Dietrich, Das Petrusbild der lukanischen Schriften (BWANT 94) (Stuttgart 1972).

F. Hahn, Die Jüngerberufung Joh 1, 35–51: NT und Kirche (Festschrift R. Schnakkenburg) (Freiburg 1974) (172–190).

M. Theobald, Die Anfänge der Kirche. Zur Struktur von Lk 5, 1–6.19: NTS 30 (1984) 91–108.

S. O. Abogourin, The Three Accounts of Peter's Call: NTS 31 (1985) 587–602.

2. Einkehr in Simons Haus

In Mk 1, 30 f. haben wir eine Geschichte vor uns, die wir im Rahmen unseres Themas trotz ihrer extremen Knappheit nicht übergehen können. Wir erfahren von einer Heilung, die im Haus Simons in Kafarnaum geschieht. Die Heilung wird der Schwiegermutter des Simon zuteil. Wir hören zwar immer wieder davon, daß Jesus in die Häuser der Menschen geht. Neben unserer Perikope gibt es aber nurmehr eine Geschichte, wo uns die Namen des Ortes und des Hausbesitzers mitgeteilt werden: das Haus Simons des Aussätzigen in Betanien am Ölberg, wo Jesus mit seinen Jüngern Mahl hält (Mk 14, 3–9). Unsere Erzählung in 1, 30 f. ist der einzige Fall, wo wir mit derselben Konkretheit von einer Heilung hören. Darum soll der kurze Text hier wiedergegeben werden. Der Einleitungsvers 29 ist vom Evangelisten als

Nähe des oben erwähnten Siebenquell gewesen sein. Die warmen Quellen ziehen die Fische an. Das Wasser ist seicht, so daß man darin stehen kann. Der Ort wird heute noch von Fischern bevorzugt. Natürlich ist das nicht mehr als eine Überlieferung. Dazu vgl. Pixner, Wege 84–86.

Überleitung von der vorausgehenden Heilung eines Dämonischen in der Synagoge in Kafarnaum neugestaltet worden. In der Vorlage wird die Einleitung gelautet haben: Und er (bzw. Jesus) kam nach Kafarnaum in Simons Haus.[16] Folgender Text schließt sich an:

„Die Schwiegermutter Simons aber lag fieberkrank darnieder. Und sie sprechen sogleich mit ihm über sie. Und er trat heran, ergriff die Hand und richtete sie auf. Und es wich von ihr das Fieber. Und sie bediente ihn."[17]

Der Text enthält die wesentlichen Elemente einer Wundergeschichte. Dazu gehören: die Angabe der Krankheit; die Vorstellung, daß von Jesus eine heilende Kraft ausströmt, als er die Hand der Frau ergreift. Auch ist entsprechend dem volkstümlichen zeitgenössischen Konzept das Fieber als eine dämonische Macht konzipiert, über die Jesus gebietet. Am Schluß steht die Feststellung, daß die Heilung erfolgreich war. Die Geheilte steht auf und versieht den Dienst.

Wenn die Angehörigen – Simons Familie – Jesus sogleich bei seinem Eintritt in das Haus bedrängen und ihn auf die Krankheit der Frau aufmerksam machen, soll das den Ernst ihrer Lage andeuten. Dieser wird durch das Verb „sie lag darnieder" unterstrichen, sie vermochte nichts mehr zu tun.

Fieber ist gewiß eine sehr allgemeine Krankheitsbestimmung. Aber so ist es mit allen Krankheitsdiagnosen, die wir im Neuen Testament und weithin in der Antike antreffen. Man definierte Fieber als widernatürliche Hitze und leitete sie vom Herzen ab.[18] Darf man im konkreten Fall an Malaria denken?[19] Jesus hilft durch Berührung, durch Handergreifen und Aufrichten. Ein Heilungswort oder -befehl wird nicht erwähnt. Die sofortige Wirkung der Heilung äußert sich im Dienst der Frau, den sie jetzt Jesus leistet. Die Zeitform des Imperfekts könnte andeuten, daß sie diesen Dienst fortsetzt.

Im markinischen Kontext ist die Heilung der Schwiegermutter Simons eingefügt in den Verlauf eines Tages, den Jesus in Kafarnaum verlebt. Es ist gewissermaßen nach der Berufung der ersten vier Jünger der erste Tag seines Wirkens, der Tag der Tage. Es ist Sabbat. Dem Besuch in Simons Haus geht die Teilnahme am Gottesdienst in

---

[16] Vgl. Gnilka, Mk I 83; Kertelge, Wunder 60.

[17] Einzelne Hss lesen: bediente sie. Die Entscheidung ist schwierig, weil auch par Mt 8, 15; Lk 4, 39 der Text schwankt.

[18] Vgl. H.-J. Horn: RAC VII 879. Von Fieberheilungen berichten noch Joh 4, 52; Apg 28, 8.

[19] So Dalman, Orte und Wege 163.

der Synagoge von Kafarnaum voraus, bei dem Jesus lehrte und einen Besessenen von seinen Fesseln befreite (1, 21–28). Am Abend, nach Sonnenuntergang, bringen die Bewohner des Ortes ihre Kranken vor die Tür des Hauses, von denen – wie es heißt – viele geheilt werden (1, 31–34). Die präzise Zeitangabe will, da nach damaliger jüdischer Vorstellung mit Sonnenuntergang der neue Tag begann, sicherstellen, daß Jesus auf die Sabbatruhe Rücksicht nimmt. Die zeitliche Folge wird sogar noch fortgesetzt. Sehr früh, noch bei Nacht, steht Jesus auf und begibt sich zum Gebet an einen einsamen Ort. Simon mit seinen Gefährten geht ihm nach und meldet, daß man allenthalben sein Verschwinden gemerkt habe. Doch er bricht auf zur Verkündigung in anderen Synagogen Galiläas (1, 35–39).

Markus verfolgt mit dieser Anordnung die Absicht, eine Einführung in Jesu Wirken zu geben. Die Vollmacht seiner Lehre, die im einzelnen nicht ausgeführt wird, bekundet sich in seinen Machttaten. Die Heilungen von einzelnen Personen, eines Mannes und einer Frau, mündet aus in eine Massenszene, in der viele seine rettende Hilfe erfahren.[20] Galiläa ist das Land der Verkündigung des Evangeliums, die Nacht die Zeit seines Betens.

Matthäus, der die Exorzismusgeschichte in der Synagoge von Kafarnaum nicht überliefert, ordnet die Heilung der Schwiegermutter Simons und die Massenheilungen am Abend an ganz anderer Stelle ein. Sie findet sich in seinem großen Wunderzyklus Kap. 8 f. im Anschluß an die Heilung des Knechtes des Hauptmannes von Kafarnaum (8, 14–17). Während Jesus in Kafarnaum das Haus des heidnischen Hauptmanns nicht betritt, kehrt er in Simons Haus ein. Für Matthäus sind die Massenheilungen Anlaß, Jes 53, 4 als Erfüllungszitat zu zitieren: „Er hat unsere Schwachheiten angenommen und die Krankheiten getragen“ (8, 17).

Lukas beläßt den Tag in Kafarnaum am Anfang des Wirkens Jesu. Nur wird der breit ausgeführte Auftritt in der Synagoge des Heimatortes Nazaret vorgeschaltet. Kafarnaum wird Nazaret gegenüber zur Fremde. Die Heimat lehnt ihn ab, in der Fremde findet er Aufnahme (4, 31–44).[21] Das deutet den Weg des Evangeliums in die Welt an. Die Heilungsszene in Simons Haus ist präziser ausgestaltet. Die Schwiegermutter lag darnieder mit „großem Fieber“ (4, 38). Das ist ein me-

[20] Nach Dibelius, Formgeschichte 41, liegt die Pointe der Tagesschilderung in der Massenheilung.

[21] Vgl. Conzelmann, Mitte der Zeit 26.

dizinisch-technischer Begriff.[22] Ob sich Lukas dessen bewußt war, mag dahingestellt bleiben. Zeitweise wurde es als Indiz für den ärztlichen Beruf des Lukas genommen.[23] Der exorzistische Charakter der Heilung erscheint verdeutlicht: „Er beugte sich über sie und fuhr das Fieber an" (4, 39).

Die Einkehr Jesu in Simons Haus und die Heilung von dessen Schwiegermutter kann als zuverlässige historische Detailerinnerung gewertet werden. Der Geschichte fehlt jegliches kerygmatisches Ambiente. Dieses gewinnt die Textfolge erst durch die Einbettung in den Verlauf eines Tages in Kafarnaum. Die Schilderung dieses ersten Tages im Wirken Jesu nach Markus wird man hingegen als typischen Bericht, nicht als historisches Detail zu werten haben.[24] So darf und soll man sich im Sinn des Evangelisten das Wirken Jesu vorstellen. Man hat im Hinblick darauf, daß die Schwiegermutter und nicht die Frau Simons Jesus bedient, den Schluß ziehen zu können gemeint, daß Simon Witwer gewesen sei.[25] Doch überfrachtet man damit die Perikope, der es darauf ankommt, im Dienen der Frau ihre Heilung bestätigt zu sehen. Außerdem hören wir an anderer Stelle von Simons Frau (1 Kor 9, 5). Man kann aber im Abschluß der Geschichte von der Einkehr Jesu in Simons Haus und in ihrer bevorzugten Stellung am Beginn seines Wirkens angedeutet sehen, daß dieses Haus eine Art Stützpunkt für sein Wirken in Kafarnaum und darüber hinaus in Galiläa gewesen ist. Daß Kafarnaum ein Konzentrationspunkt gewesen ist, bestätigt Mt 11, 23 par.

LITERATUR:

P. Lamarche, La guérison de la belle-mère de Pierre et le genre littéraire des évangiles: NRTh 87 (1965) 515–526.

X. Léon-Dufour, La guérison de la belle-mère de Simon-Pierre: EstB 24 (1965) 193–216.

R. Pesch, Ein Tag vollmächtigen Wirkens Jesu in Kapharnaum: BuL 9 (1968) 261–277.

K. Kertelge, Die Wunder Jesu im Markusevangelium (StANT 23) (München 1970).

D.-A. Koch, Die Bedeutung der Wundererzählungen für die Christologie des Markusevangeliums (BZNW 42) (Berlin 1975).

---

[22] Vgl. H.-J. Horn: RAC VII 879. Man unterschied zwischen „großem" und „kleinem" Fieber.

[23] Vgl. A. von Harnack, Lukas der Arzt (Leipzig 1906) 127.

[24] Zum Nachweis im einzelnen vgl. Koch, Bedeutung 161–166; Gnilka, Mk I 85 f., 87 f.

[25] Lohmeyer, Mk 40.

3. Stellung im Jüngerkreis

a) Zunächst sahen wir Simon unter den vier Erstberufenen. Die Evangelien konzentrieren ihr Interesse bei der Erweiterung des Jüngerkreises auf die Gruppe der Zwölf. Sie setzen voraus, daß die Zahl der Jünger größer gewesen sein muß als zwölf. So vernahmen wir bereits von der Berufung des Levi, des Natanael, Namen, die nicht unter den Namen der Zwölf zu finden sind. Auch werden wir mit Jüngerinnen zu rechnen haben bzw. mit Frauen, die Jesus nachgefolgt sind (vgl. Lk 8, 2 f.; Mk 15, 40 f. parr). Wie viele Jünger und Jüngerinnen Jesus um sich scharte, läßt sich nicht mehr ausmachen.[26]

Die Zwölf als feste Jüngergruppe werden zu wiederholten Malen in den Evangelien erwähnt, in der Regel in Verbindung mit bedeutungsvollen Begebenheiten. Judas Iskariot heißt stets „einer von den Zwölfen" (Mk 14, 10.43 parr; Joh 6, 71), auch Thomas (Joh 20, 24). Während Markus einfach von den Zwölfen spricht (4, 10; 6, 7; 9, 35; 10, 32; 11, 11; 14, 17), können sie bei Matthäus „seine zwölf Jünger" (10, 1), aber auch Apostel genannt werden, wenngleich nur an einer Stelle (10, 2). Bei Lukas hingegen begegnet der Apostelbegriff sechsmal und bezieht sich immer auf die Zwölf (vgl. 6, 13).[27] Die Idee des Zwölferapostolates ist bei ihm fest verankert.

Selbstverständlich gehört Simon zur Gruppe der Zwölf. Er ist ganz eingebunden in ihren Kreis. Alles, was über die Zwölf gesagt wird, betrifft auch ihn. Wir wollen aus der Fülle der Szenen, die mit den Zwölfen verbunden sind, nur zwei herausgreifen, die Konstituierung ihres Kreises und ihre Aussendung.

Den ältesten Bericht über die Konstituierung der Zwölf finden wir in Mk 3, 13–19 vor, genauer betrachtet gliedert sich der Text in zwei Teile: auf die Konstituierung und Ausstattung mit Vollmacht folgt eine Liste der zwölf Namen. Die Einsetzung ist der Berufung der ersten vier Jünger verwandt (1, 16–20), obwohl auf diese Geschichte kein Bezug genommen wird. Es fehlen die spezifischen Bestandteile einer Berufungsgeschichte. Die Gerufenen gehen nicht ihrer beruflichen Beschäftigung nach wie dort. Das Nachfolgen oder hinter Jesus Hergehen wird ebenfalls nicht erwähnt. Die Einsetzungsszene hat auf einem Berg ihren unbestimmten Schauplatz. Von diesem Berg, der an den Sinai erinnert, ruft Jesus befehlsmäßig zu sich, „die er wollte". Weil

---

[26] Die Zahl 70 bzw. 72 in Lk 10, 1 ist künstlich. Sie hängt mit der Zahl der Völker zusammen, die man in der Welt vermutete.

[27] 6, 13; 9, 10; 11, 49; 17, 5; 22, 14; 24, 10.

die Namenliste folgt, ist zu verstehen gegeben, daß er sie beim Namen ruft. Die Reaktion ist Aufbruch. Der Text ist eingerahmt von dem in feierlich semitisierendem Stil gehaltenen Satz: „Und er machte (die) Zwölf" (3, 14a und 16a).[28] Das bedeutet keine Analogie zum Schöpfungsgedanken und hat auch mit der „Schöpfung" des Gottesvolkes im Sinn von LXX Jes 43, 1; 44, 2 unmittelbar nichts zu tun.[29] Vielmehr werden die Zwölf eingesetzt wie im Alten Testament Menschen zu Priestern oder in andere Ämter und Aufgaben eingesetzt werden.[30] Von einer Einsetzung zu Aposteln spricht Markus noch nicht.[31] Die primäre Funktion, die den Zwölfen zugemessen wird, ist, daß sie mit ihm sein sollen. Das heißt, daß sie allein von ihm her und in der Gemeinschaft mit ihm in ihrer Sinnhaftigkeit als die Zwölf verstanden werden können. Die Zwölf ist keine beliebige Zahl, sondern verweist auf das Gottesvolk Israel. Weil das empirische Israel zur Zeit Jesu nur noch aus zwei bzw. zweieinhalb Stämmen bestand, ist an die in der prophetischen und apokalyptischen Literatur verwurzelte Erwartung anzuknüpfen, nach der Israel in der eschatologisch-messianischen Zeit als Zwölfstämmevolk wiederhergestellt und vollendet werden wird.[32] Der Zwölferkreis symbolisiert dann nicht nur den Anspruch Jesu auf Gesamtisrael, sondern auch seine Verheißung des eschatologischen Heils für Israel. Dabei kann man daran denken, die Zwölf als Stammväter dieses eschatologischen Volkes bezeichnet zu sehen.

Die eschatologische Funktion der Zwölf wird mit einem geschichtlichen Auftrag verknüpft. Dieser soll erkennbar das Wirken Jesu fortsetzen, hebt sich aber darin von ihm ab, daß die Zwölf von ihm ausgesendet werden. Wie Jesus kündet und Vollmacht über die Dämonen hat, so wird es ihnen übertragen. Im Sinn des Markus sind sie nicht als bleibende Institution zu verstehen. Was sie von den anderen Jüngern abhebt, ist der Sendungsgedanke, der ihnen vorbehalten bleibt.[33] Weil die Zwölf für Markus bereits der Vergangenheit zugehören, er aber dennoch an ihnen theologisch interessiert ist, muß ihnen die Auf-

---

[28] In 3, 14a fehlt der Artikel. Vers 16a ist textlich umstritten, aber weil durch die ägyptische Textüberlieferung belegt, im Text zu belassen.

[29] So Schmahl, Die Zwölf 55.

[30] Vgl. 1 Sm 12, 6; 1 Kg 12, 31; 13, 33; 2 Chr 2, 18; Mk 1, 17; Apg 2, 36.

[31] Der Zusatz zu V 14 „die er auch Apostel nannte" ist zwar textlich ausgezeichnet belegt, aber als Paralleleinfluß von Lk 6, 13 zu streichen. Es gibt keine überzeugenden Gründe für eine Streichung im Originaltext.

[32] Jes 11, 11.16; 27, 12 f.; Mich 7, 12; Ez 39, 27 f.; PsSal 11; Henaeth 57; 90, 32; ApkBarsyr 4, 36–5, 9. Weitere Belege bei Schmahl, Die Zwölf 36–39.

[33] Es ist falsch zu behaupten, daß mit den Jüngern stets die Zwölf gemeint seien. Vgl. Schmahl, Die Zwölf 127 f., anders Schmithals, Apostelamt 61–64.

gabe zugedacht sein, die Brücke zur Zeit Jesu zu bilden. Zwar kennt Markus den Begriff Apostel allein als Funktionsbezeichnung (nur 6, 30: die Ausgesendeten) und noch nicht als terminus technicus, es wird sich aber nicht leugnen lassen, daß entscheidende Elemente des späteren Begriffs in seinem Zwölferkonzept schon erkennbar sind.

Auch Matthäus wird den Apostelbegriff noch als Funktionsbezeichnung aufgefaßt haben (nur in 10, 2). Dafür spricht seine Einordnung zusammen mit der Namenliste vor die Aussendung der Zwölf zur Israelmission. Bei Lukas gewinnt er seine gefüllte Bedeutung und wird zum terminus technicus. Weil die Entfaltung des Apostelbegriffs nach weitgehender Übereinstimmung in der Forschung eine nachösterliche ist, kann jetzt noch nicht darauf eingegangen werden. Es ist später darauf zurückzukommen.

Bei der Erörterung der Namenliste beziehen wir alle vier Varianten mit ein (Mk 3, 16–19 parr; Apg 1, 13). Während sie Markus und Lukas mit der Einsetzung des Zwölferkreises verknüpfen und die Aussendung davon abheben zieht Mt 10, 1–16 Einsetzung und Aussendung zusammen. In der Apostelgeschichte, wo selbstverständlich nur elf Namen stehen, findet sich die Liste kirchenbezogen vor dem Pfingstereignis. Die Namen stimmen im wesentlichen überein. Nur setzen die beiden lukanischen Listen an die Stelle von Thaddäus den Judas Jakobi. In allen Listen steht Simon bzw. Petrus (letzteres in Apg 1, 13) an erster Stelle. Mt 10, 2 unterstreicht dies: „Die Namen der zwölf Apostel sind diese: als erster Simon." Die synoptischen Listen fügen den Petrusnamen hinzu, Markus und Lukas im Sinn der Namensübertragung durch Jesus: „Er übertrug dem Simon einen Namen: Petrus" (Mk 3, 16); „Simon, den er auch Petrus nannte" (Lk 6, 14). Mt 10, 2 referiert nur: „Simon, der Petrus heißt." Die Namengebung bleibt ungedeutet. Wenn Judas Iskariot in allen Listen am Schluß steht, ist auch das sicher wertend gemeint.

Nur Markus weiß noch von einer weiteren Namensübertragung. Jakobus, der Zebedäussohn, und sein Bruder Johannes erhalten einen gemeinsamen Namen. „Und er übertrug ihnen einen Namen: Boanerges, das ist Söhne des Donners" (3, 17). Wenn Matthäus und Lukas dies weglassen, dürfte ihnen der Name nicht mehr verständlich gewesen sein. Auch die markinische Übersetzung „Söhne des Donners" ist nach Meinung G. Dalmans,[34] eines der exzellentesten Semitisten, un-

[34] Jesus-Jeschua 11. Vgl. Dalman, Grammatik 144 Anm. 2. O. Betz, Donnersöhne, Menschenfischer und der davidische Messias: RQum 3 (1961) 41–70, besonders 41–52, übersetzt: „Sturmgesellen".

genau. Er schlägt „Söhne des Tobens“ vor, abgeleitet von ben\t reg\tsch. Worauf sich das bezieht, ist ungewiß und kann nur spekulativ beantwortet werden. Soll dieser Geschwistername ihren Verkündigungseifer, ihr Temperament charakterisieren? Er dürfte mehr beinhalten als ein Spitzname. Sollte die Namengebung Vollmachtübertragung in sich schließen?[35]

Auf jeden Fall hat die Namengebung in der markinischen Liste dazu geführt, die beiden Zebedäussöhne an die zweite und dritte Stelle nach Simon Petrus zu rücken und Andreas, den Bruder Simons, auf den vierten Platz abzudrängen. Ebenso ist es in Apg 1, 13. In Mt 10, 2; Lk 6, 14 behält Andreas den zweiten Platz nach seinem Bruder Simon Petrus.

Das Zurücktreten des Andreas und die Bevorzugung dieser Drei, nämlich Simon Petrus, Jakobus und Johannes, kann auf keinem Zufall beruhen. Denn auch in anderen Zusammenhängen werden sie von Jesus bevorzugt. Er nimmt sie mit in die Stube der Tochter des Synagogenvorstehers Jairus, wo sie zu Zeugen der Totenerweckung werden (Mk 5, 37). Sie dürfen mit Jesus auf den Berg der Verklärung steigen (9, 2). Und sie sind ausersehen, ihm in seinem Todeskampf im Garten Getsemani beizustehen (14, 33), wo sie allerdings versagen.[36] Aller Wahrscheinlichkeit nach hängt ihre bevorzugte Plazierung mit der Rolle zusammen, die sie in der nachösterlichen Gemeinde spielten. Das gilt nicht nur für Simon, sondern auch die beiden Zebedäiden. Petrus und Johannes gehören nach Gal 2, 9 zu den Säulen[37] der Gemeinde. Jakobus, der Bruder des Johannes, wird auf Veranlassung des Königs Herodes Agrippa I. durch das Schwert hingerichtet (Apg 12, 2). Er muß in seiner Führungsrolle dem König aufgefallen sein.

Was gab Veranlassung, die Namen der Zwölf in einer Liste zusammenzustellen, und was veranlaßte die Synoptiker, die Liste in das

---

[35] Roloff, Apostolat 147: keinesfalls nur ein „Gemeindetheologumenon“.

[36] Die Seitenreferenten haben diese Bevorzugung zum Teil abgebaut, Matthäus in der Jairusgeschichte, Lukas in Getsemani. Auch bietet Lk 8, 51; 9, 28 die Reihenfolge Petrus, Johannes, Jakobus, läßt also Johannes vortreten. Mt 26, 37 spricht von Petrus und den zwei Söhnen des Zebedäus. Wenn nach Mk 13, 3 Jesus die eschatologische Rede an die vier erstberufenen Jünger: Petrus, Jakobus, Johannes, Andreas (in dieser Reihenfolge!) richtet, ist das MkR. Die Seitenreferenten übernehmen das nicht.

[37] Die dritte Säule nach Gal 2, 9 ist Jakobus, der Herrenbruder. Er wird hier sogar an erster Stelle genannt. Nach Grundmann, Mk 78, trat er an die Stelle des Zebedäiden Jakobus in den Dreierrat, nachdem dieser getötet worden war.

Evangelium aufzunehmen? Hat die in der Liste anzutreffende Reihenfolge eine Bedeutung?

Namenlisten treffen wir noch an anderen Stellen des Neuen Testaments, in Joh 21, 2 eine Jüngerliste, in Apg 6, 5 eine Liste von sieben hellenistischen Gemeindeleitern, in Apg 13, 1 eine Liste der Propheten und Lehrer in der Gemeinde von Antiochia. Ähnliche Listen gibt es auch in der rabbinischen Literatur. Am bekanntesten ist vielleicht die Liste der fünf Schüler des Rabbi Jochanan ben Zakkai, der um 80 n. Chr. gestorben ist.[38] Manche Rabbinenschüler erhalten auch Namen, die in der Regel ihre Eigenarten charakterisieren.[39]

Der primäre Anlaß für die Aufbewahrung und Zitierung von Namenlisten ist sicherlich der Wille, den Eindruck des Geschichtlichen zu vermitteln. Zwölferlisten in den Evangelien wollen bekunden, daß das Evangelium durch die Verkündigung dieser Männer geschichtliche Gestalt gewann. Gibt es eine darüber hinaus greifende Intention? Wir sahen bereits, daß die Plazierung am Anfang oder Schluß Wertungen bedeuten kann. Aber was ist mit der Mehrheit der restlichen Namen, von deren Trägern wir nichts Näheres erfahren? G. Schille[40] meinte, der Liste Hinweise auf die spätere missionarische Tätigkeit der Apostel, ja sogar eine Art Missionsprogramm entnehmen zu können. Er geht davon aus, daß die Namen paarweise angeordnet seien und bringt das in Verbindung mit der Kollegialmission, mit der Anweisung, daß die Missionare zu zweit wirken sollen (vgl. Mk 6, 7). Während die ersten Drei – Simon Petrus, Jakobus, Johannes – in Jerusalem wirkten, Judas Iskariot ausfiel, seien die übrigen acht je zu zweit in die Heidenmission ausgezogen. Die vier sich ergebenden Paare sollen die vier Himmelsrichtungen symbolisieren und damit die Weltmission darstellen.

Die Hervorhebung der ersten Drei und ihre führende Rolle in Jerusalem sind plausibel. Die Zusammenstellung der Namen zu Paaren findet sich nur in den Listen Mt 10, 2 f.; Apg 1, 13.[41] Man hat auch die Schwierigkeiten zu berücksichtigen, die zu überwinden waren, ehe man sich entschloß, konsequent Heidenmission zu betreiben. So ist

---

[38] Sie findet sich im Mischnatraktat Aboth 2, 8. Dazu vgl. J. Neusner, Development of a Legend (StPB 16) (Leiden 1970) 240–242.54 f.

[39] So heißt ein Schüler Rabbi Jochanans „Kalkgrube“ wegen seines phänomenalen Gedächtnisses.

[40] Kollegialmission 139–147.

[41] Ein Vergleich zeigt, daß die Paare nicht übereinstimmen. So stehen in Mt 10, 2 f. Simon Petrus und Andreas, Philippus und Bartholomäus, in Apg 1, 13 Andreas und Philippus, Thomas und Bartholomäus zusammen. In den Listen Mk 3, 16–19; Lk 6, 14–16 werden alle zwölf Namen durch „und“ verbunden.

die Konstruktion Schilles möglicherweise beeinflußt durch die am Ende des zweiten Jahrhunderts sich verfestigende Legende, daß Christus selbst den Zwölfen die Welt als Missionsgebiet zugeteilt und sie in die verschiedenen Provinzen ausgesandt habe.[42] Gegenüber weitreichenden Folgerungen aus den Zwölferlisten wird man skeptisch sein müssen.

Von der Aussendung der Zwölf als Unterstützung des Wirkens Jesu erzählen die drei Synoptiker (Mk 6, 7–13; Mt 10, 1–16; Lk 9, 1–6). Von einer Jüngeraussendung handelte bereits die Spruchquelle bzw. sie bot Regeln, wie die Jünger sich bei der Aussendung verhalten sollen.[43] Wenn Lk 10, 1–12 nochmals Verhaltensregeln für die missionarische Tätigkeit bietet – hier als Anweisung an die siebzig Jünger –, so schöpft er weitgehend aus der Tradition der Spruchquelle. Es kann hier nicht darum gehen, einen ausführlichen Vergleich der verschiedenen Überlieferungen zu bieten, sondern nur darum, ausgewählte wichtige Kennzeichen der frühesten missionarischen Tätigkeit herauszustellen, in die Simon sicherlich miteingebunden war.

Alle drei Überlieferungen lassen die Intention erkennen, das Wirken der frühesten Missionare so zu zeichnen, daß es als ein mit Jesu Wirken übereinstimmendes gesehen wird. Sie setzen seine Tätigkeit fort, breiten sie aus. Alle drei beginnen damit, daß Jesus sie mit Vollmacht ausstattet. Es ist die gleiche Vollmacht, mit der er befähigt ist, so daß sie daran partizipieren, die Vollmacht, Dämonen auszutreiben und Krankheiten zu heilen (Mt 10, 1; Lk 9, 1). Entsprechend seinem Konzept forciert Markus die Vollmacht über die unreinen Geister, die er schon bei der Einsetzung des Zwölferkreises erwähnt und dort mit dem Auftrag zu verkündigen verknüpft hatte (6, 7; vgl. 3, 14 f.).

Alle drei richten die Aussendung auf Israel aus. Am deutlichsten tut das Mt 10, 5 f. mit dem Befehl, nicht zu den Heiden zu gehen, keine Stadt der Samariter zu betreten, sondern nur die verlorenen Schafe des Hauses Israel aufzusuchen. Auch das bedeutet eine Übereinstimmung mit dem Wirken Jesu (15, 24). Nach Lk 10, 1 sendet Jesus die (siebzig) Jünger vor sich her in alle Städte und Orte, wohin er selbst gehen wollte.[44] Bei der Aussendung der Zwölf wird man in der Zwölfzahl den Gedanken mitenthalten sehen dürfen, daß der Adres-

---

[42] Dazu vgl. A von Harnack, Die Mission und Ausbreitung des Christentums in den ersten drei Jahrhunderten I (Leipzig 1924, Nachdruck 1965) 107–109.

[43] Vgl. Schulz, Q 404–419; Hoffmann, Logienquelle 235–334.

[44] Das schließt die Transparenz nicht aus, die auf die Heidenmission mit der Zahl siebzig gegeben ist.

sat der Mission Israel ist, dem die Verheißung der Restituierung als Zwölfstämmevolk angezeigt wird.

Der Auftrag entspricht der Bevollmächtigung. Sie sollen die Nähe der Gottesherrschaft proklamieren, Kranke heilen, Dämonen austreiben. Mt 10, 7 f. spricht von Himmelsherrschaft und entfaltet die den Menschen zu gewährende Hilfe wieder in Übereinstimmung mit Jesu messianischer Heilertätigkeit (vgl. 11, 5). Lk 10, 9 deutet die Nähe der Gottesherrschaft im Sinn ihrer Gegenwart. Mk 6, 12 f. holt in seiner gekürzten Textfassung den Auftrag, daß sie künden und Dämonen austreiben sollen, ein in den Vollzug, daß sie kündeten und Dämonen austrieben.

Die Ausgesendeten sollen in äußerster Bedürfnislosigkeit wirken. Das ist der frappierendste und schockierendste Zug ihrer Mission, für den man wird annehmen können, daß er auch Jesu Sendung prägte und auszeichnete. „Nehmet nichts mit auf den Weg!" leitet Jesus nach Mk 6, 8 die Weisungen ein. Kein Brot, das heißt, keine Verpflegung, kein Bettelsack, kein Kupfergeld im Gürtel, fährt er fort. Der Versuchung, sich in der Armut Gaben zu erbetteln, wird gewehrt. Das zugrunde liegende Wort (πήρα) könnte auch die Reisetasche bedeuten. Doch hat schon A. Deissmann die Bedeutung „Bettelsack" plausibel gemacht.[45] Selbst der geringen Kupfermünzen sollen sie sich enthalten. Wenn Mk 6, 8 f. den Wanderstab und die Sandalen erlaubt, ist das bereits ein Rückzieher. Ursprünglich war beides untersagt (Mt 10, 10; Lk 10, 4). Wer barfuß ging, galt als extrem arm. Der Wanderstab, weil als Waffe brauchbar, bot Sicherheit. Nicht sollen sie zwei Hemden tragen (Mk 6, 9).

Wie bereits angedeutet, sind die rigorosen Weisungen im Verlauf ihrer Überlieferung etwas entschärft worden. Wenn Mt 10, 9 nicht nur Kupfer-, sondern auch Gold- und Silbergeld verbietet, läßt dies den Schluß zu, daß das soziale Umfeld sich geändert hat. Die Regel wird eingeschärft: „Umsonst habt ihr empfangen, umsonst gebt" (10, 8). Damit wird das Geldverdienen, etwa im Zusammenhang mit Heilungen, verboten. Das Verbot des Grüßens auf dem Weg (nur Lk 10, 4), in seinem Verständnis sehr umstritten, könnte ebenfalls mit der Untersagung der Bettelei zu tun haben.[46]

---

[45] Deissmann, Licht vom Osten 87, verweist auf eine in Syrien entdeckte griechische Inschrift aus der römischen Kaiserzeit, die von einem Sklaven kündet, der für seine Syrische Göttin erbettelte Gaben in seine πήρα einsammelt.

[46] Vgl. Theißen, Soziologie 93. Wahrscheinlich stand dieses Verbot bereits in der Spruchquelle. Matthäus hätte es dann nicht übernommen, weil es ihm unklar gewe-

Die Mission hat in einem Haus anzusetzen. Wenn sie in eine Stadt oder ein Dorf kommen, sollen sie sorgfältig prüfen, wer würdig ist, sie aufzunehmen. Das Gewicht ihrer Botschaft hebt sich ab von ihrer äußerlichen Armseligkeit. Beim Eintritt in das Haus entbieten sie den Friedensgruß. Weil Friede Heil bedeutet, beinhaltet der Gruß die Botschaft, die sie auszurichten haben. Finden sie Glauben, dürfen sie in diesem Haus sich verköstigen und beherbergen lassen. Nur sollen sie nicht von Haus zu Haus wechseln. Das gewonnene Haus wird zur Missionsbasis, von der aus andere Menschen zu gewinnen und mit der Botschaft zu konfrontieren sind. Wenn sie aber keine Aufnahme finden, sollen sie sich abwenden und weiterziehen und mit dem Gerichtsgestus des Staubabschüttelns von den Füßen zu verstehen geben, daß der Ort die Stunde des Heilsangebotes verpaßt hat (Mt 10, 11–15; Lk 10, 5–12). Hier dringt der eschatologisch-endzeitliche Charakter ihrer Botschaft mit besonderer Deutlichkeit durch, der Menschen zur Entscheidung herausfordert. Die Entscheidung ist keine beliebige, sondern betrifft den Weg des Lebens oder des Todes.

Die radikalen Anweisungen können gewiß nur im Gesamtzusammenhang der von den Missionaren im Auftrag Jesu auszurichtenden Botschaft richtig eingeschätzt werden. In ihrer Bedürfnislosigkeit huldigen die Ausgesendeten nicht einem asketischen Ideal, sondern wissen sie sich in seiner Nachfolge, in der sie seinen Lebensstil übernehmen. Dieser verdeutlicht die Botschaft vom Reiche Gottes, das sich genaht hat. Als dessen Boten haben sie sich ganz Gott ausgeliefert, auf dessen Unterstützung und Hilfe sie vertrauen. Ihre äußere Armseligkeit wäre als Hilflosigkeit oder Machtlosigkeit gründlich mißverstanden. Vielmehr erweist sich gerade in ihr die rettende Vollmacht ihres prophetisch-charismatischen Auftrags.[47]

Dennoch ist es aufschlußreich, sich das äußere Erscheinungsbild dieser Boten, zu denen auch Simon gehörte, konkret vor Augen zu führen: wandernde Charismatiker, die ohne Besitz und Arbeit durch das Land zogen. Sie waren zu Außenseitern der Gesellschaft geworden und umherziehenden zweifelhaften Bettlerexistenzen zum Verwechseln ähnlich. Es mag sein, daß sie Sympathisanten vornehmlich unter denen fanden, die selbst am Rand der Gesellschaft lebten, bei den Mühseligen und Beladenen, Hungernden und Armen, die Jesus

---

sen sein könnte. Andere Deutungen sind: Die Zeit eilt, oder: Das Wort ist kostbar und darf nicht verschwendet werden.

[47] Vgl. Hoffmann, Logienquelle 329–331.

seliggepriesen hatte.[48] Allerdings hatten sie freiwillig dieses Los auf sich genommen.

Es ist aber G. Theißen zuzustimmen, der sagt, daß das Wirken in rigoroser Bedürfnislosigkeit ein soziales Umfeld voraussetzt, das in ländlich-bäuerlichen Kreisen anzusiedeln ist. Auch gibt ein Bauer oder Fischer, der in seiner Berufstätigkeit an einen festen Platz gebunden ist, seine materielle Existenz auf, wenn er zum Wanderprediger wird. Ein beruflicher Handwerker wie der Apostel Paulus kann seine Tätigkeit an vielen Orten ausüben. Die radikalen Anweisungen Jesu für die Mission mußten in einem veränderten sozialen Umfeld, etwa in einem städtischen oder großstädtischen Milieu, ihre Durchführbarkeit einbüßen. Praktisch sind sie in Lk 22, 35–38 aufgegeben. Andere glaubwürdige Lebensformen der christlichen Verkünder mußten an ihre Stellen treten. Diese Problematik sei hier nur angezeigt.[49]

Im übrigen Neuen Testament – also von den Synoptikern und der Apostelgeschichte abgesehen – treten die Zwölf weitgehend zurück. Paulus erwähnt sie nur ein einziges Mal und zwar in einer traditionellen Formel (1 Kor 15, 5).[50] In der Apokalypse sind sie im Bild vom himmlischen Jerusalem verewigt. Die zwölf Grundsteine der Stadtmauer tragen die Namen der zwölf Apostel des Lammes, wie auf ihren zwölf Toren die Namen der zwölf Stämme der Söhne Israels aufgeschrieben sind (21, 14 und 12). Die Bindung der Zwölfzahl an das Zwölfstämmevolk vereinigt die Apostel mit den Söhnen Israels.

Im vierten Evangelium treten die Zwölf nur fast beiläufig hervor. Das Wissen um die Einsetzung – johanneisch: die Erwählung – der Zwölf ist bekannt (6, 70). Sie sind der Rest, der nach dem großen Jüngerabfall übrigbleibt (6, 66–68). Thomas, der Zwilling, und Judas Iskariot gehören zu ihnen (20, 24; 6, 71). Die Zugehörigkeit des letzteren deutet die Gefährdung ihres Kreises an (6, 70 f.). Von der Sendung der Jünger in die Welt spricht der johanneische Christus in der Sprache eines göttlichen Botenrechts und so, daß ihre Sendung als Fortsetzung der seinen erscheint (13, 20; 17, 18).

Eine Namenliste der Zwölf kennt das vierte Evangelium nicht. Auch das deutet an, daß sie in die Vergangenheit zurückgetreten sind. Statt dessen lesen wir in 21, 2 eine Liste von fünf Namen, von

---

[48] Vgl. Theißen, Soziologie 97.

[49] Vgl. Theißen, Soziologie 98–100.

[50] Wenn der Epheserbrief von den Aposteln spricht, schränkt er ihre Zahl nicht auf die Zwölf ein (2, 20; 3, 5; 4, 11).

denen vier dem synoptischen Zwölferkreis zugehören. Wichtig ist für uns, daß auch hier Simon Petrus an der Spitze steht. Die Namen sind: Thomas, der Zwilling, Natanael, die Söhne des Zebedäus (also Jakobus und Johannes). Natanael ist der Außenseiter, der aber für das vierte Evangelium wichtig ist (vgl. 1, 45–50). Obwohl die Namenliste in einer Ostergeschichte steht, soll an Männer erinnert werden, die in der Gefolgschaft des irdischen Jesus waren. Rätselvoll ist, daß die Namenliste um zwei Jünger erweitert wird, deren Namen nicht genannt werden: „und zwei andere aus seinen Jüngern". Weil Querverbindungen der Namen zu anderen zentralen Perikopen bestehen[51] – Natanael am Anfang. Thomas am Schluß des Evangeliums (20, 24 ff.) –, wird man bei den Zweien an die beiden Erstberufenen denken dürfen, Andreas und den Zweiten, der auch in der Berufungsgeschichte namenlos blieb. Wir haben diesen mit dem „Jünger, den Jesus liebte" identifizieren zu können gemeint. Dessen Anwesenheit ist in Kapitel 21 auf jeden Fall gegeben.[52]

Simon ragt aus der Jüngerschaft und den Zwölfen hervor, wenn er als deren Sprecher auftritt. Das scheint seine bleibende Funktion zu sein. In allen vier Evangelien wurde sie aufbewahrt. Er wendet sich fragend an Jesus oder umgekehrt Jesus an ihn. Schauen wir uns einige dieser Szenen an!

Von Besitzverzicht und Heimatlosigkeit ist die Perikope Mk 10, 28–31 parr geprägt. „Siehe, wir haben alles (Lk 18, 28: das Eigentum) verlassen und sind dir nachgefolgt", lautet das Wort Petri an Jesus. Sachlich greift es auf die Berufung am See zurück, beschwört aber auch die radikalen Weisungen Jesu an die ausgesendeten Missionare, die offenbar befolgt worden sind. Wenn die Synoptiker die Geschichte vom reichen Mann vorausgehen lassen, der – an seinem Besitz hängend – die Nachfolge verweigert, erscheint das gehorsame Verhalten Simons und der anderen als Vorbild. Spricht aus seinem Wort Selbstgefälligkeit oder leise Resignation? Mt 19, 27 interpretiert es richtig, wenn er es als Frage auffaßt: „Was wird uns zuteil werden?" Die Lohnfrage ist jüdisch empfunden, aber menschlich völlig verständlich.[53]

---

[51] Die beiden Zebedäussöhne haften an der Geschichte vom reichen Fischfang. Vgl. Lk 5, 10.

[52] Wenn man daranging, die Namen der Zwei zu identifizieren, dachte man vornehmlich an Andreas und Philippus, zum Teil mit Berufung auf eine Namenliste im Petrusevangelium. Dazu vgl. Bultmann, Joh 547 Anm. 4.

[53] Mt 19, 27–20, 28 beschäftigt sich in den anschließenden Perikopen weiter mit der Lohnfrage und korrigiert eine betonte Lohnerwartung.

Die Antwort Jesu nach Mk 10, 29 f.; Lk 18, 29 f. ist eine doppelte Verheißung. Zuvor aber nennt er die Bedingung für die Erfüllung der Verheißung, so daß diese über die konkrete Situation hinausgreift und allgemein gültige Bedeutung gewinnt. „Amen, ich sage euch, es gibt keinen, der Haus oder Brüder oder Schwestern oder Mutter oder Vater oder Kinder oder Äcker um meinetwillen und um des Evangeliums willen verlassen hat ...“ – Die diffizil registrierende Auflistung dessen, was preisgegeben wurde, ist auffällig, aber auch, daß die Ehefrau nicht erwähnt wird. Ist das Rücksichtnahme auf Simon Petrus (vgl. 1 Kor 9, 5)? Erst Lk 18, 29 fügt die Ehefrau in die Reihe ein. Entscheidend ist die Motivation.[54] Hier ändern die Seitenreferenten ab, Mt 19, 29: „um meines Namens willen“, Lk 18, 29: „um des Reiches Gottes willen“.

Die Verheißung Jesu ist als doppelte auf das irdische und das himmlische Leben ausgerichtet. Schon in diesem Leben sollen sie das Preisgegebene zurückerhalten. In geradezu pedantischer Manier werden Häuser (Plural!), Brüder, Schwestern, Mütter, Kinder, Äcker wiederholt, nur die Väter bleiben außen vor. Man kann diese Verheißung nicht anders verstehen denn als Geborgenheit in einer geschwisterlichen miteinander teilenden Gemeinde, wie sie uns auch in Apg 4, 32–37 vor Augen geführt wird.[55] Gewiß handelt es sich um ein Idealbild, das aber anzustreben wäre. Die Geborgenheit aber wird von außen heftig angefochten. Verfolgungen werden sie ausgesetzt sein (vgl. auch Mk 4, 17). Im kommenden Äon sollen sie das ewige Leben empfangen. Ein warnendes Wort beschließt den Text, das die Umkehrung der irdischen Verhältnisse in Aussicht stellt. Viele Erste sollen zu Letzten und viele Letzte zu Ersten werden. Weil Simon die Belehrung Jesu ausgelöst hat, hat gerade er sie zu bedenken.

Es ist das Matthäusevangelium, in dem Simon Petrus vermehrt in wichtigen Zusammenhängen als Fragender veranlaßt, daß Jesus Weisung gibt. Dieser Weisungscharakter ist im Auge zu behalten. Im jüdisch-rabbinischen Bereich nennt man das Halacha, das sind Maßgaben für das praktische Leben.

---

[54] In der Motivation heben sich die Jünger Jesu von kynischen Wanderpredigern und anderen ab. Die Preisgabe von Besitz und Familie gab es auch hier.

[55] Mt 19, 28–30 hat diese „doppelte Eschatologie“ aufgegeben. Dafür fügt er ein aus der Spruchquelle stammendes Wort ein, das den Zwölfen verheißt, sie werden auf zwölf Thronen sitzen und die zwölf Stämme Israels richten. Die Rekonstruktion dieses Wortes ist schwierig. Vgl. Lk 22, 18–30 und Schulz, Q 330–336; Sato, Q 2 und 23; Polag, Christologie 97.

Ein praktisches Problem für das Judenchristentum war die Frage, ob man noch die Tempelsteuer zu zahlen hat. Wir können davon ausgehen, daß diese Steuer, mit der die Auslagen und Bedürfnisse des Tempeldienstes finanziert wurden, im ersten Jahrhundert nach Christus eine feste Einrichtung war und jeder freie Israelit ab zwanzig Jahren sie zu zahlen hatte, mag sie auch in früheren Zeiten einmal eine freiwillige Angelegenheit gewesen sein. Mt 17, 24–27, Sonderüberlieferung im ersten Evangelium, greift die Problematik auf. Jesus zahlt sie, weiß Petrus den Steuereintreibern in Kafarnaum zu berichten, die sich danach erkundigen. Anschließend aber wird er im Haus von Jesus in einem Bildwort belehrt, daß nur die Fremden zur Zahlung verpflichtet, die Söhne des Königs aber grundsätzlich frei sind. Der Sohn und die Söhne sind Jesus und die zum ihm Gehörigen. Die merkwürdige Spannung zwischen Freiheit und Kompromiß verdichtet sich noch durch die abschließende Szene, wo Petrus im Maul eines Fisches – so will es Jesus – eine Münze findet, die exakt ausreicht, um für sie beide die Tempelsteuer zahlen zu können. Die Lehre, die zu ziehen ist, lautet: die Judenchristen sollen die Tempelsteuer zahlen, aber in dem Bewußtsein, daß sie prinzipiell frei sind. Wichtig ist für unsere Belange, daß Petrus diese Lehre vermittelt, die sicherlich dazu dient, den Frieden zwischen Judenchristen und Juden nicht zu beeinträchtigen.[56]

Ein weiteres wichtiges „halachisches" Problem enthält die Petrusfrage in 18, 21. Sie betrifft die Vergebung und Vergebungsbereitschaft. Nicht von ungefähr ordnet der Evangelist die Frage in das Kapitel 18 ein, das man als „Gemeinderede" begreift. Nachdem in der Zurechtweisung des sündigenden Bruders die Möglichkeit seines Gemeindeausschlusses vorgesehen ist – 18, 17: „Er sei dir wie der Heide und der Zöllner" –, richtet Petrus an Jesus die Frage: „Herr, wie oft soll ich, wenn mein Bruder gegen mich sündigt, ihm vergeben? Bis zu siebenmal?" Für die Frage ist ein Doppeltes zu bedenken: Einmal faßt sie die Sünde des Bruders als konkret erfahrenes Übel ins Auge, weil sie „gegen mich" gerichtet war. Dabei sind viele Formen der Verletzung vorstellbar wie Beleidigung, Verleumdung, Lüge, Schädigung usw. Zum anderen fragt sie nach der Grenze einer durchaus vorhan-

---

56 Wenn man das Freiheitswort Mt 17, 25 f. herausnimmt, verkündet es eine uneingeschränkte Freiheit. Auf was soll sich das Wort ursprünglich bezogen haben? Luz, Mt II 534, der es Jesus zuschreibt, sieht in ihm die Ablehnung der zwangsweise eingezogenen Tempelsteuer angezeigt. Vollenweider, Freiheit 175, sieht den Tempelkult überhaupt in Frage gestellt, weil mit diesen Abgaben die laufenden Sühnopfer finanziert wurden.

denen Vergebungsbereitschaft. Die Antwort Jesu durchbricht die Grenze und fordert die Bereitschaft, immer zu vergeben. Das wie ein Zahlenspiel erscheinende Wort: „Nicht, sage ich dir, bis zu siebenmal, sondern bis zu siebzigmal siebenmal" (18, 22) beinhaltet den immer währenden Willen zur Vergebung.[57] Das anschließende Gleichnis vom unbarmherzigen Sklaven (18, 23–35) begründet diesen durch die vorausgehende umfassende Vergebung Gottes, weist aber auch die großen Schäden auf, die im Verhältnis der Menschen zueinander durch unbarmherziges Verhalten entstehen.

Als Fragesteller erscheint Simon Petrus im Verein mit denen, als deren Sprecher er auftritt, als Vermittler der Weisungen Jesu. So fragt er auch nach dem Sinn des Bildwortes von der Reinheit, was Jesus mit einem grundsätzlichen Wort über die kultische Reinheit beantwortet (Mt 15, 15). Oder er erkundigt sich danach, ob das Bildwort von den wachenden Knechten „uns" oder alle betrifft. Und er erhält als Antwort das kleine Gleichnis von dem mit der Aufsicht betrauten Knecht, der zu Treue und Wachsamkeit aufgerufen wird (Lk 12, 41). Die Unterscheidung zwischen „uns" und allen anderen zielt ab auf solche, die in der Gemeinde besondere Verantwortung übernommen haben. Es gibt noch andere, weniger bedeutsame Szenen, in denen sich Petrus zu Wort meldet (Lk 8, 45; Mk 11, 21), auch mit törichtem Vorschlag (Mk 9, 5 parr). Auch das Messiasbekenntnis (Mk 8, 29 parr) spricht Petrus im Namen aller anderen Jünger. Wegen seiner Wichtigkeit ist es gesondert und ausführlich zu erörtern. Das soll später geschehen.[58]

b) Wir fragen nach dem historischen Extrakt des vorausgehend Gesagten, näherhin, was davon läßt sich im Wirken des irdischen Jesus unterbringen? Von herausragender Bedeutung ist der Zwölferkreis. Simon Petrus ist stets der Erstgenannte in den Zwölferlisten. Hat Jesus den Zwölferkreis eingesetzt oder entstand er erst in der nachösterlichen Gemeinde?

Die Argumente pro und contra in einer schon lange währenden Debatte sind längst ausgetauscht. Die einen lassen den Zwölferkreis entstanden sein als Ausdruck oder Repräsentanz des neuen Gottesvolkes unter dem Eindruck der Erscheinung des auferweckten Herrn

---

[57] Das Zahlenspiel „Siebzigmal siebenmal" ist vermutlich von LXX Gn 4, 24, dem Lamechlied, beeinflußt. Weil hier der Brudermord Kains erinnert wird, tauchen die möglichen verheerenden Folgen verweigerter Vergebung auf. – Die Szene der Petrusfrage hat der Evangelist gestaltet, in par Lk 17, 3 f. fehlt sie.

[58] S. u. S. 152–160.

vor Petrus. Dabei habe man mit der baldigen Parusie und Ankunft des Gottesreiches gerechnet und den Zwölfen die Aufgabe zugemessen, die zwölf Stämme zu richten (vgl. Mt 19, 28).[59] Oder man betrachtet die Zwölf als Führungsgremium in der Urgemeinde und verweist dabei auf die Qumrangemeinde, in der auch ein mit der Leitung beauftragter Zwölferkreis existierte (vgl. 1 QS 8, 1 f.).[60]

Nach den anderen hat Jesus selbst den Zwölferkreis eingesetzt. In seinem auf das Volk Israel eingegrenzten Wirken wollte er damit zu verstehen geben, daß das Heil für dieses Volk bestimmt ist, das in seiner Integrität wiederhergestellt und in das bevorstehende Reich Gottes eingebracht werden soll.

Die zweite Auffassung ist zu bevorzugen. Das stärkste Argument für die Einsetzung durch Jesus ist die stereotype Bezeichnung des Judas Iskariot als „einer aus den Zwölfen".[61] Die Symbolik konnte verstanden werden und fügt sich ein in die prophetischen Züge, die im Wirken Jesu ausgemacht werden können. Wenn der auferweckte Christus den Zwölfen erscheint (vgl. 1 Kor 15, 5), ist ihr Kreis bereits vorausgesetzt. Der Einwand, daß es nach dem Ausfall des Judas faktisch nur Elf waren, übersieht, daß die Symbolik der Zwölfzahl entscheidend ist, nicht ihre immer gegebene numerische Vollständigkeit. Durch die Nachwahl des Matthias (Apg 1, 15–26) hat man sich alsbald bemüht, die Zwölfzahl wiederherzustellen. Eine Stütze für das Zurückreichen des Zwölferkreises in das Wirken Jesu ist auch sein relativ rasches Verschwinden. Der Apostel Paulus hat ihn in Jerusalem nicht mehr angetroffen.

Mit einer Aussendung von Jüngern durch Jesus zur Unterstützung seiner eigenen Tätigkeit werden wir rechnen müssen. Jüngersein bei Jesus heißt eben nicht bloß, bei ihm in die Schule gehen, von ihm lernen, sondern auch ihm in seinem Wirken nachfolgen. Schon das Menschenfischerwort (Mk 1, 17) legt das eigentlich zwingend nahe. Jesus hat sie für diese Aufgabe mit Vollmacht ausgestattet. Die in der Aussendungsrede dargebotenen Regeln gehen in ihrem Kern auf ihn zurück. Sicherlich trägt sie in ihren verschiedenen Ausformungen auch die Züge nachösterlicher Missionspraxis. Die teilweise Rücknahme

---

59 Vgl. Schmithals, Apostelamt 60.

60 Zur Auseinandersetzung vgl. Grundmann, Mk 79 f.

61 Die Argumente pro und contra hat Trilling, Entstehung, gesammelt, der am Ende die Frage offen läßt. Die Kritik vertritt die als konstruiert zu bezeichnende Auffassung, daß der Fall des Judas Iskariot aus der nachösterlichen Zeit stamme und in das Wirken Jesu zurückdatiert worden sei. Etwa Klein, Zwölf Apostel 36 Anm. 140.

rigorosen Verzichts ist aufschlußreich. In ihrer Radikalität spiegelt sich in ihr der Lebensstil Jesu selber wider. Darum ist sie sowohl für unsere Kenntnis über ihn als auch für das, was er seinen Jüngern zumutete, von erheblicher Bedeutung. Wann eine Aussendung anzusetzen ist, ob sie vielleicht wiederholt erfolgte, darüber läßt sich nichts ausmachen.

Die Bevorzugung des Simon Petrus als Sprecher der Jüngerschaft, die in den Evangelien an unterschiedlichen Stellen in Erscheinung tritt, dürfte ein Zweifaches reflektieren, einmal die Rolle, die er nachösterlich gewann, zum anderen die Achtung, die er als Erstberufener besaß. Er mag auch gegenüber seinem Bruder Andreas der Ältere gewesen sein.

LITERATUR:

G. Klein, Die zwölf Apostel (FRLANT 77) (Göttingen 1961).

W. Schmithals, Das kirchliche Apostelamt (FRLANT 79) (Göttingen 1961).

B. Rigaux, Die „Zwölf" in Geschichte und Kerygma: H. Ristow/K. Matthiae (Hrsg.), Der historische Jesus und der kerygmatische Christus (Berlin [2]1964) 468–486.

G. Schille, Die urchristliche Kollegialmission (AThANT 48) (Zürich 1967).

F. W. Beare, The Mission of the Disciples and the Mission Charge: JBL 89 (1970) 1–13.

G. Schmahl, Die Zwölf im Markusevangelium (TThSt 30) (Trier 1974).

W. Trilling, Zur Entstehung des Zwölferkreises: Die Kirche des Anfangs (Festschrift H. Schürmann) (Freiburg 1977) 201–222.

S. Vollenweider, Freiheit als neue Schöpfung (FRLANT 147) (Göttingen 1989) 171–177.

V. Fusco, Della missione di Galilea alla missione universale: G. Ghiberti (Hrsg.), La missione nel mondo antico e nella bibbia: Ricerche storico bibliche 1990, 101–125.

M. Zehetbauer, Die Bedeutung des Zwölferkreises für die Botschaft Jesu: MThZ 49 (1998) 373–397.

4. Versagen und Neubeginn – Karfreitag und Ostern

Die Jünger zeigen sich dem Gedanken gegenüber, daß Jesus leiden müsse, unverständig und abwehrend. Der älteste Evangelist hat dies eindrücklich so zu verstehen gegeben, daß er in den zweiten Teil seines Evangeliums, in dem sich Jesus intensiver seinen Jüngern zuwendet (ab Mk 8, 27 ff.), an markanten Stellen Leidensankündigungen Jesu eingebracht hat, auf die jene mit grobem Unverständnis reagieren (8, 31 ff.; 9, 30 ff.; 10, 32 ff.). Jesus spricht im kleinen Kreis. Die Jünger allein sind jeweils die Adressaten seiner Ankündigungen. Einmal reagieren sie mit einem Streit darüber, wer von ihnen, der Größte sei (8, 33–37), das andere Mal treten die Söhne des Zebedäus, Jakobus und Johannes, hervor, um ihn um die ersten Plätze in seinem Reich zu bitten (10, 35–45). Nach der ersten Leidensankündigung ist es Petrus, der sich vehement dem Leidensgedanken widersetzt. Diese Zusammenschau vermag erneut die Rolle des Petrus im Jüngerkreis zu beleuchten. Auch im Unverstand ist er mit den anderen solidarisch, auch in der törichten Rede bringt er zur Sprache, was auch die anderen für eine Meinung haben.

Sicher verbirgt sich hinter dem Einwand, den Petrus macht, und hinter der Schelte, die er von Jesus einstecken muß, das Ringen der Gemeinde, den bitteren Kreuzestod Jesu zu bewältigen. Doch können wir sicher damit rechnen, daß das Nichtbegreifen schon im Jüngerkreis vorhanden war, als sie am Ende wahrnehmen mußten, welchen Weg ihr Meister geht.

Die Belehrung, die Petrus meint, Jesus geben zu sollen, ist mehr szenisch als verbal ausgestaltet. Wir rechnen mit einer von Markus geschaffenen Überleitung, die an die Leidensankündigung anschließt: „Und Petrus nahm ihn beiseite und begann, ihn zu tadeln“ (8, 32b).[62] Das griechische Verb ἐπιτμάω schillert in den Bedeutungen: anfahren, tadeln, Vorhalte machen, ernstlich zureden, um einem Tun vorzubeugen oder es zu beendigen.[63] Die Antwort Jesu ist ein harter Vorwurf, der alle Jünger miteinbezieht, letztlich aber allein Petrus treffen soll. Indem das gleiche Verb aufgegriffen wird, wird pointiert der Rollentausch zu verstehen gegeben. Der Tadelnde wird zum arg Getadelten. „Er aber wandte sich um, sah seine Jünger, tadelte den Petrus und spricht: „Weiche hinter mich, Satan, denn du sinnst nicht auf das Göttliche, sondern auf das Menschliche“ (8, 33). Petrus droht, aus der Nachfolge herauszufallen, die Jüngerschaft dranzugeben. Der Ruf „Hinter mich“ erging an ihn bei seiner Berufung (vgl. 1, 17). Jesus ist von seinem Weg, auf dem Petrus und die anderen ihm nachfolgen sollen, nicht abzubringen. Wenn er sich umwendet, heißt das, daß er seinen Weg zielgerichtet fortsetzt. Nachfolge ist Kreuzesnachfolge, wie die anschließende Belehrung verdeutlicht (8, 34).

Das Scheltwort „Satan“ bedeutet, daß Letztes auf dem Spiel steht. Petrus macht sich zum Verbündeten des Widersachers, der verhin-

---

[62] Vgl. Gnilka, Mk II 10–14.

[63] Vgl. Bauer, Wörterbuch 614.

dern will, daß Jesus seinen Weg vollendet, der zur Erlösung der Menschen führt. Dies fügt sich trefflich in das Markusevangelium ein, in dem das Wirken Christi als ein Kampf zwischen dem Reich Gottes und dem Reich Satans geschildert wird (vgl. 3, 23–27). Es ist darum nicht zulässig, den mythologischen Hintergrund zu entfernen und nicht Satan im Spiel, sondern nur einen Gegner zur Räson gebracht zu sehen.[64] Menschliches Denken kann sich so sehr göttlichem Denken widersetzen, daß es satanisch genannt werden kann.[65] Mt 16, 22 hat für den tadelnden Einwand des Petrus eine direkte Rede nachgeliefert: „Gnädig sei er dir, Herr. Dies soll dir nicht widerfahren." Lk 9, 18–27 hat die Petrusschelte nicht aufgenommen, wahrscheinlich um den ersten Jünger zu schonen.

Einen ganz anderen Bezug der Petrusschelte hat E. Dinkler[66] vorgeschlagen. Obwohl wir bei der Erwähnung seiner These jetzt schon das Messiasbekenntnis des Petrus streifen, muß diese an dieser Stelle erwähnt werden. Dinkler geht von der nicht zu bestreitenden Beobachtung aus, daß in Mk 8, 27–33 verschiedene selbständige Überlieferungseinheiten verknüpft worden sind, nämlich die Befragung der Jünger durch Jesus mit dem Messiasbekenntnis des Petrus und die Leidensankündigung. Die Petrusszene schließt sich an. Verkürzt gesagt, lautet die These: Ursprünglich habe die Petrusschelte unmittelbar an sein Messiasbekenntnis angeschlossen, Markus habe die Leidensankündigung dazwischen geschaltet und damit dem Text einen ganz anderen Sinn verliehen. Ursprünglich habe also Jesus den Messiasanspruch als satanische Anfechtung zurückgewiesen, weil die zeitgenössische Vorstellung von einem politischen Messias mit seinem Sendungsauftrag nicht vereinbar war. Dinkler meint, mit dieser Rekonstruktion eine historische Situation aus dem Leben Jesu eingefangen zu haben.[67]

Der Rekonstruktionsversuch muß aus insbesondere zwei schwerer wiegenden Gründen abgelehnt werden. Einmal läßt das Messiasbekenntnis des Petrus keinerlei politische Färbung erkennen, im Gegenteil, es trägt die Stilisierung des gültigen Bekenntnisses. Dazu gehören die bekenntnismäßig formulierte Einleitung: „Du bist ..." und

[64] So Pesch, Mk II 54. Zum mythologischen Hintergrund vgl. J. M. Robinson. Das Geschichtsverständnis des Markus-Evangeliums (AThANT 30) (Zürich 1956) 34–54.

[65] Vgl. K. Schäferdick: ThWNT VII 158. Lohmeyer, Mk 168, möchte nicht Gott und Satan, sondern Menschensohn (8, 31) und Satan einander gegenüberstellen.

[66] Petrusbekenntnis.

[67] Die These ist nicht völlig neu. Vgl. Dinkler, Petrusbekenntnis 141 Anm. 52. Hahn, Hoheitstitel 226–230, hat die These im wesentlichen übernommen, läßt aber die historische Frage offen.

der absolute Gebrauch des christologischen Titels „der Messias“.[68] Wir erblicken in ihm den Ausdruck des Glaubens der nachösterlichen palästinensischen Gemeinde. Zum anderen spricht der allgemeine neutestamentliche Befund gegen den Rekonstruktionsversuch. Hätte der irdische Jesus das messianische Ansinnnen so entschieden von sich gewiesen, bliebe es schlechterdings ein Rätsel, daß das Christusbekenntnis sich bereits so früh – schon in vorpaulinischen Glaubensformeln (1 Kor 15, 3; Röm 6, 4; 14, 9) durchgesetzt hat.

Die Petrusschelte aber reicht in das Leben des irdischen Jesus zurück. Dafür spricht ihre Schärfe („Hinter mich, Satan“).[69] Für ihre Plazierung im Leben des irdischen Jesus sind wir wegen ihres fragmentarischen Charakters auf Vermutungen angewiesen. Sie steht in Parallele zu dem schon oben erwähnten Unverstand der Jünger, die sich um die ersten Plätze streiten (Mk 8, 33–37; 10, 35–45). Ist für Petrus Ähnliches zu vermuten? Oder erhob er Einspruch gegen den Entschluß Jesu, nach Jerusalem zu ziehen?

Der Ort der Passion Jesu ist Jerusalem. In diesen Zusammenhängen lassen die Evangelisten Simon Petrus wiederholt hervortreten, oft zu seinen Ungunsten. Sein Aufbegehren gegen das Leiden Jesu setzt sich fort. Doch erscheint er auch als jener Jünger, der gute Vorsätze faßt, mögen diese auch zerbrechen.

Nachdem Jesus von der Menge galiläischer Festpilger bei seinem Einzug in die Stadt feierlich begrüßt wurde, begibt er sich nach Betanien hinter dem Ölberg, wo er Quartier bezieht. Im Zentrum des ersten Teils der Passionsgeschichte in den synoptischen Evangelien steht das Paschamahl, das Jesus mit den Zwölfen hält. Zwei seiner Jünger sendet er am Vortag des Pascha von Betanien aus nach Jerusalem, daß sie das Paschamahl für ihn und die Jüngerschaft bereiten. Während diese nach Mk 14, 13; Mt 26, 17 namenlos bleiben, identifiziert sie Lk 22, 8 mit Petrus und Johannes. Dahinter steht nicht besseres historisches Wissen, sondern die Absicht, denen einen Gemeinschaftsdienst zu übertragen, die später in der Gemeinde führende Stellungen einnehmen.[70] In Apg 3 f.; 8, 14–25 sehen wir die Zwei vereint wirken.

---

[68] Im zeitgenössischen Judentum wurde der davidische Messias vielfach als „Gesalbter des Herrn“ (PsSal 17, 32; 18, 7) oder „Messias von Israel“ (1 QSa 2, 20) bezeichnet.

[69] Bultmann, Geschichte 277, erblickt in der Petrusschelte hellenistische Polemik gegen das durch Petrus repräsentierte Judenchristentum.

[70] Vgl. Fitzmyer, Lk II 1382 f.

In Verbindung mit dem letzten Mahl kündigt Jesus den Jüngern ihr Versagen in der bevorstehenden Passion an. Nach Mk 14, 26 geschah das auf dem nächtlichen Weg vom Haus der Paschafeier zum Ölberg, „nachdem sie den Lobgesang gesungen hatten". Am Ende der Feier stand die Rezitation der Psalmen 114 bzw. 115–118, das sogenannten kleine Hallel. Die Voraussage für die Passion lautet: „Alle werdet ihr Anstoß nehmen."[71] Mt 26, 31 verdeutlicht: „Alle werdet ihr an mir Anstoß nehmen in dieser Nacht." Verweiszusammenhänge sind gegeben über das Wort „alle". „Alle" hatten aus dem eucharistischen Becher getrunken (14, 23b), „alle" werden ihn auf dem Ölberg verlassen und fliehen (14, 50).

Petrus widersetzt sich diesem Wort und behauptet, daß er gegebenenfalls als einziger zu Jesus stehen wird. Wiederum unterstreicht Mt 26, 33 die Beteuerung: „Niemals werde ich Anstoß nehmen." Petrus spricht jetzt nurmehr für sich selbst, nicht mehr im Namen der Jüngerschaft. Der Jüngerkreis beginnt, sich aufzulösen. Uneinsichtig und trotzig vertraut der Jünger auf seine eigene Kraft. Auch Jesus spricht jetzt allein zu ihm, indem er ihm sein bevorstehendes Versagen ankündigt. Das Wort ist mit Amen eingeleitet (bei Mk; Mt; Lk 22, 34: „Ich sage dir, Petrus"), ist damit unwiderruflich. Mk 14, 30 hat Zeit und Versagen am meisten präzisiert: „Du wirst mich heute, in dieser Nacht, bevor der Hahn zweimal kräht, dreimal verleugnen." Das ist mit dem Bericht über das Versagen 14, 66–72 genau abgestimmt und deutet das Unentrinnbare an. Die Seitenreferenten haben den zweiten Hahnenschrei gestrichen, aber die dreimalige Verleugnung beibehalten.

Der zweite Hahnenschrei markiert nach griechisch-römischer Vorstellung den Sonnenaufgang: „Beim zweiten Hahnenschrei sieht man das erste Licht der Sonne" (Ammianus Marcellinus, rer. gest. 22, 14, 4).[72] Ist dies eine symbolische Andeutung des nachfolgenden Sinneswechsels des Petrus? Stellt der Hahnenschrei einen Kulturanachronismus dar, weil nach der Mischna die Hühnerhaltung für Jerusalem aus Reinheitsgründen verboten war? Doch ist recht fraglich, ob die späte Mischna-Weisung schon für die Zeit vor dem Jahr 70 Geltung hatte.[73]

---

[71] Zur Rekonstruktion von Mk 14, 27–31 vgl. Gnilka, Mk II 251 f.

[72] Vgl. Aristophanes, Die Ekklesiazusen 390 f.

[73] Zur Problematik vgl. Fitzmyer, Lk II 1427; Billerbeck I 992 f.; Mischnatraktat Baba Qamma 7, 7. Der Grund der Verunreinigung war das Gewürm, das die Hühner ans Tageslicht scharrten.

Die Antwort des Petrus zeugt von einem sich noch steigernden Selbstvertrauen. Markus bezeichnet sie als überschwengliches, nachdrückliches Reden. Petrus ist die bedrohliche Situation bewußt. Er rechnet mit der Möglichkeit des Martyriums. In fast paulinischer Weise formuliert er: „Wenn ich mit dir sterben müßte, werde ich dich nicht verlassen" (14, 31). Freilich handelt es sich nicht um ein aus der sakramental begründeten Christusgemeinschaft resultierendes Geschehen, sondern um die letzte Konsequenz der Nachfolge (vgl. 8, 34). Wenn die anderen Jünger in die selbstsicheren Äußerungen miteinstimmen, dokumentieren auch sie, daß ihre Gemeinschaft zusammenbricht. Als Vereinzelte gehen sie in die Passion und werden sie nicht bestehen.

Lk 22, 33 f. und Joh 13, 36–38 bieten die Ansage im Rahmen der Abschiedsgespräche, also noch im Abendmahlssaal. Nur diese beiden Evangelisten haben Abschiedsgespräche entwickelt, Lukas aber nur in relativ geringem Umfang. Der Dialog mit Petrus wird bei Lukas mit einem bemerkenswerten Logion eröffnet. Seine Bedeutung liegt darin, daß es das einzige Jesuswort ist, in dem Simon den anderen gegenübergestellt wird:

„Simon, Simon, siehe, der Satan hat verlangt, euch zu sieben wie den Weizen. Ich aber habe für dich gebetet, daß dein Glaube nicht wanke. Und du wende dich dereinst, deine Brüder zu stärken" (oder: „wenn du dereinst dich bekehrt hast, stärke deine Brüder", Lk 22, 31 f.).[74]

Aus dem Wort wird eine große persönliche Zuwendung Jesu zu Simon ersichtlich. Die doppelte Anrede hat etwas Beschwörendes. Wenn Simon besteht, hat er das nicht seiner eigenen Kraftanstrengung, sondern dem Gebet Jesu zu verdanken. Glaube ist hier im Sinn von Treue zu verstehen.[75] Das Logion scheint vom Versagen Simons in der Passion nichts zu wissen. Freilich hängt das davon ab, wie man übersetzt. Wählt man die zweite Übersetzung, ist das Versagen wohl im Blick.[76] Doch ist die erste – gegen die Mehrheit der Interpreten – zu bevorzugen. Dann wird ihm für die Zukunft nachdrücklich

[74] Es gibt die Lesart: „Du bekehre und stärke deine Brüder", vertreten von D e sah. Sie ist offenkundig eine Erleichterung.

[75] Die griechische Formulierung ist einmalig im NT, ἐκλείπει hat aber Analogien in LXX Jer 7, 28; Josephus, ant. 19, 273, gehört also dem jüdisch-griechischen Sprachbereich an.

[76] Man hält dann in der Regel „wenn du dereinst dich bekehrt hast" für LkR. Vgl. Bultmann, Geschichte 288.

die Aufgabe zugemessen, die Brüder zu stärken.[77] Damit sind die Mitjünger gemeint und im Blick auf die nachösterliche Gemeinde deren Mitglieder, Männer und Frauen.

Die Stärkung ist notwendig, weil Glaubensuntreue und Abfall drohen. In ein mythologisches Bild gekleidet, wirkt die Bedrohung noch gefährlicher. Satan wurde es zugestanden, die Jüngerschaft zu erproben und anzuklagen. Diese Vorstellung ist mit besonderer Deutlichkeit im Buch Ijob verwurzelt: „Er ist in deiner Hand" (2, 6; vgl. 1, 6–12; 2, 1–7). Durch das Sieben soll die Spreu vom Weizen getrennt werden, der Unrat vom Brauchbaren (vgl. Am 9, 9; Sir 27, 4). Die über die menschlichen Kräfte gehende Anfechtung kann nur mit Hilfe eines Fürsprechers bestanden werden. Dem Ankläger Satan steht der Fürsprecher Jesus gegenüber. Seine Macht ist größer.

Das Logion ist auf jeden Fall vorlukanisch und der Sonderüberlieferung des Lukas zuzuweisen.[78] Ob es auf den historischen Jesus zurückgeht, ist fraglich. Der Auftrag, an Simon gerichtet, bezieht sich auf die Zukunft, das heißt, die nachösterliche Situation, in der das Wort auch entstanden sein dürfte. O. Cullmann betrachtet es als Äquivalent zum bekannten Felsenwort Mt 16, 16b–19 und will es in ein – etwas kompliziertes – traditionsgeschichtliches Verhältnis zu diesem bringen. Sicherlich gibt es gewisse Übereinstimmungen: Simons Auszeichnung, von Gott gewährte Hilfe, doch sind die Unterschiede für eine solche Konstruktion zu erheblich.[79]

Simon bekundet nach dem ihn auszeichnenden Wort seine uneingeschränkte Treue, seine Bereitschaft, mit Jesus in das Gefängnis und in den Tod zu gehen, redet ihn als Herrn an (Lk 22, 33). Seine Bekundung lehnt sich an an 2 Sm 15, 21, das Treueversprechen Ittais gegenüber dem König David: „Nur an dem Ort, wo mein Herr, der König, ist, dort wird auch dein Diener sein, sei es um zu leben oder um zu sterben." Ein talmudisches Sprichwort lautet: „An der Tür des Krämerladens gibt es viele Brüder und Freunde, an der Tür des Gefängnisses gibt es keine Brüder und Freunde" (b Schab 32a).

Lukas nimmt die Jünger in Schutz. Er verzichtet darauf, von ihrer Flucht auf dem Ölberg zu erzählen. Infolgedessen läßt er auch die Ansage ihrer Zerstreuung (Mk 14, 27 f.) aus. Auch die Ansage der Verleugnung des Petrus wird abgemildert: „Ich sage dir, Petrus, der Hahn wird heute nicht krähen, bis du dreimal geleugnet hast, *mich*

[77] Es handelt sich um ein abundantes Partizip. Vgl. Jeremias, Sprache 291.
[78] Zum Einzelnachweis vgl. Fitzmyer, Lk II 1421–1423; Jeremias, Sprache 291.
[79] Vgl. Cullmann, Petrus 213 f. Zur Auseinandersetzung vgl. Brown, Petrus 110.

zu kennen" (Lk 22, 34). Die unmittelbare Verleugnung Jesu wird zu einer Infragestellung seiner Bekanntschaft.

Im Johannesevangelium wird die Szene eingetaucht in den großen Horizont johanneischer Theologie. Jesus spricht von seinem Weggang und davon, daß die Jünger ihm nicht folgen können (13, 33). Er geht auf dem Weg des Sterben in seine Herrlichkeit. Letztlich ist es der Weg der Nachfolge für die Jünger, den Jesus für sie im Tod eröffnet. Petrus erkennt dieses letzte Ziel noch nicht – darum seine Frage: Wohin gehst du? –, spürt aber die Nähe des Martyriums, zu dem er sich bereit erklärt. Er tut das mit Worten, die sich mit der lukanischen Tradition berühren: „Herr, ... ich will mein Leben für dich hingeben." Später wird er folgen dürfen – Hinweis auf das künftige Martyrium –, doch vor dem nächsten Hahnenschrei wird er sich von Jesus lossagen. Der Sinn des Martyriums besteht darin, sich des Sieges Jesu gewiß zu werden.[80] Petrus vertraut auf die eigene Kraft, weil er diese Gewißheit noch nicht erlangt hat (13, 36–38).

In Getsemani erfolgt sein erstes Versagen. Zusammen mit den anderen Jüngern schläft er, während Jesus im Todeskampf im Gebet mit seinem Abba ringt. Der Tadel Jesu gilt ihm: „Simon, du schläfst? Konntest du nicht eine Stunde wachen?" (Mk 14, 37). Die Seitenreferenten haben diesen Tadel auf alle ausgeweitet (Mt 26, 40; Lk 22, 46).[81]

Bei der Verhaftung Jesu kommt es zu einer tumultuarischen Szene. Einer der Dabeistehenden schlägt mit dem Schwert auf den Knecht des Hohepriesters ein und trennt ihm das Ohr ab. Der Knecht des Hohepriesters ist keine beliebige Person, sondern wahrscheinlich der Anführer des Verhaftungstrupps (Mk 14, 47). Es sieht so aus, als habe der Zuschlagende ihn nicht erschlagen, sondern ihm nur ein Schandmal zufügen wollen. Als solches wurde der Verlust des Ohres aufgefaßt. Nach Lk 22, 50; Joh 18, 10 sei es das rechte Ohr gewesen. Das vergrößert die Schande.[82] Oder sollte es im Dunkel und in der Hast ein Versehen gewesen sein? Die Szene bleibt noch bei Markus ohne Reaktion und erscheint so wie ein erratischer Block. Das läßt nach W. Schmithals auf eine versprengte historische Erinnerung schließen.[83] Nach Mt 26, 52–54; Lk 22, 51 reagiert Jesus mit einem belehrenden

[80] Vgl. Bultmann, Joh 461 Anm. 4.

[81] Mt 26, 40 aber leitet den allgemeinen Tadel so ein: „Und er sagt dem Petrus."

[82] M. Rostovtzeff: ZNW 33 (1934) 196–199 zitiert ein ägyptisches Dokument aus dem 2. Jahrhundert v. Chr., das von einem Streit zweier Männer berichtet, in dem der eine dem anderen das rechte Ohr abschlägt.

[83] Mk II 648.

Wort. Freilich ist es hier einer der Jünger, der mit dem Schwert zugeschlagen hatte. Nach Lk 22, 49 ist es ein Verteidigungsakt. In Joh 18, 10 schließlich werden der Schwertträger und der Knecht des Hohepriesters namentlich benannt, Simon Petrus und Malchus. Die Entfaltung der Tradition drängt hin auf Konkretisierung. Daß ein Jünger eingreift, soll wohl die Jüngerschaft in dem Sinne entlasten, daß wenigstens einer für Jesus aktiv Partei ergriffen hat. Der Name Malchus ist arabisch und sowohl bei Josephus als auch auf nabatäischen und palmyrenischen Inschriften belegt.[84] Weil es meist Heiden sind, die ihn tragen, müßte man auch für unseren Malchus annehmen, daß er Nichtjude gewesen ist.

Die Verhaftung Jesu hat die vollständige Auflösung der Jüngerschaft zur Folge. Alle fliehen (Mk 14, 50). Wohin sie flohen, wird nicht gesagt. Diese Frage muß später aufgegriffen werden. Für Petrus hat die Passion Jesu noch eine Nachgeschichte aufgespart. Diese wurde von Markus mit dem Bericht über die Verhandlung Jesu vor dem Synhedrion in eindringlicher Weise verwoben (14, 53–72).[85] Es kommt dem Evangelisten darauf an, das Versagen des Jüngers dem Bekenntnis Jesu zu konfrontieren.

Petrus folgt dem Verhaftungstrupp im Abstand nach und gelangt in den Hof des hohenpriesterlichen Palastes, in den Jesus abgeführt wird. Wörtlich heißt es: „Und Petrus folgte ihm (Jesus) von weitem nach." Damit ist zu verstehen gegeben, daß es keine Nachfolge mehr ist. Im Hof des Palastes setzt er sich zu den Knechten und wärmt sich am Licht verbreitenden Feuer.[86] Die Jerusalemer Frühlingsnächte sind kühl (vgl. Jer 36, 22). Wahrt er so seinen Vorteil, indem er das wärmende Feuer aufsucht, ohne zu bedenken, in welche Gefahr er sich begibt?[87] Eine indirekte Konfrontation mit Jesus ist angedeutet, wenn es heißt, daß Petrus unten im Hof sich aufgehalten habe (Mk 14, 66). Zu ergänzen wäre: Jesus befindet sich oben in den Räumen des Palastes.

Die Verleugnung wird in wohl abgewogenen drei Schritten erzählt, ein Meisterstück im Retardieren und Sich-Steigern der Spannung.[88]

---

[84] Vgl. Bauer, Wörterbuch 993; M. Rostovtzeff: ZNW 33 (1934) 197 Anm. 2.

[85] Man spricht literarisch von sandwich-agreement.

[86] Mk 14, 54 wörtlich: „er wärmte sich am Licht". Statt von Feuer von Licht zu reden, ist auch sonst belegt (vgl. Lk 22, 56; 1 Makk 12, 29 und Bauer, Wörterbuch s. v.). Doch will Markus damit andeuten, daß Petrus gesehen werden kann.

[87] So Schmithals, Mk II 654.

[88] Vgl. Pesch, Mk II 448.

Eine Magd tritt an Petrus heran und identifiziert ihn als Angehörigen des Jüngerkreises Jesu: „Du warst mit Jesus, dem Nazarener." Woher kennt sie ihn? In seiner Reaktion gibt sich der Jünger nicht zu erkennen, sondern stellt sich unwissend. Er will mit der Sache nichts zu tun haben. Er tritt einen halben Rückzug an und begibt sich in den Vorhof, den man sich am besten als Toreingang vorzustellen hat.[89] Die Magd, offenbar die gleiche, bemerkt dies und spricht diesmal zu den Umstehenden über Petrus, nicht redet sie ihn an. Sie wiederholt ihre Beobachtung, daß dieser zu ihnen (den Jesusjüngern) gehört habe. Petri Reaktion wird diesmal nur knapp als Verleugnung gekennzeichnet. Offenbar soll die dritte Szene den Akzent erhalten. Ihre Steigerung besteht zunächst darin, daß die Gruppe der Dabeistehenden, die schon durch die Magd auf Petrus aufmerksam gemacht worden waren, sich jetzt an diesen wendet. Die Kettenreaktion deutet das Verhängnisvolle an. Nach dem jüdischen Zeugenrecht gewinnt eine Aussage erst durch mehrere Zeugen ihr volles Gewicht (Nm 35, 30; Dt 17, 6). Diesmal wird Petrus als Galiläer erkannt. Die eigentliche Steigerung der dritten Szene liegt in der Reaktion des Jüngers. Sie ist mehr als nur ein Leugnen. Er flucht und schwört und gebraucht somit die kräftigsten Beteuerungen. Der Jude konnte sich selbst, seine Geburt, sein Schicksal verfluchen. Das verwendete Verb wird in der griechischen Bibel fast regelmäßig für die Vollstreckung des Fluches an Menschen oder Städten eingesetzt, die als Verfluchte der Vernichtung anheimfallen.[90] Weil in Vers 71 kein Objekt des Fluches genannt ist, meinte man, die Verfluchung auf Jesus beziehen zu können. Eine spätere kirchengeschichtliche Situation soll eingebracht sein, in der Christen straffrei ausgingen, wenn sie bereit waren, Jesus zu verfluchen.[91]

Jedoch liegen die Parallelen in einer späteren Zeit. Eine vergleichbare Fluchformel bietet 2 Sm 3, 9: „Gott soll mich strafen, wenn ich nicht ..." Die Verfluchung ist darum entweder an die Anredenden gerichtet oder besser als Selbstverfluchung zu begreifen im Sinn von: Ich will verflucht sein für den Fall, daß ich lüge. Dabei ruft Petrus mit einem Schwur Gott zum Zeugen an. Was er fluchend schwört, ist, diesen Menschen nicht zu kennen. Dies ist die übliche Formel,

[89] Verschiedene Handschriften lesen am Schluß von V 68: „Und es krähte der Hahn." Bezeugung und Auslassung dieses „ersten Hahnenschreis" halten sich die Waage. Er könnte um der Genauigkeit willen nachgetragen sein.

[90] Vgl. LXX Nm 21, 2 f.; Dt 13, 16; 20, 17; Jos 6, 20; 1 Sm 15, 3; 2 Kg 19, 11 u. a.

[91] Vgl. Merkel, Curse 66–71, und Justin, apol. 1, 31, 6.

mit der man sich von jemandem lossagt. Die Rabbinen benutzten sie als Bannspruch (vgl. Mt 7, 23).[92] Daß Petrus den Jesusnamen meidet, ist beachtlich. Sein Sich-Lossagen von Jesus ist perfekt. Es geschah feierlich und vor Zeugen.

Der zweite Hahnenschrei markiert die Stunde und bringt dem Jünger die Voraussage Jesu in Erinnerung (vgl. 14, 30). Markus legt peinlichen Wert darauf, daß sich diese ad verbum erfüllt.[93] Letztlich ist es dieses Wort Jesu, das das ganze Geschehen bestimmte. Dennoch trägt der Jünger die Schuld. Die Erinnerung an Jesu Wort bringt Petrus angesichts der nunmehr erkannten Schuld zum Weinen. Man weint aus Angst (2 Kg 20, 3), Freude (Gn 46, 29), aber auch aus Scham und Reue (vgl. Klgl 1, 14–16; Lk 7, 38). Letzteres ist hier gemeint. Umrätselt ist das ungewöhnliche Partizip ἐπιβαλών. Es gibt zahlreiche Interpretationsvorschläge:[94] er verhüllte sich, er zog über (ergänze: das Kleid über das Gesicht), er warf sich nieder, er jagte davon. Aus grammatischen Gründen kommen letztlich nur zwei in Frage: er dachte daran (nämlich an das Wort Jesu) oder: er begann (zu weinen).[95] Die zweite ist zu bevorzugen.[96] Die Reue des Petrus zeigt den Ausweg an. Innerhalb der Passion kommt diese allerdings noch nicht zum Tragen. Petrus steht nicht unter dem Kreuz. Sie gibt zu verstehen, daß die Gnade den Jünger gerettet hat.

Interessant ist das Verweilen bei der Gnade in der Interpretation von W. Schmithals.[97] Nach dieser ist Glaube seinem Wesen nach die Preisgabe allen Selbstvertrauens. Wer sich als Jünger auf sich selbst verläßt, verfällt der gefährlichsten Gestalt der Sünde. Die Dreizahl der Verleugnung symbolisiert die Totalität des Versagens. Der Hahnenschrei ist die Zeit der tiefsten Nacht, in die Petrus verfällt. Die Tränen sind Tränen der Totentrauer. So beklagt er seinen Tod, nämlich den Tod als Jünger Jesu. Das rigorose Selbstvertrauen führte ihn notwendig in diesen Abgrund. Wenn seine Geschichte noch weiterge-

---

[92] Vgl. Billerbeck I 469.

[93] Wir rechnen darum damit, daß die Kennzeichnung des Hahnenschreis als zweiten (εὐδὺς ἐκ δευτέρου) in V 72 und die Reminiszenz „Und Petrus erinnerte sich an das Wort, das Jesus ihm gesagt hatte: Ehe der Hahn zweimal kräht, wirst du mich dreimal verleugnen“ MkR sind. Vgl. Gnilka, Mk II 290 f.

[94] Vgl. Schenk, Passionsbericht 223.

[95] Die erste Übersetzung vertreten Wellhausen; Schenk, Passionsbericht 223; die zweite Bauer, Wörterbuch 587; Lohmeyer, Mk 332.

[96] Die erste Übersetzung erscheint im vorliegenden Text tautologisch, könnte aber für die Vorlage zutreffen. Vgl. Anm. 93.

[97] Mk II 654–656.

hen soll, so bedarf es dazu eines göttlichen Handelns, das der Auferweckung eines Toten gleichkommt.

Offenkundig ist diese sympathische Deutung beeinflußt von der paulinischen Rechtfertigungslehre. Wenn Markus so gedacht hat, käme er in der Tat dieser sehr nahe. Für mich ist der zweite Hahnenschrei freilich schon Ankündigung der aufstrahlenden Sonne: Unde secundis galliciniis videtur primo solis exortus („Beim zweiten Hahnenschrei sieht man das erste Licht der Sonne")[98], auch im symbolischen Sinn. Nicht unvoreingenommen dürften hingegen jene Interpretationen sein, die in Petrus eine Art Prototyp der Häresie sehen.[99]

Die Seitenreferenten bieten teilweise anders akzentuierte Berichte. Mt 26, 69–75 schließt sich weitgehend der Markusvorlage an. Zusätzliche Dramatik bringen die Ortswechsel des Petrus in das Geschehen. Zunächst setzt er sich im Hof mit den Dienern nieder, um das Ende des Prozesses abzuwarten (26, 58). Nach der ersten Verleugnung begibt er sich in das Torgebäude (26, 70: εἰς τὸν πυλῶνα), am Schluß eilt er davon (26, 75). Die Verleugnungen sind gegenüber Markus eher noch gesteigert. Schon beim ersten Mal leugnet er vor allen (26, 70), und schon beim zweiten Mal beginnt er zu schwören (26, 72). Matthäus erläutert, woran man Petrus als Galiläer und somit als Angehörigen der Jesus-Bewegung, die als galiläische Bewegung galt, erkannte: „Auch deine Sprache macht dich kenntlich" (26, 73). Die Bevölkerung Galiläas besaß eine sie kennzeichnende Aussprache des Aramäischen. Vor allem war es eine Ungenauigkeit in der Artikulation der Kehllaute. Man vertauschte insbesondere Ajin mit Aleph.[100]

Lukas und Johannes haben das Versagen Petri abgeschwächt. Vor allem erzählen sie nichts mehr davon, daß er geschworen oder geflucht hätte. Lk 22, 59 erwähnt aber bei der dritten Verleugnung, die etwa eine Stunde nach der zweiten erfolgt sei, daß der Anklagende seine Aussage, Petrus als Jünger Jesu zu erkennen, bekräftigt habe. Bei Johannes beschränkt sich die Absage darauf, ein Jünger Jesu zu sein: „Ich bin es nicht" (18, 17.25.27). Bei Lukas ist es ähnlich, nur in der ersten Szene leugnet Petrus, Jesus zu kennen (22, 57).

Lukas und Johannes kommen auch darin überein, daß sie die Verleugnung unmittelbar an die Abführung Jesu zum Hohepriester an-

[98] Ammianus Marcellinus, rer. gest. 22, 14, 4.

[99] Vgl. J. Schreiber, Die Christologie des Markusevangeliums: ZThK 58 (1961) 154–183, hier 177.

[100] Beispiele bei Billerbeck I 157.

schließen.[101] Die Knechte, die Petrus erkennen, sind darum deutlich jene, die Jesus verhafteten. Nach Joh 18, 26 befindet sich unter diesem ein Verwandter des Malchus, dem Petrus das Ohr abgeschlagen hatte. In der ersten Szene ist es die Pförtnerin, die Petrus erkennt (18, 16 f.). Bemerkenswert ist, daß Johannes nach dem Hahnenschrei nichts mehr von einer Reaktion des Petrus berichtet. Dieses dürfte in einen größeren theologischen Zusammenhang hineingehören. Die Annahme des versagenden Jüngers erfolgt nachösterlich durch Jesus selbst und ist mit der Übertragung des Amtes verbunden (21, 15 ff.). Die Gnadenhaftigkeit des Geschehens ist damit sicher unterstrichen. Darauf ist später zurückzukommen. Auch Lk 22, 60–62 verknüpft die spätere Wiederannahme des Jüngers unmittelbar mit Jesus, aber auf ganz andere Weise. Nach dem Hahnenschrei wendet sich Jesus um – wie er in die Szene gelangt, ist nicht zu fragen – und blickt Petrus an. Daraufhin erinnert er sich des Wortes Jesu, das ihm sein Versagen ankündigte, und geht in sich.[102]

Fragen wir nach dem historischen Kern der Überlieferung von der Verleugnung Petri. Einerseits ist die Geschichte unerfindlich. Warum wäre es jemandem in den Sinn gekommen, eine solche Erzählung zu erfinden? Paränetische Intentionen reichen bei weitem nicht aus.[103] Anderseits ist die Perikope kunstvoll gestaltet in ihrer dramatischen Steigerung und Form, die von der Regel-de-tri geprägt ist. Wenn Jesus als Nazarener und Petrus als Galiläer gelten, läßt das darauf schließen, daß die Geschichte in Jerusalem entstanden ist, wo man Jesus und seine Jünger als Galiläer ansah. Letztlich muß ihr Kern auf eine Erinnerung des Petrus zurückgehen. Eine andere immer wieder diskutierte Frage ist, ob sie immer schon Bestandteil der alten selbständigen Erzählung vom Leiden und Sterben Jesu war.[104] Weil man damit rechnet, daß auch diese Passionsgeschichte in Jerusalem entstanden ist, würde sich die Verleugnungserzählung gut einfügen. Mit dem Kontext ist sie vor allem durch die auftretenden Personen verhaftet, die Knechte des Hohepriesters, die Jesus in Getsemani ergrif-

[101] Joh 18, 15–18.25–27 schließt nur die erste Verleugnung Petri an Jesu Verhaftung an. Die beiden anderen folgen auf das Verhör durch Hannas.

[102] Das Hinauseilen des Jüngers hat Lk 22, 62 ebenso mit Mt 26, 75 gemeinsam wie das bittere Weinen (πικρῶς).

[103] Gegen Linnemann, Studien 85. Zu Lk 22, 31 f. als Einwand vgl. oben S. 63 f.

[104] In der Forschung rechnet man fast einhellig mit einer solchen selbständigen Passionsgeschichte. Sie hat Markus und möglicherweise auch anderen Evangelisten vorgelegen. Ihre Abgrenzung nach vorwärts und rückwärts ist allerdings sehr umstritten. Zur ersten Information vgl. Gnilka, Mk II 348–350.

fen haben, die Mägde, die sich im Hof versammeln. Auch der Ort des Geschehens paßt völlig zum Geschehensablauf.

Will man versuchen, wenigstens ein Stück weit ins historische Detail zu gehen, so läßt sich die Ereignisfolge in etwa so vorstellen: Bei der Verhaftung Jesu auf dem Ölberg fliehen die Jünger auseinander. Auch Petrus flieht, faßt aber den Entschluß, dem Verhaftungstrupp zu folgen, um zu sehen, was mit Jesus geschieht. Er kommt sogar bis in den Hof des hohenpriesterlichen Palastes (vielleicht doch durch Vermittlung eines Mannes, der im Palast, der Pförtnerin, bekannt ist, vgl. Joh 18, 15 f.?). Im Hof wird er von den Knechten, die Jesus ergriffen und Petrus in Getsemani gesehen haben dürften, als Jünger erkannt und angesprochen. An dieser Stelle erweist sich die Schwertszene als ungeschichtlich. Hätte Petrus das Schwert gezogen, wäre er spätestens jetzt nicht mehr davongekommen. Von Angst gepackt, entfernt er sich. Die Knechte lassen den ungefährlich erscheinenden Mann entkommen. Die Szene im Hof war nur eine Unterbrechung seiner Flucht, mit der er seine Jüngerschaft preisgab. Seine Enttäuschung muß groß gewesen sein. Das Bild, das Jesus bei seiner Verhaftung bot, zerstörte seine Erwartungen. War ein Funke Hoffnung geblieben, der ihn in jener Nacht Jesus in den Palasthof nachfolgen ließ?

Eine besondere Frage besteht darin, wohin Petrus und die anderen Jünger flohen. Die Evangelien machen darüber keine Angaben. Es heißt nur lapidar: „Alle verließen ihn und flohen" (Mk 14, 50; Mt 26, 56). Bei Matthäus liest man: alle Jünger. Eine gewisse Parallele stellt die Ansage Jesu in den johanneischen Abschiedsreden dar: „Siehe, es kommt die Stunde und sie ist gekommen, daß ihr zerstreut werdet, ein jeder in das Seine, und mich allein laßt" (Joh 16, 32). Diese Stelle ist nicht unbeeinflußt von Mk 14, 31 par, wo Jesus ähnliches ankündigt und sich gleichfalls des aus Zach 13, 7 stammenden Bildes von der versprengten Herde bedient. Bei Lukas liest man beides nicht. Es fehlt sowohl die Ansage der Zerstreuung als auch die Jüngerflucht. Lukas ist hier konsequent. Denn nach Lk 24, 9 blieben die Jünger in Jerusalem und nach 24, 36 ff. erscheint ihnen der auferweckte Herr in der Stadt.

Anders ist es nach Markus und Matthäus. Nach Mt 28, 16 ff. ereignet sich die Ersterscheinung in Galiläa. Nach Mk 16, 7 wird diese angekündigt: „Gehet, sagt es seinen Jüngern und dem Petrus: Er geht euch voraus nach Galiläa. Dort werdet ihr ihn sehen, wie er es euch gesagt hat" (vgl. Mt 28, 7). Lukas, der ja von keinen galiläischen Erscheinungen berichtet, sondern alle auf Jerusalem bzw. die Nähe Jerusalems (Emmaus) konzentriert, bietet an Stelle des Verweises auf Galiläa als Erscheinungsort den Satz: „Erinnert euch an das, was er euch sagte, als er noch in Galiläa war: Der Menschensohn muß ... am dritten Tag auferstehen“ (24, 6 f.). Diese Umfunktionierung von Galiläa vom Erscheinungsort zum Ort der Erinnerung an ein von Jesus gesprochenes Wort ist deutlich sekundär. Das heißt, wir rechnen damit, daß die Ersterscheinung in Galiläa geschah und auch die „Jüngerflucht“ die Rückkehr in die galiläische Heimat bedeutete.

War es eine Flucht, bei der sie Hals über Kopf die Stadt verließen, oder war es ein geordneter Rückzug, womöglich unter Anführung des Petrus?[105] Die Aufforderung, nach Galiläa zu gehen (Mk 16, 7 par), scheint vorauszusetzen, daß sie noch eine Zeitlang in der Stadt geblieben waren. Doch eignet sich die jüngere Grabestradition nicht für eine Rekonstruktion der Ereignisse.[106] Für Galiläa als Ziel der Flucht spricht auch die Tatsache, daß die Jünger zusammen mit Jesus nur als Paschapilger nach Jerusalem gekommen waren. Jeder Paschapilger kehrt schließlich einmal nach Haus zurück. Freilich wird man eher von einer Flucht als von einem geordneten Rückzug sprechen müssen. Sie hatten Jesus im Stich gelassen. Einige mögen zusammen geblieben sein. Ihre Stimmung wird dem entsprochen haben, was Lk 25, 13 ff. den Emmausjüngern nachsagt. Nicht die Rückkehr der Jünger und des Petrus nach Galiläa bedarf einer besonderen Erklärung. Vielmehr muß ihr erneuter Zug nach Jerusalem durch ein außerordentliches Geschehnis ausgelöst worden sein.

Damit kommen wir zur Auferstehung Jesu von den Toten und der Bedeutung, die Simon Petrus in diesem Zusammenhang besitzt. Diese ist unbestritten. Er war der erste, der den Glauben an die Auferstehung Jesu gewann. Dieser Glaube ist die Begründung dafür, daß die Jünger erneut die Verkündigung aufnahmen. In diesem Glauben überwanden sie das Ärgernis des Kreuzes.[107]

Die Auferstehungsgeschichte ist aufs engste mit seinem Namen verbunden. Die neutestamentliche Überlieferung hat es an zwei Stellen explizit festgehalten, daß der auferweckte Jesus diesem Jünger als erstem erschienen sei (1 Kor 15, 5; Lk 24, 34). In den Auferstehungsgeschichten tritt sein Name zurück. Während die Tradition Geschichten von den Erscheinungen des auferweckten Jesus vor den Jüngern

---

[105] Mit letzterem rechnet Campenhausen, Ablauf 48.

[106] Das muß gegen den Rekonstruktionsversuch von Campanhausen, Ablauf 44–52 gesagt werden.

[107] Vgl. Bultmann, Theologie 47 f.

und Jüngerinnen ausbildete, ist eine Erscheinungsgeschichte des Simon Petrus nicht auf uns gekommen. Auf beides ist jetzt einzugehen.

„Er (Christus) ist auferweckt worden am dritten Tag gemäß den Schriften und dem Kephas erschienen, dann den Zwölfen" (1 Kor 15, 4 f.). Diesen Satz lesen wir in der bedeutsamen christologischen Glaubensformel, die der Apostel Paulus aus judenchristlichen Kreisen (Jerusalem? Antiochia?) übernommen hatte. Zwar wird ein „zuerst" nicht ausdrücklich erwähnt. Doch ist die Glaubensformel, die vom Tod Christi über sein Begräbnis und seine Auferweckung bis zu den beiden genannten Erscheinungen reicht, im chronologischen Sinn aufzufassen.[108]

Lk 24, 34 vermag diese Erkenntnis zu bestätigen: „Wahrhaftig wurde der Herr auferweckt und ist dem Simon erschienen", melden die Apostel den Emmausjüngern, die nach Jerusalem zurückgekehrt sind. Vorausgesetzt ist, daß es sich um die Ersterscheinung handelt, die in dieser Qualität vor den Emmausjüngern sichergestellt sein will. Der Satz, der sichtlich in die Erzählung eingesprengt ist, stammt aus der Tradition und war dem Lukas bereits vorgegeben.

1 Kor 15, 4 f. und Lk 24, 34 kommen in der Erscheinung des Auferweckten vor Simon/Kephas überein, aber auch in der Wahl der Verben: auferweckt, erschienen. Nur ist im ersten Fall das Tempus unterschieden. Während 1 Kor 15 mit dem Perfekt Passiv („er ist auferweckt worden") betont, daß der von Gott Auferweckte der Lebendige bleibt, also den anhaltenden Lebensgewinn herausstellt, verweist Lk 24 mit dem Aorist Passiv („er wurde auferweckt") auf den einmaligen, in der Vergangenheit liegenden Akt der Auferweckung. Die unterscheidende Nuance läßt sich im Deutschen kaum exakt wiedergeben. Was wir mit „er ist erschienen" wiedergeben, ist ein altbiblischer Terminus für Gotteserscheinungen (vgl. Gn 12, 7; 17, 1; 22, 14; 31, 13; Ex 3, 2 u. ö.) und kann, bezogen auf die beiden neutestamentlichen Stellen, als Passiv oder Medium aufgefaßt werden, dann wörtlich: Christus wurde sichtbar gemacht (von Gott) oder hat sich sichtbar gemacht, hat sich sehen lassen. Die Bedeutungsdifferenz ist nicht erheblich. Das Wort will sicherstellen, daß von Gott her eine offenbare Erschließung dem Jünger zuteil wurde.[109]

Die Unterschiede zwischen 1 Kor 15, 3–5 und Lk 24, 34 liegen in den Namen. 1 Kor 15 spricht von Christus und Kephas, Lk 24 von Ky-

---

[108] Vgl. Kremer, Zeugnis 67–70.

[109] Zum theologischen und hermeneutischen Problem des ὤφθη vgl. Gnilka, Die frühen Christen, 199–201.

rios und Simon. Vielleicht darf man daraus schließen, daß die eine im judenchristlichen, die andere im hellenistisch-christlichen Bereich beheimatet ist. Oder hat Lukas die Formel neu gefaßt?[110]

Hat es je eine Auferstehungsgeschichte gegeben, die von der Erscheinung des Auferweckten vor Simon Petrus erzählte? Manche Interpreten nehmen dies an. Dabei rechnet man immer damit, daß eine solche Geschichte einmal am Schluß des Markusevangeliums gestanden habe. Bekanntlich schließt dieses Evangelium anscheinend abrupt. Am Ende steht die Perikope von der Entdeckung des leeren Grabes Jesu durch Frauen, die mit Schrecken und Furcht die Grabkammer verlassen (16, 8). E. Schweizer[111] meint, daß Markus noch von zwei Erscheinungen in Galiläa erzählt haben wird, nämlich der Ersterscheinung vor Petrus und einer weiteren vor den Zwölfen gemäß 1 Kor 15, 5. Diese Geschichten seien weggebrochen worden, weil sie wegen ihrer Erzählweise – sie hätten „rein-himmlische" Erscheinungen geschildert – Anstoß erregt hätten, oder der Evangeliumsschluß sei einfach verlorengegangen. Ähnlich urteilt W. Schmithals. Nur glaubt er, die Abschlußperikopen an anderer Stelle noch ausfindig machen zu können. Auf Mk 16, 1–8 seien die Verklärungsgeschichte 9, 2–8 als Bericht einer Ostererscheinung vor Simon und 3, 13.16–19 als Bericht einer Ostererscheinung vor den Zwölfen gefolgt. Diese Rekonstruktionsversuche sind ganz unglaubwürdig und gehören in den Bereich exegetischer Fabulierkunst.[112]

Eine Petrusgeschichte hat es nicht gegeben.[113] Markus, der die Tradition von 1 Kor 15, 3–5 gekannt haben dürfte, kündigt die Erscheinungen vor den Jüngern und vor Petrus nur an (16, 7), erzählt sie aber nicht. Er erzählt sie schlicht deshalb nicht, weil ihm noch keine entsprechenden Erzählungen vorlagen. Wir haben uns daran zu erinnern, daß die Osterüberlieferung in drei Schritten erfolgte. Am Anfang stehen

---

[110] Fitzmyer, Lk II 1569, rechnet mit der Möglichkeit, daß „der Herr" von Lukas eingefügt sei. Simon ist der im dritten Evangelium für diesen Jünger bevorzugte Name.

[111] Mk 203.

[112] Vgl. W. Schmithals, Der Markusschluß, die Verklärungsgeschichte und die Aussendung der Zwölf: ZThK 69 (1972) 379–411. Mit verlorenen Markusschlüssen rechnen auch Bultmann, Geschichte 309; H. Streeter, The Four Gospels (London 1924) 351–360; E. Linnemann, Der (wiedergefundene) Markusschluß: ZThK 66 (1969) 255–287.

[113] Schon Wellhausen hat lakonisch festgestellt: „Die meisten Ausleger ... nehmen an, daß der Verfasser an der Vollendung seiner Schrift verhindert oder daß ursprünglich noch mehr gefolgt sei, was später aus irgendwelchen Gründen der Zensur zum Opfer fiel. Sie haben 16, 4 nicht verstanden. Es fehlt nichts; es wäre schade, wenn noch etwas hinterher käme."

die kerygmatischen Formeln wie 1 Kor 15, 3–5. Dann folgt die Überlieferung vom leeren Grab. Und erst auf der dritten Stufe werden Erscheinungsgeschichten ausgebildet. Markus befindet sich zwischen Stufe zwei und drei. Ein theologisches Anliegen tritt hinzu. Er wollte ein „offenes" Evangelium schreiben, das heißt, mit seinem abrupt erscheinenden Schluß seine Leser einladen, selbst zur Osterbotschaft des Engels 16, 6 f. Stellung zu beziehen und sie einladen, das ganze Evangelium vom gewonnenen Osterglauben aus neu zu lesen.[114]

1 Kor 15, 3–5 und Lk 24, 34 lassen manche Fragen offen, vor allem die nach Ort und Zeit der Erscheinungen. Im obigen Rekonstruktionsversuch haben wir uns dafür entschieden, daß die Ersterscheinungen in Galiläa stattgefunden haben. Ist der dritte Tag – „auferweckt worden am dritten Tag gemäß den Schriften" – ein zeitlicher Hinweis?

Die Evangelien vermitteln den Eindruck, daß die Frauen das Grab Jesu am ersten Tag der Woche leer vorgefunden hätten (Mk 16, 1 parr); Lk 24, 13.36 ff.; Joh 20, 19 ff. verlegen die Erscheinung vor den Jüngern in Jerusalem, die sie als Ersterscheinung erzählen, ebenfalls auf diesen Tag. Der erste Tag der Woche ist entsprechend der damaligen Zählung der dritte Tag nach dem Karfreitag. Diese historische Festlegung der beiden Ereignisse auf den dritten Tag dürfte bereits unter dem Eindruck der christlichen Feier des Sonntags stehen. Der erste Tag der Woche, der dritte Tag nach dem Karfreitag, wurde zum christlichen Sonntag. Das chronologische Verständnis des dritten Tages ist sekundär. Ursprünglich haben wir es mit einer theologischen Aussage zu tun. Zu beachten bleibt, daß in 1 Kor 15, 4 der dritte Tag mit Jesu Auferweckung verknüpft ist, einem Ereignis, das sich dem historischen Zugriff entzieht, sich in den Erscheinungen und im leeren Grab nur bekundete. Wenn Markus die Ersterscheinung nach Galiläa verweist (16, 7), hat er die alte Spur aufbewahrt. In der kurzen Zeit bis zum dritten Tag wäre es Kephas und den Zwölfen nicht möglich gewesen, von Jerusalem in ihre galiläische Heimat zu gelangen.

Wenn der dritte Tag aber theologisch zu verstehen ist, wie ist er dann zu deuten? In der alttestamentlich-jüdischen Tradition gilt der dritte Tag als der Tag der Heilswende, der Tag, an dem Gott rettend eingreift: „Niemals läßt Gott die Gerechten länger als drei Tage in Not", heißt es im Midrasch Bereschit Rabba. Die bekanntesten Beispiele aus dem Alten Testament sind das Schicksal des Propheten Jona, der sich drei Tage und Nächte im Bauch des Fischers befand, und Hos 6, 2: „Nach zwei Tagen gibt er uns das Leben zurück, am

[114] Zum Problem des Markusschlusses vgl. Gnilka, Mk II 344 f. 350–358.

dritten Tag wird er uns aufstehen lassen."[115] Im Johannesevangelium geschehen rettende Zeichen Jesu am dritten Tag (2, 1: das Weinwunder von Kana, mit dem er sein Wirken beginnt; 11, 6: der Aufbruch Jesu nach Betanien, um Lazarus aus dem Tod zu erwecken). Hat der dritte Tag bei der Auferweckungsaussage Jesu ursprünglich soteriologische Bedeutung, so lassen sich aus ihm keine chronologischen Schlüsse ziehen, weder auf den Zeitpunkt der Ersterscheinung noch den der Entdeckung des leeren Grabes.

Die zweite Erscheinung erfolgte vor den Zwölfen. Als Ort ist wieder Galiläa anzunehmen. Im Kreis der Zwölf wird sie auch dem Simon Petrus zuteil. Wir meinen, daß sich daraufhin die Schar entschloß, unter Anführung des Petrus nach Jerusalem zu ziehen, um in der Stadt, wo man Jesus gekreuzigt hatte, seine Auferstehung zu verkündigen. In der heiligen Stadt kommt es zur Gründung der ersten christlichen Gemeinde.

LITERATUR:

H. von Campenhausen, Der Ablauf der Osterereignisse und das leere Grab (SHAW.PH 1958, 2. Abhdlg.) (Heidelberg ^{2}1958).

H. Graß, Ostergeschehen und Osterberichte (Göttingen ^{2}1962).

E. Dinkler, Petrusbekenntnis und Satanswort: Zeit und Geschichte (Festschrift R. Bultmann) (Tübingen 1964) 127–153.

J. Kremer, Das älteste Zeugnis von der Auferstehung Christi (SBS 17) (Stuttgart ^{2}1967).

K. Lehmann, Auferweckt am dritten Tag nach der Schrift (QD 38) (Freiburg 1968).

E. Linnemann, Studien zur Passionsgeschichte (FRLANT 102) (Göttingen 1970).

H. Merkel, Peter's Curse: E. Bammel (Hrsg.), The Trial of Jesus (Festschrift C. F. Moule) (SBT II/13) (London ^{2}1971) 66–71.

P. von der Osten-Sacken, Die Apologie des paulinischen Apostolats in 1 Kor 15, 1–11: ZNW 64 (1973) 245–262.

W. Schenk, Der Passionsbericht nach Markus (Gütersloh 1974).

[115] Weitere Belege bei Lehmann, Auferweckt 262–272.

Viertes Kapitel

Simons Stellung in der Urkirche

Wenn wir von der Stellung Simons in der Urkirche handeln, meinen wir die gesamte Zeit vom Zug der Jünger und Jüngerinnen von Galiläa nach Jerusalem bis zum Tod des Apostels. In dieser Zeit sehen wir ihn nicht nur in Jerusalem, sondern auch in Antiochia in Syrien, auf Missionsreisen und am Schluß in Rom. Sie umspannt mehr als drei Jahrzehnte. Bedenken wir diesen großen Zeitraum, ist es verhältnismäßig wenig, was wir über Simon Petrus wissen. Wir können uns nur auf die theologisch gefärbten Nachrichten der Apostelgeschichte und ein paar Notizen in den Paulusbriefen stützen. Doch ist allem sorgfältig nachzugehen. Das Felsenwort Mt 16, 17–19 und das entsprechende Auftragswort Joh 21, 15–19 bedürfen wegen ihres theologischen Gewichtes einer eigenen Erörterung. Sie geschieht im Rahmen der Besprechung dieser Evangelien.

1. Leiter der Jerusalemer Muttergemeinde

In Jerusalem versammelten sich die Jünger und Jüngerinnen Jesu zu einer eigenständigen Gruppe. Unter dem Wirken und Wehen des Geistes Gottes entstand die erste christliche Gemeinde. Sie wußte sich durch diesen Geist zusammengerufen.[1] Zwar waren sie noch ganz eingebunden in den Volksverband Israel, doch traten sie mit ihrer Predigt vom gekreuzigten und auferweckten Jesus von Nazaret den übrigen Angehörigen des Volkes gegenüber und riefen auf zu Glaube und Umkehr.

Um die Situation der Menschen in dieser Gemeinschaft zu erfassen, wäre es wichtig, in Erfahrung zu bringen, von welchem Selbstverständnis sie erfüllt waren. Es gibt einen Weg, sich diesem zu nähern. Das sind die Namen, die sie sich selbst gegeben haben. Ein sehr alter Name, der eine Selbstbezeichnung ausmacht, lautet: ἐκκλησία τοῦ

[1] Zum Pfingstereignis vgl. Gnilka, Die frühen Christen 239–242.

ϑεοῦ. Wenn wir, wie gewohnt, mit „Kirche (Gottes)" übersetzen,[2] trifft das nicht den etymologischen Befund. Wörtlich heißt es: Versammlung (Gottes), noch wörtlicher: die Herausgerufene (Versammlung). Diese Bedeutung läßt vielleicht noch etwas von dem heraus- und zusammenrufenden Geist Gottes verspüren.

Es ist aber die Frage, ob mit dieser Selbstbezeichnung schon in der Jerusalemer Muttergemeinde gerechnet werden kann. Ein Indiz liefert Paulus. Im Rückblick auf seinen einstigen Kampf gegen die Christen stellt er wiederholt fest, daß er die Ekklesia Gottes (1 Kor 15, 9; Gal 1, 13; Phil 3, 6: die Ekklesia[3]) verfolgt habe. Konkret richtete sich sein Haß gegen die Jerusalemer Gemeinde (und die von ihr abhängigen Gemeinden). Man nimmt mit Recht an, daß er damit einen vorhandenen Begriff aufnimmt, nämlich die Bezeichnung, die sich die Jerusalemer Gemeinde selbst gegeben hat.[4] Die singularische Formulierung Ekklesia Gottes verstärkt diesen Eindruck.

Während W. Schrage[5] vermutete, daß diese Selbstbezeichnung in Abgrenzung vom Judentum erfolgte, indem man den naheliegenden Begriff „Synagoge" vermied, betont J. Roloff[6] ihren jüdischen Hintergrund und die Absicht der Jerusalemer Gemeinde, ihren Anschluß an die jüdischen Wurzeln zu bekunden. Nach Schrage habe sich der gesetzestreue, aramäisch sprechende Teil der Gemeinde Synagoge genannt, während sich die Jerusalemer Hellenisten um Stephanus die Selbstbezeichnung Ekklesia zugelegt hätten. Diese sei also bei letzteren, deren gesetzeskritische Haltung bekannt ist, entstanden. Für Roloff bedeutet Ekklesia Gottes als Selbstbezeichnung der Gesamtgemeinde, daß sich diese als Kristallisationspunkt des jetzt einzusammelnden endzeitlichen Israel verstand.

Daß sich die Trennung von Hellenisten und Hebräern, von Griechisch und Aramäisch sprechenden Judenchristen, in der Jerusalemer Gemeinde derart ausgewirkt habe, daß man sich unterscheidende Namen gab, ist sehr unwahrscheinlich. Man wählte die Bezeichnung „Versammlung Gottes" für die Gesamtgemeinde auch nicht, um sich von den übrigen Juden in der Stadt abzugrenzen, sondern um ihnen

---

[2] Kirche ist bekanntlich von Κυριακή = dem Herrn gehörig abzuleiten.

[3] Einzelne Handschriften lesen in Phil 3, 6: Ekklesia Gottes. Doch wird das Angleichung an die anderen beiden erwähnten Stellen sein.

[4] Vgl. Hainz, Ekklesia 232–236.

[5] ZThK 60 (1963) 178–202.

[6] Kirche 83–85.

gegenüber zum Ausdruck zu bringen, daß man die von Gott zusammengerufene Versammlung der Endzeit ist. Als semitisches Urwort ist qehal el anzunehmen.[7] Die gleiche Selbstbezeichnung treffen wir in der Qumran-Gemeinde an (1 QM 4, 10; 1 QSa 1, 25), doch steht sie dort keinesfalls im Zentrum.[8]

Wir rechnen also damit, daß die Selbstbezeichnung „Versammlung Gottes" im besagten Sinn in der Jerusalemer Muttergemeinde entstanden ist. Wenn sie später auf andere Gemeinden übertragen wurde und man dabei den Singular „Versammlung Gottes" beibehielt, bedeutet das, daß Jerusalem die Stellung des Vorortes zukam bzw. die Gemeinde diese Rolle in Anspruch nahm. Die Apostelgeschichte hat die Erinnerung entfernt daran aufbewahrt, wenn sie den Begriff ἐκκλησία – mit Ausnahme von 15, 41 und 16, 5 – stets im Singular verwendet. Die Leitung der Jerusalemer Gemeinde verstand sich als Leitung der Gesamt-Ekklesia, die sich allmählich im jüdischen Land auszubreiten begann. Eine veränderte Situation entstand durch die später einsetzende Hinwendung zu den Heiden und die besonders durch Paulus geförderte und erfolgreich betriebene Heidenmission. Paulus erkannte den Vorort Jerusalem an. Aber in welchem Umfang tat er das? Auf diese komplexe Frage sei vorerst hier nur hingewiesen.

Wie der Name „Versammlung Gottes" die Muttergemeinde als Sammelpunkt des eschatologischen Gottesvolkes auszeichnet, so gibt es noch andere Namen, die diese Sicht bestätigen. Auch der Begriff „die Heiligen" als Selbstbezeichnung kam hier auf. Er zielt ab auf die Gottesnähe, die die Gemeinde durch Jesus Christus gewonnen hat und in der sie jetzt, das Ende erwartend, lebt. Paulus, der auch diese Selbstbezeichnung für seine Gemeinden übernimmt, gibt in seinen Anweisungen für die Kollekte, die er für Jerusalem durchführt, noch die Bindung dieses Namens an die dortige Gemeinde zu erkennen. So spricht er – ohne die Stadt zu erwähnen – einfach vom Dienst für die Heiligen (2 Kor 8, 4; 9, 1), oder davon, daß der Dienst dieser Opfergabe dem Mangel der Heiligen abhelfen soll (9, 12). Offenbar ist klar, daß die Jerusalemer Christen bezeichnet sind. Dieser

---

[7] In der Septuaginta ist ἐκκλησία fast immer Übersetzung von qahal; συναγωγή ist am häufigsten Übersetzung von édah, weniger häufig aber auch von qahal. Vgl. die Konkordanz.

[8] Vgl. H.-J. Fabry: ThWAT VI 1219–1221, der damit rechnet, daß qahal älteste Selbstbezeichnung in Qumram gewesen sei, später aber verworfen wurde. In 1 QM 4, 10 ist qehal el vermutlich nicht Bezeichnung der Gesamtgemeinde, sondern nur einer bestimmten Abteilung des endzeitlichen Heeres.

Name hat seine Vorgeschichte im Judentum, insbesondere in der Apokalyptik und in Qumran (1 QS 5, 13.18; 8, 17; 1 QH 7, 10 u. ö.).[9] Ganz ähnlich ist es um die Bezeichnung „die Erwählten" bestellt. Innerhalb der Synoptiker treffen wir sie in der kleinen Apokalypse Mk 13 par an, einem Text, der auf das palästinensische Judenchristentum zurückgeht (13, 20).[10] Wahrscheinlich können wir damit rechnen, daß die Jerusalemer Christen auch den Namen „die Armen" trugen. Paulus deutet dies an, wenn er, zurückblickend auf den Apostelkonvent, sich der Verpflichtung erinnert, die Kollekte durchzuführen: „Nur der Armen sollten wir eingedenk sein" (Gal 2, 10). Als Arme werden sie nicht bloß in ihrer Bedürftigkeit angesprochen. Wenn es sich um eine Selbstbezeichnung handelt, schließt sie an die Armenfrömmigkeit an, gemäß der die Armen Gott besonders nahe sind (vgl. Lk 4, 18; 6, 20).[11] Vielleicht hießen die Jerusalemer auch einfach „Jünger (Jesu)", so wie Jesus Jünger um sich versammelt hatte. Dieser Name bringt den unmittelbaren Anschluß an die Jüngerschaft Jesu zur Geltung.[12]

Wenn wir die Selbstbezeichnungen der Jerusalemer Muttergemeinde als Ausdruck ihres Selbstbewußtseins zusammenfassen, so ergibt sich Folgendes: Als die Versammlung Gottes (qehal el), als die Heiligen und Erwählten wußten sie sich als die Endzeitgemeinde, die Gott sich durch das Heilshandeln Jesu Christi erwählt hatte, um vor dem Volk Israel Zeugnis abzulegen für ihren Glauben. Als die Armen und Jünger Jesu bekannten sie sich zu seiner Nachfolge, in der einige von ihnen schon zur Zeit des Wirkens des irdischen Jesus gestanden hatten. Zu ihnen gehörten Simon Petrus und die Zwölf. Wir können davon ausgehen, daß gerade sie von dem aus den Selbstbezeichnungen abgeleiteten Bewußtsein erfüllt gewesen sind.

Simon Petrus war der Erste in der Gemeinde. Dies ist ziemlich unbestritten. Er war ihr Leiter. Wie er diese Leitungsfunktion ausübte, läßt die Apostelgeschichte noch im wesentlichen in ihren Berichten durchschimmern. Weil Petrus bereits zur Zeit der Wirksamkeit des

---

[9] Vgl. Kümmel, Kirchenbegriff 16–19.

[10] Vgl. Henaeth 41, 2; 62, 8.

[11] In Röm 15, 26 findet sich die Formulierung „die Armen der Heiligen in Jerusalem". Hier sind die Armen nur mehr eine Gruppe unter den Heiligen. Der eschatologische Gehalt des Begriffs ist nicht mehr erkennbar. Dies deutet möglicherweise ein geändertes Verhältnis zu Jerusalem an.

[12] Nur die Apg hat diese Bezeichnung für die Glaubenden in der jüdischen Metropole aufbewahrt (6, 1 f. 7), überträgt sie aber auch auf Christen an anderen Orten. Das Wort kommt in der Apg 28mal vor.

irdischen Jesus der Sprecher der Jüngerschaft war, ist es plausibel, daß nachösterlich er zum Erstverkündiger wird. Vermutlich begann er mit der christlichen Predigt. Immer wieder trat er verkündigend, Zeugnis ablegend, vor die Einwohner Jerusalems. Notwendige Entscheidungen fällen Petrus zusammen mit der Gemeinde (1, 15–26), die Zwölf (6, 1 f.), Petrus und die Apostel (4, 35–5, 6). Es ist auch völlig plausibel, daß Petrus und die anderen bei ihrer Verkündertätigkeit in Jerusalem, in der Stadt, wo man Jesus gekreuzigt hatte, auf Widerstand stießen, daß man ihnen nachstellen und sie inhaftieren konnte (Reminiszenzen in 4, 1 ff.; 5, 17 ff.; 12, 3 ff.).

Wann wurde Simon Petrus zum Apostel? Oder genauer gefragt: Wann begann man, ihn und andere Apostel zu nennen? Gewiß ist der Aposteltitel erst nachösterlich entstanden. Gewiß läßt sich das, was Petrus betrieb von Anfang an apostolisch nennen. Doch wann und mit welchem Inhalt gefüllt kam diese Bezeichnung als terminus technicus auf? Wir stehen hier vor einem viel diskutierten und schwierigen Problem.

Der älteste Beleg für den Aposteltitel dürfte 1 Kor 15, 7 sein. Hier zählt Paulus die Auferstehungszeugen auf oder jene, denen der auferweckte Christus erschien. Indem er eine sehr alte Glaubensformel, die von Tod und Auferweckung handelt, zitiert, nennt er als erste Auferstehungszeugen Kephas und die Zwölf (15, 5). Zu beachten ist, daß hier einfach von den Zwölfen, nicht von den zwölf Aposteln gesprochen wird.[13] In 15, 7 folgen dann als Auferstehungszeugen Jakobus und alle Apostel. Diese Reihe ist von Kephas und den Zwölfen zu trennen. Sie stellt eine eigene Tradition dar. Daß Tradition vorliegt, beweist die Rede von allen Aposteln.[14] Vorausgesetzt ist dabei offenkundig, daß „alle Apostel" zu der Zeit, als die Tradition ausformuliert wurde, einen fest umrissenen Kreis bildeten. Dabei ist zu berücksichtigen, daß dieser Kreis nicht erst durch die Erscheinung etabliert wurde, sondern bereits zuvor bestand, genau so wie der Kreis der Zwölf schon existierte, bevor der auferweckte Christus sich ihm offenbarte. Daraus wäre dann zu folgern, daß die ursprüngliche Anwendung des Aposteltitels nicht eine Erscheinung des Auferweckten zur Voraussetzung hat für die, welche sich Apostel nannten oder so ge-

[13] Die Einschränkung des Aposteltitels auf die Zwölf hat bekanntlich mit Nachdruck erst Lukas vollzogen.

[14] Klein, Zwölf Apostel 40, weist darauf hin – mit zahlreichen Argumenten – daß Paulus sich anschließend (15, 8–10) selbst noch als Apostel einbringt. Das steht in Spannung zu „allen Aposteln". Diese sind also in der Tradition verhaftet.

nannt wurden.[15] Die Erscheinung träte eventuell als eine Art Bekräftigung oder Legitimation hinzu.

Im Blick auf 1 Kor 15, 5–7 bleiben freilich manche Fragen. Für die uns interessierende Thematik ist es besonders die Frage nach dem Verhältnis von Kephas und den Zwölfen zu Jakobus und allen Aposteln. Gab es Überschneidungen oder handelt es sich um konkurrierende Traditionen? Letzteres war die These von A. von Harnack.[16] Dieser ging dabei davon aus, daß die Erscheinung vor den Zwölfen mit der vor allen Aposteln identisch sei. Die Rivalität drücke sich darin aus, daß man einmal für Kephas, das andermal für Jakobus die Ersterscheinung in Anspruch nahm. Doch nicht Rivalität, sondern eine veränderte Situation bekundet sich in dem Nebeneinander von Kephas und Jakobus, den Zwölfen und allen Aposteln, wobei schon auffällig bleibt, daß allein Kephas und Jakobus namentlich genannt werden. Kephas und die Zwölf sahen den Herrn in Galiläa, Jakobus und alle Apostel sahen ihn in Jerusalem. Nicht schon in Galiläa, sondern erst in Jerusalem begannen die Zwölf zu wirken, zu verkündigen und – wenn man so will – apostolisch tätig zu werden. Es steht darum der Auffassung nichts im Wege, daß wir unter „allen Aposteln" auch die Zwölf oder doch die meisten von ihnen werden finden dürfen. Freilich werden wir auch mit einem zeitlichen Abstand rechnen müssen. Den verlangt die Erwähnung des Jakobus, der ja während der Zeit des Wirkens des irdischen Jesus diesem zusammen mit seinen Brüdern zurückhaltend gegenüberstand (vgl. Mk 3, 21.31; Joh 7, 3–5). Wie sein Weg, der zur Gemeinde führte, verlief, braucht hier nicht weiter verfolgt zu werden. Jedenfalls hatte die ihm zuteil gewordene Erscheinung des Auferweckten für ihn entscheidende Bedeutung. Wenn er in 1 Kor 15, 7 als Erscheinungszeuge namentlich aufgeführt wird, bedeutet dies nicht nur, daß er inzwischen zur Gemeinde gestoßen ist, sondern auch, daß er in dieser eine herausragende Stellung gewonnen hat.

Die Bezeichnung „Apostel" muß in diesen Zusammenhängen aufgekommen sein, das heißt, in der Frühzeit des Wirkens der ersten Verkünder in Jerusalem. Sie waren also schon zuvor, ehe man sie Apostel nannte, in entsprechender Weise tätig. Mit dem Namen „Apostel" meinte man offensichtlich, ihr Wirken am adäquatesten

[15] Graß, Ostergeschehen 104, meint, daß der „Ehrentitel" Apostel dem Kreis erst auf Grund dieser Erscheinung verliehen worden sei. Er räumt aber ein, daß das Sehen des Herrn allein nicht zum Apostel macht.

[16] Verklärungsgeschichte 67.

bezeichnen zu können. Selbstverständlich gehörte auch Simon Petrus zu ihnen. Wenn Paulus nach Gal 1, 17–19 nach Jerusalem ging, um die zu besuchen, die vor ihm Apostel waren und dann Kephas aufsucht, bestätigt er, daß die Apostel in der jüdischen Metropole beheimatet sind und Kephas bevorzugt zu ihnen gehört.

Läßt sich der Apostelbegriff, der auf jenen bestimmten Kreis, der die Zwölf im wesentlichen miteinschloß, aber eine größere Zahl umfaßte, angewendet wurde, von seinem Inhalt her noch präzisieren? Wenn wir davon ausgegangen sind, daß das Wirken jener, denen man den Apostelnamen beilegte, dieser Namengebung voraus war, so ergibt sich daraus, daß das Wirken den Namen bestimmte und gleichsam in ihm zusammengefaßt war, nicht umgekehrt. Dann muß man einfach zur Kenntnis nehmen, daß Apostel, Apostolos etymologisch der Gesendete, der Bote bedeutet. Die so Bezeichneten wußten sich als Boten, als Gesandte, als Beauftragte. Sie waren erfüllt von der ihnen nach dem Kreuz in den Erscheinungen Jesu des Auferweckten zugewachsenen Erkenntnis, daß er lebt und daß durch seine Auferweckung seine Botschaft von Gott legitimiert worden war. Diese Botschaft mußte darum jetzt weiter verkündet werden, aber vermehrt eben um die bestimmenden Inhalte von Tod und Auferweckung Jesu.

Grundgelegt war diese Botschaft in Kreuz und Auferweckung Jesu, die sich gleichsam in das Evangelium hinein auslegten (vgl. 1 Kor 15, 1 ff.). Die Autorisierung erfolgte in der Übernahme der Verkündigung.[17] Dabei war es nicht unbedingte Voraussetzung, daß jeder einzelne Verkündiger mit einer Erscheinung des Auferweckten bedacht worden war. Auch sie konnten Apostel genannt werden.[18]

Wir stellten schon fest, daß die Apostel in Jerusalem beheimatet sind. Jerusalem war nichts Geringeres als der Ursprungsort der Verkündigung, hier wurde zum erstenmal das Evangelium Jesu Christi proklamiert. Und Simon Petrus wird es gewesen sein, der als Erster seine Stimme erhob.

Es setzte eine Entwicklung ein. Die Bedeutung der Zwölf begann zurückzutreten. Paulus erwähnt sie nurmehr ein einziges Mal und dies in der traditionellen Formel 1 Kor 15, 5. Die symbolische Bedeutung

---

[17] Vgl. Merklein, Das kirchliche Amt 262 f.

[18] Dazu kann man Andronikos und Junia (Röm 16,7) oder Barnabas (Apg 14, 4.14) zählen. Es ist nicht notwendig, diese unter die fünfhundert Brüder zu zählen (vgl. 1 Kor 15, 6). Es ist ebenso nicht notwendig, zwischen Erscheinungen mit und Erscheinungen ohne Sendungsauftrag zu unterscheiden. J. Roloff: TRE III 434 spricht von „Sendungserscheinungen“.

der Zwölfzahl in ihrer Bindung an diesen Kreis verblaßte. An die Stelle der Zwölf treten die Apostel. Dies ist auch ein Schritt von der Zeit des Wirkens des irdischen Jesus in die Zeit der nachösterlichen Gemeinde. Auch der Apostelbegriff veränderte sich. Aus einer Funktionsbezeichnung wurde ein Amtsname, ein terminus technicus. Paulus hat zu dieser Entwicklung beigetragen. Er begründet seinen Apostolat vornehmlich damit, daß er den auferweckten Herrn gesehen hat (1 Kor 9, 1), daß ihm in der ihm zuteil gewordenen Offenbarung des Gottessohnes der Auftrag gegeben wurde, die Völker zu evangelisieren (Gal 1, 15 f.). Paulus kämpfte um die Anerkennung seines Apostolates. Das zeigt deutlich, daß man im Begriff war, den Apostelnamen einzuschränken und zur Amtsbezeichnung werden zu lassen. Das von Paulus eingebrachte Kriterium der Christusoffenbarung wurde maßgeblich.

Die Infragestellung des paulinischen Apostolates hing auch damit zusammen, daß er spätberufener Apostel war, auch in dem Sinn, daß er den irdischen Jesus nicht mehr gekannt hatte.[19] Für den Apostel wurde wichtig, daß er einst Nachfolger Jesu von Nazaret war. Aus dieser Konstellation erwuchs das von Lukas forcierte Zwölferapostolat.

Ob das jüdische Botenrecht, das man im Schaliach-Institut zusammengefaßt sieht, auf den christlichen Apostelbegriff eingewirkt hat, ist von zweitrangiger Bedeutung. Im Etymologischen kommen die Begriffe Scheluchim und Apostel (gleich Boten) überein. Die Autoren,[20] die darauf Bezug nehmen, sehen die Unterschiede. Die Grundregel des Schaliach-Institutes lautet, daß der Gesendete an der Stelle des ihn Sendenden steht, in seinem Auftrag und mit seiner Autorität, regelmäßig befristet, wirkt. Der Vergleich erledigt sich, wenn es zutrifft, daß dieses Institut im Judentum sich erst nach dem Jahr 70 n. Chr. entwickelte.[21]

Die Führungsrolle des Petrus in Jerusalem tritt schlaglichtartig hervor in einer Begebenheit, von der der Apostel Paulus in Gal 1 berichtet. Der vom erhöhten Herrn zum Glauben und zum Apostel berufene Paulus macht sich drei Jahre später auf den Weg von Damaskus nach Jerusalem.[22] Die sehr knappe Angabe des Zwecks der Reise lau-

---

[19] Spielt Paulus in 2 Kor 5, 16 darauf an?

[20] Maßgeblich K. H. Rengstorf: ThWNT I 397–448.

[21] So J. Roloff: TRE III 432.

[22] Die Zeitangabe „nach drei Jahren" in Gal 1, 18 ist gemäß der jüdischen Zählung im Sinn von: nach dem Ablauf von zwei Jahren zu verstehen. Der Besuch erfolgte in der ersten Hälfte der dreißiger Jahre, vielleicht 33/34. Zur umstrittenen Paulus-Chronologie vgl. Gnilka, Paulus von Tarsus 309–313.

tet: ἱστορῆσαι Κηφᾶν (Gal 1, 18). Als Bedeutung dieses Satzes, der nicht selten überinterpretiert wurde, kann zuverlässig gelten: um Kephas persönlich kennenzulernen.[23] Die Auskunft ist sachlich und läßt kaum Raum frei für weitere Spekulationen. Im übrigen steht sie im Galaterbrief in einem Kontext, in dem es Paulus darum geht, die Unabhängigkeit seines Evangeliums unter Beweis zu stellen. Er fügt noch die Bemerkung an, daß er fünfzehn Tage bei ihm geblieben sei und keinen anderen Apostel gesehen habe, nur noch Jakobus, den Bruder des Herrn. Über den Inhalt der Gespräche der beiden erfahren wir nichts. Aus dem griechischen Verb hat man herauslesen wollen, daß es Paulus um Informationen gegangen wäre, die dann nur die Person Jesu betroffen haben könnten. Doch gibt das Verb diese Auskunft nicht her.[24] Es bleibt die nackte Tatsache, daß – aus der Perspektive des Petrus betrachtet – der einstige Verfolger dem Leiter der einst verfolgten Gemeinde gegenübersteht. Dann bedeuten aber die fünfzehn Tage, die Paulus bei Kephas (in seinem Haus?) weilen darf, eine relativ lange Zeit.[25]

Wenn Paulus nur Kephas kennenlernen wollte, weiß er um dessen Stellung in der Gemeinde. Vielleicht nennt er ihn darum hier wie auch sonst bei seinem „Amtsnamen" Kephas,[26] nicht bei seinem Namen Simon. Um diesen Amtsnamen wußte er aus der Tradition von 1 Kor 15, 5. Wir dürfen voraussetzen, daß er ihn im persönlichen Gespräch mit „Simon" anredete. Daß er bei seinem Jerusalembesuch auch Jakobus, dem Herrenbruder, begegnete, wird fast beiläufig erwähnt. Kephas wollte er persönlich kennenlernen, Jakobus sah er. Dennoch tritt damit schon jetzt jener in Erscheinung, der immer mehr Bedeutung erlangen sollte.

---

23 Vgl. die sorgfältige philologische Analyse von Hofius: ZNW 75 (1984) 73–85.

24 Man Verstand das Verb in der Bedeutung von „to inquire" bzw. von „gaining information". Vgl. G. D. Kilpatrick, Galatians 1, 18: NT Eassays (Festschrift T. W. Mauson) (Manchester 1959) 144–149; J. D. G. Dunn, The Relationship between Paul and Jerusalem according to Galatians 1 and 2: NTS 28 (1982) 461–478, besonders 463 ff. Zur Widerlegung vgl. Hofius: ZNW 75 (1984) 73–79.

25 Die Interpreten sind regelmäßig bemüht, die fünfzehn Tage möglichst kurz zu bemessen, damit die Unabhängigkeit des paulinischen Evangeliums nur gewahrt bleibt. Die menschliche Seite wird dabei vergessen.

26 Nur in Gal 2, 7 f. nennt er ihn beim griechischen „Amtsnamen" Petrus. Auffällig ist der Wechsel von Petrus zu Kephas in 2, 9. Man vermutet, daß Paulus in 2, 7 f. Bezug nimmt auf die offizielle Vereinbarung des Apostelkonventes, die möglicherweise in einem schriftlichen Dokument festgehalten wurde.

Die leitende Stellung des Petrus betraf die gesamte Versammlung (Ekklesia) Gottes. Wir stellten oben fest,[27] daß der Name Ekklesia Gottes die Jerusalemer Gemeinde im Blick hatte, aber auch alle neu entstehenden Gemeinden, die im Umfeld lagen und mit diesem Namen zu einer Einheit zusammengenommen wurden. Diese Ekklesia Gottes war ausschließlich judenchristlich und in ihrem Zeugnis auf Israel ausgerichtet. Freilich gab es unter den Judenchristen Hebräer und Hellenisten, Aramäisch und Griechisch Sprechende. Obwohl die Hellenisten sich mit den Sieben eine eigene Gemeindeleitung gaben,[28] dürften sie die Autorität des Kephas anerkannt haben. Indirekt wird dies dadurch bestätigt, daß der „Amtsname" des Simon sich in seiner griechischen Form durchsetzte: Petrus.

LITERATUR:

A. von Harnack, Die Verklärungsgeschichte Jesu, der Bericht des Paulus 1 Kor 15, 3 ff. und die beiden Christusvisionen des Petrus (SPAW) (Berlin 1922) 62–80.

K. Holl, Der Kirchenbegriff des Paulus in seinem Verhältnis zu dem der Urgemeinde: Gesammelte Aufsätze zur Kirchengeschichte II (Tübingen 1928, Nachdruck Darmstadt 1964) 44–67.

G. Klein, Die zwölf Apostel (FRLANT 77) (Göttingen 1961).

H. Graß, Ostergeschehen und Osterberichte (Göttingen ²1962).

W. Schrage, „Ekklesia" und „Synagoge": ZThK 60 (1963) 178–202.

W. G. Kümmel, Kirchenbegriff und Geschichtsbewußtsein in der Urgemeinde und bei Jesus (Göttingen ²1968).

J. Hainz, Ekklesia (BU 9) (Regensburg 1972).

H. Merklein, Das kirchliche Amt nach dem Epheserbrief (StANT 33) (München 1973).

O. Hofius, Gal 1, 18: ἱστορῆσαι Κηφᾶν: ZNW 75 (1984) 73–85.

J. Roloff, Die Kirche im NT (Göttingen 1993).

2. Missionarische Tätigkeit

Es ist unbestritten, daß Petrus ab einem bestimmten Zeitpunkt missionarisch tätig wurde. Über Einzelheiten sind wir nur sehr dürftig unterrichtet. Die ersten Missionare aber, die der Jerusalemer Gemeinde entstammen und sich Nichtjuden zuwandten, waren nicht Hebräer, sondern Griechen, gehörten also nicht zu den aramäisch, son-

[27] Vgl. S. 77–80.

[28] Vgl. Apg 6, 1–6 und Gnilka, Die frühen Christen 254–257.

dern zu den griechisch sprechenden Judenchristen. Letztere wurden im Zusammenhang mit der Verfolgung, die wegen Stephanus über die Gemeinde hereinbrach (vgl. Apg 11, 19), aus der Stadt vertrieben. Sie wurden in Judäa und Samaria (8, 1), in Phönizien und auf Zypern tätig. Vor allem kommt es zu Gemeindegründungen in Antiochia (11, 19 ff.) und Damaskus (vgl. 9, 11 ff.). Apg 15, 3; 21, 3 f.7; 27, 3 setzt christliche Gemeinden in den phönizischen Städten Tyros, Ptolemais und Sidon voraus. Antiochia sollte sich zur zweitbedeutendsten Gemeinde nach Jerusalem entwickeln. Sie wird uns noch in Verbindung mit Petri Tätigkeit beschäftigen. Apg 8 erzählt ausführlich in erbaulichen Geschichten von Missionsreisen des Philippus, eines der sieben Häupter der Hellenisten (6, 5), nach Samaria und in die Küstengebiete von Aschdod bis Caesarea.

Petrus und die übrigen Apostel waren von der Verfolgung nicht betroffen. Sie blieben unbehelligt in der Stadt (8, 1). Daraus ergibt sich, daß sich Petrus und die Apostel an den Anfängen der Mission nicht beteiligt hatten. Sie blieben ungeschoren wegen ihrer – im Vergleich zu den Hellenisten – konservativen Haltung dem Gesetz gegenüber. Aber gerade dies hat mit der Mission, konkret: mit der Aufnahme von Heiden in die Gemeinde zu tun. Während die Aramäer noch nicht an Heidenmission dachten und sich predigend nur an ihre jüdischen Landsleute wandten, gingen die Hellenisten dazu über, nicht nur Heiden in die Gemeinde aufzunehmen, sondern sie auch bedingunglos, das heißt, ohne die Forderung, sich beschneiden zu lassen, als vollgültige Gemeindemitglieder anzuerkennen (11, 20 f.). Das aber führte zum Konflikt und zu langwierigen Auseinandersetzungen zwischen Hebräern und Hellenisten über den Modus der Aufnahme von Heiden in die Gemeinde, die bis dahin eine rein judenchristliche geblieben war. Während die Hellenisten für eine freizügige Aufnahme der Heiden plädierten und es auch so zu praktizieren begannen, traten die Hebräer für eine stärkere Bindung an das Judentum ein, einschließlich der Übernahme der Beschneidung. Der Weg zur Gemeinde für die Heiden ist frei, sagten die einen, der Weg führt über das Judentum, die anderen. Wenn Apg 11, 22 vermerkt, daß die Öffnung zu den Heiden, wie man sie in Antiochia vollzog, der Gemeinde von Jerusalem zu Ohren kam, die ja jetzt ganz von den konservativen Hebräern bestimmt war, mag man den Groll heraushören. Und wir sehen Petrus auf seiten der konservativen Hebräer.

Wenn sich Petrus auf Missionsreisen begibt, so können wir davon ausgehen, daß er sich mit seinem Wort ausschließlich an Juden wandte. Apg 9, 32–43 hat Reminiszenzen aufbewahrt. Petrus kommt auf seinem Weg von Jerusalem nach Lydda, an der Straße von Jerusalem zum Meer gelegen, und Joppe, das am Meer liegt. In Lydda trifft er auf einen Mann namens Äneas, den er von seiner Krankheit heilt und der sich daraufhin zum Herrn bekehrt. Die Begegnung mit Tabita in Joppe, die bereits Jüngerin Jesu ist, ist mit einer Totenerweckungsgeschichte verknüpft. Abgesehen von solchen legendarischen Überformungen könnte sich hinter der Sammelbemerkung in 9, 35, die von Massenbekehrungen in der Scharon-Ebene[29] – das ist das Küstergebiet – spricht, die Erinnerung an Petri Wirken in dieser Gegend verbergen.

Offenbar besitzt Lukas, obwohl an seiner Person sehr interessiert, nur wenig Petrus-Traditionen. So konzentriert er alles auf die Kornelius-Geschichte, die er zur Erzählung von der Bekehrung des ersten Heiden, eben des Kornelius, Hauptmanns der Italischen Kohorte in Caesarea, durch Petrus ausführlich ausgestaltet (10, 1–48). Doch entspricht das lukanischer Intention. Die ursprüngliche Bedeutung der Kornelius-Überlieferung lag woanders. Sie wollte nicht von der Taufe des ersten Heiden berichten, sondern von einem entscheidenden Gesinnungswechsel des Petrus.[30] Nicht Kornelius steht im Mittelpunkt, sondern Petrus. So gewinnt in der Geschichte die Vision des Petrus zentrale Bedeutung (10, 9–16). In ihr schaut er, in ein leinenes Tuch eingespannt, allerlei Tiere und Vögel, die gemäß den jüdischen Reinheitsvorschriften als unrein galten und nicht verzehrt werden durften. Wenn er durch eine Stimme aufgefordert wird, zu schlachten und zu essen, bedeutet das, daß die Reinheitsvorschriften ihre Geltung verloren haben, und konkret: daß er die Gemeinschaft mit Heiden, die Juden ebenfalls verboten war, pflegen darf und soll.[31] Der Aufnahme von Heiden in die Gemeinde steht nichts im Weg. Wann sollte der Gesinnungswechsel des Petrus in dieser Sache erfolgt sein? Sicher stand er nicht am Beginn seiner Evangelisierungsarbeit. Fand er schon vor dem Apostelkonvent statt?[32]

---

[29] Zur Scharon-Ebene vgl. Jes 33, 9. Lukas will den Eindruck von Massenbekehrungen erreichen (vgl. Apg 21, 20).

[30] Vgl. Roloff, Apg 164–167.

[31] Die Kornelius-Geschichte besitzt ihre Parallele in der Perikope vom Hauptmann von Kafarnaum Mt 8, 5–13; Lk 7, 1–10. Diese zeigt, daß auch Jesus die jüdischen Reinheitsvorschriften beachtete und – als Jude – zum Kontakt mit einem Heiden überwunden werden muß. Lukas hat diesen Zug besonders ausgestaltet.

[32] In Antiochia wird sich Petrus später liberal verhalten (Gal 2, 12), wenigstens eine Zeitlang.

An dieser Stelle soll erwähnt werden, daß Mk 7, 24–30; Mt 15, 21–28 eine Perikope überliefert haben, die ebenfalls als Reflexion auf das Problem aufgefaßt werden kann, ob und in welchem Maß Heiden in die Gemeinde aufzunehmen sind. Eine heidnische Frau bittet Jesus um die Heilung ihres Kindes. Die Jünger weisen sie empört zurück. Jesus wird durch ihren Glauben überwältigt und gewährt ihr Hilfe. Dabei spricht er das Wort: „Laß zuerst die Kinder satt werden! Denn es ist nicht recht, den Kindern das Brot zu nehmen und den Hündlein vorzuwerfen." Die Frau respondiert: „Herr, auch die Hündlein unter dem Tisch essen von den Brosamen der Kinder" (Mk 7, 27 f.).[33] Das bedeutet: die Juden sind die ersten Anwärter auf das Heil. Die Heiden sind deutlich nachgeordnet, aber sie dürfen nicht ausgeschlossen werden. Hinter der Perikope steht deutlich judenchristliche Tradition. In diesen hier sich artikulierenden Konflikt ist auch Petrus verwickelt.

Ein besonderes Problem stellt die Mission der Samariter dar, eines Volksstammes, der sein Wohngebiet zwischen Galiläa im Norden und Judäa im Süden besaß. Die besondere Problematik liegt darin, daß die Samariter im Zusammenhang mit weit in die Geschichte zurückreichenden Ereignissen als die Erbfeinde der Juden galten (vgl. Joh 4, 9). Ihre Missionierung begannen auch nicht die aramäisch sprechenden Judenchristen, also auch nicht Petrus, sondern wiederum die Hellenisten, nach Apg 8 war es Philippus. Vermutlich war dieser nach dem Tod des Stephanus der Leiter der Hellenisten.[34] Die Hinwendung zu den Samaritern kann auch als beachtlicher Versuch gelten, den alten Stammeshaß zu überwinden. Wenn nach Apg 8, 14 ff. die Apostel Petrus und Johannes im Auftrag ihrer Jerusalemer Kollegen die Philippus-Mission visitieren und akzeptieren, liegt das auf der Ebene der lukanischen Intention, die Einheit darzustellen. Historisch betrachtet, dürfte die Akzeptanz der Samariter weit mehr Zeit in Anspruch genommen haben.

Unter den spärlichen Bezugnahmen auf Petri missionarische Tätigkeit im Neuen Testament verdient 1 Kor 9, 5 unsere Aufmerksamkeit. In einem Kontext, in dem Paulus sein angefochtenes Apostolat ver-

[33] Mt 15, 24–27 läßt „Laß zuerst die Kinder satt werden" aus, fügt aber als Jesuswort hinzu: „Ich bin nur gesandt zu den verlorenen Schafen des Hauses Israel." Vgl. Gnilka, Mt II 28 f.

[34] Die Bedeutung des Philippus geht daraus hervor, daß die Apg seinem Wirken so viel Raum widmet, wohl auch daraus, daß er in der Siebenerliste in Apg 6, 5 als erster nach Stephanus genannt wird.

teidigt, schreibt er: „Haben wir nicht das Recht, eine Schwester als Frau mit uns zu führen wie auch die anderen Apostel und die Brüder des Herrn und Kephas?“ So fragmentarisch die Aussage erscheinen mag, sie gibt manche Einsichten frei.[35]

Paulus wird in seinem Apostolat beargwöhnt, weil seine Widersacher beobachten, daß er sich in seinem apostolischen Lebensstil von anderen Aposteln unterscheidet. Die anderen, mit denen man ihn vergleicht, sind die von ihm Zitierten, also die anderen Apostel, die Brüder des Herrn und Kephas. Wir haben es ohne Zweifel mit den Autoritäten der Jerusalemer Judenchristenheit zu tun, die sich also auch auf Missionsreise begeben haben.[36] Wir haben ja gesehen, daß die Apostel in Jerusalem beheimatet sind.[37] Wenn Kephas eigens mit Namen genannt wird, ist seine besondere Autorität anerkannt.

Worin aber unterschied sich Paulus von diesen?[38] Am meisten in die Augen stach, daß Paulus ehelos lebte, während die anderen verheiratet waren und sogar ihre Ehefrauen auf die Missionsreise mitgenommen hatten. Dies gilt auch für Kephas/Petrus.[39] Den Lebensunterhalt beanspruchten sie für sich und ihre Ehefrauen. Dies darf man aus dem vorausgehenden Satz erschließen: „Haben wir nicht das Recht, zu essen und zu trinken?“ (1 Kor 9, 4). Paulus aber verzichtete auf eine materielle Unterstützung durch die Gemeinde und sicherte seinen persönlichen Lebensunterhalt durch die Arbeit seiner Hände (9, 6). Daraus darf man aber jetzt nicht den Schluß ziehen, daß die Altapostel den bequemeren Weg gewählt hätten. Wir können sicher sein, daß sie sich mit dem Notwendigsten begnügten und in „charismatischer“ Armut lebten. In ihrem Lebensstil werden sie sich als einstige Weggenossen Jesu an seine Weisung gehalten haben, die er bei ihrer Aussendung gab. Er hatte ihnen gesagt, daß sie auf den Weg nichts mitnehmen sollten, kein Geld und keinen Vorrat. Sie hätten aber einen Anspruch darauf, in dem Haus, das sie und ihre Botschaft aufnimmt, versorgt zu werden (vgl. Mt 10, 5 ff. parr). Man konnte demnach Paulus den Vorwurf machen – und dies dürfte geschehen

---

[35] Vgl. die erhellenden Ausführungen von Theißen, Legitimation.

[36] Die Brüder des Herrn waren nach Mk 6, 3 Jakobus, Joses (v. l. Josef), Judas und Simon. Hat sich also auch Jakobus einmal zur missionarischen Tätigkeit aufgemacht? Wir werden es annehmen dürfen.

[37] Vgl. oben S. 81–84.

[38] Vgl. J. Yeong-Sik Pak, Paul as Missionary (EHS.T 410) (Frankfurt/M. 1991).

[39] In den Frauen Gehilfinnen der Frauenmission zu sehen, wie es einer alten Auffassung entspricht, ist verfehlt. Wenn sie Schwestern heißen, sind sie als Christinnen gekennzeichnet. Vgl. Schrage, 1 Kor II 292 und Anm. 79.

sein –, daß er in seinem Lebensstil dem Wort des Herrn widerspricht und mit der Arbeit seiner Hände mehr erwirbt als ihm nach den Regeln der charismatischen Armut zusteht.

Im Blick auf den uns interessierenden Petrus können wir demzufolge sagen, daß er mit seiner Frau in charismatischer Armut lebte. Er blieb in dem Haus, das als erstes in einem Ort ihn aufgenommen hatte und ließ sich versorgen (vgl. Lk 10, 8), um sich dann ganz der Arbeit der Evangelisierung widmen zu können. Auch in ihrer Predigt werden sich die judenchristlichen Missionare von Paulus abgehoben haben. Selbstverständlich verkündigen auch sie den Gekreuzigten und Auferstandenen, aber die Person und Botschaft des irdischen Jesus wird bei ihnen ein ungleich stärkeres Gewicht besessen haben. Ihre persönliche Kenntnis Jesu von Nazaret – und für die Herrenbrüder mußte sich diese in einem ganz vertrauten Licht dargestellt haben – wird ihr Ansehen bei den Gläubiggewordenen gesteigert haben. Paulus hatte als spätberufener Apostel diese Kenntnis nicht.[40] Auch die Bindung an das Judentum spielte in ihrer Verkündigung eine Rolle. Ihre Adressaten waren vermutlich ausschließlich Juden, die sie in ihren Häusern und Synagogen erreichen konnten, auch wenn sie sich über die Grenzen Palästinas hinaus in die Diaspora begeben haben sollten.

Leider teilt uns Paulus in 1 Kor 9 nicht mit, wo die judenchristlichen Missionare wirkten. Auf jeden Fall hören die Christen im fernen Korinth von deren Tätigkeit. Kephas mußte ihnen schon von der Überlieferung von Tod und Auferstehung Jesu her, auf die Paulus die Gemeinde gegründet hatte, bekannt gewesen sein (1 Kor 15, 5: „Erschienen dem Kephas"). Läßt sich über dessen Wirken noch eine nähere Angabe machen? Vor allem ist es die Frage, ob Kephas einmal in Korinth war, und zwar dann vor der Abfassung des ersten Korintherbriefes, also etwa um das Jahr 50 oder etwas früher.[41] Manche Forscher nehmen dies an mit Hinweis darauf, daß es in Korinth neben der Paulus-, Apollos- und Christus- auch eine Kephaspartei gab: „Denn es ist mir bekannt geworden über euch, meine Brüder, von den Leuten der Chloe, daß Streitigkeiten unter euch sind. Ich meine

[40] Aufschlußreich ist vielleicht Folgendes: Paulus kennt die Missionsregel, daß die Missionare Anspruch auf Unterhalt haben. Hierfür beruft er sich aber nicht auf das entsprechende Herrenwort (Lk 10, 7), sondern auf das vergleichende Bildwort vom dreschenden Ochsen, dem man nicht das Maul verbinden darf (1 Kor 9, 9; vgl. Dt 25, 4; 1 Tim 5, 18).

[41] Vgl. Gnilka, Paulus von Tarsus 313.

aber dies, daß unter euch der eine sagt: Ich gehöre zu Paulus, der andere: ich zu Apollos, ein anderer: ich zu Kephas, wieder ein anderer: ich zu Christus“ (1 Kor 1, 11 f.; vgl. 3, 21 f.).[42]

Das am meisten ernstzunehmende Argument für einen Aufenthalt des Petrus in Korinth ist der Umstand, daß die beiden anderen Missionare, nach denen sich Parteien benennen, Paulus und Apollos, tatsächlich in Korinth waren und dort gewirkt haben. Infolgedessen liegt es nahe, dies auch für Petrus anzunehmen. Dann dürfte er in Korinth auch einige getauft haben. Denn das Zugehörigkeitsgefühl der Getauften zu ihrem Taufspender war in Korinth besonders ausgeprägt (vgl. 1, 13–17). Sie werden von diesen auch in den Glauben in zahlreichen Katechesen eingeführt worden sein. Die Bindung an den Missionar ist auch denkbar über das Haus, in dem er gewohnt hat. Der ihn beherbergende Gastgeber, der den Glauben angenommen hatte, wird sich ihm mit seinem Haus besonders verbunden gefühlt haben.[43] Als Angehöriger einer wohlhabenden Schicht besaß er auch Einfluß.[44] Wie dem auch sei, es spricht manches dafür, daß die Korinther den Petrus tatsächlich persönlich kennengelernt hatten. Dann hat ihn Paulus auch aus diesem Grund in 1 Kor 9, 5 namentlich erwähnt. Petrus wäre dann – wie auch Apollos (vgl. 3, 4–8) – in einer bereits von Paulus gegründeten Gemeinde aufgetreten. Trifft dies zu, so würde das Auftreten des Petrus in Korinth anzeigen, wie weit von Jerusalem weg er sich schon in dieser Zeit auf seinen Missionsreisen entfernen konnte.

Durch die Abwesenheit des Petrus von Jerusalem, die sich über Wochen und Monate erstreckte, war dort eine neue Situation entstanden. An die Stelle des Petrus in der Gemeindeleitung war Jakobus, der Herrenbruder, gerückt. Diese Veränderung, die auf dem Apostelkonvent noch deutlicher in Erscheinung treten wird, hat auch in der Apostelgeschichte ihre Spuren hinterlassen. Apg 12 unterrichtet uns über das Vorgehen des Königs Herodes Agrippa I. (41–44) gegen die Gemeinde von Jerusalem. Jakobus, den Sohn des Zebedäus und Bruder des Johannes, ließ er mit dem Schwert hinrichten und Petrus einkerkern. Nach seiner Freisetzung begibt sich Petrus in das Haus Marias, der Mutter des Johannes Markus, wo einige

---

[42] Auf die Frage einer Christuspartei, die seltsam genug wäre, braucht hier nicht eingegangen zu werden.

[43] Barrett, Cephas 2, spricht dem Genitiv: „Ich gehöre zu Kephas“, wörtlich: „ich des Kephas“ auch das Verhältnis einer objektiven Zugehörigkeit zu.

[44] Vgl. Theißen, Legitimation 227 f.

Gemeindemitglieder zum Gebet versammelt sind. Er trennt sich von der Gemeinde mit den Worten: „Teilt dies Jakobus und den Brüdern mit!" (12, 17). Die Bedeutung dieser Stelle liegt darin, daß Jakobus, der Herrenbruder, hier zum erstenmal in der Apostelgeschichte und nahezu unvermittelt in Erscheinung tritt. Lukas wird den Wechsel in der Gemeindeleitung andeuten wollen,[45] den man sich nicht als förmliche Amtsübertragung vorstellen darf. Er setzt das Wissen voraus, daß Jakobus die Gemeindeleitung übernahm. Mit Jakobus gerät ein Angehöriger der Familie Jesu in den Vordergrund. Ihr Einfluß in Jerusalem sollte sich fortsetzen.

Die abschließenden Worte des Petrusberichtes: „Und er ging hinaus und begab sich an einen anderen Ort" (12, 17) sind oft überinterpretiert worden. Man dachte an Antiochia, sogar an Rom.[46] Letzteres wäre sehr verfrüht. Oder handelt es sich nur um den stilgerechten Abschluß der Geschichte von einer wunderbaren Errettung? Auf jeden Fall taucht Petrus in der Apostelgeschichte nur noch beim Apostelkonvent – wieder in Jerusalem – auf, um dann ganz zu verschwinden. Die Apostelgeschichte verdient Zustimmung darin, daß sie missionarische Bemühungen des Petrus schon vor dem Konvent und vor der durch Agrippa ausgelösten Verfolgung einordnet (Kap 9 f.). Diese Verfolgung, der er noch einmal entkam, mag ihn veranlaßt haben, Jerusalem vorübergehend, bis zum Tod des Agrippa im Jahr 44 zu meiden. Genaues wissen wir nicht.

Etwas mehr Informationen erhalten wir über zwei Ereignisse, die den Petrus nochmals hervortreten lassen, den Apostelkonvent und den sogenannten Antiochenischen Zwischenfall. Auf sie ist jetzt des näheren einzugehen. Wir wollen versuchen, sie aus der Perspektive des Petrus zu betrachten.

a) Der Apostelkonvent

Bekanntlich haben wir zwei Zugänge zum Apostelkonvent, einen über Apg 15, den anderen über Paulus (Gal 2, 1–10). Obwohl Paulus unmittelbar Beteiligter ist und den Galaterbrief in ziemlicher Nähe zu dem Geschehen abgefaßt hat, ist er Partei. Dies muß bedacht werden.

---

[45] Ob die Erwähnung des Jakobus in Apg 12, 17 lukanische Redaktion ist, wie Conzelmann, Apg 71, meint, kann hier auf sich beruhen. Trifft dies zu, würde es das Anliegen des Lk unterstreichen. Das aber schließt den historischen Hintergrund keinesfalls aus.

[46] Etwa G. Stählin, E. Jacquier in ihren Kommentaren z. St.

Es geht ihm um die Gleichrangigkeit seines Apostolates mit dem der Altapostel, um die Anerkenntnis seines gesetzesfreies Evangeliums und darum, daß man in Jerusalem diesem für seine missionarische Tätigkeit zugestimmt hat. Er befindet sich – immer noch – in heftiger Auseinandersetzung mit judaistischen judenchristlichen Gegnern, die sein gesetzesfreies Evangelium bekämpfen. Die Apostelgeschichte, die ein Vierteljahrhundert nach dem Apostelkonvent abgefaßt wurde, verfolgt das Ziel, sowohl die Einigung der Kontrahenten als auch die führende Rolle Jerusalems herauszustellen. Der Konvent fand etwa im Jahr 47/48 statt.[47]

In den folgenden Darlegungen richten wir unsere Aufmerksamkeit insbesondere auf drei Punkte: den Anlaß und das Zustandekommen des Konvents, die Rolle und Beurteilung des Petrus und das Ergebnis, letzteres wiederum mit Blick auf Petrus.[48]

Den Anlaß für den Konvent gibt Paulus an mit den Worten: „Und ich legte ihnen das Evangelium vor, das ich unter den Heiden verkündige, besonders aber den Angesehenen, daß ich nicht ins Leere laufe oder gelaufen bin" (Gal 2, 2). Paulus stellt sein Evangelium in den Mittelpunkt des Zusammentreffens und damit auch des Streites. Wenn Barnabas mit ihm reist, ist ein erweiterter Horizont angesprochen, aber Barnabas ist nur als Gleichgesinnter an seiner Seite. Wenn er sein Evangelium vorlegt, bedeutet das nicht, daß dessen Gültigkeit von der Anerkenntnis durch die Jerusalemer abhängen würde. Paulus ist von der Wahrheit seines Evangeliums zutiefst überzeugt und weiß diese zu verteidigen (2, 4 und 14). Die Befürchtung, vergeblich gelaufen zu sein, schränkt diese Wahrheit nicht ein. Hinter dieser Formulierung steht wohl die Sorge um die Einheit des Evangeliums, möglicherweise aber auch ein konkreter Vorwurf seiner Gegner, das paulinische Evangelium sei leer, wirkungslos, kann nicht zum Heil führen.[49] Wirkungslos aber sei es so lange, als die von Paulus bekehrten Heidenchristen sich nicht beschneiden lassen und so mit der Übernahme des Glaubens nicht auch zum Judentum übertreten. Daß die Beschneidungsforderung der Gegner für Paulus entscheidend war, sieht man daran, daß er auch den Titus nach Jerusalem mitnimmt, einen noch nicht beschnittenen Heidenchristen und Mitarbei-

[47] Zur Chronologie vgl. Gnilka, Paulus von Tarsus 312.

[48] Diese Konzentration mag auch dazu verhelfen, das so oft und fast immer unter Beibehaltung derselben Fragen behandelte Problem des Apostelkonventes etwas aufzulockern.

[49] So Mußner, Gal 103.

ter, der zum Testfall werden soll. In sichtlicher Erregung etikettiert Paulus seine Gegener als „eingeschlichene Falschbrüder" (2, 4).

Auch nach Apg 15, 1 ff. steht die Beschneidungsfrage im Mittelpunkt des Streites. Einige von der Partei der Pharisäer, die gläubig geworden waren, erheben die Forderung, man müsse den Heidenchristen gebieten, sich beschneiden zu lassen und das Gesetz des Moses zu halten (15, 5). Der Eindruck der Konfrontation mit Paulus und Barnabas wird vermieden. Alles verläuft friedlicher. Paulus und Barnabas spielen nur eine Nebenrolle, sie berichten über ihre Missionserfolge. Dann haben sie nichts mehr zu sagen.

Die unterschiedlich gesetzten Akzente treten besonders deutlich beim Zustandekommen des Konvents hervor. Paulus sagt, er sei auf Grund einer Offenbarung, also einer inneren göttlichen Stimme, nach Jerusalem hinaufgezogen (Gal 2, 2). Gemäß Apg 15 geht die Initiative von Jerusalem aus: „Einige von Judäa" kommen nach Antiochia und fordern für die Heidenchristen die Beschneidung. Dies löst große Aufregung in dieser juden-heidenchristlich gemischten Gemeinde aus. Man beschließt, Paulus und Barnabas, die gerade ihre erste Missionsreise beendet hatten, nach Jerusalem zur Klärung dieser Frage zu schicken.

Blickt man auf diese beiden Darstellungen zurück, so wird man die freie Aufnahme von Heiden in die Gemeinde, das heißt, die Aufnahme ohne Übernahme der Beschneidung, mit der man in Antiochia begann und die Paulus zur grundsätzlichen Regel erhoben hatte, zum Anlaß des Konvents nehmen.[50] Judenchristen in Jerusalem nahmen an dieser Praxis Ärgernis. Sie sahen das Judentum, die väterliche Religion, in Gefahr. Die Gemeinde von Antiochia und die paulinischen Gemeinden waren von diesem Zerwürfnis mit Jerusalem betroffen, aber in diesem Punkt solidarisch. Man versteht die Position des Paulus besser, wenn man bereit ist, den Apostelkonvent – entgegen der Darstellung der Apostelgeschichte – erst nach der sogenannten zweiten Missionsreise des Paulus einzuordnen. Nach seinen Missionserfolgen in Griechenland konnte Paulus, der einstige Verfolger, mit größerer Freiheit auftreten. Auch die von ihm verlangte Kollekte und manches andere gewinnt überzeugendere Plausibilität.[51] Er kommt aus freiem Entschluß, hat aber von den gegen ihn in Jerusalem erho-

[50] Nach Lüdemann, Paulus I 80, seien Konflikte bei der Tischgemeinschaft zwischen den einstigen Heiden und Juden der Anlaß für den Konvent gewesen. Das aber dürfte nicht ausreichen.

[51] Plausibler wird, warum so viele Jahre vergingen, bis der Konvent zustande kam

benen Vorwürfen gehört. Er vereinigt sich mit Barnabas als dem Repräsentanten der antiochenischen Gemeinde, von der er einst ausgezogen war und mit der er die Verbindung nicht hat abreißen lassen.

Kommen wir zur Rolle des Petrus, die uns vor allem interessiert. Er war am Konvent maßgeblich beteiligt. Man kann sogar vermuten, daß Paulus insbesondere das Zusammentreffen mit ihm suchte. Denn ihn hatte er schon bei seinem ersten Jerusalem-Besuch kennengelernt. Die anderen Apostel, außer Jakobus, den Herrenbruder, hatte er nicht gesehen (Gal 1, 18 f.). Vielleicht hoffte er auch, in Petrus jemanden zu finden, der seinem Anliegen Verständnis und Aufgeschlossenheit entgegenbringt. Er ordnet ihn ein in jene Dreiergruppe, die als Säulen anerkannt sind: „Jakobus und Kephas und Johannes, die als Säulen gelten" (2, 9). Das Bild von den Säulen – im Orient und Judentum verbreitet[52] – geht über eine rein metaphorische Bedeutung hinaus. Es weist hin auf die endzeitliche Gemeinde, die als geistlicher Bau, als Tempel vorgestellt ist (vgl. 1 Kor 3, 10 ff.; Eph 2, 21; Apk 3, 12). Es ist die Gemeinde von Jerusalem, die aber im Selbstverständnis der Jerusalemer als qehal el, als Gemeinde Gottes, die anderen Gemeinden umgreift. Paulus bezeichnet die Drei auch als die Maßgeblichen (οἱ δοκοῦντες). Es besteht keine Veranlassung, die „Maßgeblichen" als einen Kreis aufzufassen, der mehr Personen als die Drei umfaßte. Manche Autoren wollen auf diese Weise die übrigen Apostel in der Stadt anwesend und am Konvent beteiligt sein lassen. Dem widerrät die Gleichheit des Subjekts in den Versen 6–9.[53] Die Maßgeblichen sind keine anderen als Jakobus, Kephas und Johannes. Man wird auch dem Begriff „die Maßgeblichen" – obwohl im Text viermal verwendet – keinen ironischen Unterton beimischen dürfen. Paulus bemüht sich doch gerade um Übereinstimmung mit ihnen.

Eine gewisse Distanz deutet die eingeschobene Bemerkung an: „was sie früher einmal waren, daran liegt mir nichts, denn Gott achtet nicht das Ansehen der Person" (2, 6). Die Einblendung der Vergangenheit ist hier nicht die des Jerusalemer Konvents, auf den Paulus ja im Galaterbrief zurückblickt. Als Säulen erkennt er sie an. „Was sie früher einmal waren" greift weiter zurück, nämlich auf die

(Gal 2, 1: „nach vierzehn Jahren"). Zum Ganzen vgl. Gnilka, Paulus von Tarsus 64–71.

[52] Vgl. Spr 9, 1 (die Weisheit baut ihr Haus, das sieben Säulen hat); ExR 2 (69a) (Abraham ist Säule der Welt), auch Billerbeck III 537; U. Wilckens: ThWNT VII 732–734.

[53] Mit Oepke, Gal 44. Anders Schlier, Mußner z. St.

Zeit des Lebens des irdischen Jesus. Jakobus war sein Bruder, Kephas und Johannes waren seine Nachfolger. Auch davon war – neben dem Osterzeugnis – ihre Autorität geprägt. Paulus hat diesen Vorzug nicht aufzuweisen. Darin erblickt er aber keine Beeinträchtigung seines Apostolates. Er ist gleichberechtigter Apostel, von Gott berufen wie auch die anderen. Uns begegnet hier dieselbe Auseinandersetzung, die wir schon im Zusammenhang von 1 Kor 9, 5 kennengelernt haben.[54]

Die Reihung Jakobus-Kephas-Johannes bedarf eines erklärenden Wortes. Daß Jakobus an erster Stelle genannt wird, mag damit in Verbindung stehen, daß dieser für das Leben des Paulus noch eine wichtigere Rolle spielen wird als Petrus, vor allem anläßlich seines dritten und letzten Jerusalembesuches. Das aber reicht zur Erklärung nicht aus. Jakobus dürfte der Ersterwähnte sein, weil er nach dem Weggang des Petrus zur missionarischen Verkündigung faktisch die Leitung der Jerusalemer Gemeinde übernommen hatte (vgl. Apg 12, 17).[55] Wir möchten vermuten, daß Petrus ebenso seine missionarische Tätigkeit unterbrach, um in die Hauptstadt zu ziehen, wie Paulus. Nach dem Tod des Königs Herodes Agrippa I. im Jahr 44 war das für ihn nicht mit großen Gefahren verbunden. Auf jeden Fall wird er jetzt den Schwerpunkt seiner Arbeit auf die Mission gelegt haben. So wird er für Paulus auf dem Konvent zum hauptsächlichen Partner.

Darum ist das Ergebnis des Konvents eines, das insbesondere diese beiden Apostel betrifft. Paulus formuliert es so: „Sie (die Maßgeblichen) sahen, daß ich betraut bin mit dem Evangelium für die Unbeschnittenheit (die Heiden) wie Petrus (mit dem Evangelium) für die Beschneidung (die Juden). Denn (Gott), der gewirkt hat an Petrus zu seinem Apostolat für die Beschneidung, hat auch an mir gewirkt (zum Apostolat)[56] unter den Heiden. Und da sie die mir geschenkte Gnade erkannten, gaben Jakobus und Kephas und Johannes, die als Säulen gelten, mir und Barnabas die rechte Hand der Gemeinschaft, daß wir zu den Heiden, sie aber zur Beschneidung (gehen sollten)" (Gal 2, 7–9). Das Ergebnis ist eine Aufteilung der Missionsgebiete. Die drei Säulen, die das Judenchristentum repräsentieren, stehen

---

[54] Vgl. oben S. 89–91.

[55] Vgl. oben S. 92 f.

[56] Wie in Vers 7 „mit dem Evangelium" zu ergänzen ist, so in Vers 8 „zum Apostolat". Andernfalls könnte man mit Betz, Gal 188, auf den Gedanken kommen, daß man das Apostolat des Paulus bestritten habe. Das aber ist nach den Ausführungen in Gal 1 nicht gut denkbar. Paulus hätte das nicht hingenommen.

Paulus und Barnabas gegenüber als den Repräsentanten des Heidenchristentums. Petrus ist zuständig für die Judenmission, Paulus und Barnabas für die Heidenmission. Petrus steht jetzt wieder an der Spitze, denn auch Jakobus und Johannes sind in die Judenmission miteinbezogen: „sie (Plural!) zur Beschneidung". Die Jerusalemer Gemeinde versteht sich als eine das Evangelium propagierende Gemeinde. Allerdings predigt sie dieses nur den jüdischen Landsleuten. In diesem Sinn ist Petrus in ihr der Führende.

Es hat immer wieder die Aufmerksamkeit der Forschung auf sich gezogen, daß Paulus in Gal 2, 7 und 8 seinem Kontrahenten, den er sonst immer Kephas nennt, den Namen „Petrus" gibt. Die Auskunft, daß er mit diesem griechischen Namen den Apostel seinen Griechisch sprechenden Lesern nahe bringen wollte, verfängt nicht. Denn dann hätte er konsequenterweise immer den Petrusnamen verwenden müssen. Am überzeugendsten ist die Auffassung, daß es am Abschluß des Konvents ein Protokoll gab. Denn auch die für den Beschluß zentralen Begriffe „Evangelium für die Unbeschnittenheit", „Evangelium für die Beschneidung" kennt Paulus sonst nicht. Man wird nicht so weit gehen und sagen, daß Paulus aus dem Protokoll zitiert habe – möglicherweise stammt die Parallelisierung von Petrus und Paulus von ihm – wohl aber greift er mit den für ihn ungebräuchlichen Begriffen Wörter auf, die in den Diskussionen und dann auch im Abschlußprotokoll vorkamen.

Die entscheidende Frage lautet, was die mit der Aufteilung der Missionsgebiete verbundenen Evangelien für die Unbeschnittenheit und für die Beschneidung bedeuten. Oder sollte man besser sagen: das Evangelium für die Unbeschnittenheit und für die Beschneidung, das heißt, dasselbe Evangelium? War der Beschluß des Konvents nur eine geographische Aufteilung der Missionsgebiete? Oder war das Evangelium auch inhaltlich betroffen? P. Stuhlmacher ist zuzustimmen, der sagt, daß im Hintergrund die Rechtfertigungslehre des Paulus steht.[57] Das Evangelium für die Heiden ist das paulinische Evangelium, nach dem der Mensch gerechtgesprochen wird ohne Gesetz durch den Glauben an Jesus Christus. Dieses Evangelium wurde in Jerusalem von den Säulen anerkannt. Sinnerfüllungszeichen war, daß man nicht die Beschneidung des Heidenchristen Titus verlangte, den Paulus als Testfall mitgenommen hatte (Gal 2, 1–3). Übernommen aber wurde dieses Evangelium von den Säulen nicht.

[57] Das paulinische Evangelium I (FRLANT 95) (Göttingen 1968) 92.

Dennoch gab weder Jerusalem noch Paulus die Gemeinschaft auf. Wenn sie einander die rechte Hand der Gemeinschaft reichen, muß dies im Sinn des Einheitswillen verstanden werden.[58] Man wird vom Willen zur kirchlichen Einheit sprechen dürfen. Um dies zu bekunden, erklärt sich Paulus bereit, in seinen Gemeinden die Kollekte für Jerusalem durchzuführen, „allein der Armen sollten wir gedenken" (2, 10).

Wie sah das „Evangelium für die Beschneidung", konkret: das petrinische Evangelium aus? Unmittelbare Zeugnisse haben wir nicht. Doch ist es plausibel, daß es stärker an die authentische Jesusüberlieferung gebunden war. Der Verzicht auf die Beschneidung des Heidenchristen schließt ein, daß es selbstverständlich war, daß die Kinder von Judenchristen beschnitten wurden. Wenn wir davon ausgehen dürfen, daß die Gesetzesauslegung der der jesuanischen Überlieferung entsprach, war das Liebesgebot die Erfüllung des Gesetzes, eine Auffassung, die auch Paulus bekannt ist (Röm 13, 8–10; vgl. Mt 22, 34–40).

Paulus wird zum Handschlag der Gemeinschaft mit Petrus und den anderen bereit gewesen sein, weil sein Evangelium anerkannt worden war und damit grundsätzlich auch seine Sicht, daß das Gesetz in seiner Heilsbedeutung überholt ist. Im ersten Korintherbrief – nach dem Apostelkonvent abgefaßt – erblickt Paulus die Einheit des Evangeliums mit Kephas und den anderen Aposteln in der Verkündigung von Tod und Auferstehung Jesu (15, 1–11).

Wie mag Petrus den Ausgang des Konvents beurteilt haben? Hat er in Verbindung mit Jakobus und Johannes gegenüber Paulus und Barnabas einen Führungsanspruch erhoben? Wurde das Modell von der qehal el, von der einen endzeitlichen Gemeinde Gottes, als die sich Jerusalem verstand, auch auf die paulinischen Gemeinden ausgedehnt? Hat man die von Paulus erbetene Kollekte als eine rechtlich zu fordernde Abgabe an die Muttergemeinde aufgefaßt?

Über diese Fragen können wir nur mutmaßen und etwas aus den Reaktionen des Paulus zu erschließen versuchen. Wenn Paulus den Namen Gemeinde Gottes (ἐκκλησία τοῦ θεοῦ, qehal el) auf seine Gemeinden überträgt – im Singular und Plural (1 Kor 1, 2; 10, 32; 11, 16.22; 2 Kor 1, 1) –, so übernimmt er ihn von Jerusalem und gibt damit zu verstehen, daß er sie als gleichberechtigte neben Jerusalem eingestuft wissen will. Möglicherweise wehrt er sich damit gegenüber einem Anspruch, den er nicht akzeptiert. Die Kollekte begreift er als

---

[58] Vgl. J. Hainz, Koinonia (BU 16) (Regensburg 1982) 157–161.

eine freiwillige Gabe, die zu leisten für die heidenchristlichen Gemeinden aber angemessen war. Sie ist für ihn Ausdruck der Einheit der Gemeinden und des Bandes, das Heiden- und Judenkirche vereinigte. Wichtig war sie ihm wohl auch als Verbindung seiner heidenchristlichen Gemeinden untereinander. Es dürfte ihm klar gewesen sein, daß diese Verbindung nur aufrechterhalten werden konnte, wenn sie einen gemeinsamen Orientierungspunkt, einen sie verpflichtenden Vorort besaßen. Und dies konnte nur die Jerusalemer Muttergemeinde sein als Ausgangspunkt der Evangeliumsverkündigung, aber auch als Anschluß an die jüdische Heilsgeschichte.[59]

Möglicherweise dachten manche in Jerusalem anders über die Kollekte. Es muß daran erinnert werden, daß es in Jerusalem neben den drei Säulen noch die konsequenten Judenchristen gab, die auf der Beschneidung der Heidenchristen beharrten. Paulus nennt sie die „eingeschlichenen Falschbrüder" (Gal 2, 4) und gibt damit zu erkennen, welch hitzige Debatten auf dem Konvent geführt worden sein müssen. In den Verhandlungen mag es manchmal Querverbindungen gegeben haben zwischen einzelnen Fraktionsmitgliedern: zwischen Barnabas und den Maßgeblichen, zwischen Kephas und Paulus, zwischen Jakobus und den Radikalen. Das kann zwar nur Vermutung bleiben, legt sich aber im Blick auf spätere Entwicklungen nahe.

Im Bericht von Apg 15 über den Konvent steht ein Beschluß, den man die Jakobusklauseln nennt.[60] Er besagt, daß in gemischten Gemeinden die Heidenchristen auf die Judenchristen Rücksicht nehmen sollen, insofern sie bestimmte minimale Forderungen des Gesetzes zu beachten hätten, die das religiöse Empfinden des Juden in besonderer Weise tangieren, nämlich sich zu enthalten von Götzenopferfleisch, Blut, Ersticktem und Unzucht (15, 20 und 29). Gemeint sind Speisevorschriften und das Verbot von Ehen zwischen festgelegten Verwandtschaftsgraden.[61] Die Forschung ist sich weitgehend einig in der Auffassung, daß die Jakobusklauseln nicht auf dem Konvent, sondern später aufgestellt wurden. Paulus kennt sie nicht. Bezeichnend ist,

---

[59] Vgl. Gnilka, Paulus von Tarsus 152–161.

[60] Nach Pesch, Apg II 72 f., ist Apg 15 eher ein Bericht über das Zustandekommen des Aposteldekrets (der Jakobusklauseln) als eine Erzählung vom Apostelkonvent.

[61] Die Jakobusklauseln entsprachen den Minimalforderungen, die das Gesetz hinsichtlich der kultischen Reinheit der im Land Israel lebenden Fremden erhoben hatte (Lv 17, 10–14; 18, 6–18.26), und den sogenannten Noachitischen Geboten (Gn 9, 4), die nach rabbinischer Auffassung für alle Menschen gelten sollten (b Sanh 56b). Vgl. Roloff, Apg 227. Faktisch bedeuten sie eine partielle Unterstellung der Heidenchristen unter das Gesetz.

daß sie den Namen des Herrenbruders Jakobus tragen, der nach Petrus die Leitung der Jerusalemer Gemeinde übernommen hatte. Sie hängen zusammen mit einer Entwicklung, die mit dem jetzt zu besprechenden Antiochenischen Zwischenfall zu tun hat.

b) Der Antiochenische Zwischenfall

Im unmittelbaren Anschluß an den Konvent geht Paulus im Galaterbrief ein auf eine Konfrontation mit Petrus, die sich in Antiochia zugetragen hat und die man darum den Antiochenischen Zwischenfall nennt (2, 11 ff.). Die Apostelgeschichte erzählt davon nichts. Entweder kannte Lukas diesen Vorfall nicht oder er übergeht ihn, weil es ihm wichtig war, ein möglichst harmonisches Bild von der Urkirche zu vermitteln. Für Paulus ist er wichtig im Zusammenhang mit seinen galatischen Gegnern, die von den Heidenchristen nach wie vor die Beschneidung und damit die Übernahme des Gesetzes forderten. Möglicherweise haben diese auch den Vorfall als Waffe gegen ihn ausgenutzt. Wenn ihn Paulus an keiner weiteren Stelle mehr erwähnt, könnte das damit zusammenhängen, daß er ihn nicht in bester Erinnerung bewahrt hat.

Die Rekonstruktion des Antiochenischen Zwischenfalls gerade im Hinblick auf das Verhalten des Petrus ist außerordentlich schwierig. Die wichtigsten Gründe hierfür sind folgende: Paulus spricht mit äußerster Knappheit. Er spricht mit emotionaler Anteilnahme. Er verknüpft seine damaligen Argumente mit denen, die er jetzt im Galaterbrief gegenüber seinen galatischen Gegnern vorbringt. Er erwähnt nicht die Argumente seiner Kontrahenten, Petrus und Jakobus.

Hinzu kommt, daß der Text zu einem klassischen Text in der Reformationszeit wurde und es im ökumenischen Dialog heute noch ist. Er gehört zu den meist zitierten Stellen des Neues Testaments.[62] Seine Brisanz liegt darin – vereinfacht gesagt –, daß sich Petrus und Paulus einander gegenüberstehen. „Ich widerstand ihm ins Angesicht" sagt Paulus (2, 11). Man sah in dieser Konfrontation die Auseinandersetzung der Reformationszeit vorabgebildet. Bereits M. Luther bemerkt: „Item sanct Paul straft sanct Peter als einen Irrigen."[63] Der Hintergrund des Streits könnte in der Tat eine Vorausabbildung der späteren Krise nahelegen. Paulus verteidigt seine Rechtferti-

---

[62] Vgl. Wechsler, Geschichtsbild; Mußner, Gal 146–167 (Exkurs: Gal 2, 11–14 in der Auslegungsgeschichte).

[63] Luther in seiner Schrift „An den christlichen Adel" (WA 6, 412, 36–38).

gungslehre, das sola fide, gegenüber Petrus, der dem mosaischen Gesetz verhaftet erscheint. In der Exegese werden Petrus und Paulus ganz unterschiedlich gewertet. Nicht selten konnte eine konfessionelle Voreingenommenheit mitschwingen. So konnte man Petrus einerseits Feigheit vorwerfen oder ihm anderseits nachsagen, daß er aus neugewonnener Einsicht konsequent gehandelt habe. Und Paulus, in der Regel als der geistig Überlegene gesehen, konnte der Vorwurf gemacht werden, daß er kein Herz für die Judenchristen besessen habe.[64] Man ließ ihn als strahlenden Sieger oder als Verlierer aus dem Konflikt hervorgehen. W. Schenk hat das Wort geprägt: „Sage mir, wie du mit Gal 2, 11 ff. umgehst, und ich werde dir sagen, was für ein Christ du bist."[65]

Welches Geschehen steckt hinter dem Antiochenischen Zwischenfall? Auslösender Faktor ist die Tischgemeinschaft von Juden und Heiden in der Antiochenischen Gemeinde, genauer gesagt: von Judenchristen und Heidenchristen. Wir sind geneigt, diese als etwas selbstverständliches in einer christlichen Gemeinde vorauszusetzen. Sie schließt die eucharistische Gemeinschaft mit ein. Die Zusammenkunft zur Eucharistiefeier war mit einem Sättigungs- oder Liebesmahl verbunden. Wir können davon ausgehen, daß die Antiochenische Gemeinde einen beträchtlichen Teil von Judenchristen besaß, wahrscheinlich den größten in einer Gemeinde der Urchristenheit. Die übrigen Gemeinden, die wir kennen, werden auch judenchristliche Anteile gehabt haben, sehr wahrscheinlich aber nur in geringem Umfang. Die Jerusalemer Gemeinde hingegen bestand ausschließlich aus Judenchristen, so daß dort das jetzt in Antiochia auftretende Problem gar nicht in Erscheinung treten konnte.

Dieses Problem bezieht sich auf die Auswahl und Zubereitung der Speisen, für die es im Judentum strenge Regeln gab. Die Speisen der Heiden gelten für den Juden als unrein, weil sie von unreinen Tieren stammen oder weil sie als Götzenopfer gedient hatten oder weil sie auf eine gesetzlich unzulässige Weise zubereitet worden waren. Darum meidet der gläubige Jude die Tischgemeinschaft mit Heiden. Nur unter Wahrung strenger Kautelen ist er zur Tischgemeinschaft mit einem Heiden bereit oder er bringt sein eigenes Essen mit. Das Verbot wird wiederholt eingeschärft. „Trenne dich von den Völkern und iß nicht mit ihnen" (Jub 22, 16). Nach JosAs 7, 1 bereitete man dem ägyptischen Josef eine eigene Tafel, weil es ihm ein Greuel war,

64 Vgl. P. Gaechter, Petrus und seine Zeit (Innsbruck 1958) 246 f.

65 ThLZ 110 (1985) 289, zitiert nach Wechsler, Geschichtsbild 296.

mit den Ägyptern zu speisen. Nach 3 Makk 3, 4 sonderten sich die in Ägypten lebenden gläubigen Juden in bezug auf die Speise ab, weil sie Gott fürchteten. Und nach Apg 10, 14 bekennt auch Petrus von sich: „Nein, nein, Herr, noch niemals habe ich etwas Gemeines oder Unreines gegessen!“[66]

Die Judenchristen in Antiochia setzen sich, wenn sie sich mit ihren heidenchristlichen Brüdern und Schwestern an einen Tisch setzen, über diese Vorschriften hinweg. Sie müssen der Meinung gewesen sein, daß sie als Christen diese Freiheit gewonnen hatten. Auch Paulus, der nach dem Apostelkonvent von Jerusalem mit Barnabas nach Antiochia kommt, beteiligt sich selbstverständlich an dieser Tischgemeinschaft.[67] Barnabas tut es auch. Da kommen Leute von Jakobus (Gal 2, 12) aus Jerusalem und kritisieren diese Tischgemeinschaft. Sie vertreten damit den streng jüdischen Standpunkt. Offenkundig decken sie in Antiochia ihren eigenen Tisch. Waren sie von Jakobus gesandt worden oder beriefen sie sich nur auf ihn? Die Reaktion des Kephas läßt ersteres vermuten. Wenn Paulus die in Antiochia auftauchenden Jerusalemer „einige von Jakobus“ nennt, dürfte er zu erkennen geben, daß er sie für Abgesandte des Jakobus hielt. Zeitlich wird ihre Ankunft nicht allzu lang nach dem Konvent erfolgt sein.[68] Die Intervention ist im Zusammenhang mit dem Konvent zu sehen. In Jerusalem erblickt man im Verhalten des Kephas in Antiochia, in seiner Tischgemeinschaft mit Heidenchristen, einen Bruch der Beschlüsse, die man gefaßt hatte. Er besaß die Verantwortung für das „Evangelium der Beschneidung“, für die Verkündigung unter den Juden. Dies war in Jerusalem bestätigt worden. Wie konnte er jetzt jüdische Gepflogenheiten, die wesentlich zum Judesein gehörten, so eilfertig aufs Spiel setzen?

Deutlich wird aber auch dies: Man hatte in den grundsätzlichen Debatten in Jerusalem, die leidenschaftlich geführt worden waren,

---

[66] Vgl. Mußner, Gal 140; Billerbeck III 421 f.

[67] Es gibt eine schon von Th. von Zahn vertretene Auffassung, nach der der Antiochenische Zwischenfall dem Apostelkonvent vorausgegangen und sogar die Ursache für diesen gewesen sei. Zahn verfolgte dabei die Absicht, die Aussagen des Galaterbriefes mit denen der Apg über den Konvent zu versöhnen (Jakobusklauseln). Neuerdings wird diese These mit Hilfe der Rhetorik zu erhärten versucht. Paulus habe aus rhetorischen Gründen den Apostelkonvent dem Antiochenischen Zwischenfall vorgeordnet. Vgl. G. Lüdemann, Paulus, der Heidenapostel I (FRLANT 123) (Göttingen 1980) 77–79; Betz, Gal. Betz aber zieht im Unterschied zu Lüdemann aus der Rhetorik nicht den historischen Schluß, daß der Apostelkonvent früher gewesen sei. Eine historische Umstellung verharmlost letztlich die Brisanz des Apostelkonvents.

[68] Holtz: NTS 32 (1986) 347 rechnet mit einigen Wochen, höchstens Monaten.

das praktische Detail vernachlässigt. Die Aufteilung der Missionsgebiete in Juden und Heiden hatte die gemischten Gemeinden außer Acht gelassen. Oder hatten die Jakobusleute stillschweigend vorausgesetzt, daß in gemischten Gemeinden die Heidenchristen sich nach den Judenchristen richten sollten, während Paulus das Umgekehrte für selbstverständlich hielt? In Antiochia mußte über kurz oder lang das Problem aufbrechen, letztlich als Folge der Aufteilung der Missionsgebiete.

Der Protest der Jakobusleute zeigt bei Kephas Wirkung. Er gibt die Tischgemeinschaft mit den Heidenchristen auf. Die Formulierung in Gal 2, 12b deutet an, daß dies nicht schlagartig, sondern allmählich geschah: „Er zog sich zurück und trennte sich.“ Mit ihm trennen sich auch die Judenchristen, seine Klientel, und sogar auch Barnabas, der bislang der Bundesgenosse des Paulus war. Paulus bleibt allein zurück.

Freilich vieles, eigentlich das meiste, erfahren wir nicht. Wie verhielten sich die Heidenchristen? Gab es jetzt getrennte Tische in Antiochia, einen für die Judenchristen und einen für die Heidenchristen? Es sieht so aus, als ob dies – zumindest vorübergehend – der Fall war. Sicherlich hat Kephas seinen Schritt nicht getan, ohne mit allen Beteiligten zu reden. Von seinen Argumenten hören wir nichts. Die Trennung der Gemeinde war auch keine vollständige. Die Trennung der Tischgemeinschaft, die die Eucharistiefeier miteinschloß, war vollzogen. Damit war die wesentliche Begründung der Einheit fahren gelassen. Doch gemeinsame Versammlungen zum Wortgottesdienst, zu Predigt und Katechese müssen weiter stattgefunden haben. In einer Versammlung der Gesamtgemeinde, „vor allen“ (2, 14), kommt es zum Eklat. „Ich widerstand ihm ins Angesicht“ (2, 11). Paulus erhebt sich gegen Petrus.

Die Vorwürfe, die er gegen ihn vorbringt, wiegen schwer. Sie enthalten freilich die subjektiv gefärbte Beurteilung des Verhaltens des Petrus durch Paulus. Er hat sich vor Gott schuldig gemacht,[69] er fürchtet „die aus der Beschneidung“ – sind es die Jerusalemer Jakobusleute, die Judenchristen, die Juden allgemein? –, er heuchelt zusammen mit den antiochenischen Judenchristen,[70] er zwingt die Heidenchristen, jüdisch zu leben. Der sachliche und grundlegende

[69] In diesem Sinn ist 2, 11 c: ὅτι κατεγνωσμένος ἦν aufzufassen.

[70] Heuchelei meint hier nicht Verstellung, sondern ein Verhalten gegen die eigene bessere theologische Einsicht. Vgl. U. Wilckens: ThWNT VIII 568.

Vorwurf aber lautet: Sie – Kephas und die zu ihm stehen – wandeln nicht mehr recht gemäß der Wahrheit des Evangeliums (2, 14).

Das Evangelium, das Paulus einfordert und dessen Wahrheit er so leidenschaftlich verteidigt, kann nur das Evangelium von der Rechtfertigung des Menschen durch Glaube an Jesus Christus ohne Werke des Gesetzes sein. Er sieht in der Beachtung der jüdischen Speise- und Reinheitsgebote einen Rückfall unter das Gesetz.[71] Die Heidenchristen konnten nur dann zum gemeinsamen Tisch zurückkehren, wenn auch sie diese Gebote übernehmen. Im Gegenzug dazu fordert er die Freiheit vom Gesetz, im konkreten Fall die Freiheit von den Reinheitsvorschriften des Gesetzes, nicht nur für die Heidenchristen, die seine Klientel sind, sondern auch für die Judenchristen, die gemeinsam mit jenen in einer Gemeinde leben. Seine Forderung aber wird in Antiochia, wird von Kephas nicht akzeptiert. Wäre das der Fall gewesen, hätte er wohl davon berichtet.

Wie aber mag Kephas argumentiert haben? Wir können nur versuchen, seine Argumentation aus den Zeilen des Paulus herauszulesen. Wenn Paulus ihm Heuchelei vorwirft, meint er, daß Kephas wider sein besseres theologisches Wissen handelt. Das aber bedeutete, daß auch Kephas davon überzeugt ist, daß dem Gesetz und seinen Geboten keine heilsrelevante Bedeutung mehr zukommt. Zu dieser Auffassung braucht man nicht einmal Apg 10 bemühen. Wenn Paulus ihm Furcht vor den Juden vorwirft, so wird dahinter das Argumentieren der Jakobusleute stehen, das den Kephas beeindruckte. Er sah die Einheit der Kirche auseinanderbrechen. Die Furcht vor den Juden bezieht sich nicht auf eine ängstliche oder feige Gesinnung, sondern auf den Verlust der Einheit, der dann eintreten würde, wenn man die Judenchristen alle ihre Gepflogenheiten und Bräuche preisgeben ließe. Jerusalem und die Jakobusleute hätten das nicht hingenommen. Kephas sah ein, daß er mit seinem liberalen Verhalten in Antiochia zu weit vorgeprescht war. Sein Rückzug erfolgte nicht aus Anpassung, sondern weil er in der Auseinandersetzung dazugelernt hatte. Er hatte das Judenchristentum zu vertreten und seine Anliegen zur Geltung zu bringen. Dieser Aufgabe stellte er sich wieder. Das Einhalten von Geboten des Gesetzes sollte nicht erfolgen, weil es heilsrelevant

[71] Diesen prinzipiellen Standpunkt hat Paulus bezogen unabhängig davon, ob Gal 2, 15 ff. zur Auseinandersetzung mit Kephas in Antiochia gehören oder nicht. Diese Frage wird lebhaft diskutiert. Sicher haben wir es nicht mit Zitaten aus der damaligen Rede in Antiochia zu tun. 2, 14b aber kann als ein solches Zitat aufgefaßt werden.

wäre, sondern weil so das kulturelle Milieu gewahrt bleibt, in dem Judenchristen ihren christlichen Glauben verwirklichen konnten.

Den zeitweiligen Bruch mit Paulus nahm Kephas in Kauf, sicherlich nicht leichten Herzens. Man suchte nach einer befriedigenden Lösung des entstandenen Problems und fand es in den Jakobusklauseln. Diese besagen – wie schon erwähnt[72] –, daß in gemischten Gemeinden die Heidenchristen auf die Judenchristen Rücksicht nehmen sollten, insofern sie bestimmte minimale Forderungen des Gesetzes beachteten, die das religiöse Empfinden des Juden in besonderer Weise tangieren und verletzen. Der Name „Jakobusklauseln" deutet an, daß der Kompromißvorschlag auf Jakobus zurückgeht. Wann die Jakobusklauseln genau eingeführt wurden, ist schwer zu sagen. Letztlich sind sie eine Folge des Antiochenischen Zwischenfalls. Paulus scheint sie noch nicht zu kennen.

Der Bruch zwischen Kephas und Paulus war kein dauernder. Sichtbares Zeichen für den Einheitswillen des Paulus war seine Kollekte für Jerusalem. In anderen Zusammenhängen sehen wir ihn kompromißbereiter, etwa in der Frage des Verzehrs von Götzenopferfleisch. Grundsätzlich plädiert er für die Freiheit des Christen, von diesem Fleisch zu essen. Er gebietet aber, auf das Gewissen jener Rücksicht zu nehmen, die es noch als Götzenopferfleisch nehmen und sich darum enthalten. Hier entwickelt er die Unterscheidung zwischen Starken und Schwachen. Die Starken dürfen das Gewissen der Schwachen nicht verletzen (vgl. 1 Kor 8, 1–13, 10, 23–33). Es ist daran zu erinnern, daß das Verbot des Verzehrs von Götzenopferfleisch später in die genannten Jakobusklauseln eingegangen ist (Apg 15, 20 und 29). Auch kann er sagen, daß er den Juden ein Jude geworden ist, und denen ohne Gesetz wie einer ohne Gesetz (1 Kor 9, 20). Das ändert aber nichts an seiner grundsätzlichen Haltung gegenüber seinem Evangelium.

Man sollte sich auch vergegenwärtigen, daß sich anläßlich des Antiochenischen Zwischenfalls Petrus und Paulus zum letztenmal – so weit wir es feststellen können – persönlich begegnet sind. Gewiß hören sie voneinander, nehmen sie einander wahr. Paulus erwähnt Kephas in seinen späteren Briefen. Aber zu einer Begegnung ist es nicht mehr gekommen, auch nicht in Rom.

Petrus bleibt mit Antiochia enger verbunden, von jetzt ab eigentlich mehr als mit Jerusalem wie wir noch zeigen werden. Vielleicht

[72] Vgl. oben S. 100 und Anm. 61.

hat er sich auch längere Zeit in dieser Stadt aufgehalten. Seine Führungsrolle dürfte hier seine Ausprägung bekommen haben.

Werfen wir noch einmal einen Blick nach Jerusalem! Dort hatte der Herrenbruder Jakobus die führende Position erreicht. Als Paulus am Ende seiner Wirksamkeit noch einmal nach Jerusalem kommt, um die Kollekte abzuliefern, trifft er dort nurmehr Jakobus an (Apg 21, 18 ff.). Von Petrus oder anderen Aposteln hören wir nichts. Jakobus, dem man später den Beinamen „der Gerechte" gegeben hat,[73] hat der Gemeinde ein streng judenchristliches Gepräge auferlegt. Es könnte sein, daß er ein Presbyterkollegium installierte (vgl. Apg 15, 2.6.22), das dann nach dem Vorbild der jüdischen Synagoge geschaffen worden wäre. Der Beiname „der Gerechte" weist hin auf ein frommes Leben, das sich auch nach jüdischen Frömmigkeitsidealen richtete. Die Autorität und das Ansehen, deren er sich erfreute, beruhte auf einem Doppelten: einmal war er der leibliche Verwandte Jesu, zum anderen war er durch eine Erscheinung des auferweckten Herrn ausgezeichnet worden. Der verwandtschaftliche Bezug sollte nicht zu gering geachtet werden.[74] Auch Flavius Josephus nennt ihn „den Bruder Jesu, des sogenannten Christus".[75] Auch das unterstreicht die Bedeutung seiner Zugehörigkeit zur Familie Jesu. Seine Autorität ist darüber hinaus eng verknüpft mit Jerusalem. Als Gemeindeleiter hat er bis zum Schluß in dieser Stadt ausgeharrt, wo die qehal el, die Muttergemeinde, entstanden war. Der Apostelkonvent hatte in Jerusalem, nicht in Antiochien, stattgefunden.

Immer wieder ist die Frage diskutiert worden, ob die Familie Jesu einen Anspruch auf die Kirchenleitung erhoben hat, ob es also möglich gewesen wäre, daß sich im Christentum – so ähnlich wie im Islam – ein Kalifat hätte entwickeln können. Kein Geringerer als A. von Harnack[76] war der Erste, der die Vermutung aussprach, daß in der Führung der Jerusalemer Gemeinde durch den Herrenbruder Jakobus der Gedanke des Kalifates angelegt gewesen sei. Über die „Nachfolger" des Jakobus in der Gemeindeleitung sind wir nur dürftig unterrichtet. Vermutlich hat Jakobus seine Brüder und seine Familie in die christliche Gemeinde eingeführt. Er könnte von familienpolitischem Denken mitbestimmt gewesen sein. Doch muß hier vieles

[73] Vgl. Eusebios, hist. eccl. II 1, 3–5.

[74] Tendenz bei von Campenhausen: ZKG 43 (1950/51) 136 f.

[75] Ant. 20, 200.

[76] Entstehung und Entwicklung der Kirchenverfassung und des Kirchenrechts in den ersten zwei Jahrhunderten (Leipzig 1910, Nachdruck 1980) 26.

Spekulation bleiben. Die später aufgestellten Bischofslisten für Jerusalem sind mit großer Skepsis zu betrachten. Die Nachricht aber, daß Symeon, der ein Vetter Jesu gewesen sei, an die Stelle des Jakobus trat, wird ernstzunehmen sein, nicht die geschilderte Art seiner Bestellung.[77] Ob es Rivalitäten gab und wie sie ausgetragen wurden, wissen wir nicht. Mit dem Zurücktreten des Judenchristentums, besonders nach der Zerstörung Jerusalems, tritt auch die Bedeutung des Jakobus zurück. Erst in späten apokryphen Schriften tritt er wieder mehr hervor (Pseudoclementinen, Hebräerevangelium).

LITERATUR:

Th. Zahn, Petrus in Antiochien: NKZ 5 (1894) 435–448.

H. von Campenhausen, Die Nachfolge des Jakobus: ZKG 43 (1950/51) 133–144.

E. Stauffer, Zum Kalifat des Jacobus: ZRGG 4 (1952) 193–214.

C. K. Barrett, Cephas and Korinth: Abraham unser Vater (Festschrift O. Michel) (AGSU 5) (Leiden-Köln 1963) 1–12.

J. Eckert, Die urchristliche Verkündigung im Streit zwischen Paulus und seinen Gegnern nach dem Galaterbrief (BU 6) (Regensburg 1971).

M. Hengel, Die Ursprünge der christlichen Mission: NTS 18 (1971/72) 15–38.

J. A. Fischer, Das sogenannte Apostelkonzil: Konzil und Papst (Festschrift H. Tüchle) (Paderborn 1975) 1–17.

G. Theißen, Legitimation und Lebensunterhalt: Studien zur Soziologie des Urchristentums (WUNT 19) (Tübingen 1979) 201–230.

G. Lüdemann, Paulus, der Heidenapostel I (FRLANT 123) (Göttingen 1980).

P. Richardson, Pauline Inconsistancy: NTS 26 (1980) 347–362.

A. Strobel, Das Aposteldekret als Folge des Antiochenischen Streites: Kontinuität und Einheit (Festschrift F. Mußner) (Freiburg 1981) 81–104.

J. D. G. Dunn, The Incident of Antioch: JSNT 18 (1983) 3–57.

A. Weiser, Das „Apostelkonzil“ (Apg 15, 1–35): BZ 28 (1984) 145–167.

T. Holtz, Der antiochenische Zwischenfall: NTS 32 (1986) 344–361.

O. Böcher, Das sogenannte Aposteldekret: Vom Urchristentum zu Jesus (Festschrift J. Gnilka) (Freiburg 1989) 325–336.

P. C. Böttger, Paulus und Petrus in Antiochien: NTS 37 (1991) 77–100.

A. Wechsler, Geschichtsbild und Apostelstreit (BZNW 62) (Berlin 1991).

N. H. Taylor, Paul, Antioch and Jerusalem (JSNT.S 66) (Sheffield 1992).

U. Heckel, Das Bild der Heiden und die Identität der Christen bei Paulus: R. Feldmeier u. a. (Hrsg.), Die Heiden (WUNT 70) (Tübigen 1994) 269–296.

O. Hofius, Paulus – Missionar und Theologe: J. Ådna u. a. (Hrsg.), Evangelium – Schriftauslegung – Kirche (Göttingen 1997) 224–237.

[77] Eusebios, hist. eccl. III 11.

Fünftes Kapitel

Martyrium und Tod

Die Spuren des Simon Petrus, die von Jerusalem wegführen, lassen sich nicht weiter verfolgen. In der Apostelgeschichte verläßt er nach seiner Freisetzung aus dem Gefängnis Jerusalem, um an einen anderen Ort zu gehen (12, 17). Dann aber sehen wir ihn noch einmal auf dem Apostelkonvent in dieser Stadt (Kapitel 15). Von da ab taucht er nicht mehr auf. Warum berichtet Lukas nichts weiteres mehr? Die Antwort ist einfach. Ihm werden keine Quellen zur Verfügung gestanden haben. In den Einblicken, die uns die Paulusbriefe gewähren, ist Petrus nach dem Apostelkonvent in Antiochia, wo er mit Paulus zusammenstößt. Davon haben wir ausführlicher gesprochen. In 1 Kor 9, 5 wird uns wie durch einen schmalen Türspalt nochmals eine Sicht eröffnet auf den missionierenden Petrus. Hat sich Petrus, bevor er sich wieder auf Missionsreisen begab, längere Zeit in Antiochia aufgehalten? Oder nochmals in Jerusalem? Wir wissen es nicht. Ist die Adressenangabe im ersten Petrusbrief – „an die auserwählten Fremdlinge in der Diaspora von Pontus, Galatien, Kappadozien, Asia und Bithynien" – eine Erinnerung daran, daß Petrus in diesen Gebieten missioniert hat? Die Frage ist eher negativ zu beantworten. Die Kommentatoren geben nahezu einhellig die Antwort, daß diese geographische Angabe umfassend verstanden sein will. Der Brief will ein möglichst universales Publikum erreichen.[1] Dennoch ist es möglich, Aussagen über das Ende des Lebens dieses Apostels und seinen Tod zu machen. Dem ist im Folgenden nachzugehen.

---

[1] Die Adressenangabe betrifft die Bewohner von fünf bzw. vier römischen Provinzen. Bithynien und Pontus waren seinerzeit zu einer Provinz zusammengefaßt. Vgl. Brox, 1 Petr 56. Anders die Meinung von Eusebios, hist. eccl. III 1, 2.

1. Das Martyrium in Rom

Simon Petrus ist eines gewaltsamen Todes gestorben. Er hat das Martyrium erlitten. Weil die hier zu erörternden Zeugnisse schon oft besprochen worden sind, konzentrieren wir uns auf das Wichtige und Kontroversielle.

Vom gewaltsamen Tod spricht klar das prophetische Wort des auferweckten Christus in Joh 21, 18: „Amen, amen, ich sage dir: Solange du jung warst, gürtetest du dich selbst und gingst, wohin du wolltest. Wenn du aber alt geworden bist, wirst du deine Hände ausstrecken und ein anderer wird dich gürten und schleppen[2], wo du nicht hin willst." Eine redaktionelle Anmerkung fügt hinzu, daß Jesus mit diesen Worten anzeigen wollte, durch welchen Tod Petrus Gott verherrlichen würde. Der Ort, zu dem man nicht hingelangen will, ist der Tod. R. Bultmann war der Meinung, daß in diesem Logion, in dem auch er im Kontext eine Anzeige des Martyriums erblickt, ein Sprichwort steckt, etwa des Inhalts: In der Jugend ist man frei, im Alter muß man sich führen lassen, wohin man nicht will. Freilich konnte er keinen Beleg für ein solches Sprichwort beibringen. Doch übersieht diese im Grund banale Erklärung ein Zweifaches: das Ausstrecken der Hände und das Geschlepptwerden zu dem Ort, den man nicht anstrebt. Im Alter wird Petrus gefesselt zum Tod geschleppt werden. Damit ist ein gewaltsamer Tod beschrieben. Das Ausstrecken der Hände hat einen Tod am Kreuz im Blick. Hierfür gibt es zahlreiche Belege: „Er wird gekreuzigt werden, was ... das Ausstrecken der Hände andeutet."[3] Vermutlich ist daran gedacht, daß Petrus an das Querholz (patibulum) gegürtet wird, das er in dieser Lage zuvor schon zum Richtplatz zu schleppen hatte.

Von diesem prophetischen Wort her muß auch die Ansage in den Abschiedsreden als Anzeige des Martyriums begriffen werden: „Wohin ich gehe, kannst du mir jetzt nicht folgen. Du wirst mir aber später folgen" (13, 36). In diesem Sinn ist auch die Aufforderung zur Nachfolge als das letzte an Petrus gerichtete Wort, sogar eindringlich wiederholt, zu interpretieren (21, 19 und 22). Diese Nachfolge bedeutet –

---

[2] Zur Übersetzung „schleppen" vgl. Bauer, Wörterbuch 1704.

[3] Artemidor, Oneirocr. 1, 76. Vgl. Epiktet III, 26, 22: „die Hände ausstreckend wie die Gekreuzigten"; Plautus, Miles glor. II 4, 7: „Vor dem Stadttor sterben mit ausgestreckten Armen, da du den Kreuzesbalken halten wirst." Das Verb „gürten" ist kein Einwand gegen einen Hinweis auf den Kreuzestod. Vgl. Haenchen, Joh 590 f. Anders Bultmann, Schnackenburg Joh z. St. Man muß sehen, daß Gürten die Jugend und das Alter bestimmt.

johanneisch gesprochen – Verherrlichung Gottes, führt in die Herrlichkeit (21, 19). Die Bedeutung des Zeugentodes, exemplifiziert an Petrus – wie auch an Stephanus (vgl. Apg 7, 55 f.) – ist früh erkannt worden. Das Johannesevangelium belegt, daß man zur Zeit seiner Abfassung – etwa um die erste Jahrhundertwende – um das Martyrium des Petrus wußte und daran interessiert war, es in Erinnerung zu halten. Der Ort des Martyriums wird nicht überliefert.[4]

In Lk 22, 33: „Herr, ich bin bereit, mit dir ins Gefängnis und in den Tod zu gehen" wird man hingegen keine Anspielung auf das Martyrium sehen dürfen.[5] Dem Petruswort folgt die Ansage seiner noch in der Nacht erfolgenden dreimaligen Verleugnung. Eher wird man im Rahmen des lukanischen Doppelwerks Petri Gefangensetzung in Jerusalem im Hintergrund ausmachen können (Apg 12, 3; vgl. 5, 18).

In der apokryphen Literatur des ausgehenden zweiten Jahrhunderts entwickelt sich die Vorstellung, daß Petrus – auf eigenen Wunsch hin – mit dem Kopf nach unten gekreuzigt worden sei. Dies entspricht dem erbaulichen Charakter dieser Literatur.[6]

Im ersten Petrusbrief wird Petrus „Zeuge der Leiden Christi, der auch Teilhaber sein soll der Herrlichkeit, die sich offenbaren wird" (5, 1) genannt. Ist hier eine Erinnerung an sein Martyrium gegeben? Es empfiehlt sich eine weitere Stelle hinzuzunehmen, die uns vielleicht weiterbringt. Sie steht am Schluß des Briefes. Wie in den Briefschlüssen fast regelmäßig Grüße ausgerichtet werden, so auch hier: „Es grüßt euch die Mitauserwählte in Babylon und Markus, mein Sohn" (5, 13). Die „Mitauserwählte" ist die Gemeinde, Babylon der Ort, an dem sie sich befindet. Sicher ist „Babylon" Symbolname für eine Stadt. An Babylon im Zweistromland zu denken, wäre völlig abwegig.[7]

Babylon war in der jüdischen Erinnerung jene Stadt und jene Weltmacht, die dem Volk der Juden größtes Leid zugefügt hatte. Die Zerstörung Jerusalems und des Tempels durch Nebukadnezzar im sech-

---

[4] Wir gehen davon aus, daß die endgültige Abfassung des Joh, die das 21. Kapitel miteinschloß, um diese Zeit erfolgte. Dinkler: ThR 25 (1959) 205 problematisiert das Nachtragskapitel im chronologischen Sinn.

[5] So Aland: HZ 183 (1957) 505.

[6] Vgl. Eusebios, hist. eccl. III 1, 2: „er wurde mit dem Kopf nach unten aufgepfählt" (ἀνεσκολοπίσθη κατὰ κεφαλῆς). Die in ActPetr 38 gebotene Begründung greift eine gnostisierende Spekulation auf: Petrus trägt die Gestalt Adams, der mit dem Kopf nach unten gestürzt war.

[7] Noch abwegiger wäre es, an das römische Militärlager in Ägypten zu denken, das den Namen Babylon trug. Dazu vgl. Cullmann, Petrus 96.

sten Jahrhundert, die Wegführung großer Teile der Bevölkerung, das Exil waren mit dem Namen dieser Stadt verknüpft. Babylon wurde zum Symbol für die gottfeindliche Weltmacht. Bei den Propheten Jesaja und Jeremia ist dies festzustellen. Sie prophezeien das Gericht über diese Stadt: „Dann ergeht es Babel, der Zierde der Reiche, der stolzen Pracht der Chaldäer wie einst, als Gott umkehrte Sodom und Gomorra“ (Jes 13, 19); „Belagert die Stadt ringsum, laßt keinen entrinnen! Vergeltet ihr nach ihrem Tun alles, was sie selber getan“ (Jer 50, 29; vgl. Jes 43, 14; Jer 51, 1–58). Seit den Propheten Jesaja und Jeremia sind andere Weltmächte an die Stelle Babylons als Bedrücker des Volkes Israel getreten. In der Zeit, in der das Buch Daniel, die älteste apokalyptische Schrift des Judentums, entsteht, ist es das syrische Reich der Seleukiden, das Israel bedrängt, an der Spitze König Antiochus IV. Epiphanes, der im Jahr 167 v. Chr. auf dem Brandopferaltar des Jerusalemer Tempels den verwüstenden Grund, ein heidnisches Scheusal, aufrichten läßt (vgl. Dn 11, 31; 12, 11; 1 Makk 1, 54). Das apokalyptische Geschichtsverständnis begreift Geschichte von einem Ende her, auf das die Welt zuläuft. Das göttliche Gericht ereignet sich jetzt nicht mehr im Lauf der Geschichte wie bei Jesaja und Jeremia, sondern an deren Ende. Am Ende der Geschichte in der Vision Daniels aber steht das griechisch-seleukidische Reich, das im bevorstehenden Endgericht zerstört werden wird. Mit dem babylonischen Reich Nebukadnezzars verschmilzt es im visionären Bild zu einer einzigen Figur aus Gold, Silber, Kupfer, Eisen und Ton (Dn 2).

In der Perspektive des apokalyptischen Denkens im ersten nachchristlichen Jahrhundert steht eine neue gottwidrige Weltmacht im Mittelpunkt, das römische Imperium. Seine zerstörenden Kräfte erfuhr Israel im Jüdisch-Römischen Krieg (66–70), der mit einer Katastrophe für das Volk der Juden endete, der Zerstörung der heiligen Stadt und ihres Tempels und der Auflösung des jüdischen Staates. Jetzt rechnet man mit dem baldigen Gericht über Rom und geht dazu über, Rom unmittelbar mit dem Symbolnamen Babylon zu belegen: „Vom Himmel herab wird ein großer Stern in die schreckliche Salzflut fallen und wird verbrennen das tiefe Meer und Babylon selbst und das Land Italiens, um dessentwillen viele Heilige und Gläubige der Hebräer umkamen“ (OrSib 5, 158–160).[8] Besonders deutlich ist die Bezeichnung Roms mit dem Symbolnamen Babylon in der neutestamentlichen Apokalypse des Johannes. „Babylon, die große Stadt“,

[8] Neben „Land Italiens“ kann „Babylon“ nichts anderes als Rom bezeichnen. Vgl. ApkBarsyr 11, 1; 67, 7; 4 Esr 3, 1.28.31; auch Billerbeck III 816.

die mit dem Zorneswein ihrer Hurerei alle Völker getränkt hat (14, 8), ist Rom, das „große Babylon", deren Name ein Geheimnis ist (17, 5). Dieses Babylon erscheint als Hure, in Purpur und Scharlach gekleidet, und mit Gold, Edelsteinen und Perlen geschmückt (17, 4). Sie sitzt auf sieben Bergen (17, 9), Anspielung auf die Siebenhügelstadt Rom. Über sie ergeht das große Gericht. Und die Mächtigen und Reichen werden ihren Untergang beweinen (Kap. 18). Die angeführten Stellen dürften keinen Zweifel darüber aufkommen lassen, daß auch in 1 Petr 5, 13 mit Babylon Rom bezeichnet ist. Der erste Petrusbrief schließt sich jener jüdisch-christlich-apokalyptischen Tradition an, in der der Symbolname Babylon für Rom als dem Ort der Gottlosigkeit und des Lasters ausgebildet wurde.

Um das erzielte Ergebnis zu konkretisieren, muß noch ein anderer Zusammenhang beachtet werden. Mit Rom als dem Sitz des Frevels ist der Name Nero verknüpft. In der Johannesapokalypse ist das nach fast einhelliger Meinung der Forschung in der Weise der Fall, daß man für das bevorstehende Gericht die Wiederkunft des Kaisers Nero, also eines Nero redivivus, erwartet. Im Hintergrund steht die Nerosage, die bald nach dem Tod des Kaisers im Jahr 68 entstand und sich rasch ausbreitete.[9] In ihrem Kern besagt sie, daß Nero nicht gestorben, sondern zu den Parthern geflohen sei, um wiederzukehren und erneut großes Unheil anzurichten. In christlich-jüdischen Kreisen wird er zum endzeitlichen Widersacher, der dämonische Züge erhält, zum Antichrist. Er ist das Tier, das gewesen ist und jetzt nicht ist und wieder sein wird (Apk 17, 8). In seinem Schicksal äfft er Christus nach und erweist sich so als sein großer Widersacher.[10]

Die Christen hatten in der Tat Veranlassung, sich Neros zu erinnern, war er doch der Erste, der ihre Gemeinde in Rom blutig verfolgte. Der erste Petrusbrief setzt gleichfalls erhebliche Anfechtungen voraus. Die Adressaten werden von ihrer Umgebung angefeindet, schikaniert, gepeinigt. Sie befinden sich im Osten des Reiches. In diesem Sinn ist die Adressenangabe ernstzunehmen (1, 1). Die sie betreffende Lage fällt in die Zeit Kaiser Domitians, also in die neunziger

---

[9] Zur Nerosage vgl. U. B. Müller, Die Offenbarung des Johannes 297–300; A. Y. Collins, The Combat Myth in the Book of Revelation (HThR Harvard Diss. in Religion 9) (Cambridge/Mass. 1976).

[10] Vgl. OrSib 4, 119 f.: „Und dann wird von Italien der große König wie ein Entlaufender fliehen, verschwunden, verschollen, über den Strom des Euphrat … 137 Nach dem Westen wird alsdann der sich erhebende Streit des Krieges kommen, und der Flüchtling von Rom, die mächtige Lanze schwingend, den Euphrat überschreiten mit vielen Tausenden."

Jahre. Die Johannes-Apokalypse setzt sich mit ihr auseinander. Beide Schriften, der erste Petrusbrief und die Apokalypse, sind in diesen Jahren entstanden, ungefähr zur gleichen Zeit. Der Symbolname Babylon für Rom setzt sich erst nach dem Jahr 70, nach dem Jüdisch-Römischen Krieg, wie wir gesehen haben, durch.

Mit dem Petrusnamen und der Erinnerung an Babylon, das mit Rom zu identifizieren ist, werden die Adressaten des ersten Petrusbriefes in ihrer Bedrängnis mit den Leiden konfrontiert, die die römische Gemeinde unter Kaiser Nero durchzustehen hatte. Wir kehren zum Ausgangspunkt unserer Überlegungen zurück. Dieser war mit 1 Petr 5, 1 gegeben, wo Petrus „Zeuge der Leiden Christi, der auch Teilhaber der Herrlichkeit sein soll, die sich offenbaren wird" genannt wird. Wir sind nach der dargebotenen Erörterung der Meinung, daß damit das Martyrium des Petrus in Rom (Babylon) erinnert wird. Wir möchten sogar annehmen, daß auch die Zeit des Martyriums, die Verfolgung durch Nero, mitschwingt. Daß Petrus getötet worden war, konnte den asiatischen Gemeinden in den neunziger Jahren nicht unbekannt geblieben sein. „Zeuge der Leiden Christi" ist also im martyrologischen Sinn zu verstehen. Wir hätten dann vermutlich die früheste Verwendung des Wortes „Zeuge" in diesem Sinn vor uns.[11] Die Verbindung von gewaltsamem Tod und Herrlichkeit ist auch in Joh 21, 18 f. gegeben. Freilich besagt das noch nicht, daß der Begriff schon zum terminus technicus geworden ist.

Wir kommen damit zu dem Ergebnis, daß der erste Petrusbrief das Martyrium des Petrus in Rom, aller Wahrscheinlichkeit nach zur Zeit des Kaisers Nero, aufbewahrt hat. Im übrigen teilt er mit der Apokalypse auch die Erwartung des nahen Endes: „Es ist aber nahe gekommen das Ende aller Dinge. Seid also besonnen und nüchtern, indem ihr betet" (4, 7).

Mit unzweideutigen Worten spricht der sogenannte 1. Clemensbrief vom Tod des Petrus. Er bietet auch den ältesten Beleg für die gemeinsame Erwähnung von Petrus und Paulus. Wir finden die Stelle in ei-

---

[11] Die martyrologische Bedeutung von „Zeuge" in 1 Petr 5, 1 wurde früher vielfach damit bestritten, daß Petrus bei Abfassung des Briefes ja noch am Leben gewesen sei. Vgl. H. Strathmann: ThWNT IV 499; auch noch Brox, Zeuge 39. Brox, 1 Petr 43–47, hält inzwischen den Brief auch für nachpetrinisch, lehnt aber einen martyrologischen Sinn für „Zeuge" in 5, 1 ab (229 und Anm. 725). Wenn der Name Petrus ausgeliehen ist, könnte es auch Babylon sein. Dann könnte man überlegen, ob 1 Petr nicht im Osten des Reiches geschrieben wurde. Die Frage braucht hier nicht weiter verfolgt zu werden. Auf jeden Fall verweist die Konstellation von Petrus und Babylon auf eine einmal gegebene historische Situation.

nem Zusammenhang, der wohl abgewogen sieben biblische Beispiele, beginnend mit Kain und Abel, neben sieben Beispielen aus der Gegenwart, das heißt, der erst knappen christlichen Ära, stellt, die zeigen sollen, daß Eifersucht und Neid schlimme Folgen haben (4, 1–6, 4).

„Doch um die alten Beispiele zu beenden, laßt uns zu den Athleten der jüngsten Zeit kommen. Wir wollen die herausragenden Beispiele unserer Generation aufgreifen. Wegen Eifersucht und Neid wurden die größten und gerechtesten Säulen verfolgt und kämpften bis zum Tod. Stellen wir die tapferen Apostel vor unsere Augen: Petrus, der wegen ungerechter Eifersucht nicht nur eine oder zwei, sondern viele Peinen ertrug und, nachdem er so Zeugnis abgelegt hatte, an den gebührenden Ort der Herrlichkeit gelangte." Möglich ist auch die Übersetzung: „und gelangte so, nachdem er Zeugnis abgelegt hatte, an den gebührenden Ort der Herrlichkeit" (5, 1–4). Das Problem der Übersetzung besteht darin, ob „Zeugnis ablegen" (μαρτυρήσας) im martyrologischen Sinn zu verstehen ist und sich auf den Martertod bezieht, oder ob die vielen Peinen, die seinem Tod vorausgingen, als Zeugnis bezeichnet sind.[12] Wahrscheinlich ist dies zu bevorzugen. Doch ist der Unterschied nicht sehr erheblich. Sicher will die Formulierung den gewaltsamen Tod nicht ausschließen. Es folgt die etwas ausführlichere Aussage über Paulus (5, 5–7).

Man wird diesem Petrustext nur gerecht, wenn man seine rhetorisch stilisierte Form wahrnimmt. Der Text ist von der kynisch-stoischen Athleten- und Wettkampf-Motivik geprägt.[13] Doch wird man nicht anzunehmen haben, daß der Verfasser unmittelbar an diese anschließt, sondern daß er sie durch die Vermittlung der hellenistischen Synagoge kannte. So finden wir zahlreiche Parallelen in der Makkabäerliteratur. Ein paar Beispiele mögen genügen: Der greise Eleazar, der den Martertod stirbt, schlug sich wie ein wackerer Wettkämpfer (4 Makk 6, 10; vgl. 17, 15). Die Verfolgung betrifft die Gerechten (13, 24; 18, 15), die sieben makkabäischen Brüder sind wie Säulen (17, 3).[14] Die Gerechten setzen sich bis zum Tod ein für das Recht (Sir 4, 28; vgl. 4 Makk 14, 19), sie ertragen Peinen (4 Makk 1, 9; 13, 1).[15]

---

12 Zur Problematik vgl. Brox, Zeuge 198–203.

13 Dies erkannte Dibelius, Rom 192–199.

14 In 1 Clem 5, 2 könnte auch eine Anspielung auf Gal 2, 9 vorliegen, wo von den „Säulen" der Jerusalemer Gemeinde die Rede ist. Dann aber bleibt auffällig, daß Jakobus nicht genannt wird.

15 Vgl. Lona, 1 Clem 156–160; Lampe, Die stadtrömischen Christen 177 f.

Es dürfte deutlich geworden sein, daß in diesem Text geprägte Märtyrer-Terminologie vorliegt. Wenn Petrus mit einer solchen Sprache vorgestellt wird, darf man voraussetzen, daß der Verfasser den gewaltsamen Tod des Petrus im Blick hat, der auch den Adressaten in Korinth bekannt ist.

Lassen sich aus dem Text Einzelheiten, die diesen Tod betreffen, erschließen? Etwa der Ort seines Todes? Oder geht es dem Verfasser nur darum, das Vorbild, das Petrus (und Paulus) gegeben haben, in Erinnerung zu rufen, so daß es genügt zu sagen, daß der Ort des Sterbens die Arena ist, in der sie sich bewährten?[16] Sicher ist die bestimmende Intention des Textes wie des ganzen Briefes, die Korinther, die sich in Streitigkeiten und Eifersucht verstrickt haben und die Einheit zu verlieren drohen, zur Besinnung zu rufen. Darum durchzieht den ganzen Abschnitt wie ein cantus firmus der Hinweis auf „Eifersucht und Neid", vor denen mit den Beispielen aus der biblischen Geschichte und aus der Gegenwart gewarnt wird. Auch das Schicksal des Petrus und Paulus dienen diesem Zweck. Auch sie wurden wegen Eifersucht, Neid und Streit gepeinigt und verfolgt (4, 7–6, 4). Läßt das Rückschlüsse zu oder ist damit nur allgemein eine Konfliktsituation gezeichnet?[17]

Zunächst verdient es unsere Aufmerksamkeit, wie der Verfasser von den Aposteln redet. Er redet von ihnen als Gruppe: Die Apostel wurden für uns mit dem Evangelium beauftragt (42, 1; vgl. 44, 1). Namentlich aber nennt er nur Petrus (5, 4) bzw. Kephas (47, 3) und Paulus (5, 5; 47, 1). Daneben erwähnt er Apollos als einen von den Aposteln erprobten Mann (47, 3 f.) in offenkundiger Anspielung auf die einstigen Parteibildungen in Korinth (vgl. 1 Kor 1, 12). Der Wechsel von Petrus zu Kephas, hat in Gal 2, 7 f. eine gewisse Parallele.[18] Die Beschränkung in den Apostelnamen auf Petrus und Paulus erklärt sich am besten damit, daß diese beiden Apostel für die Gemeinde des Verfassers, das heißt, für die römische, von besonderer Bedeutung waren.

---

[16] Dibelius, Rom 197, spricht von einer imaginären Arena, in der die Kämpfe der christlichen Athleten stattfinden, setzt aber den Tod des Petrus in Rom voraus (202 f.).

[17] Nach Dibelius, Rom 195, wirkt das Leitthema des bösen Eifers wie ein Postulat, nach Wehr, Petrus und Paulus 296, wirkt es künstlich nachgetragen.

[18] Ist dieser Wechsel ein Beleg dafür, daß hinter 1 Clem 5 f. eine ältere Quelle steht, die von den römischen Märtyrern berichtete? Das ist die These von Beyschlag, Clemens Romanus 314.330 ff. u. ö.

Wir kommen einen Schritt weiter, wenn wir im 1. Clemensbrief weiterlesen. Auf die Ausführungen über Petrus und Paulus ist folgender Text zu lesen: „Diesen Männern, die ein heiliges Leben führten, wurde eine große Menge von Auserwählten zugesellt, die viele Martern und Qualen wegen Eifersucht gelitten haben und zum schönsten Beispiel unter uns geworden sind. Wegen Eifersucht wurden Frauen verfolgt, (wie) Danaiden und Dirken litten sie grauenhafte und abscheuliche Mißhandlungen und gelangten, obwohl sie körperlich schwach waren, auf der sicheren Bahn des Glaubens zum Ziel und empfingen den herrlichen Preis“ (6, 1 f.).

Die hier wiederum mit Bildern des Wettkampfes geschilderten Verfolgungen und Qualen rufen die unter Kaiser Nero veranstaltete Christenhatz in Erinnerung. Dieser verbreiteten Auffassung ist zuzustimmen. Wir kennen keine andere große Verfolgung aus jener Zeit als die neronische. Ihr fiel eine große Menge von Männern wie auch Frauen zum Opfer, deren Leiden mit den Qualen von Frauen aus der griechischen Mythologie verglichen werden, mit Dirke auf dem Stier, die man schleifte und in den Fluß warf, und den Töchtern des Danaos, die in der Unterwelt Wasser in ein Gefäß ohne Boden schöpfen mußten. Diese Männer und Frauen wurden zum schönsten Beispiel „unter uns“. Sie haben in Rom gelitten. Daß auf Augenzeugenschaft hingewiesen wird, könnte man allerdings dann annehmen, wann der Verfasser einen älteren Märtyrerbericht verarbeitet hat. Sie wurden diesen Männern zugesellt (6, 1: συνηϑροίσϑη), das heißt, den Aposteln Petrus und Paulus. Was wir oben bereits zur Bedeutung dieser beiden Apostel für die Gemeinde des Clemens angemerkt haben, verdichtet sich an dieser Stelle. Auch sie haben in Rom den Tod erlitten. Es wäre zu wenig, wollte man hier nur den Tod an einem anderen Ort angedeutet sehen. Die Bedeutung von Petrus und Paulus für die Gemeinde des Clemens ist letztlich darin begründet, daß sie in Rom hingerichtet worden sind. Nur römische Märtyrer werden aufgezählt.

Für die Darstellung der römischen Martyrien im 1. Clemensbrief, sowohl das des Petrus und Paulus als auch der übrigen „Auserwählten“, bleibt ein Zweifaches zu berücksichtigen: einmal die schon erwähnte Ausgestaltung der Texte in den Formulierungen der Athletensprache, die die korinthischen Adressaten ermuntern will, Eifersucht und Streit aufzugeben und Einmütigkeit zu suchen, zum anderen die Rücksichtnahme auf die staatlichen Autoritäten. Der Verfasser ist sichtlich bemüht, die Christen als loyale Bürger erscheinen zu lassen, die für den Staat keine Gefahr darstellen. In 60, 4–61, 3 überliefert er ein Gebet für die Herrschenden und Fürsten, das diese Gesinnung unter Beweis stellt.[19] Denn zu seiner Zeit ist die römische Gemeinde wieder Repressionen ausgesetzt. Der Anfang des Briefes weist darauf hin (1, 1): Unglück ist wieder über die Gemeinde gekommen. Der ehrbare Name (der Christen) wird heftig gelästert.

Zur neronischen Verfolgung gewinnen wir einen anschaulichen Zugang durch die Annales des Tacitus. Wir wollen sie als Background für 1 Clem 5 f. benutzen. Es ist die Perspektive des Außenseiters, der eine andere Sprache spricht. Wir möchten Tacitus befragen und hoffen, auf drei Fragen Auskünfte zu erhalten: 1. In welchem Verhältnis steht der Brand Roms zum Vorgehen gegen die Christen? 2. Welche juristischen Vorwürfe wurden erhoben? Wie gestaltete sich die Verfolgung?

1. In den Annales 15, 38–43 schildert Tacitus ausführlich das verheerende Feuer und die Schäden, die es anrichtete. Die Schilderung beginnt mit den Worten: „Es folgte ein Unglück, ob durch Zufall oder auf tückische Anstiftung des Princeps, ist ungewiß – denn beides haben die Geschichtsschreiber überliefert –, aber es war gegenüber allem, was über diese unsere Stadt mit der Gewalt des Feuers hereingebrochen ist, schwerer und fürchterlicher“ (15, 38, 1).[20] In 15, 44 geht der Bericht auf die Reaktionen des Kaisers und der Bevölkerung ein. Nero trifft Vorkehrungen, die ähnliche Katastrophen in Zukunft verhindern sollen, die Menschen suchen die Götter durch Gebete und Opfer zu versöhnen. In diesem Zusammenhang kommt die Rede auf die Christen, von Tacitus Chrestianos genannt (15, 44, 2).[21] Es war das Gerücht entstanden, daß der Brand – von Nero – befohlen worden sei. „Daher schob Nero, um das Gerücht auszumerzen, andere als Schuldige vor“, eben die Chrestianer.

Ob Nero selbst das Feuer hatte legen lassen, ist umstritten. Diese Frage braucht hier nicht weiter verfolgt zu werden.[22] Sicher aber

---

[19] Vgl. H. Rahner, Kirche und Staat im frühen Christentum (München 1961) 40 f. („Das älteste Kirchengebet für den Staat“).

[20] Übs. weitgehend nach E. Heller.

[21] Es besteht kein Zweifel, daß die Christen gemeint sind, denn im Kontext nennt Tacitus Christus, von dem sich der Name herleite und der auf Veranlassung des Prokurators Pontius Pilatus hingerichtet worden sei.

[22] Nero weilte beim Ausbruch des Feuers in Antinum. Sicher haben die antiken Historiker das Bild des Kaisers noch schwärzer gemalt, als es ohnehin schon war. So wird überliefert, daß Nero sich am Anblick des brennenden Rom geweidet und dazu Gesänge auf das brennende Troja gesungen habe. Kritisch Meyer, Ursprung III 502.

dürfte sein, daß der Kaiser den Brand Roms zum Anlaß nahm, um gegen die Christen vorzugehen. Daß die Christen den Brand gelegt hätten, behauptet Tacitus nicht. Das Feuer entstand entweder durch Zufall oder auf Anstiftung des Princeps (15, 38, 1: forte an dolo principis), der Kaiser schob die Christen als Schuldige vor (15, 44, 2: subdidit reos).

2. Bevor wir die juristischen Vorwürfe und die Anklage, die gegen die Christen erhoben wurden, zu rekonstruieren versuchen, ist über die Stimmung etwas zu sagen, die in der Bevölkerung gegen die Christen herrschte. Beides spielt zusammen. Nach Tacitus waren sie „wegen ihrer Schandtaten verhaßt", ihr Begründer, Christus, war von einem hohen römischen Beamten hingerichtet worden, was sie treiben, ist Aberglaube (superstitio). Dieser entstand in Judäa und verbreitet sich jetzt in Rom, wo „alle Greuel und Scheußlichkeiten zusammenströmen und zelebriert werden." Die Christen sind Schuldige, die die härtesten Strafen verdienen (sontes et novissima exempla meritos).

Wenn sie aber den Brand nicht gelegt haben, warum sollen sie bestraft werden? Wir können den Notizen des Tacitus entnehmen, daß das Verfahren gegen die Christen ein länger währendes gewesen ist. Dabei verschob sich der Anklagepunkt: „So verhaftete man zuerst jene, die ein Geständnis ablegten. Dann wurde auf deren Anzeige hin eine sehr große Menge (multitudo ingens) schuldig gesprochen, nicht so sehr des Verbrechens der Brandstiftung als des Hasses gegen das Menschengeschlecht" (odio humani generis). Das bedeutet, daß es zwei Verhaftungswellen gab, eine, die unmittelbar nach dem Brand erfolgte, und eine weitere, die sich auf die anderen Christen ausdehnte. Wir haben hier das erste umfassende Vorgehen gegen die Christen vor uns. Gab es vorher nur die Tötung einzelner,[23] so werden jetzt alle als schuldig angesehen. Darum kann die Schuld, die man ihnen zur Last legt, nur die sein, daß sie eben Christen sind. Das Geständnis, das die Geständigen abgelegt haben (15, 44, 4: qui fatebantur), war nichts anderes als das Bekenntnis, Christ zu sein. Wir haben also hier bereits dasselbe Verfahren vor uns, wie es für den Anfang des zweiten Jahrhunderts Plinius der Jüngere bezeugt, daß Christsein als solches – nomen ipsum – als strafwürdig angesehen wurde, ein Tatbestand, der bis zum Toleranzedikt des Galerius im Jahr 311 fortbestehen sollte.[24]

---

[23] Etwa des Stephanus, des Apostels Jakobus, des Herrenbruders Jakobus in Judäa. Auch Paulus war ein Einzelfall.

[24] Vgl. Plinius d. J., epist. 10, 96, 2; 97. Vgl. R. Freudenberger: TRE 8, 23 f.

Nur verband sich in der Neronischen Verfolgung mit dem straffähigen Bekenntnis, Christ zu sein, der unterschobene Vorwurf, den Brand gelegt zu haben. Darum wurden Christen als Brandstifter hingerichtet. Sie erlitten den dem Brandstifter zugedachten Feuertod.[25] Der unterschobene Vorwurf der Brandstiftung war der Auslöser dafür, daß das Tragen des christlichen Namens als Verbrechen galt, für 250 Jahre. Der in der Bevölkerung aufgestaute Haß gegen die Christen ließ sie als solche erscheinen, die des Hasses gegen die ganze Menschheit bezichtigt werden konnten.[26] Das hing mit ihrer Außenseiterrolle zusammen. Sie setzten sich über alle überkommenen Lebensformen hinweg, nannten sich die Heiligen und Auserwählten, verachteten die Welt, sie besaßen keine Tempel, kamen in der Nacht zu Kulthandlungen und Gebeten zusammen. All dies machte sie verdächtig. Gewiß gab es auch solche, denen die sittliche Haltung der Christen, ihre Geschwisterlichkeit und Todesbereitschaft imponierte, aber in den Augen der Masse galten sie als Rotte von Verbrechern und Abscheu des Menschengeschlechts.[27]

3. Die Verfolgung trägt systematische Züge. Man benutzt das Geständnis der Erstverhafteten, die Namen von Glaubensgenossinnen und -genossen zu erfahren. Jndicio eorum, auf deren Anzeige, Aussage hin wurden diese ergriffen. Wie das im einzelnen geschah – auch durch Gewaltanwendung? – wissen wir nicht. Wie 1 Clem 6, 1 spricht Tacitus von einer großen Menge. Man wird den Ausdruck nicht pressen dürfen. Die römische Gemeinde wird nach mehreren Hunderten gezählt haben.[28] Sie wurden mit den „ausgesuchtesten Strafen" bestraft, Feuertod, Kreuzigung oder beides zusammen. Man trieb seinen Spott mit ihnen, indem man sie in die Felle wilder Tiere

---

[25] Vgl. T. Mommsen, Römisches Strafrecht (1899, Nachdruck Darmstadt 1961) 841. Böswillige Brandstiftung wurde bei Geringeren mit dem Feuertod bestraft.

[26] Der Vorwurf des Menschenhasses wurde auch gegen die Juden erhoben. Vgl. Philostrat, vita Apoll. 5, 33: „Ein Volk, das ein isoliertes Leben erfand und das keine Gemeinsamkeit des Tisches, der Trankopfer, der Gebete sowie der Rauchopfer zuläßt, das steht uns ferner als Susa und Baktra und die noch weiter entfernten Inder." Josephus, c. Ap. 2, 148: „gottlos und menschenfeindlich". Doch besaßen die Juden das Privileg einer religio licita.

[27] Es ist erwähnenswert, daß Tacitus, geboren zwischen 55 und 57 und gestorben nach 118, seine Annales kurze Zeit nach dem 1. Clemensbrief verfaßte. Er bekleidete in Rom hohe Ämter. Unter Domitian war er als Volkstribun und Ädil auch Mitglied des Priesterkollegiums der Quindecemviri. Vgl. auch Apg 24, 5: Weltpest.

[28] Vgl. A. von Harnack, Die Mission und Ausbreitung des Christentums in den ersten drei Jahrhunderten (^{4}1924, Nachdruck Leipzig 1955) 801: Die Menge bei Justizmorden wird anders berechnet wie bei Volksversammlungen.

hüllte und von Hunden zerfleischen ließ. Die Gekreuzigten wurden, als die Nacht hereinbrach, als Fackeln verbrannt. Tacitus weiß auch zu berichten, daß sich bei manchen Zuschauern ein Mitgefühl geregt habe. Nero selbst war anwesend. Er mischte sich in der Tracht eines Wagenlenkers unter das Volk und stellte sich auf einen Rennwagen. Das Morden geriet zu einer Volksfesthinrichtung.[29] Die Veranstaltung fand in einem Zirkus statt. Der Kaiser, der ein Zirkusspiel geben wollte, hatte seine Gärten zur Verfügung gestellt (15, 44, 4 f.). Damit können wir den Ort der Hinrichtung identifizieren: Es ist der Zirkus des Gaius Caligula und Nero auf dem ager Vaticanus auf der Westseite des Tiberufers, wo seit sullanischer Zeit ein Wohngebiet von unteren Bevölkerungsschichten entstanden war.[30]

Damit haben wir den Hintergrund jener Verfolgung gewonnen, der auch Petrus zum Opfer gefallen sein dürfte. Die bis in die Gegenwart verbreitete Auffassung, daß Petrus gleichzeitig mit Paulus getötet wurde, muß korrigiert werden. Paulus, der in Jerusalem verhaftet worden war und an den Kaiser appelliert hatte, erhielt ein Einzelverfahren. Zwar wurde auch er in Rom in der Regierungszeit des Nero[31] hingerichtet, aber das geschah vor der Massenverfolgung der römischen Christen, nach meinen Berechnungen etwa im Jahr 56.[32] Ob Petrus damals schon in Rom war, wissen wir nicht. Das Ende der Apostelgeschichte setzt das nicht voraus. Zur Zeit der Abfassung des Römerbriefes um 51/52 war Petrus jedenfalls noch nicht da. Paulus hätte ihn dann doch sicherlich erwähnt.

Die römische Christenverfolgung wurde ausgelöst durch den verheerenden sechstägigen Brand Roms, der am 19. Juli 64 ausbrach: XIIII Kal. Sextiles.[33] Das bedeutet, daß das Martyrium des Petrus nicht vor dieser Zeit erfolgte. Es ist unwahrscheinlich, daß er wie Paulus, der römischer Bürger war, ein eigenes Prozeßverfahren bekam. Als sein Todesjahr könnte das Jahr 64 gelten. Fraglich ist nur, ob er der ersten oder zweiten Verhaftungswelle, die wir oben unterschie-

---

[29] Diesen Begriff verwendet bereits der römische Jurist Domitius Ulpianus (170–228). Vgl. Mommsen, Strafrecht (Anm. 25) 841 Anm. 2.

[30] Plinius d. Ä., hist. nat. 36, 74, berichtet, daß in diesem Zirkus des Gaius und Nero ein Obelisk gestanden habe. Es ist derselbe Obelisk, der heute auf dem Petersplatz steht. Plinius erzählt, daß dieser Obelisk beim Transport zerbrochen sei. Hat Plinius geirrt? So R. König/J. Hopp, die Herausgeber von Band 36 in der Tusculum-Ausgabe (Erläuterungen auf S. 165 f.).

[31] Nero war von 54–68 Kaiser.

[32] Vgl. Gnilka, Paulus von Tarsus 309–313, auch 299–308.

[33] Tacitus, ann. 15, 41, 2. Vgl. Meyer, Ursprung III 502.

den, zum Opfer fiel. Gemäß Joh 21, 18 f. wurde er gekreuzigt.[34] Gehörte er zu jenen Opfern, die als Gekreuzigte wie nächtliche Brandfackeln verbrannt wurden? Dann wäre von seiner sterblichen Hülle nicht viel übriggeblieben. Als Ort seines Martyriums kommt der Zirkus des Gaius und Nero auf dem ager Vaticanus ernsthaft in Frage. Damit sind die Probleme angedeutet, die mit dem Petrusgrab verbunden sind.[35]

Doch bevor wir darauf eingehen, sind noch zwei Stellen zu behandeln, die im Rahmen unserer Fragestellung Beachtung verdienen. Die eine findet sich in der sogenannten Himmelfahrt des Jesaja, einem Dokument, das sich wahrscheinlich aus drei kleineren Schriften zusammensetzt, darunter einer christlichen Apokalypse in 3, 13–4, 19.[36] In dieser findet sich eine Passage, die auf das Martyrium des Petrus Bezug nehmen dürfte. Von einem ungerechten König, einem Muttermörder, ist die Rede, in dem sich Beliar (= der Teufel) verkörperte. In fingierter Prophetie wird vorausgesagt, daß er die Pflanzung, die die zwölf Apostel des Geliebten (Sohnes, ist wohl zu ergänzen) gepflanzt hatten, verfolgen und daß einer von den Zwölfen in seine Hand gegeben werde (4, 2 f.). Es besteht kein Zweifel, daß mit dem Muttermörder Nero bezeichnet ist. Dieser Name hatte sich fest mit dem Kaiser verbunden.[37] Er hat die Pflanzung des geliebten Sohnes, das ist die Kirche, verfolgt. Wenn in diesem Zusammenhang einer von den zwölf Aposteln erwähnt wird, kann das nur Petrus sein. Paulus gehört nicht zum Zwölferkreis. Wenn der Name Petrus nicht ausdrücklich genannt wird, entspricht die indirekte Bezeichnung apokalyptischem Stil. „In jemands Hand gegeben" ist eine Formulierung, die in sich selbst bedrohlich erscheint. Wenn es ein Muttermörder ist, in dessen Hand einer fällt, ist Schlimmstes angezeigt. Es ist darum von untergeordnetem Rang, wenn nicht explizit von Petri gewaltsamem Tod gesprochen wird.

---

[34] Vgl. oben S. 110.

[35] Heftiger Bestreiter eines Romaufenthaltes und demzufolge auch eines Martyriums des Petrus in Rom ist K. Heussi, Die römische Petrustradition in kritischer Sicht (Tübingen 1955); ders., War Petrus in Rom? (Gotha 1936). Ausgangspunkt seiner Überlegungen ist die Behauptung, Gal 2, 6 setze bereits den Tod des Petrus voraus. Diese Meinung hat keine Nachfolger gefunden. Zur Auseinandersetzung mit Heussi insgesamt vgl. Cullmann, Petrus 104 f. Der Petrusaufenthalt in Rom wird heute nicht mehr ernsthaft bestritten. Ein oft vorgebrachtes Argument dafür ist, daß keine andere Stadt je den Anspruch erhoben hätte, Ort des Martyriums des Petrus (und Paulus) zu sein.

[36] Vgl. O. Eissfeldt, Einleitung in das AT (Tübingen 1956) 752 f.

[37] Vgl. Dio Cassius 62, 18, 4; OrSib 4, 121.

Es ist bemerkenswert, daß die Stelle wieder die Verfolgung der Gemeinde und das Schicksal des Petrus mit Nero verknüpft. Hatte der erste Clemensbrief diesen Zusammenhang berichtend in Erinnerung gerufen, so deutet ihn die „Himmelfahrt des Jesaja" auf apokalyptische Weise. Sie stellt auch die Verfolgung der Gemeinde – vergleichbar der Johannes-Apokalypse – in einen endzeitlich-eschatologischen Horizont. Im Anschluß an die Ansage der Verfolgung wird die Parusie des Herrn geschildert (4, 14 ff.). Die Beteiligung Neros läßt den sicheren Schluß zu, daß die römische Gemeinde im Blick ist. Die zeitliche Datierung der apokalyptischen Schrift ist umstritten. Der endzeitlich-apokalyptische Horizont empfiehlt die neunziger Jahre des ersten Jahrhunderts.[38]

In engem Zusammenhang mit der Himmelfahrt des Jesaja 3, 13–4, 19 sieht E. Peterson das Rainer-Fragment der Petrus-Apokalypse.[39] Die für uns bedeutsame Stelle lautet: „Siehe, ich habe dir, Petrus, alles geoffenbart und ausgelegt. Und gehe in die Stadt der Hurerei[40] und trinke den Kelch, den ich dir verheißen habe aus den Händen des Sohnes dessen, der sich im Hades befindet. So wird seine Vernichtung den Anfang nehmen, du aber der Verheißung würdig sein." In der Tat kommt in der Vernetzung von Nero, Petrus und der endzeitlichen Orientierung das Fragment mit dem vorher behandelten Text überein. Nero trägt die Züge des Antichrist (vgl. 2 Thess 2, 3 und 8). Das Martyrium in Rom ist unmißverständlich ausgedrückt. Die Stadt der Hurerei (bzw. des Westens) ist Rom, der Kelch Bildwort für den gewaltsamen Tod (vgl. Mk 10, 39 par). Wichtig ist auch die Konzentration auf Petrus, die diese Tradition auszeichnet. Sie ist die ältere gegenüber der Parallelisierung von Petrus und Paulus. Sie dürfte als selbständige Tradition entstanden sein. Faßbar wird sie für uns für die neunziger Jahre des ersten Jahrhunderts, das heißt, 30 Jahre nach den Ereignissen. Dieser relativ kurze zeitliche Abstand verbürgt

---

[38] Mit Cullmann, Petrus 127; Eissfeldt (Anm. 36) 753. C. Clemen, Die Himmelfahrt des Jesaja: ZWTh 24 (1896) 388–415, hielt die Stelle sogar für das älteste Zeugnis für das römische Martyrium des Petrus. Wegen angeblicher Nähe zu 2 Petr schlägt Dinkler: ThR 25 (1959) 216 das Jahr 140 vor.

[39] E. Peterson, Das Martyrium des hl. Petrus nach der Petrus-Apokalypse, in: Frühkirche, Judentum und Gnosis (Rom u. a. 1959) 88–91. Der Text wurde veröffentlicht von C. Wessely, Les plus anciens monuments du Christianisme, ecrits sur papyrus II: PO 18/3 (Paris 1924) 482 f.

[40] Mit Wessely. James liest „Stadt des Westens" (= Stadt, die über den Westen herrscht). Vgl. C. Maurer/H. Duensing, in: W. Schneemelcher (Hrsg.), Ntl Apokryphen II (Tübignen 1964) 480 Anm. 3.

die Zuverlässigkeit des Martyriums des Petrus in Rom. Die Entstehung des ersten Clemensbriefes, der kleinen Apokalypse in der Himmelfahrt des Jesaja, der Johannes-Apokalypse und wohl auch des Textes im Rainer-Fragment fallen in diese Dekade.[41]

Neben den aus der christlich apokalyptischen Literatur stammenden Belegen gehören noch die Ignatiusbriefe herkömmlicherweise zu den Zeugnissen für einen Romaufenthalt des Petrus.[42] Manche Interpreten erblicken sogar auch hier einen Hinweis auf das Martyrium. Deutlich aber markiert die entscheidende Stelle aus dem Römerbrief eine Zeit, die nach den bisher behandelten Belegen liegt. Sie lautet: „Nicht wie Petrus und Paulus befehle ich euch. Jene Apostel, ich ein Verurteilter! Jene frei, ich bin jetzt ein Sklave! Wenn ich aber gelitten habe, werde ich ein Freigelassener Jesu Christi sein und werde in ihm auferstehen, ein Freier! Und jetzt lerne ich, gefesselt wunschlos zu sein" (4, 3). Daß diese Stelle im Vergleich mit den anderen behandelten Stellen und auch im besonderen mit dem ersten Clemensbrief jünger ist, erkennt man daran, daß die Parallelisierung von Petrus und Paulus gleichsam schon zur Routine geworden ist. Während die anderen Stellen nur von Petrus reden, während der erste Clemensbrief die Namen von Petrus und Paulus nebeneinander auflistet, sind die beiden Apostel bei Ignatius gewissermaßen schon verschmolzen. Das ist die Sicht, die die Auffassung begünstigte und vielleicht schon voraussetzt, daß Petrus *und* Paulus gleichzeitig in der neronischen Verfolgung getötet wurden. Petrus wird an erster Stelle genannt, weil er der ältere und darum auch bedeutendere Apostel ist. Ignatius führt Petrus und Paulus an, weil sie zur römischen Gemeinde in besonderer Beziehung standen,[43] will sagen, daß sie nach Rom kamen und dort gestorben sind. Diesen engeren Bezug zu Rom kann man daraus ableiten, daß von den sieben Ignatiusbriefen die beiden Apostel nur im Römerbrief namentlich erwähnt werden. Namentlich wird ein Apostel nur noch im Epheserbrief angeführt, nämlich Paulus – „Ihr seid Miteingeweihte des Paulus" (12, 2) –, sicherlich deshalb, weil Ignatius weiß, daß Paulus in Ephesus gewirkt hat. Wenn er hier Petrus nicht

---

[41] Vgl. Peterson (Anm. 39) 91.

[42] Zur höchst komplexen und umstrittenen Rekonstruktion der Ignatiusbriefe und ihrer zeitlichen Einordnung vgl. F. R. Prostmeier in: S. Döpp/W. Geerlings (Hrsg.), Lexikon der antiken christlichen Literatur (Freiburg 1998) 306–308. Die Datierungsvorschläge reichen vom Anfang bis in die zweite Hälfte des 2. Jahrhunderts. Näheres hierzu unten S. 216 Anm. 21.

[43] Dinkler: ThR 25 (1959) 215 spricht von einem besonderen Verhältnis. Aber was soll das für ein besonderes Verhältnis gewesen sein?

nennt, kann man daraus ableiten, daß Ignatius von einem Ephesus-Aufenthalt des Petrus nichts weiß.[44]

Ignatius spricht in seinem Römerbrief vom Martyrium, das ihn in Rom erwartet. Er sieht die Arena vor seinem geistigen Auge, in der er von den wilden Tieren zermalmt werden wird: „Laßt mich eine Speise der wilden Tiere werden, durch sie ist es mir möglich, zu Gott zu kommen ... Lieber schmeichelt den Tieren, damit sie mir zum Grabe werden ...“ (4, 1 f.). Diese Sätze gehen der Erwähnung von Petrus und Paulus unmittelbar voraus. Hier spielt er mit den Begriffen Freisein und Sklavesein. Bis zur Stunde versteht er sich als Sklave. Durch das Martyrium wird er zum Freigelassenen Jesu Christi werden, weil er in ihm als Freier auferstehen wird. Wenn er Petrus und Paulus als solche bezeichnet, die frei sind, nimmt er doch wohl auf ihr Martyrium Bezug, durch das auch sie die endgültige Freiheit erlangt haben. Im Epheserbrief spricht Ignatius ausdrücklich davon, daß er auf seinem Weg zu Gott – das heißt, seinem Martyrium – auf den Spuren des Paulus erfunden werden möchte. Wie die Stadt Ephesus für Paulus ein Durchgang war auf seinem endgültigen Weg zu Gott, so auch für ihn, Ignatius, der auf seinem Gefangenentransport von Antiochia nach Rom über Ephesus geführt wurde. Wenn Ignatius sein Schicksal mit dem von Petrus und Paulus vergleicht, sogar in Parallele setzt, darf man annehmen, daß er um ihr römisches Martyrium weiß. Wie er dem gewaltsamen Tod in Rom entgegenzieht, sind sie bereits auf dem gleichen Weg zu Gott gelangt.

LITERATUR:

B. Altaner, Neues zum Verständnis von 1 Clemens 5, 1–6, 2: HGJ 62 (1950) 25–30.

M. Dibelius, Rom und die Christen im ersten Jahrhundert: Botschaft und Geschichte II (Tübingen 1956) 177–228.

K. Aland, Petrus in Rom: HZ 183 (1957) 497–516.

E. Dinkler, Die Petrus-Rom-Frage: ThR 25 (1959) 189–230. 289–335; 27 (1961) 33–64.

N. Brox, Zeuge und Märtyrer (StANT 5) (München 1961).

K. Beyschlag, Clemens Romanus und der Frühkatholizismus (BHTh 35) (Tübingen 1966).

R. Freudenberger, Das Verhalten der römischen Behörden gegen die Christen im 2. Jahrhundert (MBPF 52) (München ^{2}1969).

---

[44] Der Apostelbegriff kommt sonst noch – allerdings ohne Nennung eines Apostelnamens – im Brief an die Trallaner vor: „Nicht habe ich mich so hoch eingeschätzt, daß ich, ein Verurteilter, euch wie ein Apostel befehle“ (3, 3).

S. Uhlig, Die typologische Bedeutung des Begriffs Babylon: AUSS 12 (1974) 112–125.

J. Molthagen, Der römische Staat und die Christen im 2. und 3. Jahrhundert (Hyp 28) (Göttingen [2]1975).

P. Lampe, Die stadtrömischen Christen in den ersten beiden Jahrhunderten (WUNT II/18) (Tübingen 1987).

R. J. Bauckham, The Martyrdom of Peter in Early Christian Literature: ANRW II 26, 1 (1992) 539–595.

A. Lindemann, Die Apostolischen Väter I. Die Clemensbriefe (HNT 17) (Tübingen 1992).

J. J. Ayan Calvo, Clemente de Roma (Fuentes Patristicas 4) (Madrid 1994).

J. Gnilka, Paulus von Tarsus (Freiburg 1996).

H. Lona, Der erste Clemensbrief (KAV 2) (Göttingen 1998).

2. *Das Petrusgrab*

Petrus ist in Rom als Märtyrer gestorben. Das haben wir aufzuzeigen versucht. Infolgedessen muß er hier auch beerdigt worden sein. Die näheren Umstände seines Sterbens kennen wir nicht. Wurde er am Kreuz verbrannt, wie es Tacitus für römische Christen berichtet hat? Wurde seine Leiche dem Feuer übergeben, wie es einige Jahre später den Märtyrern von Lyon geschah, deren Asche dann auch noch in die Rhône geworfen wurde?[45] Wurde sein Leichnam unversehrt in die Erde gelegt? Wurde er in ein Massengrab geworfen? Alles das sind Möglichkeiten, die in Erwägung gezogen werden könnten. Wenn er im Zirkus des Nero gemartert wurde, läge es nahe, daß er in dessen Nähe bestattet wurde. Zwar kennen wir die genaue Lage des Zirkus nicht, es wurden bis jetzt auch noch keine Mauerreste freigelegt.[46] Aber Plinius der Ältere teilt uns mit, wie wir schon sahen, daß er auf dem ager Vaticanus auf der Westseite des Tiber sich befand (hist. nat. 36, 74). Eine indirekte Bestätigung liefert ein Mausoleum, das zu den Gräbern gehört, die unter der Peterskirche ausgegraben worden sind. Es hat die Besitzerinschrift aufbewahrt. Ein gewisser Popilius Heracla legt seinen Erben die Bedingung auf, daß man ihm „auf dem Vatikan beim Zirkus" (in Vaticano ad circum) ein Grabmal errichten möge. Offenkundig hat man seinen Wunsch erfüllt. Vielleicht darf man in diesem Zusammenhang auch erwähnen, daß das Mausoleum des

---

[45] Vgl. Eusebios, hist. eccl. 5, 1, 62.

[46] Die früher verbreitete Auffassung, daß die Südwand der Peterskirche auf Mauern des neronischen Zirkus aufruhe, hat sich als irrig erwiesen.

L. Tullius Zethus in seiner Dekoration Szenen aus dem Zirkusleben aufweist. Man hat die begründete Vermutung geäußert, daß sich der neronische Zirkus etwa vom deutschen Friedhof (Camposanto Teutonico) in östlicher Richtung entlang den südlichen Kolonnaden zum Tiber hin erstreckte.[47] Wir haben oben diese Ausführungen bewußt begonnen mit der Erwägung möglicher Arten des Martyriums und der Bestattung des Apostels. Vielfach setzt man diese nicht in Beziehung zu archäologischen Ergebnissen, sondern geht von der Archäologie aus. Darum ist es notwendig, am Schluß auf diese Erwägungen zurückzukommen.

Das älteste literarische Zeugnis für das Petrusgrab liefert Gaius, ein Mitglied der römischen Gemeinde zur Zeit des römischen Bischofs Zephyrinus (198–217). Dieses Zeugnis teilt uns Eusebios von Caesarea in seiner Kirchengeschichte mit, die dadurch ausgezeichnet ist, daß immer wieder ältere Autoren zitiert werden. Eusebios lebte von 264/265 bis 339/340 weitgehend in dieser palästinensischen Stadt, nach dem Westen des Reiches ist er nicht gekommen.

Bevor Eusebios den Gaius zitiert, berichtet er mit eigenen Worten von der Christenverfolgung des Nero, den er als Mutter-, Brüder- und Gattinnenmörder brandmarkt. Dieser sei der erste Kaiser (wörtlich: Autokrator) gewesen, der unsere Lehre verfolgte, ihr Aufblühen in Rom verhinderte und gegen alle Anhänger dieser Lehre furchtbar wütete, wie uns Eusebios mit Berufung auf Tertullian mitteilt.[48] Anschließend erzählt er – wiederum mit eigenen Worten – vom Martyrium des Paulus und Petrus (in dieser Reihenfolge). Paulus sei unter Nero enthauptet und Petrus gekreuzigt worden. Der folgende Satz soll um seiner Bedeutung willen wörtlich wiedergegeben werden: „Diese Nachricht wird bestätigt durch die bis heute erhaltenen Namen Petrus und Paulus in den dortigen Zömeterien.“ Es ist vermutet worden, daß Eusebios hier eine eigene Tradition aufgreift, nach der Petrus und Paulus eine gemeinsame Ruhestätte gefunden haben. Mit den „Zömeterien“ wären dann die Katakomben gemeint.[49] Auf diese Tradition werden wir gleich noch einmal zurückkommen müssen.

Erst nach der Erwähnung der Zömeterien bringt Eusebios das Gaiuszitat, den er als Kirchenmann unter Zephyrinus bezeichnet. Er zitiert aus dessen Dialog mit Proclus, einem Haupt der phrygischen

---

47 Zu den Angaben vgl. Kirschbaum, Graeber 16–21, der das östliche Ende des Zirkus unter dem Augustiner-Kolleg S. Monica vermutet.

48 Zitiert wird Tertullian, apol. 5.

49 Dazu vgl. Klauser, Petrustradition 18 f. und Anm. 18.

Sekte (= Montanisten), ein Wort „über die Stätten, wo die heiligen Leibeshüllen der genannten Apostel ruhen". Das Zitat lautet: „Ich kann die Siegeszeichen der Apostel zeigen. Wenn du nämlich auf den Vatikan oder auf die Straße nach Ostia gehst, wirst du die Siegeszeichen derer finden, die diese Kirche gegründet haben" (hist. eccl. 2, 25, 1–7).[50]

Das hauptsächliche Problem besteht darin, was der um das Jahr 200 schreibende Gaius unter „Siegeszeichen" (τρόπαια) verstanden hat. Eusebios verstand es im Sinn von „Grabstätte" („wo die heiligen Leibeshüllen der Apostel ruhen"). Meinte Gaius diese oder meinte er die Orte des Martyriums, auf denen man dann Mahnmale errichtet hatte? Die Wortbedeutung von τρόπαιον ist Siegeszeichen. In der altkirchlichen Literatur wird das Wort gern für das Kreuz Christi verwendet.[51] Leider ist die Schrift des Gaius nicht erhalten. Eusebios hat uns nur außer dem erwähnten Zitat über Petrus und Paulus noch drei weitere überliefert, von denen eines weiterhelfen könnte.

Aus diesem geht nämlich hervor, daß die Berufung auf die Aposteltropäen dazu dient, im Streit mit dem Montanisten Proclus die eigene Meinung zu bekräftigen. Denn auch Proclus beruft sich für seine Auffassung auf ehrwürdige Gräber in Kleinasien, auf die Gräber des Philippus und seiner vier Töchter, die Prophetinnen waren (hist. eccl. 3, 31, 4).[52] Noch deutlicher ist das im Streit zwischen dem Bischof Victor von Rom mit dem Bischof Polykrates von Ephesus um den Termin des Osterfestes um das Jahr 195. Auch hier beruft sich Polykrates für seine Meinung auf Apostelgräber in Asien, von Philippus und seinen Töchtern und Johannes (3, 31, 3). Aus diesen Kontroversen geht hervor, daß Gaius unter den Tropaen des Petrus und Paulus auf dem Vatikan und auf der Straße nach Ostia ihre Gräber verstanden haben wird. Erst dann erhielt seine Argumentation ihr volles Gewicht.[53] Oder wollte er mit dem Hinweis auf die Apo-

[50] In 2, 25, 8 folgt ein Zitat aus dem Brief des Bischofs Dionysius von Korinth an die Römer, das ebenfalls vom Martyrium des Petrus und Paulus in Rom handelt. Er lebte in der zweiten Hälfte des 2. Jahrhunderts.

[51] Belege bei Lietzmann, Petrus und Paulus 209 Anm. 1. vgl. C. Mohrmann, A propos de deux mots controversés de la latinité chrétienne: tropaeum-nomen: VigChr 8 (1954) 154–173; Dinkler: ThR 25 (1959) 220 f. Im Hymnus des Venantius Fortunatus heißt es: Et super crucis tropaeo dic triumphum nobilem. Mohrmann beschränkt sich auf die Latinität.

[52] Vgl. Eusebios, hist. eccl. 6, 20, 3: „Proclus, Verfechter der kataphrygischen Häresie."

[53] Zum Osterfeststreit vgl. Eusebios, hist. eccl. 5, 24, 2–8.

steltropaen zu verstehen geben, daß die Stätte ihres Martyriums in Rom sichere Gewähr ihres Todes in dieser Stadt ist, daß ihr siegreiches Martyrium mehr ist als ein gewöhnlicher Tod?

Bevor wir auf das Petrusgrab auf dem Vatikan zu sprechen kommen, muß auf die wohl älteste Verehrung der beiden Apostel Petrus und Paulus eingegangen werden. Auch sie hat – wie wir gleich sehen werden – mit der Diskussion um das Petrusgrab zu tun. Sie ist verknüpft mit den Katakomben, genauer: mit der Urkatakombe an der Via Appia. Sie lag nämlich an einer Stelle, die den Flurnamen „Kata Kymbas“ (κατὰ κύμβας) trug, das bedeutet „An der Talmulde“. Ihr Name wurde mit der Zeit auf alle ähnlichen unterirdischen Friedhöfe übertragen, die darum Katakomben heißen. Über der Urkatakombe an der Via Appia erhebt sich heute die Basilika der Apostel (Petrus und Paulus), die in der Mitte des 4. Jahrhunderts erbaut wurde und jetzt den Namen S. Sebastiano trägt. Unter der Basilika entdeckte man im Jahr 1917 eine alte christliche Kultstätte. Sie besteht aus einem offenen Hof, um den sich verschiedene architektonische Komplexe gruppieren. Diese sind: ein Raum mit Portikus, dem man den Namen Triklia gab,[54] eine Ädikula mit Resten eines weiteren Raumes, ein weiterer Portikus mit zwei Pfeilern, Treppen, die zu einem Brunnen führen, und ein Mausoleum. Auf die Bestimmung des Raumes weisen an den Wänden entlanglaufende niedrige Bänke hin. Fast die ganze Oberfläche der östlichen Wand läßt verschiedenartige, in den Putz gekratzte Inschriften, sogenannte Graffiti, erkennen. In griechischer und lateinischer Sprache werden die Apostel Petrus und Paulus angerufen, etwa: Paule et Petre petite pro Victore. Von besonderem Interesse ist die Inschrift: Petro et Paulo Tomius Coelius refrigerum feci („Dem Petrus und Paulus habe ich, Tomius Coelius, ein Gedächtnismahl gehalten“). Ausstattung und Inschriften verdeutlichen den Verwendungszweck des Raumes. Hier versammelten sich Christen, um das Gedächtnis der beiden Apostel mit Fürbitten und dem Ritus des Refrigeriums zu begehen. In einem Graffito glaubte man das Konsulardatum des Jahres 260 ausmachen zu können. Dieses Datum hilft, die Anwesenheit von Christen im Trikliakomplex zu datieren. Nach Mauerwerk und Stil setzte man seine Entstehung in der zweiten Hälfte des 3. Jahrhunderts an.[55]

Der archäologische Befund erfährt eine interessante Bestätigung durch einem römischen Kalender, der mit dem Namen des Furius

---

[54] Triklia heißt eigentlich Speisezimmer mit drei Lagern.

[55] Vgl. Jastrzebowska, Totenmahl 67–69.

Dionysius Philocalus verbunden ist.[56] Dieser Kalender, der für das Jahr 354 bestimmt ist, schöpfte aus zuverlässigen amtlichen Quellen und enthält unter anderem eine Liste der Konsuln, der Stadtpräfekten, der Bischöfe und – uns in diesem Zusammenhang interessierend – eine kalendarische Zusammenstellung der Gedenktage der römischen Märtyrer. Hier steht folgende Notiz: „III Kal. Jul. Petri in Catacumbas et Pauli Ostense Tusco et Basso cons.“ (= 29. Juni, des Petrus scil. Gedächtnis in den Katakomben und des Paulus an der Straße nach Ostia unter den Konsuln Tuscus und Bassus). Auffällig ist hier das Fehlen des Gedächtnisses des Petrus auf dem Vatikan. Doch glaubt man, daß der richtige Wortlaut des Eintrags im sogenannten Martyrologium Hieronymianum überliefert ist, das kurz nach 431 entstand. Er lautet: „29. Juni. Der Apostel Petrus und Paulus scil. Gedächtnis, des Petrus auf dem Vatikan, des Paulus an der Straße nach Ostia und beider in den Katakomben unter den Konsuln Tuscus und Bassus.“[57]

Der Kalendereintrag bestätigt also eine Begehung des Gedächtnisses der beiden Apostel in den Katakomben. Wichtig ist die Angabe des Konsulardatums. Tuscus und Bassus waren Konsuln im Jahr 258. Dieselbe Zeit ergab der archäologische Befund. Orts- und Zeitangabe berechtigen dazu, die Begehung dieses Gedächtnisses in der Triklia an der Via Appia zu lokalisieren.

Verweilen wir noch etwas bei diesen Gedächtnisfeiern. Kaiser Valerian hatte den Christen im Jahre 257 bei Todesstrafe verboten, sich zu versammeln und die Zömeterien zu besuchen, und dieses Verbot im Jahr 258 wiederholt.[58] Der Märtyrertod des Papstes Sixtus II. und von vier Diakonen, die ihn begleiteten, im Zusammenhang mit dem Besuch eines Zömeteriums, wahrscheinlich der Kallistuskatakombe, fällt auf den 6. August 258. Die Kallistuskatakombe war die Hauptnekropole der stadtrömischen Gemeinde mit bischöflichen Gräbern. Die Triklia befand sich auf einem großen heidnischen Friedhof, der nicht geschlossen wurde. Sie wurde schon für das Totengedächtnis be-

---

[56] Es ist das unbestreitbare Verdienst von H. Lietzmann, Petrus und Paulus, liturgiegeschichtliche Quellen in großem Umfang in die Petrus-Rom-Frage einbezogen zu haben. Philocalus wirkte zur Zeit des Papstes Damasus I. (366–384).

[57] Vgl. Lietzmann, Petrus und Paulus 109–114; Klauser, Petrustradition 21 f. Für das Fehlen des Petrus-Gedächtnisses auf dem Vatikan hat man darauf hingewiesen, daß im Jahr 354 die konstantinische Petrusbasilika noch nicht vollendet gewesen sei, während an der Via Ostiense schon eine Pauluskirche stand. Zu dieser vgl. Lietzmann, Petrus und Paulus 217 f.

[58] Vgl. Eusebios, hist. eccl. 7, 11, 10.

nutzt, bevor sie Christen übernahmen. Eine christliche Versammlung fiel hier weniger auf, besonders wenn wir davon ausgehen, daß sie sich nach Art der Versammlung einer Grabgenossenschaft (schola collegii) vollzog. Eine das Totenmahl begleitende christliche Liturgie wird man hier in diesen Jahren nicht gefeiert haben. Die Polizeistation Frumentatorium beim Grab der Cecilia Metella war vermutlich mit der Instandhaltung der Via Appia, nicht mit der Kontrolle der Friedhöfe betraut.[59]

Warum aber hat man das Gedächtnis von Petrus und Paulus gerade an dieser Stelle, in der Triklia ad catacumbas, begangen? Eine alte Antwort lautet: weil hier ihre ursprüngliche Begräbnisstätte sich befand. Hierfür kann man sich auf eine Inschrift des Papstes Damasus (366–384) berufen.[60] Von ihr hat man in der Krypta der Kirche S. Sebastiano eine aus dem 13. Jahrhundert stammende unvollständige Kopie gefunden. Ihr Anfang lautet: „Hic habitasse prius sanctos cognoscere debes, nomina quisque Petri pariter Paulique requiris. Discipulos Oriens misit, quod sponte fatemur; sanguinis ob meritum … Roma suos potius meruit defendere civis" (= „Hier haben vor Zeiten die Heiligen gewohnt. Wisse es, der du nach den Namen des Petrus und Paulus suchst. Wir gestehen frei, der Orient sandte uns die Jünger. Um des Verdienstes des Blutes willen – verdient Rom es vielmehr, sie als seine Bürger zu verteidigen"). Lietzmann bereits hat nachgewiesen, daß „hic habitasse" im Sinn der Grabesruhe der Gebeine aufgefaßt werden muß.[61]

Skeptisch stimmt bei der Beurteilung dieser Hypothese, daß sie voraussetzt, daß Petrus und Paulus am gleichen Ort und dann auch gleichzeitig begraben worden sein sollen. Das Martyrium des Paulus liegt mehrere Jahre vor dem des Petrus. Wir haben schon bei der Erörterung der literarischen Fragen gesehen, daß die Tendenz sich entwickelte, beide Apostel zusammenzuführen. Oder sollte man der Version des Philocalus-Kalenders mehr Beachtung schenken, nach der nur der Name Petrus mit den Katakomben verbunden ist, daß also nur Petrus hier seine letzte Ruhestätte gefunden haben sollte? Ein anderes Problem ist das des archäologischen Befunds, auf das

[59] Zu den Versammlungen als schola collegii vgl. Jastrzebowska, Totenmahl 75–79.
[60] Vertreter dieser These sind: S. Bettini, Tusco et Basso consulibus: JÖB 1 (1951) 53; F. Tolotti, Memorie degli Apostoli in Catacumbas (Amici delle catacombe 19) (Città del Vaticano 1953); schon E. Caspar, Geschichte des Papsttums von den Anfängen bis zur Höhe der Weltherrschaft (Tübingen 1930) 74.
[61] Petrus und Paulus 145–150.

nach der Vorstellung einer zweiten Antwort auf die Frage, warum Petrus und Paulus in den Katakomben verehrt wurden, eingegangen werden soll.

Weit verbreiteter als die Annahme, daß in den Katakomben die ursprünglichen Apostelgräber zu suchen seien, ist die These, daß die Reliquien der Apostel in der Valerianischen Verfolgung, das heißt, gemäß den Angaben im Philocalus-Kalender im Jahr 258, im Konsulatsjahr von Tuscus und Bassus, von ihren ursprünglichen Grabstätten in die Katakomben überführt worden seien. Das sei geschehen, um die sterblichen Überreste vor den Verfolgern zu schützen. H. Lietzmann[62], der diese These gründlich ausbaute, erklärt den 29. Juni zum Tag der Überführung in die Katakomben. Seitdem habe man den Translationstag festlich begangen und überhaupt erst damit begonnen, das Gedächtnis der Apostel zu feiern. An ihren Gräbern sei das unmöglich gewesen. Die Überführung diente letztlich der Ermöglichung eines liturgischen Kultes. Für Lietzmann ist die Triklia ad catacumbus noch wichtiger als Philocalus. Wenn durch Graffiti der Kult bezeugt wird, auch daß man dort Totenmähler für Petrus und Paulus gehalten hat, bestünde kein Zweifel darüber, daß man glaubte, die Reliquien selbst in der Nähe zu haben. Man habe diese hier aufbewahrt und verehrt bis zum Bau der entsprechenden Kirchen St. Peter auf dem Vatikan und St. Paul an der Via Ostiense.

Unter den Forschern, die die Translationshypothese übernahmen,[63] verdient E. Kirschbaum besondere Beachtung. Er war maßgeblich an den Ausgrabungen unter der Peterskirche, auf die wir noch eingehen müssen, beteiligt. Kirschbaum verbindet die Resultate der Ausgrabungen mit der Translationshypothese. Er differenziert diese insofern, als er nur mit der Translation der Apostelhäupter rechnet, die nach dem Rechtsgrundsatz des römischen Juristen Julius Paulus erfolgt sei: Wo das Haupt ist, befindet sich das rechtmäßige Grab.[64] Dabei berücksichtigt er die Verehrung der Apostelhäupter, die sich allerdings nur bis etwa in das achte Jahrhundert zurückverfolgen läßt.[65]

[62] Petrus und Paulus 122–126.157–169.

[63] Vgl. L. Duchesne, J. Ruyschaert, J. Rascher.

[64] Kirschbaum, Graeber 207–212 (207: „vor allem das Haupt“). Er beruft sich für die These auf E. Josi, Conferenze della Società dei cultori di archeologia cristiana: Riv AC 29 (1953) 94 f. Der juristische Text des Julius Paulus ist S. 247 Anm. 20 wiedergegeben.

[65] H. Grisar, Le teste dei SS. Apostoli Pietro e Paolo: CivCatt 58 (1907) 456 f., vermutete, daß die Übertragung dieser Reliquien nach dem Lateran erfolgt sei im Zusammenhang mit dem Sarazeneneinfall von 846.

Ein Einwand gegen die Translationshypothese ist kaum die Nähe einer Polizeistation.[66] Ernst zu nehmen ist der Einwand, daß für eine ursprüngliche oder nachträgliche Reliquieneinsetzung ad Catacumbas archäologische Belege fehlen.[67] Sind diese für eine zukünftige Ausgrabung eventuell noch zu erwarten?[68] Jedenfalls scheidet das marmorne Doppelgrab unter der Apsiskapelle von S. Sebastiano, das manche bis zur Wende vom 19. zum 20. Jahrhundert für den Beisetzungsort der Apostelreliquien hielten – in der Forschung Platonia genannt – aus. H. Lietzmann, der bereits um die Ergebnislosigkeit der archäologischen Nachforschungen nach einem Apostelgrab wußte, meint demnach, daß die Reliquieneinsetzung, die nur wenig Platz beanspruchte, an der Stelle der heutigen Sebastianskrypta erfolgt sei.[69]

Für Lietzmann war wichtig, daß Graffiti in der Triklia ad catacumbas Totenmähler für die Apostel bezeugen. Diese Mähler würden keinen Zweifel darüber lassen, daß man glaubte, die Reliquien selbst in der Nähe zu haben.[70] Dieses Argument würde seine Kraft verlieren, wenn man für Rom nachweisen könnte, daß man in dieser frühen Zeit Totenmähler für römische Märtyrer hielt, die nicht in der Nähe ihrer Gräber stattfanden. E. Jastrzebowska bemühte sich um diesen Nachweis. Ist er ihr gelungen?[71]

Wenn wir zur Frage zurückkehren, warum man Petrus und Paulus gerade in der Triklia ad catacumbas verehrte, so haben die Vertreter der Translationsthese eine bündige Antwort: weil man hier ihre Reliquien wußte. Lehnt man die These ab, kann man nur sagen: Günstige äußere Umstände, die wir nicht kennen, schafften in einer Zeit, da

---

[66] So Cullmann, Petrus 145. Zur Polizeistation vgl. oben S. 131.

[67] Vgl. Jastrzebowska, Totenmahl 75.

[68] W. Wischmeyer, in: Döpp-Geerlings, Lexikon der antiken christlichen Literatur 162, scheint das nicht auszuschließen.

[69] Petrus und Paulus 168 und 151.

[70] Petrus und Paulus 167.

[71] Sie beruft sich auf die Verehrung der afrikanischen Märtyrer Perpetua, Felicitas und Cyprian in Rom gemäß der Depositio Martyrum und auf Trinkgläser, die man oft an Gräbern in Katakombengängen eingemauert fand. Diese sollen den guten Willen der Hinterbliebenen bekunden, für den Verstorbenen ein Totenmahl zu halten. Nur war das wegen der Enge des Raumes in den Gängen nicht möglich (Totenmahl 210 f.). Das zeigt doch aber, daß man die Nähe der Gräber suchte. – Es gibt auch noch die Auffassung, daß die Anhänger Novatians an der Via Appia einen Petruskult begründet hätten mit konkurrierendem Charakter. Sie hätten sogar in konstantinischer Zeit hier die Basilica Apostolarum errichtet. Dazu vgl. Dinkler: ThR 27 (1961) 58–62; Klauser, Petrustradition 77 f.

man begann, die Märtyrer zu verehren, die Möglichkeit, dies in der Triklia zu tun.

Ähnlich ist es mit dem 29. Juni als dem Gedächtnistag für Petrus und Paulus gemäß dem Kalender des Philokalus. Die Vertreter der Translationsthese sagen, es sei der Tag der Überführung der Reliquien in die Katakomben. Verbreitet ist die Meinung, die sich damit begnügt, einfach festzustellen, es sei der Tag, an dem man begann, das Gedächtnis der Apostel zu begehen, und legt das dann auch auf das Jahr 258 fest. Freilich offizielle päpstliche Verfügungen hat es damals noch nicht gegeben.

Es gibt aber möglicherweise noch eine andere Erklärung für den 29. Juni als Gedächtnistag. Wir erleben es in der christlichen Liturgiegeschichte wiederholt, daß heidnische Gedenktage von den Christen aufgenommen wurden, um sie mit einem neuen Sinn auszustatten. Der 29. Juni war der Tag des römischen Gottes Quirinus, der als Gründer der Stadt Rom galt, nachdem man ihn mit Romulus identifiziert hatte. Wenn die Christen jetzt an diesem Tag der Apostel Petrus und Paulus gedachten, könnte es sein, daß sie diese jetzt nicht nur als Märtyrer, sondern auch und vor allem als Gründer der römischen Gemeinde feierten. Schon Gaius hatte von diesen beiden Aposteln als jenen gesprochen, „die diese Kirche gegründet haben" (Eusebios, hist. eccl. 2, 25, 7). Papst Leo der Große wird es später in einem Sermo auf den 29. Juni so ausdrücken: „Die Apostel haben die Stadt besser gegründet als jene, die die Mauern erbaut und durch Brudermord befleckt haben."[72]

Wenn man einmal die Translationsthese übernimmt, gewönne man nur den vorübergehenden Begräbnisplatz der Apostel. Den ursprünglichen sucht man auf dem vatikanischen Hügel für Petrus und an der Straße nach Ostia für Paulus gemäß dem Zeugnis des Gaius. Wir können uns im folgenden auf Petrus beschränken. Das Interesse am Petrusgrab ist durch die in den vierziger Jahren des 20. Jahrhunderts im

[72] Vgl. Cullmann, Petrus 146 Anm. 1. – Daß eine heidnische Grabgenossenschaft an der Via Appia eine Quirinusfeier beging, zu der dann die Christen in Konkurrenz getreten wären, ließ sich archäologisch nicht nachweisen. Vgl. Jastrzebowska, Totenmahl 80. Zum Synoikismos des Gottes Quirinus mit Romulus vgl. K. Ziegler: KP IV 1315. Ein naheliegendes Beispiel dafür, daß ein heidnisches Fest christlich überformt wurde, ist das Fest Petri Stuhlfeier am 22. Februar, das um das Jahr 300 entstanden ist. Der 22. Februar war das römische Fest der Caristia oder Cara cognitio, bei dem man mit Totenmählern der Toten an den Gräbern gedachte. Man saß auf Sesseln und stellte auch für den Toten einen Sessel hin. Zur Deutung des Festes Cathedra Petri vgl. Lietzmann, Petrus und Paulus 19–21.

Auftrag von Papst Pius XII. durchgeführten Ausgrabungen enorm gestiegen. Eine unübersehbare Flut von Veröffentlichungen bezeugt es. Ausgangspunkt sind die Berichte der Ausgräber, die mit größtmöglicher Sorgfalt gearbeitet haben.[73] Die archäologischen Argumente, die hin und her gingen und gehen, haben sich inzwischen so verfeinert, daß es schwer ist, ihnen bis zum letzten zu folgen. Das Problem hat sich in der letzten Zeit verlagert von der Frage, ob wir das Petrusgrab gefunden haben, zu der Frage, ob man auch Reliquien des Apostels entdeckt hat. Die Ergebnisse der Ausgräber werden von einem beachtlichen Teil der Forschung anerkannt. Natürlich gibt es nach wie vor kritische und ablehnende Stimmen. Das Problem ist auch nicht ganz frei von Voreingenommenheiten, auf beiden Seiten. Weil die Ergebnisse der Ausgrabung wiederholt in verkürzter, aber zuverlässiger Form wiedergegeben wurden,[74] beziehe ich mich in den folgenden Ausführungen auf die wesentlichen Punkte, die auch für das Verständnis des Ganzen notwendig sind.

Auf dem vatikanischen Gelände außerhalb des Areals der Peterskirche hat man schon vor den offiziellen Ausgrabungen mehr oder weniger zufällig römische Gräber entdeckt, die dem ersten und zweiten nachchristlichen Jahrhundert zugehören und in denen arme Leute bestattet worden sind, darunter zwei Grabstätten von Dienern des römischen Kaiserhauses aus der Zeit Neros.[75] Das gelegentlich vorgetragene Argument, daß es in dieser Zeit nicht möglich gewesen sei, in der Nähe des Zirkus und der Gärten des Nero Menschen zu bestatten, fällt somit dahin. Die modernen Ausgrabungen unter der Peterskirche haben zwei Reihen einer Nekropole mit 22 Mausoleen und zwei offenen Grabplätzen freigelegt, die sich in west-östlicher Richtung am Abhang des vatikanischen Hügels entlangziehen. Die ältere nördliche Reihe ist mit der Rückwand an den Hügel angelehnt. Noch vorhandene Stufen lassen erkennen, daß man einst vom Hügel zur Gräberstraße heruntersteigen konnte. Die Nekropole muß einmal eine der größten des alten Rom gewesen sein. Sie erstreckte sich in fast gerader Linie über eine Strecke von mindestens 400 Metern und steigt von Ost nach West an. Die Anlage der Mausoleen erfolgte in der Zeit von etwa 120 bis 155. Das läßt darauf schließen, daß das Gelände in dieser Zeit parzelliert und an Interessenten verkauft wurde.

---

[73] Ghetti u. a., Esplorazioni.

[74] Zu empfehlen: Lampe, Die stadtrömischen Christen 82–94.

[75] Kirschbaum, Graeber 18.

Am Westrand der ausgegrabenen Doppelzeile der Mausoleen hat man einen Grabplatz freigelegt, der reichlich sieben Meter lang und vier Meter breit ist und der eine Anzahl von Gräbern in verschiedenen Tiefen umfaßt, die in ihrer Ärmlichkeit und größten Einfachheit von den sie umgebenden zum großen Teil prächtigen Mausoleen abstechen. Es handelt sich um Erdbestattungen, bei denen der Tote einfach in eine Erdmulde gelegt und dachartig mit bis zu sechs Ziegeln bedeckt wurde. Das tiefstgelegene ist ein Kindergrab, zu dem eine Libationsröhre hinabführt, die der Nahrungsversorgung des Toten diente. Das Auffällige an der gesamten Anlage des Grabplatzes besteht darin, daß man Rücksicht genommen hat auf ein inmitten der Anlage befindliches Grab. Denn die Gräber – von den Ausgräbern mit Gamma (das ist das Kindergrab), Theta und Jota bezeichnet – ordnen sich so dicht um dieses Grab, daß der Eindruck unvermeidlich ist, man wollte in der Nähe des dort Beerdigten seine letzte Ruhestätte haben. Die Autoren sprechen vom „verehrten Grab", um das nach E. Kirschbaum in der ersten Hälfte des zweiten Jahrhunderts ein Mäuerchen zur Kennzeichnung angelegt wurde.[76]

Wir wollen die Geschichte dieses verehrten Grabes in Kürze umreißen. Wir können davon ausgehen, daß der hier Beerdigte in der gleichen Weise wie die ihn später umgebenden Toten bestattet, das heißt, einfach in eine Erdmulde gelegt wurde. Weil die anderen Gräber sein Grab voraussetzen und auch die Mausoleenzeile etwa ab 120 n. Chr. entstand, ergibt sich, daß dieses das älteste Grab ist. War hier schon ein Armer-Leute-Friedhof? Die Ausgräber berichten davon nichts, nur davon, daß an anderen Stellen auf dem vatikanischen Hügel einfach Gräber gefunden wurden, etwa die schon erwähnten von zwei Dienern aus dem Kaiserhaus aus der Zeit Neros. Nach dem „verehrten Grab" entstanden die drei Gräber in seiner unmittelbaren Nähe sowie weitere neun auf dem freien Platz (insgesamt zwölf) und die Anlage der Mausoleen, deren Zeile sich immer weiter ausdehnte.

Für die Armengräber, besonders die drei in der Nähe des verehrten Grabes, ergeben sich zwei wichtige Fragen: Handelt es sich um christliche Gräber und wie alt sind sie? Christliche Symbole hat man nicht entdeckt mit Ausnahme eines Fisch-Graffito, das man um die Mitte des zweiten Jahrhunderts auf die östliche Außenmauer des benachbarten Mausoleums gekritzelt hatte. Rings um den Grabplatz haben wir es mit heidnischen Mausoleen zu tun. Doch sind einzelne Christen in diesen beigesetzt worden, nämlich in den Mausoleen der

[76] Kirschbaum, Graeber 119.

Ägypter, der Caetennier und der Valerier.[77] Für die Christlichkeit der Gräber auf dem Bestattungsplatz spricht die Erdbestattung. In einer Zeit, in der die Feuerbestattung noch gebräuchlich war, muß es auffallen, daß man hier kein Zeichen von Verbrennung entdeckt hat. Gegen die Christlichkeit hat man die Libationsröhre des Grabes Gamma in Geltung gebracht. Hier sei auf die gemauerte Ummantelung des Tonsarges ein Grabaltar mit der Röhre aufgesetzt worden, was deutlich für ein heidnisches Bekenntnis spreche.[78] Doch zählt das nicht, weil wir keine Vergleichsmöglichkeit haben, wie ein christliches Grab in jener Zeit aussah und vor allem weil Totenmähler von Christen, die den heidnischen glichen, bis in die Zeit des Augustinus nachweisbar sind.[79]

Bezüglich des Alters ist man allgemein bereit, die in unmittelbarer Nähe des verehrten Grabes liegenden Gräber, in die erste Hälfte oder Mitte des zweiten Jahrhunderts zu datieren. Ein Ziegelstempel des Grabes Gamma fällt in die Zeit zwischen 115 und 123.[80] Umstritten ist ein Ziegelstempel des Grabes Theta aus der Zeit des Kaisers Vespasian (69–79). Während Kritiker mit der Wiederverwendung eines älteren Ziegels rechnen, hält Kirschbaum dies wegen des außerordentlich geringen Wertes eines solchen Ziegels und weil es dafür besonderer Gründe bedurft hätte, für unzutreffend. Für die genauere Ermittlung des Alters der Gräber wurde auch immer wieder gefragt, in welcher Tiefe sich ein Grab befindet. Weil damit zu rechnen ist, daß der Hanganstieg des Geländes, vom Hang herunterfallende Erde, der Ausbau der benachbarten Mausoleen und ihres Zubehörs zu Veränderungen geführt haben, wirken die diesbezüglichen meist recht detaillierten Ausführungen der Archäologen auf den Nichtfachmann nicht immer plausibel.

Um die Mitte des zweiten Jahrhunderts erfolgte eine bedeutsame Veränderung des Grabplatzes. Im Zusammenhang mit den westlich angrenzenden Mausoleen wurde die sogenannte Rote Mauer gebaut, die teils auf den Grabplatz Rücksicht nimmt, teils sich darüber hinwegsetzt. Um das verehrte Grab zu kennzeichnen, errichtete man eine kleine Aedicula, die sich an die Rote Mauer anlehnt. Es ist um-

---

77 Kirschbaum, Graeber 26–28. Im Mausoleum der Ägypter weist das Wort deposita auf eine Christin hin. Das Fischsymbol verzeichnet auch Lampe, Die stadtrömischen Christen 86.

78 Klauser, Petrustradition 46.

79 Lampe, Die stadtrömischen Christen 90 f.

80 CJL XV 1120a.

stritten, ob ihr Bau gleichzeitig mit der Roten Mauer oder kurz danach erfolgte. Als Baujahr wird die Zeit zwischen 147 und 180 angegeben, eher früher.[81] Die Aedicula ist „ein sehr zarter und wenig widerstandsfähiger Bau".[82] Zwei Säulchen aus weißem Marmor von 1,45 Meter Höhe tragen eine Travertinplatte, dem gewöhnlichen Kalkstein aus den Steinbrüchen bei Tivoli. Die Rückwand ist eingenischt. Wie die Aedicula oberhalb der Travertinplatte gestaltet war, wissen wir nicht.[83] Namen oder Symbole sind nicht vorhanden.

In den Boden der Aedicula ließ man eine Verschlußplatte ein. Bemerkenswert ist dabei, daß diese nicht wie die Aedicula ausgerichtet ist, sondern um elf Grad schräg zu ihr liegt. Das bedeutet, daß man um die Lage des verehrten Grabes wußte und sie kennzeichnen wollte. Interessant ist, daß die Kennzeichnung durch Aedicula und Verschlußplatte beim Bau der Roten Mauer erfolgte, das heißt, zu einem Zeitpunkt, als schon Gefahr bestand, daß das Grab verdrängt wurde. Reiche Mausoleenbesitzer nahmen nicht immer Rücksicht. Und die Erbauer der Aedicula waren offenkundig arm, weil sie nicht mehr aufbringen konnten.

Bis jetzt haben wir nur soviel geklärt, daß wir es mit an Sicherheit grenzender Wahrscheinlichkeit mit einem christlichen Grabplatz zu tun haben und daß das verehrte Grab, um das sich die anderen Gräber schmiegen, einem herausragenden Christen, einem Märtyrer, gehören muß. Wer ist dieser?

Die Auffassung hat sich weitgehend durchgesetzt, daß die von den Ausgräbern freigelegte Aedicula identisch ist mit dem Tropaion, von dem der römische Christ Gaius um das Jahr 200 in seinem Dialog mit Proclus spricht. Seine Worte seien nochmals zitiert: „Ich kann dir die Siegeszeichen (Tropaia) der Apostel zeigen. Wenn du nämlich auf den Vatikan oder auf die Straße nach Ostia gehst, wirst du die Siegeszeichen derer finden, die diese Kirche gegründet haben." Diese Identifikation bedeutet, daß der unbekannte Märtyrer des verehrten Grabes Petrus ist. Als Gaius seine Worte niederschrieb, war die Aedicula etwa knapp fünfzig Jahre alt. Ich sehe das besondere Verdienst der

[81] Kirschbaum datiert zwischen 147 und 161, Dinkler zwischen 160 und 180, Klauser spätestens um 165.

[82] Von Gerkan: ZNW 44 (1952/53) 204.

[83] In der vorgefundenen Gestalt gab es noch eine obere Nische, breiter als die untere, mit einem Fenster. Klauser, Petrustradition 51, vermutet, daß diese obere Nische schon von den Erbauern der Roten Mauer angelegt worden war. Auf jeden Fall gilt das für das Fenster. Man benötigte Tageslicht für die hinter der Mauer befindliche überdachte Treppe.

Ausgrabungen unter der Peterskirche gerade darin, die Aedicula freigelegt zu haben.[84]

Auf dem erhaltenen Stück der Roten Mauer hat man rechts von der Aedicula in 1,10 Meter Höhe eine knappe fragmentarische zweizeilige Graffito-Inschrift in griechischer Sprache entdeckt. In der ersten Zeile sind erhalten: ΠΕΤΡ, darunter EN I. Das Jota ist deutlich abgerückt. Auch hier ist die Deutung umstritten. Einig ist man sich nur darin, daß die erste Zeile zu Petros zu ergänzen ist. Für die zweite Zeile gibt es den Vorschlag: EN IPHNH (im Frieden). Manche haben den Vorschlag M. Guarduccis übernommen, die drei Buchstaben zusammenzuziehen: ENI. Das würde bedeuten: Petrus ist darin. Sinnvoller erscheint mir die erste Deutung. Die zweite könnte den Gedanken aufkommen lassen, als wollte der Schreiber die Anwesenheit des Petrus in diesem Grab verteidigen. Das wäre bedenklich. Vermutlich stammt die Inschrift aus der Zeit gegen Ende des zweiten oder Anfang des dritten Jahrhunderts, als in Rom noch viel griechisch gesprochen wurde.[85]

Wir haben noch nicht das heute besonders intensiv diskutierte Problem angesprochen. Es besteht darin, daß man in dem Grab, das man als das Grab Petri erkennt, keine menschlichen Überreste gefunden hat. Lassen wir den Ausgräber sprechen: „Nach Behandlung dieser vielen Einzelheiten wollen wir uns am Schluß noch eine Frage stellen, welche das Gesamtproblem des Petrusgrabes angeht. Wurde also das Petrusgrab gefunden? Wir antworten: Das Tropaion aus der Mitte des zweiten Jahrhunderts wurde gefunden, aber das dazugehörige Apostelgrab wurde nicht im gleichen Sinn ‚gefunden', sondern bewiesen, das heißt, durch eine Kette von Indizien wurde seine Existenz festgestellt, obwohl ‚materielle Teile' dieses ursprünglichen Grabes nicht mehr vorhanden sind."[86] Hat man dann ein Kenotaph gefunden?

Reste menschlicher Gebeine fand man an anderer Stelle, unter der Roten Mauer, also in einer wesentlich höheren Lage, *und* in einem mit Marmor ausgelegten Hohlraum der sogenannten Graffiti-Mauer, auf der man die fragmentarische Petrus-Inschrift entdeckte. Die erstgenannten Überreste unter der Roten Mauer, die man zunächst ei-

---

[84] Wer heute die Ausgrabungen besichtigt, bekommt den Grabplatz und eine der kleinen weißen Marmorsäulen der Aedicula zu Gesicht.

[85] M. Guarducci hat ihre ursprüngliche Auffassung korrigiert und datiert jetzt die Inschrift in die konstantinische Zeit, das heißt, in das vierte Jahrhundert. Dazu vgl. Dassmann, Ist Petrus wirklich darin 233 f.

[86] Kirschbaum, Graeber 119.

nem einzigen Mann von etwa sechzig Jahren und von kräftiger Natur zuschrieb („vecchio robusto"), haben sich nach genaueren anthropologischen Untersuchungen als die Überreste von drei verschiedenen Individuen erwiesen, darunter einer alten etwa siebzigjährigen Frau.[87] Gewiß dachten die Ausgräber beim vecchio robusto an Petrus, obwohl sie sich sehr vorsichtig äußerten.

Die menschlichen Gebeine im Hohlraum der Graffiti-Mauer hingegen gehören einem einzigen männlichen Individuum, von dem ungefähr die Hälfte des Skeletts, vertreten in fast allen seinen Teilen, erhalten ist. Seine Größe wird auf etwa 165 cm geschätzt, sein Alter auf sechzig bis siebzig Jahre. Die in der Nähe befindliche Inschrift, die dann als „Petrus ist darin" gelesen wird, soll die Identität der Gebeine erweisen.[88]

Obwohl diese von M. Guarducci stammende These bündig erscheinen möchte, bleiben viele Fragen. Wenn die an zwei verschiedenen Stellen – unter der Roten Mauer und im Hohlraum der Graffiti-Mauer – gefundenen menschlichen Überreste sich einmal im Grab befanden, wie gelangten sie nach oben? Kritiker antworten: man hat einmal nach Überresten gesucht – eventuell schon bei der Errichtung der Aedicula – aber nichts besonderes gefunden. Dabei bezieht man sich auf die kümmerlichen Reste unter der Roten Mauer, die auch noch drei Personen zugehören sollen. E. Kirschbaum bringt die Verlegung aus dem Grab mit der Translation an die Via Appia in der Valerianischen Verfolgung in Verbindung. Nach der Rückführung seien die Reste im Hohlraum der Graffiti-Mauer hinterlegt worden.[89] Wenn aber eine Translation nicht stattgefunden hat? Wie konnte es geschehen, daß das relativ umfänglich erhaltene Skelett bzw. seine Reste im Hohlraum von den ersten Ausgräbern nicht entdeckt wurde und Kirschbaum erst 1965 davon erfuhr?[90] Warum ließ man beim Konstantinischen Umbau die Gebeine nicht in der Grabmulde? Warum vergaß man offenkundig auf die Gebeine im Hohlraum der Graffiti-Mauer, da man die Verschlußplatte zu einem späteren Zeitpunkt erneut durchbrach?[91]

---

[87] Die anthropologischen Untersuchungen wurden durchgeführt von Prof. Venerando Correnti. Vgl. Dassmann, Ist Petrus wirklich darin 224.

[88] Das ist insbesondere die These von Guarducci, Le reliquie.

[89] Graeber 207.

[90] Vgl. Dassmann, Ist Petrus wirklich darin 227.

[91] Dassmann, Ist Petrus wirklich darin 237.

Wir möchten zum Schluß verschiedene Möglichkeiten zusammenstellen:

1. Petrus wurde an einem uns unbekannten Ort in Rom begraben und seine Gebeine wurden später zum Vatikanischen Hügel, dem Ort seines Martyriums, überführt.
2. Petrus wurde auf dem Vatikanischen Hügel begraben. In der Valerianischen Verfolgung wurden seine Gebeine (sein Haupt?) zur Via Appia überführt und später wieder zurückgebracht.
3. Petrus wurde auf dem Vatikanischen Hügel, dem Ort seines Martyriums, eventuell in einem Massengrab, beigesetzt.
4. Petrus wurde an einem uns unbekannten Ort in Rom begraben. Die Aedicula bewahrt dann den Ort seines Martyriums.

Die erste Lösung ist die unwahrscheinlichste. Den beiden letzten Antworten ist vielleicht die gleiche Wahrscheinlichkeit einzuräumen.

LITERATUR:

H. Lietzmann, Petrus und Paulus in Rom (AKG 1) (Berlin und Leipzig 1927).

B. M. Apollonij Ghetti/A. Ferrua/E. Josi/E. Kirschbaum/L. Kaas, Esplorazioni sotto la confessione di S. Pietro in Vaticano (Città del Vaticano 1951).

A. von Gerkan, Die Forschung nach dem Grab Petri: ZNW 44 (1952/53) 196–205.

Th. Klauser, Die römische Petrustradition im Lichte der neuen Ausgrabungen unter der Peterskirche (Arbeitsgemeinschaft für Forschung des Landes Nordrhein-Westfalen Heft 24) (Köln 1956).

E. Kirschbaum, Die Graeber der Apostelfuersten (Frankfurt/M. ^{2}1959. ^{3}1974).

E. Dinkler, Die Petrus-Rom-Frage: ThR 25 (1959) 189–230, 289–335; 27 (1961) 33–64.

M. Guarducci, Le reliquie di Pietro sotto la Confessione della Basilica Vaticana (Città del Vaticano 1965).

E. Dassmann, Ist Petrus wirklich darin?, Nachtrag in E: Kirschbaum, Die Graeber der Apostelfuersten (Frankfurt/M. ^{3}1974) 223–286.

E. Jastrzebowska, Untersuchungen zum christlichen Totenmahl aufgrund der Monumente des 3. und 4. Jahrhunderts unter der Basilika des Hl. Sebastian in Rom (EHS Reihe 38 Archäologie, Bd. 2) (Frankfurt/M. 1981).

P. Lampe, Die stadtrömischen Christen in den ersten beiden Jahrhunderten (WUNT II/18) (Tübingen 1987).

W. N. Schumacher, Die Grabungen unter S. Sebastiano 95 Jahre nach den Entdekkungen A. de Waals: RQ 83 (1988) 134–166.

C. Bavoillot-Laussade, Une tombe sur la colline du Vatican (Vatican 1995).

Sechstes Kapitel

Das Petrusbild der Evangelisten

In den vier Evangelien verdichten sich die Petrustraditionen zu theologisch gefärbten Petrusbildern. Für alle Vier ist Petrus jener Jünger, der am deutlichsten hervortritt und die relativ schärfsten Konturen erhält. Das hängt mit der Bedeutung zusammen, die er schon – wie wir sahen – im Jüngerkreis besaß, aber vor allem mit dem Gewicht, das ihm nachösterlich zugesprochen wurde. Ohne dieses wäre sein Hervortreten in den Evangelien unverständlich.

Wir wollen dem im Folgenden nachgehen. Schon Markus, der älteste Evangelist, zeichnet ein profiliertes Petrusbild. Bei Matthäus gewinnt es durch das an ihn gerichtete Verheißungswort seine besondere Ausprägung. Im lukanischen Schrifttum ist das Petrusbild eingetragen in die Entwicklung von der Zeit Jesu in die Zeit der Kirche. Dabei stellt die Apostelgeschichte Petrus in eine beachtenswerte Parallele zu Paulus. Im Johannesevangelium steht Petrus in spannungsvoller Rivalität zum „Lieblingsjünger“. Erst das Abschlußkapitel 21 schafft Klarheit im Verwirrspiel zwischen diesen beiden.

Im einzelnen fragen wir nach den Zusammenhängen, in denen Petrus als einzelner oder als Mitglied einer Gruppe in Erscheinung tritt; nach den Namen, die er jeweils bekommt, nach den Funktionen, die er ausübt oder ihm verliehen werden. Manchmal kann es auch interessant sein zu sehen, was nicht erzählt wird, obwohl man es erwarten würde, oder was eventuell verschwiegen wird. Dabei leitet uns der Ausblick auf die Gemeindesituation, die vielleicht zu entdecken ist, und – weil es verschiedene Petrusbilder sind, die wir in den Evangelien antreffen – das Anliegen, welche Schlüsse sich daraus ziehen lassen.

1. Markus

Simon, zusammen mit seinem Bruder Andreas, waren in der Darstellung des Markus die Ersten, die Jesus in seinem öffentlichen Wirken begegneten, gefolgt vom Brüderpaar Jakobus und Johannes (1, 16–20). Es ist kein Zufall, daß der Name Simon als erster genannt wird. Er war von allem Anfang an dabei und ging gehorsam, wie die anderen, auf den Ruf Jesu ein. Die vielverhandelte Frage, ob Petrus im Evangelium mehr als exemplarischer Jünger oder als einer vorgestellt wird, dem besondere Bedeutung zukommt, erweist sich schon hier als untaugliche Alternative. Er ist beides. Wie er gehorsam auf den Ruf in die Nachfolge einging, sollen es alle jene tun, auf die dieser Ruf trifft. Was seine Situation und die der anderen Drei unübertragbar macht, ist die Zeugenschaft, mit der sie Jesu Wirken vom Anfang bis zum Schluß begleiten. Auch erhalten sie von ihm einen Auftrag, nämlich Menschenfischer zu werden, das heißt, Menschen zu konfrontieren mit der Botschaft vom Reich Gottes und damit ihn in seinem Wirken zu unterstützen.

Markus hat diese Eingangsszene der Berufung der ersten Jünger und die folgende der Heilung der Schwiegermutter in Simons Haus und die Massenszene von der Heilung vieler Kranker in Kafarnaum im Blick auf den ersten Jünger ausgezeichnet mit dem Namen Simon: „Er sah Simon und dessen Bruder Andreas“ (1, 16); „Sie gingen in das Haus des Simon und Andreas“ (1, 29); „Die Schwiegermutter Simons lag mit Fieber darnieder“ (1, 30); „Simon und die bei ihm waren, eilten ihm nach“ (1, 36). Durch den Namen Simon, verstärkt durch die seinem Haus gewährte Heilung, erhält die Szenenfolge den Akzent des Freundschaftlichen. Wenig später wird Jesus dem Simon den Namen Petrus verleihen (3, 16). Von da an heißt er im Markusevangelium immer Petrus. Nur im Garten von Getsemani wird Jesus ihn noch einmal Simon nennen, als dieser beginnt, sich von ihm zu trennen (14, 37). Vielleicht soll damit auch an das Band der Freundschaft erinnert werden, die er zusammen mit der Jüngerschaft in der Stunde der Passion aufkündigt. Das Haus in Kafarnaum, in das Jesus auch später eingekehrt war, kann als Simons Haus gelten (etwa 2, 1). Über die Zeit des Wirkens hinweg hatte sich die Freundschaft vertieft.

Die Übertragung des Namens Petrus an Simon erfolgt nach Mk 3, 16 in Verbindung mit der Konstituierung des Kreises der Zwölf. Jesus setzt die Zwölf ein, daß sie mit ihm seien und daß sie, mit Vollmacht ausgerüstet, künden und Dämonen austreiben (3, 14 f.). Zeugenschaft und Unterstützung des Wirkens Jesu werden jetzt im Blick auf die Zwölf ausdrücklich erwähnt, Funktionen, die bereits in der Berufung der Vier (Menschenfischerwort) anklangen und die in der Aussendung der Zwölf realisiert werden (6, 7–13). Im Anschluß an die Einsetzung des Zwölferkreises bietet Mk 3, 16–19 ihre Namenliste. An der Spitze steht „Simon, dem er den Namen Petrus gab".

Auch Jakobus und Johannes, die Söhne des Zebedäus, erhalten von ihm einen neuen Namen: Boanerges. Während dieser Name wenigstens übersetzt wird („Söhne des Donners"),[1] bleibt der Petrusname unübersetzt und ungedeutet. Darum darf man die Frage stellen, wie Markus ihn aufgefaßt wissen wollte. Etymologisch bedeutet Petros Stein (vielfach Schleuderstein),[2] möglicherweise Edelstein.[3] Im Rückgriff auf ein dahinterliegendes aramäisches kepha könnte mit „Fels" übersetzt werden. Vermutlich hat Markus diese Bedeutung im Sinn.[4] Darauf deutet die Einordnung der Namensübertragung in die Zwölferliste hin. Die Zwölf ist die Zahl des Zwölfstämmevolkes Israel, dessen Wiederherstellung man für die messianische Zeit erhoffte. Die Zwölf erscheinen dann als die Stammväter des neu zu restituierenden Israel. Simon Petrus ist der Erstgenannte unter ihnen.

Obwohl Petrus immer der Erste ist, wird er eingefügt in die Gruppe, einmal in die Gruppe der Zwölf, dann in die der Vier. Die vier Erstberufenen treten nochmals als Adressaten der Endzeitrede hervor (13, 3). Markus liebt die Inklusion, das heißt, daß am Anfang und am Ende eines Werkes sich etwas wiederholt. Dann gibt es noch eine Gruppe der Drei. Sie ist bereits in der Zwölferliste erkennbar. Die Drei sind Simon Petrus, Jakobus und Johannes, die beiden Zebedäussöhne. Sie stehen am Anfang der Zwölferliste (3, 16 f.). Daß sie zusammengehören, erkennt man daran, daß Andreas, der als dessen Bruder eigentlich zu Simon Petrus gehört, abgesetzt ist und erst an vierter Stelle steht. Diese Drei werden zu Zeugen von drei besonderen Ereignissen im Wirken Jesu genommen. Im Totenzimmer des Töchterchens des Synagogenvorstehers Jairus werden sie zu Zeugen der Totenerweckung (5, 37). Auf dem Berg dürfen sie den verklärten Jesus schauen (9, 2). Im Garten Getsemani werden sie aufgerufen, Je-

---

[1] Im Unterschied zu Simon erhalten beide Brüder einen gemeinsamen Namen. Was mit dem Namen „Donnersöhne" ausgedrückt sein soll, ist unklar, Hinweis auf das Temperament, Erfolg in der Verkündigung, zelotische Gesinnung?

[2] Passow II/1, 900 f.

[3] Dalman, Handwörterbuch 197 links.

[4] Auf dieses Problem ist bei der Erörterung von Mt 16, 16–18 zurückzukommen.

sus in seinem Leidenskampf beizustehen, versagen aber kläglich (14, 33). Die drei Szenen haben herausragende Qualität. In ihnen offenbart sich Jesus auf unterschiedliche Weise, als Herr über Leben und Tod, als der Sohn Gottes, den es zu hören gilt, aber auch als der reale Mensch, der zurückschreckt vor der Vorstellung, den Becher des göttlichen Gerichts trinken zu müssen.

Warum werden Drei bevorzugt, warum diese Drei? Die Entfernung des Publikums bei einem außerordentlichen Ereignis hat in der Religionsgeschichte Parallelen.[5] Die Bevorzugung von Drei hat ein berühmtes Vorbild in der Mosegeschichte. Nach dem Befehl Gottes steigt Mose mit drei Begleitern, mit Aaron, Nadab und Abihu, auf den Gottesberg (Ex 24, 1 und 9). In der Verklärungsgeschichte war die Dreizahl vorgegeben. Markus kann sie auf die anderen beiden Szenen übertragen haben.[6] Auch in der alttestamentlichen Szene ereignet sich auf dem Berg Gottesoffenbarung. Die Bevorzugung von Petrus, Jakobus und Johannes muß mit ihrem Ansehen im Urchristentum zusammenhängen. Markus überliefert dies. Das Ansehen des Johannes wird durch die Apostelgeschichte bestätigt. Wiederholt treten Petrus und Johannes gemeinsam auf (3, 1.11; 4, 13; 8, 14), Jakobus, der Bruder des Johannes, wird durch König Herodes Agrippa mit dem Schwert getötet (12, 2). Nach Gal 2, 9 galten Jakobus – allerdings der Herrenbruder –, Kephas und Johannes in Jerusalem als die Säulen. Paulus spricht vom Apostellkonvent, der nach dem Tod des Zebedäiden Jakobus stattfand. Auf ein institutionalisiertes Triumvirat in Jerusalem wird man nicht schließen dürfen.

Höhepunkt des Petrusbildes im Markusevangelium ist sein Messiasbekenntnis, freilich gepaart mit seinem Aufbegehren gegen den Leidensgedanken (8, 29). Auch hier ist zu beachten, daß er es im Namen der Jüngerschaft spricht. Dem Bekenntnis gehen die unzureichenden Volksmeinungen über Jesus – er sei Johannes der Täufer, Elija oder irgendein Prophet – und Jesu Frage voraus: „Ihr aber, für wen haltet ihr mich?" Das Bekenntnis, das äußerst knapp formuliert ist und sich auf den Christustitel ohne Zusatz („Du bist der Christus") beschränkt, ist im Sinn des nachösterlichen christlichen Bekenntnisses zu interpretieren. Zwar ist die absolute Verwendung des Christustitels auch im Judentum nachweisbar (frühe Belege sind ApkBarsyr 29, 3; 30, 1), doch war es geläufiger, vom „Gesalbten des Herrn"

[5] „Paucis consciis testibus" spricht Apuleius den Zauberspruch (Apul. apol. 42). Vgl. Theißen, Wundergeschichten 70 f. (weitere Parallelen).

[6] Zu dieser Frage vgl. Gnilka, Mk II 31 Anm. 7.

(PsSal 17, 32; 18, 7) oder vom „Messias von Israel" zu sprechen (1 QSa 2, 20).

Von diesem Bekenntnis aus spannt sich ein Bogen zur letzten Erwähnung des Petrusnamens in der Verkündigung des Osterkerygmas durch den Engel in der Grabkammer: „Jesus sucht ihr, den Nazarener, den Gekreuzigten. Er ist auferweckt worden ... Doch geht, sagt seinen Jüngern und dem Petrus: Er geht euch voran nach Galiläa. Dort werdet ihr ihn sehen, wie er euch gesagt hat" (16, 6 f.). Auch hier steht Petrus im Zusammenschluß mit den übrigen Jüngern. Doch ist zu vermuten, daß die Formulierung sich an das traditionelle Osterkerygma anschließt, das in 1 Kor 15, 3b–5 gegeben ist und diese Elemente enthält: Christi Tod, Begräbnis (in Mk 16 ist die Grabkammer der Ort der Verkündigung des Osterkerygmas), Auferweckung am dritten Tag (nach Mk 16, 1 entdecken die Frauen das leere Grab „als der Sabbat vorüber war", das heißt, am dritten Tag nach dem Karfreitag), Erscheinung vor Kephas und Erscheinung vor den Zwölfen. Wenn Petrus in der Verkündigung des Osterkerygmas durch den Engel eigens erwähnt wird, darf man vermuten, daß das Wissen um die Ersterscheinung des Auferweckten vor Petrus/Kephas vorausgesetzt ist.[7] Im Rückblick auf das Messiasbekenntnis des Petrus in 8, 29 bedeutet dies, daß er im Licht des Ostergeschehens Jesu wahre messianische Würde erkannte. Markus verlegt diese Erkenntnis zurück in die Zeit des irdischen Wirkens Jesu. Indem er aber die erste Leidensankündigung und das Aufbegehren des Petrus gegen diese folgen läßt (8, 31–33), deutet er an, daß Petrus erst die Erfahrung des Kreuzes seines Meisters machen muß, damit er zur wahren Erkenntnis Jesu als des Messias gelangen kann.

Im Gesamtrahmen des Markusevangeliums schafft der Evangelist dadurch, daß Simon bzw. Petrus der erste und der letzte Jüngername ist, der im Evangelium genannt wird (1, 16; 16, 7), eine bemerkenswerte Inklusion. Dieser Jünger umspannt gleichsam die gesamte öffentliche Lebensgeschichte des Wirkens Jesu, von Galiläa bis nach Jerusalem, vom Beginn der Tätigkeit Jesu bis zu seiner Auferstehung.

Auch die Verheißung ewigen Lohnes empfängt Petrus zusammen mit den anderen Jüngern (10, 28–30). Als einzelner steht er nur in seinem Versagen vor uns. In seinem Widerstand gegen den Leidensgedanken wird er von Jesus „Satan" gescholten, die anderen Jünger blickt Jesus dabei nur an (8, 33). Die Geschichte seiner Verleugnung Jesu vor den Knechten und Mägden des Hohepriesters wird ausführ-

---

[7] Zur Traditionslage vgl. Gnilka, Mk II 338 f.

lich erzählt. Es ist die einzige Jüngergeschichte im Rahmen der Passionserzählung (14, 54.66–72).

Man hat aus diesem Befund geschlossen, Petrus solle als Häretiker dargestellt[8] oder seine Autorität solle herabgemindert werden.[9] Gewiß gereichen diese Überlieferungen dem Petrus nicht zur Ehre. Aber Markus hat sie unbekümmert in sein Evangelium aufgenommen und sie seinem Petrusbild eingefügt, das an der Bedeutung dieses Jüngers als des ersten Zeugen kaum einen Zweifel läßt. Vom Versagen wird ungeschminkt erzählt. Personenkult liegt ihm völlig fern.

R. Bultmann[10] stellt das markinische Petrusbild in eine Auseinandersetzung zwischen palästinensischer Urgemeinde und hellenistischem Christentum, das Markus vertreten würde. Er vermutet, daß Markus die Überlieferung von Mt 16, 17–19 („Du bist Petrus, und auf diesen Fels werde ich meine Kirche bauen") gekannt, aber bewußt weggebrochen habe, um gegen Ansprüche der palästinensischen Urgemeinde zu polemisieren. Daß es hier Rivalitäten gab, steht außer Frage. Daß aber Markus Mt 16, 17–19 gekannt habe, ist Spekulation. Auf diese Stelle ist in Verbindung mit der Erörterung des Petrusbildes des Matthäus ausführlich zurückzukommen.

Es gibt noch eine andere Verbindung des Markusevangeliums mit Petrus neben dem durch das Evangelium vermittelten Petrusbild. Sie liegt außerhalb des Textes und basiert auf einer frühen nachneutestamentlichen Überlieferung. Auf sie ist zum Schluß kurz einzugehen. Wir verdanken sie dem Bischof Papias von Hierapolis in Phrygien, näherhin seiner um 130 verfaßten Schrift „Erklärungen von Aussprüchen des Herrn", die leider nur in wenigen Bruchstücken erhalten blieb, die Eusebios von Caesarea aufbewahrt hat. In ihr äußert er sich über die Entstehung des Markusevangeliums wie folgt: „Auch dies sagte der Presbyter: Markus hat alles, an was er sich als Dolmetscher (Hermeneut) des Petrus erinnerte, mit Sorgfalt niedergeschrieben, allerdings nicht der Reihe nach,[11] sowohl das, was vom Herrn gesagt, als auch das, was von ihm getan wurde. Denn er hatte den Herrn weder gehört noch begleitet, später aber, wie ich sagte, den Petrus, welcher seine Unterweisungen nach den Bedürfnissen einrichtete,[12]

[8] Vgl. Weeden: ZNW 59 (1968) 145–158.

[9] Vgl. Klein: ZThK 58 (1961) 285–328.

[10] Geschichte 275–278.

[11] Kürzinger, Papias 103, übersetzt: „nicht in literarischer Form".

[12] Kürzinger, Papias 103, übersetzt: „der nach Art der Chreiai seine Unterweisungen zu machen pflegte". Chreiai ist ein Begriff der Rhetorik, von K. verstanden im Sinn von Anekdoten und Sentenzen (55).

nicht aber so, daß er eine zusammenhängende Darstellung der Reden des Herrn gegeben hätte. Es ist daher kein Fehler des Markus, wenn er einiges so niederschrieb, wie er es im Gedächtnis hatte. Denn nur auf eines war er bedacht: nichts von dem auszulassen, was er gehört hatte oder dabei etwas Unwahres zu sagen."[13]

Aus der Fülle der mit diesem Papiastext verbundenen Probleme greifen wir nur jene heraus, die die Person des Petrus betreffen. Deutlich ist die Intention des relativ langen Textes, die darin besteht, Markus zu entschuldigen. Denn Markus läßt, vom rhetorischen Standpunkt aus betrachtet, die erforderliche Ordnung (τάξις) vermissen. Vielmehr sei es ihm nur darauf angekommen, Zuverlässiges zu überliefern. Und diese Überlieferung wird mit Petrus verbunden. Markus wird der Hermeneut des Petrus genannt. Dies wird auf zweifache Weise gedeutet. Entweder bezieht man es auf eine Dolmetschertätigkeit des Markus, bei der dieser die aramäischen Reden des Petrus ins Griechische übersetzte. Oder man bringt es mit der schriftlichen Abfassung des Evangeliums in Zusammenhang, bei der Markus die mündliche Rede des Petrus im schriftlichen Text vermittelt habe.[14]

Wie ist diese Nachricht in bezug auf ihre Glaubwürdigkeit zu beurteilen? Papias gibt als Quelle dieser Nachricht den Presbyter an. Es handelt sich offenkundig um den Presbyter Johannes, der allerdings nicht mit Johannes, dem Jünger des Herrn, identifiziert werden darf.[15] Auf jeden Fall kommen wir damit in bezug auf die Bestimmung des Alters der Tradition noch einen Schritt weiter zurück. In Markus haben wir den aus dem Neuen Testament bekannten Johannes Markus zu sehen.[16] Dieser gehört aber nach Phlm 24; Kol 4, 10; 2 Tim 4, 11 mehr in den Umkreis des Apostels Paulus. Es ist aber denkbar, daß sich Markus nach dem Tod des Paulus, der Jahre früher als der Tod des Petrus erfolgte, dem Petrus – eventuell in Rom – angeschlossen hat. Gegen die Nachricht des Papias spricht der Eindruck, daß der Verfasser des „Markus"-Evangeliums keine besondere Orts-

---

[13] Eusebios, hist. eccl. 3, 39, 15.

[14] Die zweite Auffassung begründet Kürzinger, Papias 43–67.

[15] Eusebios, hist. eccl. 3, 39, 2–4, bringt ein weiteres Papiaszitat, in dem zwischen Johannes, dem Jünger des Herrn, und dem Presbyter Johannes unterschieden wird. Zum Ganzen vgl. M. Hengel, Die johanneische Frage (WUNT 67) (Tübingen 1993), hier besonders 79.

[16] Vgl. Apg 12, 12.25; 15, 37.39; Phm 24; Kol 4, 10; 2 Tim 4, 11. Pesch, Mk I 3–11, möchte den von Papias genannten Markus mit einem uns sonst unbekannten Markus identifizieren. Das ist abzulehnen. Für Johannes Markus spricht sich auch Brox, 1 Petr 247 f., aus.

kenntnis Palästinas zu haben scheint, was vorab in den Kapiteln 6–8 zum Ausdruck kommt. Wurde hier manches nachgetragen? Gegen Papias sprechen auch zahlreiche in das Evangelium eingegangenen Traditionen, die erkennen lassen, daß sie durch Jahre hindurch in der Gemeindeunterweisung verwendet wurden. Das am häufigsten vorgetragene Argument für die Auffassung des Papias ist, daß eine sekundäre Überlieferung sich direkt auf einen Apostel und nicht einen Apostelschüler wie Markus berufen hätte.

Könnte es sein, daß die Abfassung des Evangeliums durch Markus, die in der Übereinstimmung mit Petrus erfolgt sei, aus 1 Petr 5, 13 erschlossen wurde, wo es heißt: „Es grüßt euch die Mitauserwählte (scil. Gemeinde) in Babylon und Markus, mein Sohn.“?

LITERATUR:

G. Klein, Die Verleugnung des Petrus: ZThK 58 (1961) 285–328.

K. Niederwimmer, Johannes Markus und die Frage nach dem Verfasser des zweiten Evangeliums: ZNW 58 (1967) 172–188.

T. J. Weeden, The Heresy That Necessitated Mark's Gospel: ZNW 59 (1968) 145–158.

U. H. J. Körtner, Markus der Mitarbeiter des Petrus: ZNW 71 (1980) 160–173.

J. Kürzinger, Papias von Hierapolis und die Evangelien des NT (Eichstätter Materialien 4) (Regensburg 1983).

U. H. J. Körtner, Papias von Hierapolis (FRLANT 133) (Göttingen 1983).

2. Matthäus

Zunächst vermittelt das Petrusbild des Matthäusevangeliums den Eindruck, daß es von dem des Markus nicht sonderlich verschieden ist, insofern es weitgehend in dieselben Textfolgen eingetragen ist wie dort: Er ist der Erstberufene, Jesus gewährt in seinem Haus in Kafarnaum der Schwiegermutter die Heilung, er bekennt Jesus als den Messias und widersetzt sich dem Leidensgedanken, er versagt in der Passion. Doch läßt Matthäus manche Züge stärker hervortreten, andere stellt er zurück.

Auffällig ist, daß der Petrusname, also der übertragene Name, von Beginn an betont wird. Während Markus in der Berufungsgeschichte von Simon spricht, fügt Matthias hinzu: Simon, der Petrus genannt wird (4, 18). Gleichwohl wird noch nicht zu verstehen gegeben, was der Petrusname bedeutet, und wird überdeutlich gesagt, daß Brüderpaare berufen werden. Vermutlich geschieht das um anzudeuten, daß die jetzt sich bildende neue Gemeinschaft sich als Bruderschaft, als Familie verstehen soll: „Ihr alle aber seid Brüder“ (23, 8). Gleich viermal wird der Brudertitel in der Berufungsgeschichte gebraucht (4, 18–22). Wenn dieser „ekklesiologische“ Bezug zutrifft, wäre angezeigt, daß die Ausrichtung auf die neue Gemeinschaft, die Kirche, dem Evangelisten von vornherein wichtig ist, gerade auch in Verbindung mit Simon Petrus.

Der vertraute Simon-Name ist selten, als Anrede nur in der Perikope von der Tempelsteuer anzutreffen: „Was meinst du, Simon?“ (17, 25). Simon, genannt Petrus (4, 18; 10, 2), Simon Petrus (16, 16), Simon Barjona (17, 17), die Verbindungen also sind geläufiger.[17] Wenn „Simon, der Petrus genannt wird“, in der Zwölferliste auch bei Matthäus – man möchte hinzufügen: fast selbstverständlich – an erster Stelle steht, so wird diese Stellung unmißverständlich angezeigt: „als erster Simon“. Wenn die Liste eingeleitet wird mit den Worten: „Die Namen der zwölf Apostel aber sind diese“ (10, 2), wird ihr offizieller Charakter bestärkt, mag es auch umstritten sein, ob der Apostelbegriff, der bei Matthäus nur hier vorkommt, schon amtlich-technisch oder funktional zu verstehen ist, das heißt, daß sie jetzt „ausgesendet“ werden.[18]

In der gleichen Weise wie den Vorrang des Petrus akzentuiert Matthäus sein Versagen. Das Aufbegehren des Jüngers gegen den Leidensgedanken nach der ersten Leidensankündigung ist dramatisiert. Was in Mk 8, 32 noch indirekt formuliert ist, wird in Mt 16, 22 in direkte Rede verwandelt: „Gnädig sei er dir, Herr. Das soll dir nicht widerfahren.“ Die erste Aussage, von Haus aus ein Flehruf, ist im Sinn einer entrüsteten Zurückweisung aufzufassen. In seiner heftigen Reaktion wendet sich Jesus ausschließlich dem Petrus zu. Daß Jesus dabei einen Blick auf die Jünger geworfen habe, um sie gleichsam warnend in den Tadel miteinzubeziehen (wie Mk 8, 33), ist weggelassen. Petrus wird nicht nur „Satan“ gescholten und energisch in die Nachfolge, aus der er herauszufallen droht, zurückgerufen, sondern er muß auch den Tadel hören: „Du bist mir ein Ärgernis.“ Das griechische Wort Skandalon, wörtlich: das Stellholz, die Falle, will besagen, daß Petrus seinen Meister auf dem ihm vom Vater gewiesenen Weg zu Fall kommen lassen möchte.

---

[17] Die Simon-Anrede fehlt in Getsemani (26, 40; vgl. Mk 14, 37), der Name Simon fehlt in der Kafarnaum-Perikope (8, 14; vgl. Mk 1, 29 f. 36), statt dessen: Petrus.

[18] Dazu vgl. Gnilka, Mt I 356.

Auch das Versagen des Petrus in der Passion Jesu hat Matthäus verschärft. Noch selbstsicherer als in Mk 14, 29 beteuert er seine Treue: „Wenn alle an dir Anstoß nehmen, ich werde niemals Anstoß nehmen" (Mt 26, 33). Die Verleugnung Jesu vor den Mägden und Knechten des Hohepriesters geschieht noch eindeutiger wie bei Markus. Die Absage „Ich kenne diesen Menschen nicht" wird wiederholt und beide Male mit einem Schwur verbunden (Mt 26, 72 und 74; vgl. Mk 14, 71). Allerdings wird auch die Reue unterstrichen: „Er ging hinaus und weinte bitter" (Mt 26, 75).[19]

Wichtiger als die mit Markus gemeinsamen Perkopen, in denen der Evangelist ein schon vorgegebenes Petrusbild nach seinen Vorstellungen modellieren kann, ist das ihm eigene Sondergut. Zwar gab es auch hier Vorgaben, aber als das ihm Eigene vermag es, das Petrusbild in besonderer Weise zu profilieren. Es sind drei Elemente, die erwähnt werden müssen.

Zunächst fällt auf, daß Petrus in keinem anderen Evangelium so häufig als Fragesteller auftritt wie bei Matthäus. Auch hier kann der Evangelist an die Markusvorlage anknüpfen. Dies gilt für die Auskunft über den Lohn der Nachfolge, die allerdings nur Mt 19, 27 explizit als Frage des Petrus einleitet („Was wird uns zuteil werden?", anders Mk 10, 28). Hinzu treten bei Matthäus die Bitte des Petrus um Aufklärung über die Reinheitsfrage (Mt 15, 15), seine Frage nach dem Maß der Vergebungsbereitschaft (18, 21), das Problem der Tempelsteuer, das zwar nicht mit einer Frage des Petrus eingeleitet wird, aber eine Belehrung betrifft, die nur er vom Herrn empfängt (17, 24–27). Die hier verhandelten Fragen betreffen offenkundig Anliegen, die für das Gemeindeleben wichtig sind. Wenn die Antworten durch Petrus vermittelt werden, erscheint er als Begründer einer der Gemeinde eigenen Halacha, eines sie prägenden Lebensstiles.[20] Und wir dürfen hinzufügen, einer Halacha, die in der Auseinandersetzung mit dem Pharisäismus ihr eigenes Gepräge gewinnt. Diese Auseinandersetzung in halachischen Fragen ist beim Reinheitsgebot deutlich zu erkennen (15, 12–20). Sie betrifft aber auch den ersten Teil der Bergpredigt (Antithesen) und manches andere (etwa 19, 3 ff.), mag Petrus hier auch nicht eigens in Erscheinung treten.

---

[19] Par Mk 14, 72 heißt es nur nach dem Hahnenschrei: Und er fing an zu weinen.

[20] Nicht gesehen bzw. bestritten von Luz, Mt II 467.

An zweiter Stelle ist die Geschichte vom Seewandel des Petrus zu nennen, die Matthäus vermutlich in Anlehnung an eine Tradition gestaltet und in die Episode vom Seewandel Jesu eingefügt hat.[21] Ihr Reiz besteht in der unmittelbaren Konfrontation des Jüngers mit seinem Meister (14, 28–39). Der Jünger will auch über das Wasser gehen, aber nur, wenn der Herr es ihm befiehlt. Es wird ihm gewährt. Doch angesichts des stürmenden Wassers überfällt ihn der Zweifel, und er droht zu versinken. Die ausgestreckte Hand Jesu vermag den Jünger zu retten, der mit dem gebetsähnlichen Ruf „Herr, rette mich!" um Hilfe schreit. Man wird der Geschichte nur gerecht, wenn man ihre Symbolik bedenkt. Stürme und Meer symbolisieren die Chaosmächte, die den Menschen zu vernichten drohen (vgl. Ps 107, 25 ff.). Die ausgestreckte Hand Jahwes war schon im Alten Testament Ausdruck der Rettung (Ps 144, 7; vgl. Ex 7, 19). Das Boot, in dem sich die Jünger befinden und in das am Ende Petrus und Jesus hineinsteigen, darf man als Symbol für die Kirche nehmen (Schifflein Petri).[22] Damit tritt das in der Geschichte dargebotene Bild in eine gewisse Parallele zu Mt 16, 18 („Und die Pforten der Unterwelt werden sie nicht überwältigen").

Wiederum wird deutlich, daß Petrus sowohl exemplarischer Jünger ist als auch aus der Jüngergruppe herausragt. Exemplarisch ist sein Versagen, das Jesus als Kleinglaube tadelt. Kleinglaube, ein für das erste Evangelium typisches Wort, besagt, daß man in einer Situation, in der die eigene Existenz bedroht ist, das auf Jesus gesetzte Vertrauen nicht durchsteht. Daneben aber steht Petrus in einem besonderen Bezug zu Jesus. In seinem Versagen wird er von Jesus getragen. Das nehmen die anderen Jünger im Boot wahr, die jetzt allerdings wiederum gemeinsam reagieren, indem sie zusammen das Bekenntnis sprechen: „Wahrhaftig bist du Gottes Sohn."

Die wichtigste den Petrus betreffende Stelle des matthäischen Sondergutes ist die Petrusverheißung (16, 17–19). Sie gehört zu jenen Texten des Neues Testamentes, die in der Forschung die größte Beachtung gefunden haben.[23] Im Kontext ist sie eingebettet in Jünger-

---

[21] Die analoge Tradition dürfte in Joh 21, 4 ff. vorliegen. An sie erinnert die Seekulisse, die Erkenntnisszene (Mt 14, 28: „Herr, wenn du es bist"), Petrus springt ins Wasser.

[22] Zu dieser Symbolik ermutigt die verwandte Geschichte vom Seesturm Mt 8, 23–27. Vgl. G. Bornkamm, Die Sturmstillung im Matthäusevangelium: G. Bornkamm/ G. Barth/H. J. Held, Überlieferung und Auslegung im Matthäusevangelium (WMANT 1) (Neukirchen ^{2}1961) 48–53.

[23] Ich darf auf meine ausführliche Behandlung des Textes verweisen: Gnilka, Mt II 46–80.

sprüche. Voraus geht die Befragung der Jünger, für wen die Menschen den Menschensohn halten (16, 13–16). Das von Matthäus eingebrachte Menschensohn-Prädikat ist nicht bloßer Ersatz für das Personalpronomen (so par Mk 8, 27: „Für wen halten mich die Menschen?"), sondern voller christologischer Hoheitstitel. Für Matthäus ist Jesus bereits als der Irdische der Menschensohn, er ist es aber auch als der zum Gericht Wiederkehrende. Möglicherweise steht im Hintergrund die Vorstellung vom verborgenen Menschensohn der jüdischen Apokalyptik: „Von Anbeginn war der Menschensohn verborgen, aber der Höchste ... offenbarte ihn den Auserwählten" (Henaeth 62, 7; vgl. 48, 7; 69, 26).[24] Die Frage nach der Meinung der Jünger beantwortet Simon Petrus im Sinn des vollgültigen Bekenntnisses: „Du bist der Christus, der Sohn des lebendigen Gottes." Gegenüber Mk 7, 29 ist das Bekenntnis vermehrt um das Prädikat „Sohn des lebendigen Gottes". Zwar bleibt „Christus" grammatisch die Hauptaussage, doch gewinnt der „Sohn Gottes" durch die Rede vom lebendigen Gott Eigengewicht. Diese Rede ist im Alten Testament vorgeprägt (Ps 42, 3; 84, 3; Jos 3, 10; Hos 2, 1), wenn auch nicht häufig. Wenn man sich das Umfeld der genannten Stellen anschaut, ist es weniger der geschichtsmächtige Gott, der so bezeichnet wird, sondern der Lebensspender, jener, der Herrenmacht ausübt über die Mächte des Verderbens.[25] Dies paßt gut zum matthäischen Kontext. Gleichzeitig aber ist die mit dem Christusprädikat angezeigte, für den Evangelisten bedeutsame Ausrichtung auf Israel, das Gottesvolk, zu berücksichtigen (vgl. Mt 2, 15). Als Messias und Gottessohn ist Jesus der eschatologische Heilbringer und Retter seines Volkes. Die Dreiheit Menschensohn – Messias – Gottessohn hat in 26, 63 f., einer Passionsszene, ihre Parallele.

Im Anschluß an die Petrusverheißung, freilich mit dem einleitenden „Von da an begann Jesus seinen Jüngern zu zeigen" von ihr abgesetzt, spricht Jesus die erste Leidensankündigung, auf die Petrus empört reagiert, und den Aufruf zur Kreuzesnachfolge, der auch auf die Jünger eingeschränkt bleibt (vgl. Mt 16, 24 mit Mk 8, 34). Die Petrusverheißung, das eigentliche matthäische Sondergut, läßt sich strophisch gliedern:

---

[24] Vermutung von Vögtle, Das Problem 134 f.

[25] Vgl. H. W. Wolff, Hosea (BK.AT) (Neukirchen ^{3}1976) 30 f.

„Selig bist du, Simon Barjona,
denn nicht Fleisch und Blut offenbarten dir,
sondern mein Vater in den Himmeln.

Und ich sage dir: Du bist Petrus,
und auf diesen Felsen werde ich meine Kirche bauen,
und die Pforten der Unterwelt werden sie (ihn?) nicht
 überwältigen.

Ich werde dir die Schlüssel der Himmelsherrschaft geben,
Und was du auf Erden binden wirst, soll in den Himmeln
 gebunden sein,
und was du auf Erden lösen wirst, soll in den Himmeln
 gelöst sein."

Jene Strophe ist dreizeilig. Die erste Zeile ist jeweils die Führungszeile, die zweite und dritte Zeile bietet jeweils einen antithetischen Parallelismus.[26] Trotz des einheitlichen Erscheinungsbildes des Textes setzt er sich aus unterschiedlichen Einzelelementen zusammen.[27]

Obwohl Simon Petrus im Namen der Jünger das Bekenntnis abgelegt hat, gilt ihm allein die Verheißung. Gemäß den drei Strophen sind es drei Inhalte, die Seligpreisung, das Felsenwort und die Schlüsselvollmacht. Zwei Merkmale kennzeichnet die Seligpreisung: einmal enthält sie eine persönliche, sogar namentliche Anrede: Simon Barjona.[28] Zum anderen gründet sie in einem von Gott gewährten Geschenk, nämlich dem Geschenk der Offenbarung. Die überwiegende Mehrheit der biblischen Seligpreisungen preist einen Menschen selig, weil er etwas getan oder aufzuweisen hat (etwa: „Selig die Friedensstifter", „Selig, die das Wort Gottes hören und bewahren", Mt 5, 9; Lk 11, 28). Nicht „Fleisch und Blut" haben dir die Offenbarung geschenkt unterstreicht, daß ausschließlich Gott,

---

[26] In den ersten beiden Strophen (Zeile 2 und 3) finden wir eine negative und eine positive Aussage, in der dritten Strophe stehen Binden und Lösen nebeneinander.

[27] Zur diachronen Analyse verweise ich auf Gnilka, Mt II 47–57. Für Mt R halte ich die erste Strophe sowie das Schlüsselwort 19a. Luz, Mt II 453–459, stimmt mit mir weitgehend überein. Umstritten ist das Wort vom Binden und Lösen. Ist die singularische Version 19bc oder die pluralische Mt 18, 18 älter? Ich trete für die singularische ein, Luz für die pluralische.

[28] Barjona wird in der Regel als Vatersname interpretiert: Bar Jochanan, Sohn des Johannes, mit Berufung auf Joh 1, 42; 21, 15. Doch ist das nicht völlig sicher. Vgl. Gnilka, Mt II 60.

Jesu „Vater in den Himmeln“ der Geber ist. Der Mensch ist von sich aus nicht fähig, die Offenbarung zu erfassen. Was wurde dem Jünger geoffenbart? Der Satz enthält kein Objekt, nicht einmal ein unbestimmtes, wie das im vergleichbaren Wort 11, 25 der Fall ist („daß du *dieses* geoffenbart hast“). In erster Linie umfaßt die Offenbarung das christologische Bekenntnis des Simon. Dieses aber ist aufzufassen als die Grundlage der christlichen Überlieferungen, als deren Garant der Jünger steht.

In der zweiten Strophe wechselt das Tempus von der Vergangenheit in die Zukunft. In der Zukunft ist Christus der Handelnde. Er löst gleichsam den Vater ab, der die Offenbarung geschenkt hat. In diesem Sinn ist das betont vorangestellte „Und *ich* sage dir“ sowie die Ich-Form der Verse 18 und 19a zu verstehen. Jetzt bekennt sich Christus gleichsam zu Simon und bezeichnet diesen als Petrus: „Du bist Petrus.“ Im folgenden wird dann eine Deutung dieses Namens gegeben. Es ist umstritten, ob neben der Deutung in Vers 18 auch der Petrusname verliehen wird. Dies ist zu bejahen.[29] Daß dieser Jünger schon wiederholt Petrus genannt wurde – selbst in Vers 16 – spricht nicht dagegen. Eine der Gemeinde längst bekannte Sache wird hier ätiologisch auf ihren Ursprung zurückgeführt. Ebenso ist schon lang vor dem Messiasbekenntnis des Simon der hörenden Gemeinde bekannt, daß Jesus der Christus ist.

Für die Interpretation des Namens ist der Genuswechsel zu beachten: Du bist petros, und auf dieser petra … Mit dem Namens- ist ein Bedeutungswechsel verknüpft. Petros bedeutet Stein, auf den Jünger angewandt möglicherweise Edelstein. Petra aber bedeutet Fels.[30] Der Jünger wird zum Fels der Kirche.

Christus spricht von *seiner* Kirche. Sie ist die eschatologische Gemeinde der Endzeit. In ihr werden alle versammelt, die denselben Glauben haben, zu dem sich Simon Petrus bekannt hat. So ist sie universal und sprengt die Beschränkung auf das alte Gottesvolk Israel. Die Bedeutung des Petrus für die Kirche ist, im Bild gesprochen, die des Felsenfundaments, auf dem die Kirche auferbaut werden soll. Das Bildmaterial vom Fundament und Stein, das im Neuen Testament vielfach christologisch angewendet (Mk 12, 10 f.; 1 Kor 3, 10), aber auch auf die Apostel bezogen werden kann (Eph 2, 20; Apk 21, 14), ist hier auf Simon Petrus übertragen. Darüber hinaus hat die Verheißung, daß die Pforten der Unterwelt die Kirche nicht

---

[29] Mit Jeremias, Golgotha 69 Anm. 7; Hoffmann, Bedeutung 22.

[30] Zur Etymologie der Namen vgl. Gnilka, Mt II 49 f.

werden überwältigen können, ebenfalls mit dem Felsenfundament zu tun.[31] Dieses ist gleichzeitig Grundstein des auszuführenden Baus und Verschlußstein gegenüber den bedrohlichen Mächten der Unterwelt. Die Pforten des Hades stehen im Sinn des pars pro toto für das Totenreich. Da sie angreifen und zu überwältigen trachten, erscheinen sie personifiziert und als gefährliche Potenzen.

Die Doppelfunktion als Grund- und Verschlußstein hat Parallelen in der Mythologie des Frühjudentums. Hier ist der Tempelfels der feste Punkt, von dem aus die Welt geschaffen wurde, aber auch der Verschlußstein zur Urflut. Dieser Fels kann mit Abraham oder den Erzvätern identifiziert werden, die dann die Funktion, die Welt zu tragen und den Unheilsmächten zu wehren, übernehmen.[32] Mögen die Vergleichstexte auch späteren Datums sein, so zeigen sie doch das verwandte Milieu an.

Versucht man das Bild in eine sachliche Aussage zu überführen, so haben alle Interpretationen auszuscheiden, die dem Simon eine persönliche Verheißung zugesprochen sehen, sei es, daß er nicht sterben und die Parusie erleben,[33] sei es, daß er nicht den Mächten des Bösen verfallen werde.[34] Der Fels ist auch nicht der Glaube, den Simon bekundete. Schon A. Schlatter[35] bemerkte zu dieser Hypostasierung des Glaubens, daß sie einer ganz anderen Logik als der unseres Evangeliums entspreche, weil nicht von einem Begriff, sondern von einem Menschen gesprochen werde, dem Jesus sein Werk übergibt. Fels ist Simon als Bürge und Garant des Evangeliums. Er ist der Erstberufene (4, 18; 10, 2) und somit der Anfang der Jüngerschaft, der Anfang der Kirche. Als Mann des Anfangs ist er zur Bürgschaft für das Evangelium befähigt. Er hat die Offenbarung empfangen. Die auf den Felsen gebaute Kirche kann als Kirche der Endzeit den Todesmächten widerstehen. Diese Verheißung ist kämpferisch. Man wird in ihr weniger die Zusage ausgedrückt sehen, daß die zur Kirche Gehörigen

---

[31] Grammatisch läßt sich αὐτῆς am Ende von Vers 18 sowohl auf den Fels als auch auf die Kirche beziehen. Im Griechischen sind beide Wörter Feminina. Man kann also übersetzen: Die Pforten der Unterwelt werden sie (die Kirche) bzw. ihn (den Fels) nicht überwältigen. Der Unterschied ist nicht so groß, weil der Fels die Festigkeit des Baus der Kirche verbürgt.

[32] Vgl. Jeremias, Golgotha 74 f., 54 ff.; G. Klinzing, Die Umdeutung des Kultus in der Qumrangemeinde und im NT (StUNT 7) (Göttingen 1971) 206 Anm. 30 und 31.

[33] So A. von Harnack, Der Spruch über Petrus als den Felsen der Kirche (SPAW) (Berlin 1918) 637 ff., hier 644 f.

[34] Dies scheint die Auffassung von Jeremias, Golgotha 71, zu sein.

[35] Mt 507 f.

das ewige Leben erben werden.[36] Dies hätte wohl anders ausgedrückt werden müssen. Vielmehr ist der Kirche der Endzeit, die auf den Fels gebaut ist, der bleibende Schutz Christi, ihres Herrn, in Aussicht gestellt (vgl. 28, 20b).

Simon Petrus empfängt zusätzlich die Schlüssel, den Schlüsselbund der Himmelsherrschaft. Das Schlüsselbild ist alt. Paläste und Tempel konnten mit gewaltigen Schlüsseln verschlossen werden. Wer öffnete und schloß, hatte für die Sicherheit der Ein- und Austretenden zu sorgen. Jedoch ist bereits in Jes 22, 22 die Sinngebung des Bildes erheblich ausgeweitet. Sie schließt jetzt Verfügungsgewalt und Vollmacht mit ein. Eljakim empfängt mit den Schlüsseln des Davidshauses Herrschaft und Verfügungsgewalt über die Dynastie der Davididen: „Und ich lege den Schlüssel des Davidshauses auf seine Schultern. Und er wird auftun und keiner schließt, und er wird schließen und keiner tut auf" (vgl. Apk 1, 18; 3, 7).

Petrus empfängt also mit den Schlüsseln der Himmelsherrschaft Vollmacht über diese. Er übt diese Vollmacht allerdings auf Erden aus, nicht im Himmel als Himmelspförtner entsprechend einem festverwurzelten Klischee. Das Evangelium, dessen Bürge und Garant er ist, eröffnet den Menschen die Himmelsherrschaft, wenn sie willig darauf eingehen. Im Gesamtkontext des Matthäusevangeliums steht Petrus den Schriftgelehrten und Pharisäern gegenüber, die gleichfalls Schlüsselgewalt besitzen, von denen aber gesagt ist, daß sie die Himmelsherrschaft vor den Menschen verschließen. Simon Petrus tritt gleichsam an ihre Stelle. Wenn man diese Gegenüberstellung beachtet, ergibt sich, daß dem Petrus vornehmlich die Aufgabe zukommt, die Himmelsherrschaft zu öffnen.

Die Petrusverheißung ist die einzige Stelle im Evangelium, wo Kirche und Himmelsherrschaft (Basileia) nebeneinanderstehen. Darum muß ein Wort über ihr gegenseitiges Verhältnis gesagt werden. Die Basileia ist das Übergreifende und Bleibende. Sie besteht über die Zeit dieses Äons hinaus (vgl. 28, 20). Die Kirche ist der Ort in der Welt, wo die Menschen eingesammelt werden für die Basileia (vgl. das Menschenfischerwort 4, 19). Sie soll die Frucht der Basileia bringen (vgl. 21, 43), das heißt, die Menschen sollen gemäß dem Evangelium leben. Petrus tut seinen Dienst in der Kirche, wenn er an das Evangelium erinnert, das die Menschen eintreten läßt in die Himmelsherrschaft.

---

[36] Trilling, Israel 162.

Das Schlüsselbild verlangte eigentlich eine Fortsetzung, die vom Öffnen und Schließen handelt. Wenn statt dessen vom Binden und Lösen die Rede ist, bestätigt sich die Selbständigkeit dieses Wortes (vgl. sein Double in 18, 18). Nach weitgehender Übereinstimmung in der Forschung ist das Bildwort vom Binden und Lösen im Judentum beheimatet und muß entsprechend interpretiert werden. Zwei spezifische Interpretationen sind möglich: einmal die von verbieten und erlauben. Im Judentum bezieht sich das auf die Entscheidungen in der Lehre und heißt dann praktisch so viel wie: die rechte Lehre festlegen. Die zweite Bedeutung ist die von „bannen“ und „den Bann aufheben“. Diese doppelte Vollmacht ist Petrus anheimgegeben. Man wird die Lehr- nicht von der Disziplinargewalt trennen dürfen.[37] Es ist freilich kaum zu bestreiten, daß in unserem Vers die Lehrgewalt, und zwar besonders im Sinn des Festlegens der Weisung (Halacha) im Vordergrund steht, in 18, 18 hingegen die Disziplinargewalt. Petrus erscheint als Rabbi supremus. Das Binden und Lösen wird in den Himmeln anerkannt. Es ist die Frage, ob dieses Anerkennen in der Gegenwart oder im eschatologischen Gericht sich ereignet. Ein Bezug auf die Gegenwart entspricht dem Bild besser. Auch diese Vorstellung ist jüdisch. Man dachte sich den himmlischen Gerichtshof aus Engeln zusammengesetzt. Der Gedanke an das eschatologische Gericht liegt ferner, gerade wenn man auch disziplinarische Entscheidungen miteinbezieht. Diese Härten kennt das älteste Christentum wohl noch nicht (vgl. 1 Kor 5, 5b).

Die Sonderstellung des Petrus muß im Gesamtrahmen des Matthäusevangeliums gesehen werden. Der so ausgezeichnete Petrus bleibt hingeordnet auf die übrige Jüngerschaft. Sein Bekenntnis zu Jesus dem Messias und Gottessohn hatten die Jünger im Sturm auf dem See bereits vorweggenommen (14, 33). Die Vollmacht, zu binden und zu lösen wird in 18, 18 allen Jüngern übertragen. Gemäß dem Missionsbefehl erhalten die Elf, das heißt, die Apostel den Auftrag, die Menschen alles zu lehren, was Jesus geboten hatte. Dabei ist zu berücksichtigen, daß Petrus in den Ostergeschichten des Matthäusevangeliums nicht eigens hervortritt (wie Mk 16, 7).

Was macht die Sonderstellung des Simon Petrus nach dem Matthäusevangelium aus? Gibt es überhaupt eine solche? Ist an eine Fortsetzung des Petrusdienstes gedacht? Hilfreich ist die Unterscheidung

---

[37] Hoffmann, Petrus-Primat 100 f., bezieht das Bildwort auf die in der Verkündigung ausgeübte eschatologische Vollmacht. Dieser Sinn paßt allerdings kaum noch in den matthäischen Kontext.

zwischen einer einmaligen und einer erstmaligen Aufgabe.[38] Letztere kann, ja muß wiederholt werden. Gemäß Mt 16, 18 ist allein Simon Petrus der Fels, auf dem die Kirche Christi erbaut wird. Die universale Kirche ist gemeint. Als ihr Fels sichert er die Einheit. In dieser Felsfunktion hat er keinen Nachfolger. Die Schlüsselfunktion, gemäß 16, 19 die Aufgabe zu binden und zu lösen, das heißt, das Evangelium getreu in Erinnerung zu rufen und auszulegen und so die Menschen zur Himmelsherrschaft zu führen, kann nur als bleibend gestellte Aufgabe gesehen werden. Wie der Evangelist sich die Erfüllung dieser Aufgabe vorstellte, deutet er nur an. Es ist nicht ein einzelner, der sie übernimmt, sondern einzelne. Wenn nach 18, 18 alle Jünger die Vollmacht, zu binden und zu lösen erhalten, bleibt zu beachten, daß sich dies in der Ortsgemeinde vollzieht. Der Kontext hat diese im Blick. Die Elf sind mit der Lehre Jesu missionarisch betraut. Daß keine Nachfolger explizit erwähnt werden, wird auch damit zusammenhängen, daß der Evangelist in der Naherwartung des Endes steht.

Das Matthäusevangelium ist in Syrien entstanden. Die Petrusverheißung ist syrisch-christliche Tradition. Sie bestätigt die herausragende Stellung, die Simon Petrus bereits in der zweiten Hälfte des ersten Jahrhunderts in diesem Raum erlangt hatte. Man muß aber die Frage stellen, was den Evangelisten veranlaßte, dem Simon Petrus in seinem Evangelium diese bevorzugte Position einzuräumen, zu einer Zeit, als dieser bereits seit etwa zwanzig Jahren verstorben war. Sicherlich greift er eine ältere Tradition seiner Kirche auf, die möglicherweise schon um die Mitte des Jahrhunderts entstand.[39] Wenn Matthäus noch nicht an eine explizite Nachfolge im Petrusdienst denkt, wird man den Rang Petri in Verbindung mit dem Evangelium, konkret mit diesem Evangelium im Verständnis des Evangelisten zu sehen haben. Simon Petrus erscheint in dessen Mitte als der Offenbarungsträger,[40] Fels der Kirche des Messias Jesus, Schlüsselträger, beauftragt mit der Vollmacht, zu binden und zu lösen, die Kirche an

---

[38] Vgl. Hahn, Petrusverheißung 198.

[39] Zur Altersbestimmung vgl. auch Dschulnigg, Petrus 65 f. Wir rechnen mit einer griechischen, nicht mit einer aramäischen Tradition. Dazu Gnilka, Mt II 48–50.

[40] C. Kähler, Studien zur Form- und Traditionsgeschichte der biblischen Makarismen (Diss. Jena 1974), hat auf jüdische Schriften hingewiesen, in denen er meint, dasselbe Prinzip zu entdecken. In 4 Esra, Josef und Aseneth und anderen Schriften erblickt er ähnliche Offenbarungsträger. Vgl. C. Kähler: NTS 23 (1977) 36–58; W. Schenk: BZ 27 (1983) 58–80. Diese Zusammenhänge, die umstritten sind, brauchen hier nicht weiter verfolgt zu werden.

die Weisung Jesu zu binden. Letztlich ist es die Weisung, die man in diesem Evangelium findet. Dabei ist an die Bergpredigt zu erinnern.

Wenn sich später ein Petrusamt in der Kirche entwickelt, ist es nützlich, auf diese Zusammenhänge aufmerksam zu machen. Auch dieses Amt steht letztlich unter dem Evangelium und muß an diesem Evangelium gemessen werden. Es weist zurück auf die Botschaft Jesu, der sich mit seinem Wort bevorzugt an die „Armen im Geist" richtete.

LITERATUR:

J. Jeremias, Golgotha (Angelos 1) (Leipzig 1926).

W. Trilling, Das wahre Israel (StANT 10) (München ^{3}1964).

P. Hoffmann, Der Petrus-Primat im Matthäusevangelium: NT und Kirche (Festschrift R. Schnackenburg) (Freiburg 1974) 94–114.

C. Kähler, Zur Form- und Traditionsgeschichte von Mt 16, 17–19: NTS 23 (1977) 36–58.

P. Hoffmann, Die Bedeutung des Petrus für die Kirche des Matthäus: J. Ratzinger (Hrsg.), Dienst an der Einheit (Düsseldorf 1978) 9–26.

J. D. Kingsbury, The Figure of Peter in Matthew's Gospel as a Theological Problem: JBL 98 (1979) 67–83.

R. Schnackenburg, Das Vollmachtswort vom Binden und Lösen, traditionsgeschichtlich gesehen: Kontinuität und Einheit (Festschrift F. Mussner) (Freiburg 1981) 141–157.

W. Schenk, Das „Matthäusevangelium" als Petrusevangelium: BZ 27 (1983) 58–80.

A. Vögtle, Das Problem der Herkunft von Mt 16, 17–19: Offenbarungsgeschehen und Wirkungsgeschichte (Freiburg 1985) 109–140.

F. Hahn, Die Petrusverheißung Mt 16, 18 f.: Exegetische Beiträge zum ökumenischen Gespräch (Göttingen 1986) 185–200.

J. Lambrecht, „Du bist Petrus" – Mt 16, 16–19 und das Papsttum: SNTU 11 (1986) 5–32.

J. Marcus, The Gate of Hades and the Keys of the Kingdom: CBQ 50 (1988) 443–455.

J. Gnilka, Der Petrusdienst – Grundlegung im NT und Ausprägung in der frühen Kirche: P. Hünermann (Hrsg.), Papstamt und Ökumene (Regensburg 1997) 9–24.

3. Die lukanischen Schriften

Auch Lukas bringt die Petrusszenen in seinem Evangelium im wesentlichen an den gleichen Stellen unter wie Markus und Matthäus und erweist sich damit auch hier als Synoptiker. Was ihn freilich von den beiden Seitenreferenten abhebt, sind die Möglichkeiten, die sich ihm darin boten, daß er auf das Evangelium die Apostelgeschichte folgen läßt. Die Auffassung, daß Evangelium und Apostelgeschichte als zusammengehöriges Doppelwerk von Anfang an konzipiert waren, ist unbedingt zu bejahen. Infolgedessen ist der Prolog Lk 1, 1–4 auch auf das Doppelwerk hin orientiert und sind die Pragmata, die „unter uns zur Erfüllung gebracht worden sind" und Lukas in der rechten Reihenfolge aufzuschreiben gedenkt, auch auf jene Ereignisse zu beziehen, von denen wir im zweiten lukanischen Band hören. Nur unter der Berücksichtigung der Einheit von Evangelium und Apostelgeschichte ist es darum auch möglich, das lukanische Petrusbild zu erfassen.

Lukas bevorzugt für den Jünger den Namen Petrus. In der Apostelgeschichte heißt er ausschließlich so.[41] Im Evangelium ist ein Übergang vom Namen Simon zum Namen Petrus zu beobachten. Dazu ist folgendes zu berücksichtigen: Lukas hat den Beginn des Wirkens Jesu ganz neu angeordnet. Jesus eröffnet seine Tätigkeit in der Heimatsynagoge von Nazaret (4, 16–30). Nach Markus/Matthäus beginnt er mit der Berufung der ersten vier Jünger. Bei Lukas folgt auf Nazaret das Wirken in Kafarnaum. Hierfür hat Lukas die Perikopenfolge Mk 1, 21–39 zur Verfügung: Sammelbericht (Lk 4, 31 f.), Auftritt Jesu in der Synagoge (4, 33–37), Heilung der Schwiegermutter des Simon in dessen Haus (4, 38 f.) und Schlußszene mit Heilungen (4, 40–44). Erst jetzt folgt die Berufungsgeschichte, die bei Lukas aber ganz auf Simon Petrus konzentriert ist (5, 1–16). Mit ihr wird der Jünger eingeführt. Bis dahin wurde er Simon genannt: „(Jesus) trat ein in das Haus Simons. Simons Schwiegermutter hatte hohes Fieber" (4, 38). Simon selbst tritt gar nicht in Erscheinung, auch noch nicht am Beginn der Berufungsgeschichte: „(Jesus) stieg in eines der Boote, das dem Simon gehörte" (5, 3).[42] Erst mit seiner Berufung rückt er in den Brennpunkt und erhält seinen eigentlichen Namen Si-

[41] Der Petrus-Name kommt in Apg 56mal vor.

[42] Vgl. 5, 4.5.10. Nach Mk 1, 36 eilen Simon und seine Begleiter Jesus nach, nach par Lk 4, 42 sind es die Volksscharen. Auch in dieser Szene, die der Berufung vorausgeht, hat also Lukas den Simon zurücktreten lassen.

mon Petrus (4, 8) und den Auftrag, Menschenfischer zu sein (4, 10). Nach der Berufungsgeschichte heißt er regelmäßig Petrus. Im Apostelkatalog wird die Namengebung wiederholt: „Simon, den er auch Petrus nannte" (6, 14). Dies bedeutet, daß für Lukas dieser Jünger insofern wichtig ist, als er Petrus ist. Für das Verständnis dessen, welche Funktion Simon Petrus zukommt, ist die Berufungsgeschichte von grundlegender Bedeutung.

Doch bevor wir uns dieser Geschichte zuwenden, ist daran zu erinnern, daß Lukas zwei Jesusworte überliefert, in denen der Jünger Simon genannt wird, das Auftragswort 22, 31: „Simon, Simon, der Satan hat begehrt, euch zu sieben wie den Weizen …" und das Auferstehungswort 24, 34: „Der Herr ist auferweckt worden und dem Simon erschienen." Beide sind nur von Lukas überliefert worden. Es dürfte die Bindung an die Tradition gewesen sein, die Lukas davon abhielt, an die Stelle des Simon- den Petrusnamen zu setzen.

Vor der Berufungsgeschichte wird von der täglichen Arbeit berichtet: „Die Fischer waren ausgestiegen und wuschen die Netze" (5, 2). Das erinnert an die entsprechende Szene in Mk 1, 16.19. Auch die Erwähnung von zwei Booten läßt an die zwei Brüderpaare von Mk 1, 16–20 denken, zumal Jakobus und Johannes, die Söhne des Zebedäus, in Lk 5, 10 beiläufig in Erscheinung treten. Andreas wird nicht erwähnt. Mit dem Einstieg Jesu in das Boot des Simon rückt dieser als der zuvörderst Berufene ins Zentrum. Die Rede Jesu zum am Ufer stehenden Volk vom Boot des Simon aus hört natürlich auch Simon, der sich offenbar auch im Boot befindet. Denn wenn Jesus nach seiner Rede Simon auffordert, zum Fischfang hinauszufahren, und dieser einwilligt mit dem Satz: „Auf dein Wort will ich die Netze auswerfen", ist das Ausdruck der Überzeugung von der Kraft desselben Wortes Jesu, das Simon in dessen Predigt vernommen hatte. Der reiche Fischfang wird zur Epiphanieszene ausgestaltet – Simon wirft sich Jesus zu Füßen und bekennt sich als Sünder – und endet mit dem Befehlswort: „Von nun an wirst du Menschen fangen." Simon ist zum Petrus geworden und hat vom Herrn, der sich ihm im reichen Fischfang offenbarte (vgl. 5, 8), einen bleibenden Auftrag empfangen. Der Auftrag ist der missionarische. Simon Petrus, wie er auf der Schwelle des Übergangs von seinem bisherigen Handwerk zum christlichen Missionar genannt wird (5, 8), ist in Dienst genommen. Auf diesem Hintergrund wird man das Boot Simons, von dem aus Jesus lehrt und in das die Fische eingesammelt werden, auch als Bild für die Kirche verstehen dürfen. Simon ist in der Berufungsgeschichte die Hauptfigur. Die anderen sind seine Gefährten (5, 7.10).

Ist Simon Petrus in seiner Ersteinführung in das Evangelium in der Berufungsgeschichte als der Missionar der Kirche eingeführt, so darf man erwarten, daß dieses Bild insbesondere in der Apostelgeschichte entfaltet wird. Denn diese ist das Buch von der entstehenden Kirche aus Juden und Heiden. Den „Missionsbefehl" in Apg 1, 8 kann man als Gliederungsschlüssel für das gesamte Werk betrachten: „Ihr werdet die Kraft des heiligen Geistes empfangen, der auf euch herabkommt, und ihr werdet meine Zeugen sein in Jerusalem und in ganz Judäa und Samaria und bis an das Ende der Erde." Jerusalem, Judäa, Samaria und der Weg bis an das Ende der Erde beschreibt den universalen Rahmen, in dem sich das in der Apostelgeschichte vor Augen geführte Geschehen abspielt, das vom heiligen Geist initiiert und getragen wird. Der Ausgangspunkt in Jerusalem ist wesentlich, denn Jerusalem ist der Ort, an dem das Wirken Jesu in Kreuz und Auferstehung kulminierte, aber auch der Ort der Erwählung Gottes von alters her. Judäa bezeichnet hier wie auch sonst an manchen Stellen im lukanischen Schrifttum das Judenland. Der Hinwendung zu allen Juden entspricht die Hinwendung zu allen Völkern, die mit dem Ende der Erde vollendet sein soll. Samaria ist eine Zwischenstation, die auf die konkrete Missionsarbeit Rücksicht nimmt.

Im Horizont dieses geographischen Aufbaus bestreitet Petrus den ersten Teil, das heißt, die Verkündigung in Jerusalem, Judäa und Samaria. Natürlich wirken andere mit ihm, vor allem Johannes und Philippus, das Mitglied des Siebenergremiums. Aber Petrus hat weitgehend die Initiative in der Hand. Er hält vor allem die die Geschichte in Gang bringenden Reden. Der zweite Teil der Apostelgeschichte, der den Weg in Richtung auf das Ziel, das Ende der Erde, beschreibt, ist Paulus vorbehalten. Nicht zu Unrecht hat man die Apostelgeschichte mit ihrer Konzentration auf Petrus und Paulus als Parallelvita bezeichnen können, einer literarischen Form, die damals bekannt war.[43]

Befremdlich ist, daß Petrus in der Mitte der Apostelgeschichte von der Bühne des Geschehens sang- und klanglos abtritt. Im Zusammenhang des Apostelkonvents wird er zum letztenmal erwähnt (Apg 15). Wie ist das zu erklären? Gewiß steht es mit der Struktur des Buches als Parallelvita in Verbindung. Doch das reicht nicht aus. Die Kontinuität der Anwesenheit in Jerusalem schafft nicht Petrus, sondern der

---

[43] Die bekanntesten Vitae parallelae schrieb vermutlich Plutarch, in denen Lykurg und Solon, Marius und Sulla, Pyrrhus und Sertorius und andere nebeneinandergestellt werden.

Herrenbruder Jakobus, der am Schluß, anläßlich des Jerusalembesuches des Paulus, noch in der Stadt anwesend ist (21, 18 ff.). Das kann als zuverlässige historische Information bezeichnet werden. Warum verfolgt Lukas den Weg des Petrus über den Apostelkonvent hinaus nicht? Am Ende der Apostelgeschichte ist nicht Petrus, sondern Paulus in Rom, wenn auch als Gefangener.

Zur Rolle des Petrus in der Apostelgeschichte ist Folgendes zu bedenken: Zunächst predigt er in Jerusalem und im Judenland, Apg 9, 32 ff. erzählt von seiner „Missionsreise" ins Küstengebiet von Lydda und Joppe. Er bestätigt zusammen mit Johannes die Samariamission des Philippus (8, 14 ff.). Doch scheint in seinen Reden vor einem jüdischen Publikum immer wieder und konsequent ein universaler Horizont auf: „Denn euch und euren Kindern gilt diese Verheißung und allen in der Ferne, so viele der Herr, unser Gott, herbeirufen wird" (2, 39 Pfingstrede); „... alle Völker der Erde sollen gesegnet werden" (3, 25, Rede in der Halle Salomos);[44] „Nun erfahre ich in Wahrheit, daß Gott nicht auf das Angesicht der Person schaut, sondern in jedem Volk ist ihm angenehm, wer ihn fürchtet und Gerechtigkeit übt" (10, 34 f., Rede im Haus des Kornelius). Einen Höhepunkt bildet dann die Taufe des römischen Hauptmanns Kornelius in Caesarea. Lukas schenkt der Geschichte der Bekehrung dieses ersten Heiden, der im Erzählverlauf der Apostelgeschichte in die Kirche aufgenommen wird, auffallend viel Raum (Kap. 10). Es ist Petrus, der diesen Schritt vollzieht und der in der Hinwendung zu den Heiden dem Paulus noch vorauskommt. Daß Petrus diesen Schritt vollzieht unter dem Drängen des heiligen Geistes – Petrus schaut eine Vision, der Geist kommt auf Kornelius und sein Haus herab, noch bevor diese getauft werden –, ist Lukas wichtig. Darin erweist Petrus sich als der große Missionar der Urkirche, als welcher er in Lk 5, 1 ff. vorgestellt worden war. Folgerichtig wird auf dem Apostelkonvent zwar auch die Sache des Paulus und Barnabas, aber noch mehr die durch Petrus initiierte Heidenmission verhandelt, der diese gegenüber Jakobus und den anderen durchsetzt. Die Jakobusklauseln (Apg 15, 19 f.) sind ein durchaus erträglicher Kompromiß. Weil von jetzt an die Heidenmission gesichert ist, kann Petrus abtreten und das missionarische Feld dem Paulus überlassen. Wenn also Petrus in der zweiten Hälfte der Apostelgeschichte nicht mehr erwähnt wird, geschieht das nicht, weil er bedeutungslos geworden wäre, sondern

[44] Hier wird Gn 22, 18; 26, 4 zitiert.

weil er das Entscheidende geleistet hat. Er hat den Weg für die Völkerkirche freigemacht.[45]

Der zweite Dienst, den Petrus neben dem missionarischen nach einem ausdrücklichen Auftrag des Herrn übernimmt, besteht darin, die Brüder zu stärken (Lk 22, 31 f.).[46] Es ist der Dienst des Seelsorgers und Gemeindeleiters, den er mit der Unterstützung des für ihn im Gebet eintretenden Herrn an einer im Glauben angefochtenen Gemeinde zu leisten in der Lage ist. Der erste Dienst ist konkret die Versammlung der Jüngerschaft nach dem Karfreitag. Allerdings hat Lukas weder etwas von der Zerstreuung noch von der Flucht der Jünger in Getsemani erzählt. Die entsprechenden Worte Mk 14, 27 f. 50 läßt er aus. Die Jünger bleiben in Jerusalem und kehren nicht nach Galiläa zurück. In Lk 24, 34 liefert er aber so etwas wie eine Begründung dafür, daß sie versammelt bleiben oder sich wieder versammelt haben. Sie hat mit Petrus zu tun. Als die Emmausjünger nach Jerusalem zurückkehren, finden sie die Apostel vereint, die ihnen melden: „Wahrhaft ist der Herr auferweckt worden und dem Simon erschienen." Sie haben demnach bereits den Glauben an die Auferweckung des Gekreuzigten gewonnen, der ihnen durch Simon vermittelt worden ist. Das Wissen um die Ersterscheinung des Auferweckten vor Petrus hat Lukas auf diese knappe Weise in einen Ereignisverlauf eingebaut.

Als Gemeindeleiter ruft Petrus die Jerusalemer Jüngerschaft zusammen zur Nachwahl des Ersatzmannes für den durch Verrat ausgefallenen Judas Iskariot (Apg 1, 15–26). Die Zwölfzahl wird zum Fundament der durch den Geist Gottes am Pfingsttag erweckten Kirche (2, 1 ff.). Als Gemeindeleiter predigt Petrus zum Volk, ist er in besonderer Weise zusammen mit den Aposteln dem Zugriff der Gegner ausgeliefert, hält er in der Gemeinde die Ordnung aufrecht durch Zurechtweisung des betrügerischen Ehepaares Hananias und Saphira (5, 1 ff.) wie durch Ablehnung des egoistischen Ansinnens des Simon Magus in Samarien (8, 18 ff.). Vielleicht ist es aufschlußreich, daß jeweils unlauterer Umgang mit Geld gerügt wird.

---

[45] Ohne Zweifel ist damit Paulus unterbelichtet. Aber in der lukanischen Sicht ruht der Akzent auf Petrus. Lk scheint um eine heidenmissionarische Tätigkeit des Petrus zu wissen, wenn er sie auch nicht erzählt. Die Rede des Petrus auf dem Apostelkonvent Apg 15, 7–11 setzt diese wohl voraus und läßt sich kaum auf die Korneliusgeschichte einschränken. Welche Tradition hinter ihr steht, ist kaum noch auszumachen. Zum Problem vgl. Dietrich, Petrusbild 313. Auch der „andere Ort" in 12, 17 könnte eine Missionsreise andeuten.

[46] Vgl. oben S. 63 f.

Die Petruspredigt ist in der lukanischen Darstellung – wie zu erwarten – christologisch gefüllt. Im Mittelpunkt steht das Kerygma von Kreuz, Auferweckung und Erhöhung Jesu (2, 23 f. 31–33; 3, 13–15; 4, 10; 5, 30 f.). Das Schriftargument spielt eine hervorragende Rolle (2, 17–21; 3, 22–25; 4, 11 u. a.). Als christologisches Hoheitsprädikat wird „Messias Gottes" bevorzugt, so schon im Messiasbekenntnis Lk 9, 20 (vgl. Apg 3, 18; 4, 26; 2, 36). Es verdient vielleicht Aufmerksamkeit, daß in den Petrusreden – wenn auch pauschal – auf das irdische Wirken Jesu eingegangen wird (2, 22; 10, 37–39). Während der Bezug auf das Kerygma Petrus zum Zeugen der Auferstehung macht, könnte die Einblendung des Wirkens des irdischen Jesus die Erinnerung darum wiedergeben, daß der Rückgriff auf die Botschaft des irdischen Jesus in der Petruspredigt in der Tat hervortrat oder Lukas zumindest sich das mit Recht so vorstellte. Denn in den Reden, die Lukas andere in der Apostelgeschichte halten läßt, ist diese Einblendung nicht zu beobachten. In bezug auf die Reden der Apostelgeschichte hat sich zutreffend die Auffassung durchgesetzt, daß Lukas in ihnen seine literarischen und theologischen Absichten konzentriert, dabei aber auf Person und Herkommen des jeweils Redenden durchaus Rücksicht nimmt.

Petri Stellung als führender Missionar und Leiter der Jerusalemer Gemeinde muß noch präzisiert werden. Zunächst ist seine Zugehörigkeit zum Kreis der zwölf Apostel zu betonen. Lukas hat bekanntlich den Aposteltitel auf die Zwölf eingeschränkt.[47] Bei der Nachwahl des Matthias läßt er Petrus die Zugehörigkeit zum Kreis der zwölf Apostel wie folgt definieren: Es muß einer sein, „der bei uns gewesen ist die ganze Zeit, als der Herr Jesus bei uns ein- und ausging, angefangen von der Taufe des Johannes bis zu dem Tag, an dem er von uns weg aufgenommen wurde", daß er „mit uns Zeuge seiner Auferstehung" sein könne (Apg 1, 21 f.). Der besondere Rang der Apostel besteht in ihrer historischen Einmaligkeit und Zeugenschaft. Petrus, der wiederholt zusammen mit den Elfen (2, 14) oder den Aposteln erwähnt wird (2, 37; 5, 29), ist unter ihnen der Erste. Ihre Gleichrangigkeit geht daraus hervor, daß die Apostel Petrus und Johannes nach Samaria aussenden, damit sie die Missionsarbeit des Philippus inspizieren (8, 14).

Streitfälle werden durch die zwölf Apostel oder „konziliar" geregelt. Der Streit, der durch die Unterversorgung der hellenistischen

[47] Daneben kennt Lukas den von der Gemeinde ausgesandten Apostel (vgl. Apg 14, 3.14; 13, 1–3).

Witwen in Jerusalem entsteht, führt in der Darstellung des Lukas zur Einsetzung eines Siebenmännerkollegiums durch die Apostel (6, 1–7). Die Sieben erscheinen als Tischversorger. Es ist aber heute unbestritten, daß sie weit mehr waren, nämlich die Leiter des hellenistischen Flügels in der Jerusalemer Gemeinde. Hier wird die Tendenz in der lukanischen Berichterstattung erkennbar, zu harmonisieren und die Bedeutung ordnender Kräfte anzuzeigen. Ähnlich ist es in der Schilderung des Apostelkonvents in Apg 15. Schon die Aufnahme des Heiden Kornelius in die Kirche durch Petrus hatte die Gemüter strenger Judenchristen erregt (11, 1 ff.). Die Forderung, die Heidenchristen beschneiden zu lassen, führt zum Apostelkonvent. Im Bericht über die Kirchenversammlung verfolgt Lukas wieder beide Intentionen: die Bedeutung des maßgeblichen Wortes der Jerusalemer Autoritäten Petrus und Jakobus herauszustreichen, so daß Paulus und Barnabas nahezu Statisten werden, und die Einvernehmlichkeit aller am Ende zu betonen, die sich in der Abfassung der Jakobusklauseln dokumentiert. Das amtliche Schreiben wird eingeleitet mit den Worten: „Die Apostel und Ältesten, (eure oder: und die) Brüder Gruß den Brüdern aus den Heiden in Antiochia und Syrien und Kilikien" (15, 23). Leider ist die Angabe des Absenders im Text nicht gesichert. Liest man „Die Apostel und Ältesten und die Brüder" ist die gesamte Gemeinde miteingeschlossen. Aus Gründen der Textüberlieferung bevorzugen fast alle Interpreten die Version „Die Apostel und Ältesten, (eure) Brüder."[48] Auf jeden Fall ist der die Versöhnung stiftende Beschluß, den die Jakobusklauseln ausmachen, in der Sicht des Lukas kollegial herbeigeführt worden.

Kennt die Apostelgeschichte einen Nachfolger des Petrus? Das Kollegium der zwölf Apostel kennt keine Nachfolger. Es hat seine bleibende Bedeutung als Brücke zwischen der Zeit Jesu und der Zeit der Kirche. In dieser Funktion kann es nicht abgelöst werden. Darum wird es nur einmal ergänzt: an die Stelle des Judas Iskariot tritt Matthias. Das unterstreicht die fundamentale ekklesiologische Bedeutung der Zwölf. Aber nach dem Tod des Zebedäiden Jakobus erfolgt keine Nachwahl mehr. Ist das Kollegium der zwölf Apostel in seiner

---

[48] So Conzelmann, Haenchen, Roloff, Schneider, Weiser. Die Lesart „und die Brüder", die von jüngeren Handschriften vertreten wird, wird als erleichternde Korrektur der ungewöhnlichen Wendung οἱ πρεσβύτεροι ἀδελφοί gewertet. In der deutschen Übersetzung muß man dann „*eure* Brüder" ergänzen. Die Apg bietet aber auch immer wieder die ungewöhnliche Wendung ἄνδρες ἀδελφοί. Es gibt zahlreiche Textverbesserungsvorschläge, die aber im Text keinen Anhalt haben. Vgl. Haenchen, Apg 392 Anm. 4.

geschichtlichen Position verwurzelt, so entwickelt die Apostelgeschichte daneben in die Zukunft weisende Linien.

Nachfolger des Petrus als Leiter der Jerusalemer Gemeinde ist der Herrenbruder Jakobus. Gewiß kann das Abschiedswort des Petrus in Apg 12, 17, das sich ausdrücklich auch an Jakobus wendet, nicht als Einsetzung zum Nachfolger gewertet werden. Doch sehen wir Jakobus faktisch schon seit dem Apostelkonvent und dann am Schluß beim Paulusbesuch in Jerusalem als Gemeindeleiter. Auch auf dem Apostelkonvent erscheint Jakobus bereits auf die Position des Gemeindeleiters eingerückt. Neben ihm steht Petrus als der maßgebliche Missionar, wie es ihm von Jesus bei der Berufung vorausbedeutet worden war (Lk 5). Steht er über ihm? Direkte Hinweise fehlen. Von einem Nachfolger des Jakobus vernehmen wir nichts mehr. Freilich bricht hier die „Geschichte der Apostel" ab.

Petrus hat aber noch einen weiteren Nachfolger, oder besser: einen, der sein Wirken fortsetzt. Es ist Paulus, der nach dem Apostelkonvent in das Missionswerk eintritt. Gewiß ist der Übergang von Petrus zu Paulus in der Doppelvita, die die Apostelgeschichte darstellt, nicht als Amtsübertragung vorgesehen. Aber der Konvent ist der Übergang. Petrus tritt ab, Paulus beginnt seine missionarische Tätigkeit in vollem Umfang, indem er sich jetzt nach Europa wendet. Dabei ist zu berücksichtigen, daß Paulus für Lukas nicht Apostel ist, genauer: nicht zum Kreis des numerisch eingegrenzten Kreises der zwölf Apostel gehört, nicht zu ihm gehören kann, weil er die in Apg 1, 21 f. genannten Bedingungen, Zeuge des Wirkens des irdischen Jesus zu sein, nicht erfüllt. Er gehört somit deutlich gekennzeichnet der zweiten Generation an und erscheint damit in Abhängigkeit von Jerusalem.[49] Er benötigte die Zustimmung zu seiner gesetzesunabhängigen Verkündigung. Sie wurde ihm auch mit Einschränkung der Jakobusklauseln gewährt. Seine Abhängigkeit bezieht sich also nicht auf Petrus, sondern auf die Jerusalemer Gemeinde als den Vorort des Evangeliums. Die Vorortstellung Jerusalems ist allerdings auch darin begründet, daß dort die zwölf Apostel im Wehen des Gottesgeistes die Kirche begründeten.

---

[49] Diese Abhängigkeit kommt noch deutlicher heraus, wenn man die Auffassung vertritt, daß der Apostelkonvent nach der ersten Griechenlandreise des Paulus stattgefunden hat und daß Lukas in seiner Schilderung diese Reise nachordnete, um Pauli Abhängigkeit von Jerusalem zu unterstreichen. Dazu vgl. Gnilka, Paulus von Tarsus 64–71.

Gedanklich greift Lukas sogar noch über das Wirken des Paulus hinaus, wenn am Ende der Apostelgeschichte festgestellt wird, daß Paulus in Rom mit Freizügigkeit (μετὰ πάσης παρρησίας, 28, 31) das Reich Gottes verkündigen konnte. Die Zukunft der Kirche ist in der Verkündigung des Evangeliums begründet. Diese Zukunft dauert an. Mit Rom sind auch noch nicht die „Grenzen der Erde" des Missionsbefehls von 1, 8 erreicht. Rom ist nur eine wichtige Station auf dem Weg. Andere werden das Wirken Pauli fortsetzen.

Wenn wir auf das lukanische Doppelwerk zurückblicken, so erkennen wir, daß Züge der Institutionalisierung sich durchzusetzen beginnen, zu denen Personen und Orte gehören, Petrus, Jakobus, Paulus, Jerusalem, Antiochia. Petrus ist der erste Missionar und Gemeindeleiter von Jerusalem. Nachfolge ist nicht vorgesehen. Sie stellt sich unter dem Wehen des Geistes Gottes von selber ein. Die zwölf Apostel und Jerusalem sind Grund und Ausgangspunkt der Kirche. Jerusalem ist dazu Ort des Kreuzes und der Auferweckung Jesu, übrigens auch seiner Wiederkunft (1, 11: der Ölberg). Hauptsächlich ist die freizügige Verkündigung des Evangeliums.

Literatur:

G. Klein, Die Berufung des Petrus: ZNW 58 (1967) 1–44.

S. G. Wilson, The Gentile and the Gentile Mission in Luke-Acts (MSSNTS 23) (Cambridge 1973).

G. E. Rice, Luke's Thematic Use of the Call to Discipleship: AUSS 19 (1981) 51–58.

M. Theobald, Die Anfänge der Kirche: Zur Struktur von Lk 5, 1–6.19: NTS 30 (1984) 91–108.

R. C. Tannehill, The Narrative Unity of Luke-Acts II: The Acts of the Apostles (Minneapolis 1990).

H.-J. Klauck, Magie und Heidentum in der Apostelgeschichte des Lukas (SBS 167) (Stuttgart 1996).

4. Johannes

Im Johannesevangelium tritt Petrus in verschiedenen Szenen auf, in denen wir ihm bereits bei den Synoptikern begegneten: bei der Berufung der ersten Jünger (1, 41 f.), in der Passionsgeschichte, in der er Jesus verleugnet (18, 15–18.25–27). Jesus sagt ihm dies voraus (13, 36–38). Auch das Messiasbekenntnis hat in 6, 68 f. seine johanneische Parallele. Und doch ist die Darstellung eine andere, durchreflektiertere, eigene theologische Gedanken bekundende.

Eine zweite Gruppe von johanneischen Petrusgeschichten ist dadurch gekennzeichnet, daß die Geschichte zwar synoptisch ist, aber erst im vierten Evangelium Petrus in sie eingeführt wird. Das gilt für die Ankündigung des Judasverrats im Abendmahlssaal (13, 21–30). Während nach Mk 14, 18–21 parr die Jüngerschaft insgesamt auf diese Ankündigung reagiert, ist es nach Joh 13, 24 zusätzlich Simon Petrus, der eine nähere Auskunft fordert und sich hierfür an den Lieblingsjünger wendet. Ähnlich tritt Petrus bei der Verhaftung Jesu auf dem Ölberg hervor. Nach Mk 14, 47 ist es einer von den Dabeistehenden, nach Lk 22, 50 einer von den Seinen, nach Mt 26, 51 einer von denen, die mit Jesus waren, der das Schwert zieht, um auf den Knecht des Hohepriesters dreinzuschlagen. Joh 18, 10 identifiziert den Schwertträger mit Simon Petrus.

In einer dritten Gruppe von Petrusgeschichten berührt sich Johannes mit der lukanischen Tradition, nur mit dieser. An erster Stelle ist hier die Perikope vom reichen Fischfang zu nennen. In Lk 5, 1 ff. ist dieser mit der Berufung des Petrus verknüpft. In Joh 21, 1–14 erscheint sie zur Ostererzählung umgestaltet. Auf diese Weise gewinnt sie ganz neue Dimensionen. Hinzu kommt, daß auch hier neben Simon Petrus der Lieblingsjünger eingebracht ist. Andere Jünger werden beiläufig erwähnt. Eine weitere Berührung mit Lukas betrifft die Erzählung von der Entdeckung des leeren Grabes Jesu. In der Erzählfolge eilen die Frauen nach der Entdeckung zu den elf Jüngern (so Lk 24, 9–12) bzw. eilt Maria von Magdala zu Simon Petrus und dem Lieblingsjünger (so Joh 20, 2–10). Der vierte Evangelist berichtet nun ausführlich vom Lauf der beiden zum Grab und ihrem Erleben dort. Dies hat in Lk 24, 12 eine gewisse Entsprechung: „Petrus aber stand auf und lief zum Grab. Und er bückte sich hinein und sah nur die Leinentücher. Und er ging weg nach Haus und wunderte sich über das Geschehene." Während man früher weitgehend diesen Vers als spätere Interpolation betrachtete, ist man heute mit Recht mehrheitlich der Auffassung, ihn als Bestandteil des ursprünglichen lukanischen Textes und Zeuge einer teilweise gemeinsamen lukanisch-johanneischen Ostertradition zu werten, nicht zuletzt deshalb, weil er jetzt auch durch den Bodmer-Papyrus 75 bezeugt wird.[50] Auch hier dürfte der vierte Evangelist den Lieblingsjünger in das Geschehen eingebracht haben.

---

[50] Der Vers 12 fehlt im westlichen Text (D altlateinische Texte, Markion). Zur Textbezeugung vgl. The Greek New Testament z. St. Die neuen Editionen nehmen den Vers in den Text auf.

Die letzte Gruppe von Petrusgeschichten, die wir einleitend vorstellen, sind vielleicht die für das vierte Evangelium spezifischsten. Die zwei hier zu benennenden Perikope haben auch bei den Synoptikern keine Parallelen. Es sind dies die Fußwaschung oder genauer ihre erste Interpretation, die in ein Gespräch Jesu mit Simon Petrus eingekleidet ist (13, 1–11).[51] Hinzu tritt die österliche Geschichte von der Beauftragung des Petrus mit dem Hirtenamt, die sich unmittelbar an die Fischfangerzählung anschließt. Sie ist allerdings nur dann voll verständlich, wenn man die folgende Gegenüberstellung von Petrus und Lieblingsjünger mithinzunimmt (21, 15–23). Gewiß ist die Beauftragung mit dem Hirtenamt mit dem Kirchenwort Mt 16, 18 sachlich verwandt. Doch ist ihre genuin johanneische Ausprägung unbedingt zu berücksichtigen.

Überblicken wir diese summarische Zusammenstellung der Petrusgeschichten, so fällt ein Zweifaches auf: einmal, daß Petrus verstärkt in der Passions- und Ostergeschichte vorkommt. Man hat dies wohl zu Recht damit in Verbindung gebracht, daß Petrus für die nachösterliche Zeit, das heißt, für die Zeit der Kirche, zunehmend Bedeutung gewinnt. Zum anderen ist kennzeichnend, daß Petrus und der Lieblingsjünger gemeinsam auftreten, und auch dies ausschließlich im Passions- und österlichen Teil, im Abendmahlssaal, beim Lauf zum leeren Grab Jesu, beim reichen Fischfang und in der abschließenden Szene des Evangeliums, in der Jesus beiden ihr zukünftiges Schicksal voraussagt. Das bedeutet, daß in der Sicht des vierten Evangelisten die Stellung Petri nur mit Berücksichtigung der Stellung des Lieblingsjüngers in der rechten Weise eingeschätzt werden kann.

Wenn wir jetzt dazu übergehen, das johanneische Petrusbild inhaltlich zu füllen, empfiehlt es sich, auch hier zunächst auf die Namen zu achten, die dieser Jünger erhält. Er heißt stets Simon Petrus bzw. Petrus, wird also mit seinem „Amtsnamen" bezeichnet. Von Wichtigkeit ist dabei die Übertragung des Amtsnamens Petrus, die bei der ersten Begegnung mit Jesus erfolgt im Kontext der Berufungserzählungen: „Du bist Simon, der Sohn des Johannes. Du sollst Kephas genannt werden, das heißt übersetzt: Petrus" (1, 42). Außer der Übersetzung des aramaisierenden Namens Kephas in Petrus bietet der Text keine Erklärung, was der neue Name für den Jünger bedeutet. Nur ist deutlich, daß er von da an Petrus ist. Er wird ja jetzt immer so genannt. Die Erklärung darf man in der Schlußszene des Evangeliums erblikken, die inklusionsartig mit der Berufungsszene verknüpft ist. Hier –

[51] Die zweite Interpretation 13, 12 ff. betrifft alle Jünger.

nur hier – wird die Anrede „Simon, Sohn des Johannes" nochmals aufgegriffen, zweimal wiederholt und mit der Frage verbunden, ob er Jesus liebe (21, 15–17). Warum redet ihn der auferweckte Christus nicht mit „Simon Petrus" an? Das Auftragswort „Weide meine Lämmer, weide meine Schafe" ist die Explikation des Petrusnamens. Die Berufungsszene, die den archaisierenden Kephasnamen verwendete, ist die Übertragung des Amtes, dessen Funktion erst am Ende verdeutlicht wird. Oder genauer: in der Berufungsszene wird Simon, dem Sohn des Johannes, angekündigt, daß er den Kephas-Petrusnamen erhält, in dessen Vollmacht er einst die Herde Christi weiden soll. Das Gewicht, das dem Simon zugemessen wird, ist ablesbar an der literarischen Inklusion, nach der dieser Jünger am Anfang und am Ende des Evangeliums hervortritt.[52]

Die Hirtenaufgabe des Petrus bemißt sich nach dem Vorbild Christi. Es ist die Herde Christi, die der Jünger weiden soll. Der auferweckte Christus spricht von „meinen Lämmern, meinen Schafen". Damit kann keine partielle, sondern nur eine universale, die ganze Kirche umfassende Aufgabe gemeint sein. Zwar wird Petrus nicht unmittelbar als Hirte angesprochen, aber die ihm übertragene Aufgabe des ποιμαίνειν (weiden, hüten) bindet ihn und seine Herde an den guten Hirten (ποιμήν) Christus, an den er auch die Herde zu binden hat, damit sie das Leben findet. Der Text verweist auf die Hirtenrede in Joh 10, die Christi Liebesverhältnis zur Herde beschrieb, das in seiner Lebenshingabe für seine Schafe gipfelte. Voraussetzung für die Wahrnehmung dieser Aufgabe ist die Liebe zu Christus, die größer sein soll als die der anderen (21, 15). Sie bekundet sich in der Lebenshingabe für Christus. Im unmittelbaren Anschluß an die Amtsübertragung kündet Christus dem Jünger das Martyrium an: „Ein anderer wird dich gürthen …" (21, 18). In ihm wird sich für Simon Petrus die Nachfolge Christi vollenden, in die er zweimal nachdrücklich gerufen wird (21, 19 und 22).

Auffällig ist der Wechsel in der Terminologie, nicht nur von den Lämmern zu den Schafen, sondern auch vom ποιμαίνειν zum βόσκειν (ebenfalls weiden, hüten, grasen). Man wird darin die Vielfältigkeit der Aufgabe und die Uneingeschränktheit derer, die zur Herde geführt werden sollen, angezeigt sehen. Auch Christus als

[52] Das gilt auch angesichts der zutreffenden Meinung, das 21. Kapitel als Nachtragskapitel zu betrachten. Vgl. Joh 20, 30 f. als ersten Abschluß. Für die Interpretation ist die Endgestalt des Evangeliums maßgeblich. Vermutlich hat die Endredaktion auch auf die Gestaltung von 1, 42 eingewirkt.

guter Hirt wußte sich „anderen Schafen" zugewandt (10, 16, Ausdruck für die Heiden). Freilich wird man die Formulierungen nicht überinterpretieren dürfen.

Doch darf man fragen, wie sich der Evangelist die Realisierung der Aufgabe vorstellte, zumal er die Tradition weiterreichte, nachdem Petrus längst den Märtyrertod gestorben war. Wieder stehen wir vor der Frage der möglichen Fortsetzung einer solchen Aufgabe. Der Versuch einer Antwort auf diese Frage hat die Stellung des Lieblingsjüngers miteinzubeziehen. Im Anschluß an die Übertragung der Hirtensorge und der Ankündigung des Martyriums fragt Simon Petrus den Herrn im Blick auf den Lieblingsjünger, der auch Jesus nachfolgt: „Herr, was ist mit diesem?" (21, 20 f.). Eine redaktionelle Bemerkung flicht die Erinnerung ein, daß dieser beim Abendmahl an der Brust Jesu geruht habe, will sagen, daß er Jesus besonders nahe ist, und im Vergleich diesen in seiner Nähe zu Jesus überragt. Die Auskunft, die jetzt über den Lieblingsjünger erteilt wird, ist rätselvoll. Sie lautet zunächst: Er soll bleiben. Dieses Bleiben aber wurde offenkundig angesichts einer inzwischen eingetretenen und unerwarteten Tatsache in seinem Sinn verändert. Diese Tatsache ist der Tod des Lieblingsjüngers, mit dem man nicht gerechnet hatte, weil man auf die baldige Wiederkunft des Herrn zählte. Zunächst also hatte das dem Lieblingsjünger in Aussicht gestellte Bleiben den Sinn von: am Leben bleiben bis zur Zeit der Parusie. Diese Auffassung aber mußte aufgegeben werden. Das Bleiben mußte neu interpretiert werden:[53] „Es verbreitete sich also diese Kunde unter den Brüdern, daß jener Jünger nicht sterben werde. Nicht aber hatte Jesus zu ihm gesagt, daß er nicht sterben werde, sondern: wenn ich will, daß er bleibt, bis ich komme, was geht es dich an?" (21, 23).

Wie ist also das Bleiben des Lieblingjüngers bis zur Parusie zu erklären, obwohl er stirbt und schon gestorben ist? Spätestens an dieser Stelle bricht das alte Problem auf, ob der Lieblingsjünger auch eine symbolische Bedeutung in sich birgt – oder etwa eine institutionelle? Ihn auf eine symbolische Bedeutung zu reduzieren und seine historische Individualität in Zweifel zu ziehen, ist die am wenigsten befriedigende Lösung.[54] Gerade seine Konfrontation mit Simon Petrus fordert seine historische Individualität heraus. Die am Schluß

---

[53] Leider verweigert sich J. Heise, Bleiben. Menein in den johanneischen Schriften (HUTh 8) (Tübingen 1967) 50, diesem Problem.

[54] Merkwürdig gespalten ist die Auffassung Bultmanns. Im Evangelium repräsentiere der Lieblingsjünger das Heidenchristentum, sei also Symbolfigur, im Kapitel

von Vers 23 an Petrus gerichtete brüske Frage „Was geht es dich an?" bringt diese Konfrontation nochmals in Erinnerung.

Wie ist das Verhältnis des Lieblingsjüngers zu Simon Petrus zu bestimmen? Löst er ihn ab?[55] Ist er sein Nachfolger? Weil aber auch er schon gestorben ist, wäre die Nachfolge nur von kurzer Dauer gewesen. An der Frage der Nachfolge sowohl des Simon Petrus als auch des Lieblingsjüngers scheint das Evangelium nicht interessiert zu sein. Die Autorität des Simon Petrus als des universalen Hirten ist anerkannt. Es könnte sein, daß dies geschieht, um die eigene Position besser in Geltung bringen zu können. Denn für das johanneische Christentum ist der Lieblingsjünger die wichtigere Person. An ihn werden die eigenen „johanneischen" Traditionen, die in das Evangelium eingegangen sind, gebunden (21, 24). Weil das Evangelium bleibt, bleibt aber auch der Lieblingsjünger. Er bleibt in seinem Wort. Obwohl das Johannesevangelium nicht mit den synoptischen Traditionen rivalisiert, will es seine eigenen Überlieferungen doch zur Geltung bringen. Simon Petrus wird weitgehend mit der synoptischen Traditionen verbunden. Das ist uns bei der Erörterung der Synoptiker deutlich geworden. Das Johannesevangelium wendet sich nicht gegen diese Traditionen, verarbeitet vielmehr Teile von diesen, freilich in außerordentlich freier Manier, und stellt damit etwas Selbständiges neben diese. Diese Selbständigkeit tritt in der Bindung an den Lieblingsjünger am klarsten hervor.

Simon Petrus vertritt das Amt, der Lieblingsjünger die Christusunmittelbarkeit, die tiefe Glaubenseinsichten gewährt. Beides ist notwendig, doch wird letzteres akzentuiert. Es ist der entscheidende Eigenbeitrag des vierten Evangeliums. Der Lieblingsjünger hat beim Abendmahl den Ehrenplatz an der Seite Jesu und kann ihn befragen (13, 25). Er kommt bereits in der Grabkammer an den Glauben an die Auferstehung Jesu, wie er das Schweißtuch und die Leinentücher da liegen sieht (20, 8). Er steht unter dem Kreuz (19, 26 f.), nicht in erster Linie, weil er besonders mutig ist, sondern weil er das Kreuz als Heilsgeschehen begreift (19, 35).[56] Er erkennt den auferweckten Herrn wieder (21, 7). Diese Christusunmittelbarkeit soll auch anderen zuteil werden: „Sie werden alle von Gott belehrt

---

21 sei er hingegen eine „bestimmte historische Person". Vgl. Bultmann, Joh 369 f. und 543.

[55] So Bultmann, Joh 555.

[56] Mit der Mehrheit der Interpreten ist der Zeuge von 19, 35 mit dem Lieblingsjünger gleichzusetzen.

sein" (6, 45; vgl. Jes 54, 13); „Die Salbung, die ihr von ihm empfangen habt, bleibt in euch. Und ihr habt nicht nötig, daß euch jemand belehrt" (1 Joh 2, 27).

Neben dem Auftrag, die Lämmer und Schafe Christi zu weiden, wird Petrus noch mit einer anderen Aufgabe betraut. Wir hören kein unmittelbares Auftragswort, vielmehr wird uns dieser Dienst des Simon Petrus in einem Bild vor Augen geführt. Es knüpft an an den reichen Fischfang. Die anderen Jünger ziehen diesen mit dem Schleppnetz hinter sich her. Die Szene bricht auf zur Metapher für die Mission in Übereinstimmung mit Lk 5. Offenbar schon an Land, wo ein Kohlenfeuer brennt, erhält die Metapher einen neuen Sinn. Es ist jetzt Simon Petrus, der auf das Wort des Herrn hin das Netz endgültig an Land zieht: „Und es stieg also Simon Petrus hinauf und zog das Netz an Land, voll großer Fische, hundertdreiundfünfzig. Und obwohl es so viele waren, zerriß das Netz nicht" (21, 11). Gegenüber der Parallele Lk 5, 6 sind zwei Veränderungen festzustellen. Einmal wird eine Zahl angegeben, und während nach Lk 5, 6 das Netz zu reißen beginnt, reißt es nach Joh 21, 11 nicht. Das nicht reißende Netz ist Symbol für die Einheit, für die bedrohte Einheit der Kirche. Dies kann man mit Zuversicht sagen, weil die Sorge um die Einheit sich auch an anderen Stellen des Evangeliums ausspricht, etwa im hohenpriesterlichen Gebet Jesu (17, 20–23).[57] Die Zahl hundertdreiundfünfzig ist rätselhaft. Wenn nur die große Zahl der Fische angegeben sein soll, hätte man eine runde Zahl gewählt. Die Zahl muß gleichfalls eine symbolische Bedeutung haben.[58] Aber welche? Ist es die Zahl der Geretteten, die von Gott festgesetzte Zahl, die als solche in einem universalen Sinn zu deuten wäre?[59] Auf Simon Petrus angewandt, bedeutet die Szene, daß er die Einheit darstellen und garantieren soll. Freilich wird nicht gesagt, wie das konkret geschehen soll. Die Aussage beschränkt sich auf das eindrückliche Bild.

Es ist zu beachten, daß sich die dem Simon Petrus zugeschriebenen Dienste, die Herde Christi zu weiden und die Einheit zu garantieren, im Osterkapitel 21 finden. Das bedeutet, daß sie dem Petrus in der

---

[57] Auch das ungenähte, in einem Stück gewebte Kleid Jesu dürfte Symbol der Einheit sein (Joh 19, 23 f.).

[58] Symbolische Zahlen haben wir auch sonst im Evangelium, etwa 1, 39 (die zehnte Stunde), 2, 6 (die sechs Krüge), 2, 20 (46 Jahre Tempelbau), 5, 5 (Krankheit von 38 Jahren) usw.

[59] Eine Zusammenstellung verschiedener Deutungen bei Schnackenburg, Joh III 426, die zum Teil phantastisch waren, etwa die Addition der Zahlen von 1 bis 17 ergibt 153, die Antike habe 153 verschiedene Arten von Fischen gezählt.

nachösterlichen Situation zukommen. Dies gilt, obwohl er bereits bei seiner Berufung für dieses zukünftige Amt ausersehen war (1, 42). In der vorösterlichen Zeit ist er der herausragende Jünger, der bekennt und versagt, der einen langen Weg zurücklegen muß, um zum Verstehen zu gelangen. Dieser Weg ist gleichzeitig ein Weg zum Martyrium. Diesem ist jetzt noch etwas nachzugehen.

Zu Jesus gelangt er durch Vermittlung seines Bruders Andreas. Auffällig ist, daß wir hier von keiner Reaktion des Petrus hören. In den Berufungsgeschichten legt das entscheidende Bekenntnis Natanael ab (1, 49). Das Bekenntnis des Simon Petrus wird für einen späteren Zusammenhang aufgespart. Es ist die Situation des großen Jüngerabfalls nach der Brotrede. Der Evangelist erreicht damit eine starke dramatische Spannung, in der sich das Wort des Petrus als echtes Bekenntnis ausmacht. Es übertrifft bei weitem das Aufsagen einer korrekten Lehrformel. Obwohl Jesus zu erwarten scheint, daß auch die Zwölf ihn verlassen, bekennt sich Petrus zu ihm als dem alleinigen Geber von Worten ewigen Lebens mit der Anrede: „Du bist der Heilige Gottes“ (6, 67 f.). Dieses seltene christologische Hoheitsprädikat, das in Mk 1, 24 par seine Parallele hat, aber nicht von dort abgeleitet werden darf, entspricht in seiner Besonderheit der besonderen Lage und fügt sich ganz ein in das johanneische Bild von Christus als dem, den der Vater geheiligt hat (10, 36). Bemerkenswert ist auch, daß die Gruppe der Zwölf nur hier im vierten Evangelium pointiert hervortritt (6, 67.70). Sie ist dem johanneischen Kreis ferner. Petrus aber gehört zu ihr.[60] Wenn das Petrusbekenntnis in Joh 6, 69 eine Reminiszenz von Mt 16, 16 ist, fiele auf, daß das Scheltwort Satan/Teufel Judas vorbehalten bleibt. In Mt 16, 23 gilt es Petrus.[61]

Die Verständnislosigkeit Petri ist auf das Leiden Christi konzentriert. Er kann und will nicht begreifen, daß sein Meister sterben soll. In diesem Punkt stimmt das johanneische Petrusbild mit dem synoptischen überein. Nur wählt das Johannesevangelium noch eindringlichere Ausdrucksformen, vor allem in der Perikope von der Fußwaschung. „Wenn ich dich nicht wasche, hast du keinen Anteil an mir“ (13, 8), sagt Jesus zu Petrus, der sich weigert, sich von ihm die Füße waschen zu lassen. Dieses Wort Jesu zu begreifen, bedeutet einzusehen, daß die Erlösung an die Erniedrigung des Gottessohnes gebunden ist. Menschliche Vorstellung, die Petrus ganz teilt, hat von

[60] Die Zwölf werden im vierten Evangelium sonst nurmehr erwähnt in der Formel „einer von den Zwölfen“ für Judas Iskariot und Thomas (6, 71; 20, 24).
[61] Vgl. Dschulnigg, Petrus 122.

der Erlösung andere Bilder. Es ist darum nur vordergründig die Zurückweisung des Jüngers, der sich von seinem Meister nicht die Füße waschen lassen will, sondern letztlich die Ablehnung des Kreuzes als Heilsweg. Das Kreuz aber ist Kundgabe der Liebe Gottes (vgl. 3, 16; 15, 13). Durch diese Liebe sollen wir erlöst werden. Inhaltlich kommt die Ablehnung Petri überein mit seiner Reaktion auf Jesu erste Ankündigung des Leidens bei den Synoptikern: „Niemals darf dir das geschehen" (Mt 16, 22). Die Fußwaschung ist somit Vorwegnahme und Darstellung der hingebenden Liebe Christi, die sich im Kreuz endgültig offenbart. Sich diese Liebe gefallen lassen, bedeutet, sich verwandeln lassen und irdische Maßstäbe preisgeben.

Simon Petrus bleibt am Ende fassungs- und ratlos zurück, wenn er sich jetzt nicht nur die Füße, sondern auch die Hände und das Haupt waschen lassen möchte (13, 9). Nur hat er die Zusage: „Was ich tue, verstehst du jetzt nicht. Du wirst es aber später verstehen" (13, 7). Dieses „Später" verweist auf die Zeit nach Kreuz und Auferstehung und die Zeit des Geistes (vgl. 2, 22; 12, 16; 16, 12 f. 22).

Das Kreuz begreifen, heißt auch, alle falsche Selbstsicherheit abstreifen. Diese Selbstsicherheit bekundet Petrus noch, wenn er für sich die Möglichkeit eines Versagens beleidigt von sich weist (13, 37) oder im Garten Getsemani das Schwert zückt und auf den Knecht des Hohepriesters einschlägt (18, 10). Er wehrt sich auch hier gegen die Vorstellung, daß der Messias leiden müsse. Für Petrus bedeutet, das Kreuz begreifen auch, das Kreuz als das eigene Schicksal anzunehmen: „Du wirst mir aber später folgen" (13, 36; vgl. 21, 18 f.).

Zwar möchte Petrus schon jetzt sein Leben für Jesus hingeben: „Ich will mein Leben für dich lassen" (13, 37). Das ist ein Wort jenes Mannes, der das Schwert zückt, um „ehrenvoll" sein Leben auszuhauchen. Es wäre noch nicht der Tod in der Nachfolge Jesu. Das wahre Martyrium geschieht in der Nachfolge des Gekreuzigten, das heißt, in der Bereitschaft, das Kreuz Christi als die eigene Erlösung anzunehmen, die dazu befähigt, noch im eigenen Kreuz jeden Selbstruhm preiszugeben.

Kommen wir noch einmal zur Gegenüberstellung von Simon Petrus und Lieblingsjünger im vierten Evangelium zurück. Beiden ist je ein eigener Weg in der Jüngerschaft zugedacht. Dem einen ist der Weg der Leidensbereitschaft und des Martyriums zugewiesen, dem anderen die besondere Nähe zu Christus. Das bedeutet nicht, daß dieser vom Kreuz verschont bleibt. Gerade der Lieblingsjünger steht beim Kreuz Christi. Simon Petrus erfährt das Kreuz physisch am eigenen Leib und vollendet so sein Jüngertum. Der Lieblingsjünger wird zum Zeugen der Liebe Gottes, die sich im Kreuz Christi offenbart. Beide Wege sind gültig und vorbildlich. Es sind der Weg des Märtyrers und der Weg der Christunmittelbarkeit oder – wenn dieses Wort eingesetzt werden darf – des Mystikers.

Beide Wege ergänzen sich und mögen aufeinander angewiesen sein. Es dürfte kein Zufall sein, daß für den „Amtsträger" der Weg des Martyriums bestimmt ist. Die Glaubwürdigkeit des Amtes zeigt sich nicht im äußeren Glanz, sondern in der Bereitschaft zur Kreuzesnachfolge. Wenn anderen die Christusunmittelbarkeit geschenkt ist, „was geht es dich an?" (21, 23).

LITERATUR:

A. Kragerud, Der Lieblingsjünger im Johannesevangelium (Oslo 1959).

R. Pesch, Der reiche Fischfang (Lk 5, 1–11; Jo 21, 1–14) (KBANT) (Düsseldorf 1963).

T. Lorenzen, Der Lieblingsjünger im Johannesevangelium (SBS 55) (Stuttgart 1971).

F. Hahn, Die Jüngerberufung in Joh 1, 35–51: NT und Kirche (Festschrift R. Schnackenburg) (Freiburg 1974) 172–190.

R. Mahoney, Two Disciples at the Tomb (TW 6) (Bern-Frankfurt 1974).

S. M. Schneiders, The Foot Washing: CBQ 43 (1981) 76–92.

P. Dschulnigg, Der Hirt und die Schafe: SNTU.A 14 (1989) 5–23.

Siebtes Kapitel

Die Petrusbriefe

Es gibt neben den Evangelien noch einen weiteren Zugang zu Petrus oder zum Petrusbild im Neuen Testament. Doch ist es die Frage, wie dieser beschaffen ist und wie weit er uns führt. Wir meinen die beiden Briefe, die dem Petrus zugeschrieben werden und die im Vergleich miteinander noch einmal recht unterschiedlich ausfallen. Schon in der Charakterisierung des Absenders im Briefpräskript weichen sie voneinander ab. Während sich der Verfasser im ersten Petrusbrief als „Petrus, Apostel Jesu Christ" vorstellt, heißt er im zweiten „Symeon Petrus, Sklave und Apostel Jesu Christi".[1] Wir wollen im folgenden versuchen, das herauszuarbeiten, was dazu beiträgt, das jeweilige Petrusbild zu erfassen.

1. Der erste Petrusbrief

Wir gehen bei unseren Untersuchungen davon aus, daß dieser Brief nicht mehr unmittelbar auf Petrus zurückgeht, sondern unter Berufung auf seinen Namen und das heißt auch, Jahre nach seinem Tod, abgefaßt worden ist. Die Gründe für diese heute fast einhellige Meinung in der Forschung wurden oft zusammengetragen.[2] Es mag darum genügen, sie hier in Erinnerung zu rufen: die bereits geschehene ausgedehnte Christianisierung, das ausgezeichnete Griechisch, das dem Fischer von Betsaida kaum zugemutet werden kann, die Kenntnis von Themen paulinischer Theologie, die als selbstverständlich vorausgesetzte presbyteriale Gemeindeverfassung, die für eine spätere Zeit spricht, der Blick auf das – wie wir meinen – schon erfolgte Martyrium des Petrus.[3] Auch dürfte man von einem unmittel-

[1] Einzelne Handschriften lesen „Simon Petrus", doch ist das antikisierende Symeon vorzuziehen.
[2] Vgl. etwa Brown, Introduction 718 f.
[3] Auch die Adressenangabe „Petrus" wird als dem historischen Petrus nicht zumutbar empfunden. Er hätte sich selbst wohl eher Simon oder Simon Petrus genannt.

bar auf Petrus zurückgehenden Brief erwarten, daß er etwas von den Erinnerungen an den historischen Jesus freigibt. Das ist aber so gut wie gar nicht der Fall.

Die Hauptfrage, die uns beschäftigen wird und die der Ausgangspunkt unserer Überlegungen ist, und die in der Forschung etwas vernachlässigt wird, lautet, warum dieser Brief im Namen des Petrus abgefaßt worden ist. Dabei hebt der Absender „Petrus" – etwa statt „Simon" – doch stärker auf Autorität ab. Warum griff man nicht auf den Namen des Paulus, Jakobus oder eines anderen zurück? Der Name Paulus hätte eigentlich näher gelegen, besonders für jene Forscher, die den Brief in einem solchen Maß von paulinischer Theologie bestimmt sehen, daß sie nahezu von einem deuteropaulinischen Brief sprechen möchten.[4] Manche helfen sich mit der Sekretärshypothese. Diese besagt, daß der „treue Bruder Silvanus", der nach 1 Petr 5, 12 der Schreiber des Briefes ist, auch dessen Verfasser sei.[5] Diese Hypothese vermag aber auch nicht die späte Abfassung des Briefes zu erklären.

Gehen wir von dem vielleicht Eingängigsten aus, der Angabe der Adressaten. Der Brief ist gerichtet an die „auserwählten Fremdlinge der Diaspora von Pontus, Galatien, Kappadozien, Asien und Bithynien" (1, 1). Ganz jüdisch empfunden ist die Rede von der Diaspora, der Zerstreuung. Die Christen leben als Minderheit in diesen Gebieten. Ein Blick auf die historische Landkarte zeigt, daß mit dieser Adressenangabe das ganze heute Kleinasien genannte Gebiet betroffen ist, mit Ausnahme der südlichen Gebiete, vor allem Ziliziens. Dieses konnte weggelassen werden, weil es zu Syrien gerechnet wurde.[6] Es ist ein immer wieder diskutiertes und wahrscheinlich nicht mehr sicher zu lösendes Problem, ob mit den geographischen Namen die römischen Provinzen oder die Gegenden gemeint sind. Man möchte Ersteres bevorzugen. Doch besteht die Schwierigkeit, daß Pontus und Bithynien, die beiden am Pontos Euxeinos, dem Schwarzen Meer gelegenen Provinzen, im Jahr 65/64 zu einer römischen Doppelprovinz erhoben wurden. Petrus trennt die beiden Namen und stellt sie an den Anfang und das Ende.[7] Auf jeden Fall können

---

[4] Etwa Köster, Einführung 731.

[5] Dschulnigg, Petrus 174 f.; Knoch, 1 Petr 23.

[6] Pamphylien wurde zu Galatien gezählt. Lykien bleibt unerwähnt, vielleicht weil es erst wenig christianisiert war. So J. Schmid (– A. Wikenhauser), Einleitung in das NT (Freiburg [6]1973) 593.

[7] Eigentlich wurde nur der Westteil von Pontus zu Bithynien geschlagen, der Ostteil

wir damit rechnen, daß zur Zeit der Abfassung des Briefes in den genannten Provinzen bereits christliche Missionare gewirkt und Gemeinden gegründet hatten. Eine fiktionale Adressenangabe ist höchst unwahrscheinlich. In Asien – Hauptstadt Ephesus – und Galatien hatte Paulus gearbeitet, in Bithynien, Pontus, Kappadozien andere Missionare.[8] Wer es war, wissen wir nicht mehr. Ein missionarisches Wirken des Petrus in diesen Gebieten läßt sich nicht ausmachen. Man sollte sich aber vergegenwärtigen, daß – nach dem Urteil A. von Harnacks[9] – Kleinasien in vorkonstantinischer Zeit einmal das christliche Land schlechthin gewesen ist, neben Unterägypten.

Daß als Absender des Briefes Petrus vorgestellt wird, läßt sich am besten aus der Situation heraus erklären, in der sich die angesprochenen Gemeinden befinden. Es ist eine Situation der Anfechtung und Bedrängnis. Auf diese wird im gesamten Brief Bezug genommen, allerdings auf unterschiedliche Weise. Im ersten Teil des Briefes wird ihre Lage als eine geschildert, die die Christen ihr Fremdsein in der Welt erfahren läßt. Schon im Präskript als „auserwählte Fremdlinge der Diaspora" angesprochen (1, 1), leben sie als Fremdlinge und Pilger (2, 11), leben sie in der Welt in der Fremde (1, 17). Die Häufung dieser Bestimmung muß auffallen. Sie hängt sicher auch mit der konsequenten Ausrichtung auf das für nah geglaubte Ende zusammen, hat aber ihren konkreten Anlaß darin, daß die Gemeinden von ihrer Umwelt, ihren heidnischen Nachbarn und Mitbürgern verleumdet und verachtet werden (2, 12; 3, 16). Sie müssen leiden. In 3, 14 wird das noch in die zurückhaltende Form des Optativs gekleidet (anders 1, 6). Ärgernis erregen die Christen durch ihr anderes Verhalten, durch ihren alternativen Lebensstil: „Das befremdet sie, daß ihr nicht mehr mit ihnen zusammenläuft in das wüste, unordentliche Treiben. So lästern sie" (4, 4). Es mag in den christlichen Gemeinden einen beträchtlichen Anteil von Sklaven gegeben haben, der dazu beitrug, daß ihr Ansehen auch soziologisch geschwächt war. Dafür spricht, daß in der Haustafel 2, 18–20 nur die Sklaven, nicht aber die Herren aufgerufen werden.

---

wurde mit der Gadilonitis Klientelstaat unter Deiotaros. Die Neuregelung nahm Pompeius vor. Vgl. H. Volkmann: KP IV 1050.

[8] Nach Apg 16, 7 hat Paulus in Bithynien nicht missioniert. A. von Harnack, Die Mission und Ausbreitung des Christentums in den ersten drei Jahrhunderten (Leipzig 1924, Nachdruck 1965) 736 Anm. 3, rechnet mit einer Missionierung Bithyniens auf dem Seeweg.

[9] (Anm. 8) 732.

Das Befremden liegt auf beiden Seiten, bei den Außenstehenden und bei der Gemeinde. Die Außenstehenden sind befremdet über die unterscheidende Lebensweise der Christen (4, 4). Diese aber sollen sich nicht befremden lassen, daß ihnen solches widerfährt, denn diese Anfechtung sei Gnade, weil – in der Nachfolge Christi – zum Wesen des Christseins gehörig (4, 12–14; vgl. 3, 17 f.).

Mit der eben zitierten Stelle 4, 12 gewinnen die Aussagen über das Angefochtensein eine neue Qualität. Sie werden konkreter, bedrohlicher, unausweichlicher. Über die Christen ist eine „Feuersbrunst" hereingebrochen, die ihnen als Versuchung widerfährt. Manche Interpreten lassen sich durch diesen Milieuwechsel zur Annahme verführen, daß der zweite Teil des Briefes 4, 12 ff. sekundär hinzugefügt worden sei und einer anderen Situation, nämlich der einer konkreten Verfolgung, entspreche[10]. Doch ist der Brief unbedingt als Einheit zu sehen, der in seinem zweiten Teil verdeutlichen will, wofür er die Adressaten wappnen will, für die Verfolgung und das mögliche Martyrium.[11] Wenn sie um des Namens Christi willen geschmäht werden, sind sie selig zu preisen (4, 14). Sie sollen unterscheiden lernen zwischen Übeltaten wie Mord oder Diebstahl, die eine gerechte Strafe verdienen, und dem Leiden als Christ (4, 16 wörtlich: als Christianer). Dies bedeutet keine Schmach, sondern mit diesem Namen wird Gott geehrt. Verfolgung bedeutet Gericht, das beim „Haus Gottes" beginnt (4, 17). In ein mythologisches Bild gesetzt, bedeutet Verfolgung den Versuch des großen Widersachers, des Teufels, den Glauben zu vernichten. Er geht umher wie ein brüllender Löwe und sucht, wen er verschlinge (5, 8 f.).

Den Christen in den kleinasiatischen Provinzen beizustehen, ist das zentrale Anliegen des Briefes. In dieser Vermittlung von Trost und Kraft gewinnt auch Petrus die ihm zugedachte Bedeutung und Funktion. Er ist „Zeuge der Leiden Christi" und hat schon den Anteil an der künftigen Herrlichkeit gewonnen (5, 1). Den Gemeinden ist das Martyrium des Petrus, auf das hier verwiesen sein dürfte, bekannt. Er hat es in Babylon erlitten, dem Ort der gottwidrigen Mächte (5, 13). Solidarität für die Verfolgten und Leidenden ist gefragt. In der Situation des Angefochtenseins wird gleichsam die Zeit übersprungen, die ohnehin eine begrenzte und kurze ist.[12] Solidari-

---

10 Etwa W. Marxsen, Einleitung in das NT (Gütersloh 1963) 200 f.

11 Brox, 1 Petr 31, spricht von einer „Steigerung gegen Schluß", die in der Forschung den Eindruck erzeugte, daß eine verschärfte Lage vorauszusetzen sei.

12 Zu beachten ist das ὀλίγον in 1, 6 und 5, 10.

sches Bewußtsein soll sich aber auch ausbreiten in dem Gedanken, daß dieselben Leiden über die „Bruderschaft“, die Familie Gottes, in der ganzen Welt gekommen ist (5, 9). Der universale Ausblick auf die „Weltkirche“ und der Blick auf die geschlossenen Reihen der geistlichen Familie sind geeignet, die Krise zu bestehen. Sowohl der Blick nach draußen als auch der nach innen soll ihnen geschärft werden.

Damit deuten wir an, daß die Leiden, die über die Brüder in der ganzen Welt gekommen sind (5, 9), nicht im Sinn einer weltweiten offiziellen Christenverfolgung gedeutet werden dürfen. Das entspricht einer alten Sicht der Dinge. Als Veranstalter dieser Christenverfolgung wird dann Kaiser Domitian (81–96) gesehen, in dessen Regierungszeit der erste Petrusbrief abgefaßt worden ist.[13] Domitian wird dann als zweiter Nero betrachtet, so schon von Tertullian. Dieser nennt ihn einen halben Nero, der versucht habe, dessen Vorgehen nachzuahmen.[14] Heute setzt sich die Auffassung in der Forschung mehr und mehr durch, daß sich in der alten Kirche die Tendenz verfestigt habe, ungerechte und ruchlose Kaiser, die die Römer selbst zu verurteilen bereit waren und zu denen Domitian gerechnet werden kann, auch als Kirchenverfolger zu betrachten und darzustellen. Diesem Theoriezwang sei es zuzuschreiben, daß Domitian in die Rolle des Kirchenverfolgers gezwängt wurde.[15] Was für die Christen gefährlich werden konnte, war der Kaiserkult, der im Osten des Reiches auf empfänglicheren Boden fiel als im Westen. Daß er zu dieser Zeit im Osten lebendig war, belegt das übergroße Abbild seiner selbst, das Domitian im Kaisertempel zu Ephesus hat aufstellen lassen (vgl. Apk 13, 14 f.).[16]

---

[13] Das ist die verbreitete Auffassung. Umstritten ist, ob in der Frühzeit (so A. von Harnack) oder Spätzeit der Regierung des Kaisers (R. E. Brown). Letzteres ist vorzuziehen. Einzelne Autoren plädieren für eine Abfassung in der Zeit Kaiser Trajans (etwa J. Schmid). Bei der Annahme einer deuteropetrinischen Schrift kommt eine Entstehung zur Zeit Kaiser Neros nicht in Frage.

[14] Apol. 5, zitiert auch von Eusebios, hist. eccl. 3, 20, 7.

[15] Jetzt wieder Ulrich: ZNW 87 (1996) 285 f. Dieser These widersetzen sich J. Vogt: RAC II 1167–1170; K. Gross: RAC IV 101–109.

[16] Vgl. Price, Rituals 187.255; Klauck: Bib 73 (1992) 163. Ulrich: ZNW 87 (1996) 282 Anm. 52 verweist die Formel dominus et deus, die Sueton, Domit. 13, 2 für den Kaiser belegt, in den Bereich der Sklaven und Freigelassenen der familia Caesaris, die keine offizielle Titulatur geworden sei. Nach K. Gross: RAC IV 103 hat Domitian den Kaiserkult ausgeweitet, nach J. R. Fears: RAC XIV 1063 hat er die Grenzen, die Augustus für den Kaiserkult gesetzt hatte, nicht wesentlich überschritten.

Wenn wir nicht von einer groß angelegten domitianischen Verfolgung ausgehen dürfen, waren Zugriffe von örtlichen Behörden gegen die Christen durchaus möglich und waren in den Gemeinden des ersten Petrusbriefes auch schon vorgekommen. 1 Petr 4, 16 f. etwa setzt diesen Hintergrund voraus. Das Gericht, das beim Hause Gottes beginnt, ist mehr als eine Möglichkeit. Wer als Christ leidet und aufgerufen wird, sich deshalb nicht zu schämen, leidet um seines Bekenntnisses zum nomen Christianum willen. Es ist die gleiche juristische Situation gegeben, wie sie Plinius in seiner Korrespondenz mit Kaiser Trajan zwanzig Jahre später bestätigt und wie sie bis zum Toleranzedikt des Galerius im Jahr 311 Gültigkeit behalten sollte: si deferantur et arguantur, puniendi sunt („Werden sie angezeigt und überführt, sind sie zu bestrafen").[17] Plinius teilt mit, daß manche der ihm vorgeführten Christen erklärt haben, sie seien früher Christen gewesen, hätten es aber aufgegeben, die einen vor drei, andere vor mehr, einige sogar vor zwanzig Jahren.[18] Das führt uns in die Zeit Domitians. Plinius ist Statthalter im Gebiet der Gemeinden des ersten Petrusbriefes, in Bithynien. Es liegt nahe, daß der in den Verhören bezeugte Abfall vom Christentum in der Vergangenheit mit behördlichen Maßnahmen in Verbindung steht. Die Alternative lautet: der Abfall oder die Todesstrafe. Es könnte sein, daß der Hintergrund der von Plinius bezeugten Rechtssituation letztlich schon im Vorgehen Neros gegen die Christen zu suchen ist.[19]

Es läßt sich gut vorstellen, daß der gegen die Christen aufgestaute Haß immer wieder dazu führte, einzelne anzuzeigen. Von den Zeiten Neros her standen sie im Ruf, Brandstifter zu sein. Auch niedrige menschliche Motive können manchmal mit im Spiel gewesen sein. Jedenfalls ist es erstaunlich, wie oft in frühchristlichen Schriften von diesem Haß gesprochen wird, der zum Vorwurf des odium humani generis führte, schon in den Evangelien: „Und Bruder wird den Bruder in den Tod ausliefern und der Vater das Kind. Und Kinder werden sich gegen Eltern erheben und sie töten. Und ihr werdet von allen gehaßt werden um meines Namens willen" (Mk 13, 12 f.; vgl. Mt 10, 22; 24, 9; Lk 21, 17). Wenn das Markusevangelium in Rom abgefaßt wurde, wofür vieles spricht,[20] wirft das auch etwas ab für die Bedrängnis, in der sich die römische Gemeinde befand. Die Eröffnung

[17] Epist. 10, 97.

[18] Epist. 10, 96, 6.

[19] Vgl. Molthagen, Der römische Staat 21–27.136–140.

[20] Vgl. Gnilka, Mk I 34.

des in Rom abgefaßten ersten Clemensbriefes, der von „plötzlichen und einander nachfolgenden Drangsalen und Leiden bei uns“ spricht (1, 1), läßt Ähnliches durchblicken. Die Zeugnisse für das odium humani generis setzen sich fort: „von allen Menschen gehaßt“ (Justin, dial. 134, 6), „die vom ganzen Menschengeschlecht Haß empfangen und gequält werden“ (Justin, apol. 1, 1), „als Christen, die wir sind, werden wir angeklagt“ (4, 5), „wegen des Namens Christi trifft uns Haß“ (24, 1) usw.[21]

Besteht das Anliegen des ersten Petrusbriefes darin, den kleinasiatischen Gemeinden in ihrer Not Solidarität und Trost zu vermitteln, so wird Petrus, dessen Blutzeugnis bekannt ist, zum überzeugenden Vermittler dieser Hilfe. Die römische Gemeinde wendet sich an diese Gemeinden im Osten und beruft sich dabei auf Petrus. Man kann mit H. Köster sagen, hier liegt das erste Beispiel dafür vor, daß sich die römische Gemeinde auf Petrus als ihren Apostel bezieht – ein Anspruch, der sich später in der Tradition von Petrus als dem ersten Bischof Roms durchsetzen sollte.[22]

Über weitere Verbindungen zwischen der römischen und den Gemeinden in Pontus, Galatien, Kappadozien, Asien und Bithynien kann man nur spekulieren. Sollten Silvanus und Markus, die in den Schlußgrüßen als einzige mit Namen erwähnt werden (5, 12 f.), einmal in diesen Gegenden missioniert haben? Beide waren Mitglieder der Jerusalemer Gemeinde, die eine Zeitlang mit Petrus zusammenarbeiteten, sich aber dann von ihm getrennt hatten.[23] Wenn sich eine Missionstätigkeit dieser beiden in den genannten Gebieten nicht nachweisen läßt, stehen ihre Namen aber für Jerusalemer, judenchristliche Theologie und Verkündigung. Diese sind im ersten Petrusbrief durchaus vorhanden.[24] Schon im Präskript fallen das Diaspora- und Erwählungsmotiv ebenso auf wie das Mehrungsmotiv im Segenswunsch. Die Besprengung mit Christi Blut (1, 2) erinnert an die kultische Besprengung. Die Spiritualisierung des Tempels und seines Dienstes zum Bau aus lebendigen Steinen (2, 5) hat ihre Parallele in Qumran, wenn sie auch weit über diese hinausgeht.[25] Die Adressaten sind das Königspriestertum und heilige Volk von Ex 19, 6 (2, 9 f.). Die

---

[21] Belege bei Lampe, Die stadtrömischen Christen 67 Anm. 195.

[22] Köster, Einführung 731 f.

[23] Nach Phlm 24; Kol 4, 10 ist Markus wieder bei Paulus.

[24] Vgl. Karrer: ZNW 80 (1989) 223–225.

[25] Vgl. G. Klinzing, Die Umdeutung des Kultus in der Qumrangemeinde und im NT (StUNT 7) (Göttingen 1971) 191–196; Elliott, The Elect 146–198.

presbyteriale Verfaßtheit der Gemeinden (5, 1) hat ihre Wurzeln im Judenchristentum. Diese judenchristlichen Spuren sind prägnanter als die paulinischen Reminiszenzen, die man früher stärker herausgestellt hatte.[26]

Eine Gemeinsamkeit der römischen und der Gemeinden des ersten Petrusbriefes könnten auch damit gegeben sein, daß zumindest Teile der römischen Gemeinde behaupteten, von Jerusalem aus gegründet worden zu sein. Die Anfänge der römischen Christen liegen im Dunkeln. Doch ist damit zu rechnen, daß jüdische Jerusalempilger, die von Rom zu den Festen ins heilige Land reisten, dort das Evangelium kennenlernten, übernahmen und nach Rom brachten. Auch die Gemeinden des ersten Petrusbriefes sind am ehesten – wenn auch nicht von Silvanus und Markus – von Jerusalem aus gegründet worden. In der Berufung auf Petrus als den Repräsentanten des Jerusalemer Christentums wird eine Brücke von Rom nach Kleinasien geschlagen.[27] Weil zur Zeit der Abfassung des ersten Petrusbriefes die Jerusalemer judenchristliche Gemeinde in den Wirren des Jüdisch-Römischen Krieges längst untergegangen war, wird auch dies am ersten Petrusbrief spurenhaft ablesbar, daß die Bedeutung Jerusalems sich nach Westen verlagert. Rom als eine in ältester apostolischer Zeit ins Leben gerufene Gemeinde und als Ort des Martyriums von Petrus und Paulus stand bereit, in die Rolle Jerusalems einzutreten, wenn es bis dahin auch noch ein langer Weg war. Der judenchristliche Hintergrund engt die theologische Perspektive des ersten Petrusbriefes nicht ein. Er ist Zeuge für eine Kirche, die Eigenständigkeit gewonnen hat und möglicherweise das Gespräch mit paulinisch geprägten Gemeinden sucht.[28]

Petrus tritt nur an zwei Stellen in einer persönlich wirkenden Weise hervor: im Präskript (1, 1) und in der Weisung an die Presbyter (5, 1). Das einemal nennt er sich „Petrus, Apostel Jesu Christi", das

---

[26] Hierzu vgl. Wehr, Petrus 181–200. F. C. Baur, Vorlesungen über neutestamentliche Theologie, hg. von F. F. Baur (Leipzig 1864) 287–297, hatte aus der Verbindung der paulinischen Traditionselemente mit dem Verfassernamen „Petrus" geschlossen, der erste Petrusbrief beabsichtige, die beiden von Baur angenommenen theologischen Richtungen in der frühen Kirche zu versöhnen.

[27] Nach Apg 2, 9 kamen jüdische Jerusalempilger auch aus Kappadozien, Pontus und Asien.

[28] Vgl. Karrer: ZNW 80 (1989) 227 f. Nach A. Lindemann, Paulus im ältesten Christentum (BHTh 58) (Tübingen 1979) 260, ist 1 Petr „ein von paulinischer Überlieferung, vielleicht sogar von paulinischen Briefen unmittelbar beeinflußter Zeuge eines grundsätzlich nicht paulinisch orientierten Christentums."

andermal „Sympresbyter“ (Mitältester), womit er sich in die Gruppe der angeredeten Presbyter einreiht. Widersprüchlich erscheint das nur manchen aus heutiger Perspektive. Sie halten das zweite für einen Demutsgestus.[29] Man kann auch nicht gut sagen, daß der fingierende Verfasser, der nur ein Presbyter sei, sich jetzt zu Wort meldet.[30] Soll das Presbyteramt als ein von Jesus Christus eingesetzten Amt erscheinen?[31] „Petrus“ ist der herausragende Jünger. Wir erwähnten schon, daß der Verzicht auf den Rufnamen Simon dies in Erinnerung ruft. Als „Presbyter“ hat er die Aufgabe, die ihm anvertraute „Herde Gottes“ zu weiden, wie das im folgenden für die anderen Presbyter beschrieben wird (5, 2–4). Es darf nicht aus dem Auge verloren werden, daß Petrus als „Zeuge der Leiden Christi“ mit seinem Geschick die Anliegen des nach ihm benannten Schreibens, Solidarität in der Bedrängnis zu gewähren, deckt und damit auch bekundet, was es heißt, Vorbild der Herde zu sein (vgl. 5, 3). Im Martyrium gewinnt seine Autorität letzte Glaubwürdigkeit. Weil er Mitpresbyter ist, gewinnen die anderen Presbyter im Hirtenamt Anteil an seinem Dienst. Es ist nicht klar, ob die Presbyter als einzelne oder als Kollegium die Gemeinde leiten.[32]

Literatur:

J. H. Elliott, The Elect and the Holy (NT.S 12) (Leiden 1966).

K. Philipps, Kirche in der Gesellschaft nach dem 1. Petrusbrief (Gütersloh 1971).

E. Schüßler-Fiorenza, Priester für Gott (NTA 7) (Münster 1972).

J. Molthagen, Der römische Staat und die Christen im zweiten und dritten Jahrhundert (Hyp 28) (Göttingen ^{2}1975).

J. B. Bauer, Der erste Petrusbrief und die Verfolgung unter Domitian: R. Schnakkenburg u. a. (Hrsg.), Die Kirche des Anfangs (FS H. Schürmann) (Leipzig 1977) 513–527.

W. Marxsen, Der Mitälteste und Zeuge der Leiden Christi: Theologia Crucis-Signum Crucis (FS E. Dinkler) (Tübingen 1979) 377–393.

J. H. Elliott, A Home for Homeless (Philadelphia 1981).

R. E. Brown, The Petrine Heritage in 1 Peter: ders., The Churches the Apostles left behind (New York 1984) 75–83.

S. R. F. Price, Rituals and Power (Cambridge 1984).

M. Karrer, Petrus im paulinischen Gemeindekreis: ZNW 80 (1989) 210–231.

[29] Schelkle, ähnlich Windisch z. St.

[30] Brox, 1 Petr 228.

[31] So Goppelt, 1 Petr 322.

[32] Die Vielfalt des Amtsverständnisses beleuchtet 1 Petr 4, 10 f., wo vom Charisma gesprochen wird, insbesondere vom Charisma der Predigt und Diakonie.

R. Feldmeier, Fremde in einer entfremdeten Welt (Tübingen 1990).

Th. Söding, Widerspruch und Leidensnachfolge: MThZ 41 (1990) 137–155.

H.-J. Klauck, Das Sendschreiben nach Pergamon und der Kaiserkult in der Johannesoffenbarung: Bib 73 (1992) 153–182.

J. Ulrich, Euseb, Hist Eccl III, 14–20 und die Frage nach der Christenverfolgung unter Domitian: ZNW 87 (1996) 269–289.

2. *Der zweite Petrusbrief*

Der zweite nach Petrus benannte Brief, der den ersten voraussetzt oder zumindest um ihn weiß – 3, 1: „Dieses, Geliebte, ist schon der zweite Brief, den ich euch schreibe" –, kann nicht mehr unmittelbar von Petrus stammen und gehört einer späteren Zeit an. Die meisten Autoren rechnen mit einer Abfassungszeit zwischen 100 und 150.[33] Obwohl dies unbestritten ist, seien drei wichtige Gründe genannt: 1. Der Brief übernimmt fast vollständig den Judasbrief. Für Petrus ist dieser Umstand aus chronologischen und sachlichen Gründen auszuschließen. 2. In 3, 4 legt der uns unbekannte Autor seine nachpetrinische Situation bloß, wenn er sagt, daß die Väter bereits entschlafen seien, zu denen Petrus gehört, und 3. Briefe des Paulus liegen bereits in größerer Zahl vor. Sie haben gleichsam kanonischen Rang gewonnen, werden aber von Irrlehren verdreht (3, 15 f.).[34] Im Unterschied zum ersten Petrusbrief nennt der zweite keine geographisch bestimmten Empfänger. Waren es dort die Christen in den kleinasiatischen Provinzen, so sind es jetzt die, „die einen dem unsrigen gleichwertigen Glauben erlangt haben durch die Gerechtigkeit unseres Gottes und Retters Jesus Christus" (1, 1).[35] Dies bedeutet, daß der Brief sich an alle Christen richtet, ein enzyklischer Brief sein will. Über seinen Entstehungsort erfahren wir nichts Näheres. Die meisten Interpreten aber plädieren in Analogie zum ersten Brief für Rom. Daneben wird Alexandria genannt.[36] Doch ist eine Petrustradition in Ägypten für diese relativ frühe Zeit unwahrscheinlich.[37]

---

[33] Schnelle: vor 135, Dschulnigg: zwischen 90 und 100, Paulsen: im ersten Viertel des 2. Jahrhunderts, Brown: 130, Vögtle: 120 bis 125, Marxsen: 130 bis 140.

[34] Vgl, Dschulnigg, Petrus 190; Schnelle, Einleitung 485.

[35] Zur Übersetzung vgl. Vögtle EKK XXII 133.

[36] Paulsen KEK XII/2, 95. Vögtle EKK XXII 128 ist unentschieden. Im Anschluß an die Literatur nennt er Rom, Kleinasien und Alexandrien.

[37] Vgl. Bauer, Rechtgläubigkeit 112.

Das Petrusbild des Briefes, das wir hervortreten lassen wollen, ist konturenreicher und etwas farbiger. Um es in seiner Eigengestalt schärfer zu erfassen, empfiehlt sich ein Vergleich mit dem ersten Brief. Der Absender wird Symeon Petrus genannt (1 Petr nur Petrus). Zum griechischen „Amtsnamen“ tritt also der semitisierende Rufname hinzu,[38] vielleicht um den bereits erwähnten universalen Anspruch schon im Namen zu bekunden. Die jüdische und die griechische Welt vereinigen sich. Er ist nicht nur Apostel, sondern auch Sklave Jesu Christi, ist also der absoluten Verfügungsgewalt seines Herrn unterworfen (1, 1). Der gleichwertige, gleichartige Glaube,[39] der Petrus und die Adressaten verbindet oder verbinden will, lenkt hin auf das zentrale Anliegen des ganzen Briefes. Dieser Glaube ist bedroht. Dabei ist Glaube verstanden nicht im Sinn des existentiellen Glaubensvollzugs, wie häufig in den paulinischen Briefen, sondern als inhaltlich bestimmbares und ausformulierbares Glaubensgut, ein Verständnis, das für neutestamentliche Spätschriften charakteristisch ist (etwa Eph 4, 5.13; 2 Tim 4, 7). Der so verstandene Glaube ist gebunden an den/die Apostel und die apostolische Überlieferung.

Eine bemerkenswerte Eigenart des Petrusbildes unseres Briefes besteht darin, daß neben den Apostel Petrus, der als der fingierte Verfasser ohne Zweifel der wichtigste ist, die anderen Apostel treten, ein Zusammenhang, den der erste Brief nicht herstellt. Die Adressaten werden in 3, 2 aufgerufen, sich nicht nur der Worte zu erinnern, die die Propheten vorausgesagt haben, sondern auch des Gebotes des Herrn und Retters (Jesus Christus), das „eure Apostel“ (euch überlieferten). Mit klaren Worten ist hier die auf Jesus zurückreichende apostolische Überlieferung angesprochen. Auffällig ist die Rede von „euren Aposteln“. Soll hier das Wissen angezeigt sein, daß Petrus nicht im Gebiet der Adressaten gewirkt hat, dafür andere Apostel, oder tritt an dieser Stelle der wirkliche Autor des Briefes hinter seinem Pseudonym hervor? Letztes ist wahrscheinlicher. Dies spräche dann dafür, daß dieser Autor um die Fiktionalität seines Briefes nicht besorgt ist und sich als Sachwalter des apostolischen Erbes begreift.

Die Apostel sind auch mit im Spiel, wenn in 1, 16–18 eine in den synoptischen Evangelien überlieferte Begebenheit des Lebens Jesu kommemoriert wird, die Verklärung auf dem Berg, ein Ereignis, das – wie wir noch sehen werden – für die Argumentation des Autors

[38] Man hat oft darauf hingewiesen, daß Symeon Kephas einander mehr entsprochen hätte.

[39] Diese Wendung ist einmalig im NT.

von großer Bedeutung ist. „Petrus" schließt sich im Wir ausdrücklich mit den anderen Zeugen zusammen: „Wir waren Zeugen seiner Majestät ... Wir haben diese Stimme aus dem Himmel erschallen hören." Gemäß den Synoptikern waren Jakobus und Johannes die beiden anderen Zeugen. Doch ihre Namen finden keine Erwähnung.[40]

Als Novum muß in der Verhältnisbestimmung des Petrus zu anderen Aposteln noch 3, 15 f. angeführt werden, wo „Petrus" Paulus und seine Briefe zitiert bzw. seine Übereinstimmung mit diesem feststellt: „wie auch unser lieber Bruder Paulus euch geschrieben hat gemäß der ihm verliehenen Weisheit." Zwar sei in seinen Briefen manches schwer verständlich, jedoch nur Unwissende und Leichtfertige würden dies verdrehen, wie sie das auch mit den anderen Schriften taten zu ihrem eigenen Verderben. Zwar wird Paulus hier nicht als Apostel eingeführt, sondern wird in recht jovialer Form von ihm als „unserem lieben Bruder" gesprochen. Aber es bedeutete, die Stelle mißzuverstehen, wollte man aus ihr ableiten, daß „Petrus" dem Paulus den Aposteltitel verweigerte. Man hat das angenommen mit der Vermutung, daß die Paulusbriefe, die offenkundig schon in größerer Zahl zugänglich waren, wegen ihrer intellektuellen Überfrachtung suspekt geworden seien, und daß man zur Absicherung der apostolischen Tradition den Zwölferapostolat durchzusetzen begann, das heißt, nur den Zwölfen, die mit Jesus gegangen waren, den Apposteltitel zubilligte.[41]

Eine andere Tendenz fängt an, sich auszubilden. Es ist nicht der Zwölferapostolat, der im zweiten Petrusbrief in Erscheinung tritt, sondern – einmalig im Neues Testament – das Doppelgespann von Petrus und Paulus. Paulus ist voll anerkannt und wird von „Petrus" für seine Argumentation in Anspruch genommen. Die Weisheit, die ihm anerkennend zugesprochen wird, bedeutet, daß auch bei ihm die richtige apostolische Tradition zu finden ist.[42] Wenn es Unstimmigkeiten gibt, so liegt das nicht an Paulus, sondern an solchen, die seine Briefe falsch auslegen. Petrus und Paulus werden auch im ersten Clemensbrief (5, 3–7) und im Römerbrief des Ignatius von Antiochien (4, 3) als apostolisches Paar zusammengestellt. Es sind neben 2 Petr

---

[40] Die Konzentration auf Petrus in der Überlieferung der Verklärungsgeschichte setzt sich fort in den apokryphen Evangelien. Vgl. K. Berger, Unfehlbare Offenbarung – Petrus in der gnostischen und apokalyptischen Offenbarungsliteratur: Kontinuität und Einheit (Festschrift F. Mußner) (Freiburg 1981) 261–326, hier 282–285.

[41] So Klein, Die zwölf Apostel 103–105. Der Zwölferapostolat setzt sich im lukanischen Schrifttum durch.

[42] Lindemann, Paulus 93.

3, 15 f. die ältesten Belege. Weil beide Briefe mit Rom zu tun haben – 1 Clem wurde in Rom geschrieben –, spricht das für die oben ausgesprochene These, daß auch der zweite Petrusbrief in Rom entstand.

In beiden Petrusbriefen wird des Todes des Apostels gedacht, aber auf sehr unterschiedliche Weise. In 1 Petr 5, 1 („Zeuge der Leiden Christi") sahen wir eine Erinnerung an das Martyrium, das Petrus in Rom (Babylon) erlitten hatte. Nicht erinnernd, sondern ankündigend werden in 2 Petr 1, 13–15 die Adressaten in fiktiver Zeitversetzung auf den bevorstehenden Tod des Apostels vorbereitet. In metaphorischer Sprache heißt es: „Der Abbruch meines Zeltes steht bevor." Dieses Wissen wird auch noch auf eine Offenbarung zurückgeführt: „wie es mir unser Herr Jesus Christus kundgetan hat". Ist diese Stelle von Joh 21, 18 f. abhängig, wo der auferweckte Christus dem Petrus das Martyrium voraussagt? Verwunderlich ist, daß in 2 Petr 1, 13–15 der gewaltsame Tod nicht angedeutet ist, was eine Abhängigkeit von Joh 21 unwahrscheinlich macht. Vermutlich ist auf eine andere Christusoffenbarung verwiesen, die wir nicht mehr kennen.[43] Der Verzicht auf die Ankündigung des Martyriums läßt sich durch das Genus des zweiten Petrusbriefes erklären. Er will das Vermächtnis, das Abschiedsschreiben des Apostels Petrus sein, das die Empfänger – wie wir sahen, ist das die ganze Kirche – nochmals an die apostolische Lehre und Tradition erinnert: „Ich halte es für richtig, solange ich noch in diesem Zelt bin, euch in der Erinnerung wachzuhalten ... Ich will dafür sorgen, daß ihr nach meinem Hinscheiden jederzeit die Möglichkeit habt, euch (an das hier Niedergeschriebene) zu erinnern" (1, 13 und 15).[44] Zum Genus des Abschiedsschreibens gehört die Ankündigung des baldigen Todes. Der Brief ist aus der Sorge heraus abgefaßt worden, daß die apostolische Überlieferung in Vergessenheit gerät und mißdeutet wird.

Jetzt läßt sich der Vergleich des Petrusbildes des ersten mit dem des zweiten Briefes auf den Punkt bringen. Wurde im ersten Petrus als der Märtyrer und in den Tod für Christus Gehende, als „Zeuge der Leiden Christi" vorgestellt, um den Gemeinden, die um ihres Glaubens willen angefochten und bedroht sind, Trost und Hilfe zu spenden, so erscheint er im zweiten als Bürge und Garant der apostolischen Tradition, um von einem Abirren vom Weg der Wahrheit zu bewahren und solche, die sich bereits entfernten, zurückzurufen. Es muß jetzt herausgearbeitet werden, wie sich diese Auseinanderset-

---

[43] Die Frage der Abhängigkeit wird auch für 2 Petr 1, 16–18 diskutiert.

[44] Ergänzung mit Vögtle EKK XXII 158.

zung des näheren darstellt und welche Argumente im Rückgriff auf Petrus von Bedeutung sind.

Die Kontrahenten, die als Falschlehrer gekennzeichnet werden (2, 1), befinden sich noch in der Gemeinde. Was im alten Gottesvolk die falschen Propheten waren, sind jetzt sie. Weil sie mit heftigen Vorwürfen überschüttet werden, die stereotype Formulierungen der Ketzerpolemik aufgreifen (Kapitel 2), und selbst nicht zu Wort kommen, ist es sehr schwierig, sich ein Bild von ihnen zu verschaffen. Doch Folgendes wird sich über sie sagen lassen und entspricht einem breiteren Konsens in der Forschung: Sie leugnen die Parusie Christi. Das ist der am klarsten greifbare Punkt ihres Widerspruchs. Mehr noch: sie spotten darüber, daß die Gemeinde an der Hoffnung auf die Wiederkunft des Erlösers festhält. Sie sagen, daß sich, seitdem die Väter entschlafen sind, nichts geändert habe und alles so blieb, wie es seit Anfang der Schöpfung gewesen ist (3, 4 f.).

Es ist bemerkenswert, daß in diesem Zusammenhang der Begriff Verheißung auftaucht, wenn den Spöttern die Frage in den Mund gelegt wird: „Und sie sagen: Wo ist die Verheißung seiner Wiederkunft?“ (3, 4). Denn dieser Begriff begegnet wiederholt. Der Verfasser setzt ihn ein im Kontext der Zukunftshoffnung, wenn er, Jes 65, 17; 66, 22 zitierend, sagt: „Wir erwarten neue Himmel und eine neue Erde gemäß seiner Verheißung“ (3, 13), oder wenn er zusichert: „Durch sie (das heißt: durch Gottes Herrlichkeit und Kraft) wurden uns die kostbaren und größten Verheißungen geschenkt, damit ihr dadurch teilhaft werdet der göttlichen Natur“ (1, 4), oder wenn er den Parusieleugnern einfach entgegenhält: „Nicht verzögert der Herr die Verheißung, wie es einige für eine Verzögerung halten“ (3, 9). Ein neuer Himmel und eine neue Erde, die Teilhabe am göttlichen Leben sind Verheißungen für die eschatologische Zukunft. Es dürfte nicht nur die Wiederkunft Christi gewesen sein, die die Gegner in Frage gestellt haben, sondern die Aussicht auf eine endzeitliche Zukunft überhaupt.[45] Verheißung aber hat mit der heiligen Schrift zu tun. Die Urchristenheit hat in der Beschäftigung mit dem Alten Testament die göttlichen Verheißungen erforscht und entsprechende Stellen herausgestellt. Die Verheißung eines neuen Himmels und einer neuen Erde

[45] Vielleicht vertraten die Gegner die Position einer realisierten Eschatologie. Das bedeutet, daß die Gläubigen nach ihrer Meinung schon alles empfangen haben. Kann ihre Position als gnostisch bezeichnet werden? Das wiederholte Vorkommen von Gnosis (1, 5 f.) oder „Gnosis unseres Herrn und Retters Jesus Christus“ (3, 16) jedoch reicht hierfür nicht aus.

in Jes 65 f., die wir oben zitiert haben, ist ein Beispiel dafür. Leider bietet der Verfasser nicht mehr Beispiele.

Aber auch die Gegner haben mit der Schrift argumentiert. Daß auch sie mit Verheißungen lockten, deutet 2, 19 an, eine Stelle, die meist unbeachtet bleibt, aber dasselbe Stichwort Verheißung enthält: „Sie (die Gegner) verheißen ihnen (das heißt, denen, die sich verführen lassen) Freiheit." Daß hier Schriftinterpretation gegen Schriftinterpretation steht, ist in 1, 20 vorausgesetzt. Hier wird vor eigenmächtiger Schriftauslegung gewarnt. In diese Schriftauslegung dürften auch die Paulusbriefe einzubeziehen sein, die nach Meinung des Verfassers von Unwissenden und Leichtfertigen mißdeutet werden (3, 16). Vermutlich stammt aus den Paulusbriefen das Stichwort Freiheit, das die Parusieleugner im Sinn moralischer Laxheit mißdeutet haben könnten (2, 2 ff.). Deutlich wird, daß Paulusbriefe schon quasikanonischen Rang gewonnen haben und daß sie sowohl vom Verfasser als auch von den Pseudolehrern in Anspruch genommen werden. Das bedeutet, daß sie unterschiedlich gedeutet werden.

Welchen Weg weist der Verfasser aus diesem Dilemma? Wie gelangt man zur rechten Schriftinterpretation? Die Beantwortung dieser Frage ist einigermaßen problematisch. Auf jeden Fall setzt der Verfasser hier Petrus ein. Zunächst grenzt er sich – wie schon erwähnt – vor der ἰδία ἐπίλυσις ab: „Dies erkennt vor allem, daß keine Prophetie der Schrift eine eigenmächtige Auslegung zuläßt" (1, 20).[46] Hier verdient das Wort „Auslegung" (ἐπίλυσις) Beachtung. Das griechische Wort – wie auch das entsprechende Verb ἐπιλύειν – begegnet in der Regel im Zusammenhang mit einer Rede, die schwer und nicht ohne weiteres verständlich ist wie schwierige Fragen, Rätsel, Prophetien oder Träume.[47] Die Schwierigkeit in 1, 20 ist im prophetischen, auf die Zukunft weisenden, weissagenden Charakter der Schrift zu suchen. Das positive Wort, wie Schriftauslegung geschehen soll, ist in Vers 1, 21 zu erwarten. Freilich findet sich hier nichts anderes als die nachdrückliche Feststellung, daß die Prophetie, das heißt, die Schriftprophetie, Gottes Wort ist, vom heiligen Geist eingegeben wurde:

---

[46] Diese Übersetzung ist vorzuziehen gegenüber der anderen möglichen: „Keine Prophetie der Schrift kommt aus (des Propheten) eigener Interpretation." Damit würde die göttliche Autorität der Schrift unterstrichen, was ohnehin in V 21 geschieht. Diese Übersetzung bevorzugen Bauckham, Jude, 2 Peter z. St.; Achtemeier, Inspiration 109 f.; Cooper: LCQ 13 (1940) 192 f. Zur Auseinandersetzung vgl. Vögtle EKK XXII 174; auch Blass-Debrunner-Rehkopf § 162, 9.

[47] Vgl. J. Gnilka, Die Verstockung Israels (StANT 3) (München 1961) 62 f. Hier zahlreiche Belege.

„Denn nicht durch menschlichen Willen ist je eine Prophetie hervorgebracht worden, sondern vom heiligen Geist getrieben haben Menschen aus Gott geredet."

Man sieht in dieser Feststellung die übernatürliche Prophetenpsychologie durchschimmern, die in dieser Zeit bei Juden und Griechen verbreitet ist. Um es mit den Worten Philos von Alexandrien wiederzugeben, der im Blick auf Dt 18, 15 kündet: Der gottgesandte Prophet trägt nichts Eigenes vor. „Wer wirklich begeistert ist und Gottes voll, kann das, was er sagt, nicht mit seinem Verstand begreifen, sondern gibt nur wieder, was ihm eingegeben wird, wie wenn ein anderer ihm vorsagte. Denn die Propheten sind Sprecher für Gott, der sich ihrer Organe zur Offenbarung seines Willens bedient."[48] Wir brauchen hier nicht die Frage zu verfolgen, wie weit die „Griffelfunktion" des Propheten, für die wiederholt Bileams Geschichte Nm 22–24 herangezogen wird, in 1, 21 getrieben wird, auch nicht, ob mit „Prophetie" die ganze heilige Schrift oder nur ihre zukunftsweisenden Stellen gemeint sind.[49] Wichtig ist für unsere Belange die Feststellung, daß sie Gottes Wort und inspiriert ist. Die daraus zu ziehende Folgerung lautet, daß sie einer entsprechenden Interpretation bedarf. Ausdrücklich wird diese Folgerung zwar nicht gezogen. Sie ergibt sich aber aus dem Nebeneinander der Sätze in den Versen 20 f. Weil die Prophetie nicht menschlichem Willen verdankt ist, sondern von Gott stammt, geisterfüllt ist, läßt sie eine eigenmächtige Interpretation nicht zu. Welches die ihr entsprechende Interpretation ist, wird – man möchte sagen: leider – nicht expressis verbis gesagt.

Man möchte erwarten, daß die entsprechende Interpretation die geistliche, geisterfüllte ist. Aber das auszusagen wird vermieden. Der Verfasser hat die richtige und die falsche Auslegung im Sinn, die er einander entgegenstellt. Er setzt sich mit Pseudolehrern auseinander. Und die richtige Auslegung hat Petrus. In fiktionaler Gleichzeitigkeit identifiziert er sich mit Petrus.[50] Die Ermächtigung zu solcher Auslegung empfing Petrus auf dem Berg der Verklärung des Herrn, auf dem „heiligen Berg". Es hat stets die Verwunderung der Interpreten hervorgerufen, daß der Verfasser in 1, 16–19 auf die Verklärung als

---

[48] Spec. leg. 1, 65. Vgl. 4, 49; vita Mos. 1, 281 ff.; Plutarch, de def. orac. 48; auch Billerbeck IV 435 ff.

[49] Die Mehrheit der Interpreten bezieht „Prophetie" auf die ganze heilige Schrift. Zum Beispiel Bileams vgl. Philo, vita Mos. 1, 280 ff.

[50] Vgl. Paulsen KEK XII/2, 103: „Darin liegt die eigentliche Absicht der Pseudepigraphie, die solche Gleichzeitigkeit unter der Fiktionalität des Apostolischen anstrebt."

der einzigen Begebenheit aus den Evangelien zurückgreift, nicht auf die Ostererscheinungsgeschichten, nicht auf das Kreuz, das nicht erwähnt wird, was man ihm verübelt hat. Das Verklärungsgeschehen sei ihm sogar so wichtig gewesen, daß es die Initialzündung dafür abgegeben habe, daß „Petrus" als einziges Pseudonym in Frage kam. Diese Auffassung A. Vögtles[51] dürfte die Situation etwas überzeichnen, streicht aber die Bedeutung der Verklärung für den Verfasser einprägsam heraus.

Für die Interpretation der angezeigten Verse, die die Verklärungsgeschichte der synoptischen Tradition in unserem Brief einholen, ist ein Zweifaches zu berücksichtigen. Zunächst ist es die besondere Wiedergabe des Geschehens, die sich ganz auf Christus und Petrus konzentriert. Zwar sind im Wir-Stil des Berichtes die beiden anderen Apostel mit gegenwärtig, aber ihre Namen werden nicht genannt. Petrus ist der herausragende Apostel. Mose und Elija, die nach dem synoptischen Bericht ebenfalls erscheinen und mit Christus reden – nach Lk 9, 31 über seinen Tod in Jerusalem –, finden keine Erwähnung. Die Verklärung, die die Synoptiker in verschiedene Bilder kleiden, wird mit theologischen Begriffen umschrieben. Jesus empfing von Gott, dem Vater, Ehre und Herrlichkeit (1, 17), geschaut wurde seine Majestät (1, 16c). Die Stimme, die nach den Synoptikern aus der Wolke ergeht (Mk 9, 7 parr), kommt aus dem Himmel (2 Petr 1, 18), von der hocherhabenen Herrlichkeit (1, 17). Die Stimme lautet: „Mein Sohn, mein Geliebter, ist dieser. Mein Wohlgefallen habe ich auf ihn gelegt" (1, 17). „Sohn" und „Geliebter" sind als eigenständige Namen voneinander abgehoben. Das göttliche Wohlgefallen wird durch die akkusativische Formulierung unterstrichen.[52]

Die Intention dieser Darstellung dürfte klar sein. Jesus hat sich auf dem heiligen Berg in seiner göttlichen Würde geoffenbart. Er ist lichtvoll als wesentlicher Gottessohn hervorgetreten. Petrus und die (beiden) anderen Apostel waren Zeugen davon. Berücksichtigt man dabei das Grundanliegen des ganzen Briefes – die Auseinandersetzung mit den Parusieleugnern –, so bedeutet die Offenbarung seiner Herrlichkeit auf dem Berg die Einsicht, daß er zur Parusie wiederkehren wird. In fiktionaler Gleichzeitigkeit wurde sie auf dem Berg vorweggenommen. Darum kann „Petrus" sagen, daß er ihnen, den Adressa-

---

[51] Petrus und Paulus 236.

[52] Zur Überlieferung vgl. Vögtle EKK XXII 167 f. Die Version kommt Mt 17, 5 am nächsten, dürfte aber auf eigener Tradition beruhen oder gestaltet sein. Der Imperativ „Höret ihn!" fehlt.

ten, die Macht und Parusie unseres Herrn Jesus Christus schon verkündet hat. Denn er hat seine Majestät (μεγαλειότης), seine göttliche Würde, schon gesehen (1, 16). Darum macht „Petrus" den Parusieleugnern den Vorwurf, daß sie den Herrn (δεσπότης) verleugnen (2, 1). Denn wer die Parusie leugnet, verleugnet den Herrn. So eng muß man den Zusammenhang sehen.

Das Zweite, das bei der Interpretation des Verklärungsberichtes in 1, 16–19 zu berücksichtigen ist, ist die hellenistische Terminologie, die freilich den ganzen Brief kennzeichnet.[53] Hierzu gehören die Gegenüberstellung von Mythos und Offenbarung (1, 16), die Majestät (μεγαλειότης) als Ausdruck des göttlichen Wesens,[54] vor allem aber der manchmal doch zu wenig beachtete Begriff der Epoptie: „Denn wir sind nicht ausgeklügelten Mythen gefolgt, als wir euch die Macht und Parusie unseres Herrn Jesus Christus kundtaten, sind wir doch Epopten seiner (göttlichen) Majestät geworden (auf dem Berg der Verklärung)" (1, 16). Der Epopte ist mehr als der Augenzeuge.[55] Der Begriff stammt aus der Mysteriensprache und bezeichnet den Eingeweihten des höchsten Grades.[56]

Wir werden nicht fehlgehen in der Annahme, daß der Autor diesen Begriff bewußt aufnahm, um seinen hellenistisch gestimmten Lesern die Bedeutung des Vorgangs der Verklärung Jesu für die beteiligten Zeugen, Petrus und die anderen Apostel, zu erschließen. Sie erfuhren durch das geheimnisvolle Schauen und Hören der Offenbarung des Herrn Zugang zu seinem göttlichen Geheimnis. Damit vermögen sie aber auch, das prophetische Wort der Schrift in seiner christologischen Relevanz umso verbindlicher auszulegen. Das ist die Konsequenz, die der Verfasser aus dem Offenbarungsvorgang in 1, 19 zieht: „Umso fester haben wir das prophetische Wort. Und ihr handelt gut, wenn ihr darauf achtet als auf eine Leuchte, die da scheint an einem dunklen Ort, bis der Tag anbricht und der Morgenstern aufgeht in euren Herzen." Der Offenbarungsvorgang auf dem Berg, dessen Epopten Petrus und die anderen waren, ist den Regeln für die Schriftdeutung vorgeordnet. Die Relevanz des prophetischen Wortes kann nur

[53] Vgl. J. Gnilka, Theologie des NT (Freiburg 1994) 441–443.

[54] Belege schon bei Windisch HNT 15, 89.

[55] Hierzu vgl. Lk 1, 2: αὐτόπται.

[56] Windisch übersetzt: Weihezunge. Belege bei Bauer, Wörterbuch s. v. Zur Sache H.-J. Klauck, Die religiöse Umwelt des Urchristentums I (Stuttgart u. a. 1995) 77–83.

eine christologische sein. Sie schließt die Parusie mit ein. Ihre Erwartung bleibt für die Gemeinde bestimmend.

Fassen wir die Bedeutung, die Petrus in unserem Brief gewinnt, zusammen. Er ist zusammen mit anderen Aposteln der Garant der apostolischen Tradition, aber deren wichtigster. Er wurde in besonderer Weise dadurch ausgezeichnet, daß ihm auf heiligem Berg eine göttliche Offenbarung zuteil wurde,[57] die ihm zum Epopten des Geheimnisses Christi werden ließ. Seine Autorität befähigt ihn insbesondere zur rechten Interpretation der Schrift, des prophetischen Wortes.

Ist die Autorität zum Amt geworden? Hat Petrus Nachfolger? Das wird man nicht sagen können. Doch bleibt die Pseudonymität des Briefes zu berücksichtigen. Ein anderer beruft sich auf den Namen des Petrus und nimmt damit seine Autorität in Anspruch. Er macht sich zum Sachwalter des Apostels. Es spricht manches dafür, daß der Brief in Rom entstanden ist.

Es ist verständlich, daß der zweite Petrusbrief sehr kontroverse Beurteilungen gefunden hat. Den einen ist er ein verwerfliches Dokument dessen, was sie Frühkatholizismus nennen (E. Käsemann). Den anderen ist er ein positives Zeugnis dafür, daß sich ein kirchliches Lehramt in petrinischer Ausrichtung anbahnt.[58] In der Erhebung des objektiven Befundes kommen beide weithin überein.

Literatur:

W. H. Cooper, The objective Nature of Prophecy to II Peter: LCQ 13 (1940) 190–195.

E. Käsemann, Eine Apologie der urchristlichen Eschatologie: Exegetische Versuche und Besinnungen I (Göttingen 1960) 135–157.

G. Klein, Die zwölf Apostel (FRLANT 77) (Göttingen 1961).

T. Fornberg, An Early Church in a Pluralistic Society: A Study of 2 Peter (CB.NT 9) (Lund 1977).

H. C. C. Cavallin, The False Teachers of 2 Peter as Pseudo-Prophets: NT 21 (1979) 263–270.

P. Grelot, La deuxième épître de Pierre et la tradition apostolique: A Can 23 (1979) 69–103.

A. Lindemann, Paulus im ältesten Christentum (BHTh 58) (Tübingen 1979).

P. J. Achtemeier, The Inspiration of Scripture (Biblical Perspectives on Current Issues) (1980).

R. J. Bauckham, The Delay of the Parousia: TynB 31 (1980) 3–36.

---

[57] Der Offenbarungsgedanke erinnert an Mt 16, 17.

[58] Dschulnigg, Petrus 198–291, mit kritischen Einschränkungen.

J. H. Neyrey, The apologetic Use of the Transfiguration in 2 Peter 1, 16–21: CBQ 42 (1980) 504–519.

A. Vögtle, Petrus und Paulus nach dem Zweiten Petrusbrief: Kontinuität und Einheit (Festschrift F. Mußner) (Freiburg 1981) 223–239.

K. Berger, Streit um Gottes Vorsehung. Zur Position der Gegner im 2. Petrusbrief: J. W. van Henten u. a. (Hrsg.), Tradition and Re-Interpretation in Jewish and Early Christian Literature (Festschrift J. C. H. Lebram) (StPB 36) (Leiden 1986) 121–135.

P. Dschulnigg, Der theologische Ort des Zweiten Petrusbriefes: BZ 33 (1989) 161–177.

R. J. Miller, Is There Independent Attestation for the Transfiguration in 2 Peter?: NTS 42 (1996) 620–625.

3. Gab es eine Petrus-Schule?

Oft begegnet man in der Literatur einer Petrus-Schule. Sie wird in der Regel mit der Entstehung der beiden Petrusbriefe in Verbindung gebracht. So sagt R. E. Brown, Rom sei ein plausibler Anwärter für die Entstehung des zweiten Petrusbriefes innerhalb einer Petrus-Schule.[59] Nach O. Knoch war es die Hochschätzung des Petrus, die die Petrus-Schule veranlaßte, die beiden Briefe hervorzubringen. Silvanus und Markus (1 Petr 5, 12 f.) gehörten zu ihr. An anderer Stelle spricht er von einer „bewußt petrinisch denkenden und handelnden Gruppe einflußreicher Christen" in Rom.[60] R. Pesch übernimmt diese Auffassung und schreibt der Petrus-Schule maßgebliche Bedeutung zu für die Ausformung des universalen Amtes der Nachfolger des Petrus.[61]

Wie gelangt man zu dieser Auffassung? Ist das Vorhandensein von zwei nach Petrus benannten Briefen eine ausreichende Begründung dafür, daß es eine Petrus-Schule gab? Um eine Begründung haben sich insbesondere J. H. Elliott, der im übrigen den Ausdruck petrinischer Kreis, petrinische Gruppe an Stelle von Petrus-Schule bevorzugt,[62] und M. L. Soards gekümmert.

Die Argumente, die für die Existenz einer Petrus-Schule bzw. eines Petruskreises vorgebracht werden, sind zunächst ganz allgemeiner Art, etwa daß wir Petrus im Neuen Testament weitestgehend eingebunden sehen in Gruppen und Kreise, in den Kreis der Zwölf, in den

[59] Introduction 768.

[60] Petrusschule 114 und 107.

[61] Was an Petrus sichtbar war 34.

[62] Home 291 Anm. 16.

Kreis von drei (Petrus, Jakobus, Johannes) oder vier Jüngern (plus Andreas). Von Petrus und denen mit ihm kann gesprochen werden (Mk 1, 36; 9, 32), er wird zusammen mit den anderen Aposteln und den Brüdern des Herrn erwähnt (1 Kor 9, 5), mit dem Haus der Maria, der Mutter des Johannes Markus (Apg 12, 12–17) und noch in andere persönliche Zusammenhänge gestellt.[63] Die beiden Petrusbriefe werden daraufhin untersucht, welche Strukturen einer hinter ihnen stehenden Gemeinde sie erkennen lassen. Diese Gemeinde wird als eigengeprägte geschildert. Wichtig ist vielleicht für unsere Zusammenhänge, daß man meint, dieser Gemeinde den Charakter eines Freundschaftskreises zuschreiben zu können.[64] Auch beruft man sich auf das allgemeine Urteil, daß sich um führende Persönlichkeiten Menschen scharen. Überblickt man diese Beobachtungen, so wird man nicht sagen können, daß sie zur Existenz einer Petrus-Schule führen, eher schon zu einem Freundeskreis, zu einer als Freundeskreis sich verstehenden Gemeinde.

R. A. Culpepper[65] hat den Schulbegriff präzisiert und neun Kriterien aufgestellt, die er als Bedingung dafür ansieht, daß man von einer Schule sprechen kann. Die wichtigsten sind folgende: Es handelt sich um eine Gruppe von Schülern, die in Freundschaft verbunden sind und sich um ein Schulhaupt scharen, dessen Lehre sie weitertragen. Lehren, Lernen, Studieren, Schreiben sind ihre kennzeichnenden Aktivitäten. Feste Regeln bestimmen die Aufnahme in ihren Kreis. Vom Rest der Gesellschaft sondern sie sich ab. Obwohl Soards sich um den Nachweis der Erfüllung dieser Kriterin bemüht, dürfte er kaum gelungen sein.

Die hinter den beiden Petrusbriefen stehende Gruppe läßt sich nicht als Schule im strengen Sinn definieren. Von Absonderung – dann auch gegenüber dem Rest der Gemeinde –, schulischem Betrieb mit Auswahl und möglicher Entfernung der Schüler ist nichts zu entdecken.[66] Es geht ihr auch nicht darum, petrinische Traditionen zu

---

[63] Vgl. Elliott, Home 273.

[64] Soards, Evidence, bezieht den Judasbrief in seine Untersuchungen mit ein und meint, daß alle drei Briefe – 1 und 2 Petr und Jud – in ein und derselben Gemeinde entstanden seien (3834). Welche Gemeinde das sei, läßt er offen. Auf einen Freundschaftskreis weist nach Meinung Soards hin die relativ häufige Anrede ἀγαπητοί (Geliebte), vergleichbar 1 Joh (3842).

[65] School 258 f. Vgl. Soards, Evidence 3841–3844.

[66] Die Sprache der Minderheit, die 1 Petr spricht, betrifft nicht die Abgrenzung einer Schule, sondern die Abgrenzung der Gemeinde gegenüber der Welt. Soards, Evidence 3844, zitiert 1 Petr 2, 11; 4, 1–5; 2 Petr 3. 11 f. Vgl. Brox: Kairos 19 (1977) 1–13.

kultivieren. Vielmehr beruft sie sich auf die Autorität des Petrus, die für sie unangefochten ist, um notwendige Weisungen zu geben und diesen Gewicht zu verleihen. Die Berufung auf Petrus wird auch damit zu tun haben, daß die beiden Petrusbriefe in Rom entstanden sind, eine Auffassung, die wir oben vertreten haben.

Vielleicht kann man noch einen Schritt weitergehen. Die römische Gemeinde setzte sich in neutestamentlicher Zeit aus einer Anzahl von Hausgemeinden zusammen. Das Grußkapitel des Römerbriefes vermag dies zu bestätigen. P. Lampe[67] hat von der Fraktionierung der römischen Gemeinde gesprochen. Es läßt sich denken, daß die Entstehung der Petrusbriefe in einer dieser Hausgemeinden verwurzelt ist.[68]

Literatur:

R. A. Culpepper, The Johannine School (Soc. Bibl. Lit. Diss. Ser. 26) (Missoula 1975).

N. Brox, Situation und Sprache der Minderheit im ersten Petrusbrief: Kairos 19 (1977) 1–13.

J. H. Elliott, A Home for the Homeless (Philadelphia 1981) 270–282.

M. L. Soards, 1 Peter, 2 Peter und Jude as Evidence for a Petrine School: ANRW II 25.5, 3827–3849.

O. B. Knoch, Gab es eine Petrusschule in Rom? (StNTU A 16) (Linz 1991) 105–126.

R. Pesch, Was an Petrus sichtbar war, ist in den Primat eingegangen (Freiburg 2000).

Th. Schmeller, Schulen im NT? (Herders Bibl. Studien 30) (Freiburg 2001).

[67] Die stadtrömischen Christen 301.

[68] Zum Grundsätzlichen eines Schulbegriffs vgl. jetzt Schmeller, Schulen.

Zusammenfassung des neutestamentlichen Befundes

Rückblickend wollen wir die Ergebnisse der neutestamentlichen Untersuchungen nachzuzeichnen versuchen.

Wir hoben das Petrusbild, das neutestamentliche Schriften bieten, ab von dem, was sich über den Fischer vom See Gennesaret sagen läßt. Es läßt sich die Skizze eines Lebens nachzeichnen, das vom See mit den Stationen Betsaida und Kafarnaum über seine Jüngerschaft, seine Tätigkeit als Leiter der Jerusalemer Muttergemeinde und in der Mission bis zu seinem Martyrium in Rom einen weiten Bogen spannt. Mag es auch nicht besonders viel an Detailwissen sein, was sich zusammentragen läßt, so hebt sich das theologische Petrusbild nicht völlig davon ab. Es gibt Zusammenhänge und Verbindungsstellen, die für das Verständnis der Person und ihrer Wirkung unbedingt zu beachten sind.

Dies sind die Daten des Lebens des Simon: In Betsaida geboren, in Kafarnaum durch Verheiratung beheimatet, wurde er von Jesus zusammen mit seinem Bruder Andreas in die Jüngerschaft berufen, mit an Sicherheit grenzender Wahrscheinlichkeit als erster. Er beherbergt gelegentlich Jesus in seinem Haus in Kafarnaum. Er gehört zum Zwölferkreis, von Jesus konstituiert, und übernimmt die Rolle des Sprechers. Jesus gibt ihm den Namen Kepha, was am besten mit „Edelstein" zu übersetzen ist und mit seiner Erstberufung zusammenhängen könnte, auf jeden Fall noch keine ekklesiologische Relevanz besitzt. Man könnte von einem charakteristischen Namen sprechen, wie es auch in rabbinischen Kreisen vorkam, daß charakteristische Namen vergeben wurden. In der Passion Jesu versagt er und flieht mit anderen Jüngern in seine galiläische Heimat.

Hier hat er als erster eine Erscheinung des gekreuzigten und auferweckten Jesus, die ihn zur Glaubensüberzeugung bringt, daß Jesus lebt. Die Sammlung der Jünger und ihr Zug nach Jerusalem dürfte auf die Initiative des Kephas zurückgehen. Hier bildet sich die erste christliche Gemeinde, deren Leiter er wird. Er predigt den gekreuzigten und auferweckten und wiederkehrenden Jesus in der Stadt und ist Anfeindungen und Verfolgungen von seiten der Hohepriester ausgesetzt. Er teilt sich die Gemeindeführung mit anderen, mit Jakobus, dem Herrenbruder, dann – soweit für uns greifbar – mit anderen Aposteln. Zur Zeit des Apostelkonvents sind Jakobus, Kephas und Johannes führend, die die „Säulen" genannt werden. Kephas geht auf Missionsreise und wendet sich den Juden zu. Jakobus übernimmt die Jerusalemer Gemeindeleitung. Die missionarische Tätigkeit des

Kephas ist kein Sonderunternehmen, sondern gemeinsames Bemühen der Jerusalemer.[69] Wenn Petrus – in Gal 2, 7 f. taucht zum erstenmal der griechische Petrusname auf – die leitende Stellung in der Evangeliumsverkündigung unter den Juden zugesprochen wird, beinhaltet das auch seine Position in der Judenchristenheit. So sehen wir neben Kephas auch die anderen Apostel und die Herrenbrüder auf Missionsreise (1 Kor 9, 5).

Die durch Paulus, den spätberufenen Apostel, intensiv betriebene und erfolgreiche Heidenmission führt eine neue Situation herauf. Die mit ihr verbundenen Fragen und Probleme veranlassen den Apostelkonvent. Paulus erkennt die Autorität des Kephas und Jerusalem als Vorort des christlichen Glaubens an. Dennoch wahrt er mit seinen Gemeinden eine gewisse Eigenständigkeit. Die von ihm und seinen Gemeinden übernommene Kollekte für die Armen in Jerusalem, das heißt, für die Jerusalemer Gemeinde, hat er nicht als Auflage betrachtet. Wie diese Kollekte die Jerusalemer Autoritäten werteten und ob sie ihr rechtliche Bedeutung zumaßen, ist für uns nicht mehr mit Sicherheit zu ermitteln. Die im Anschluß an den Apostelkonvent erfolgte Konfrontation von Kephas und Paulus, der sogenannte Antiochenische Zwischenfall, läßt die Flügel in der Urchristenheit – Jakobus, Kephas, Paulus – klar erkennen. Er zeigt Kephas in der Mitte zwischen den Flügeln. Sein Eintreten für die Judenchristen erfolgte aus Sorge um die Einheit der Kirche. Ihm dürfte es auch zu verdanken sein, daß es zu keinem Bruch zwischen Juden- und Heidenchristen kam. Daß der Bruch verhindert wurde, beweisen die Paulusbriefe, die nach dem Konvent entstanden sind und die den Vorort Jerusalem nicht antasten.

Jedoch rückt Jerusalem in den Hintergrund. Die politischen Verhältnisse, die Verhaftung des Paulus in Jerusalem, die Nähe des Krieges haben dazu beigetragen. Die Gemeinde von Antiochia gewinnt zunehmend an Bedeutung. Kephas verläßt Jerusalem. Seine Missionsreisen, auf denen er möglicherweise auch nach Korinth kam, führen ihn am Ende nach Rom. Dort gerät er in die von Nero angezettelte Verfolgung der Christen und stirbt in der Regierungszeit dieses Kaisers den Märtyrertod.

Das Petrusbild, dem wir uns jetzt zuwenden, kommt insbesondere in den Evangelien zur Ausprägung. Er wird jetzt einhellig als der Fels gesehen. Die Bedeutung des ihm übertragenen Namens wandelt sich

[69] Nochmals ist auf den Plural in Gal 2, 9c zu verweisen: „sie aber (das sind Jakobus, Kephas und Johannes) zur Beschneidung".

zu „Fels“. Der Petrusname, der in diesem Sinn zu verstehen ist, wird weitestgehend bevorzugt. In den Zwölferlisten steht er an erster Stelle und wird daran erinnert, daß ihm der Petrusname übertragen wurde (Mk 3, 16 parr). Er ist der Erste des neuen Zwölferstämmevolkes, der Kirche. Das Wissen darum, daß er zweimal der Erste war – am Anfang des Wirkens Jesu und an Ostern – wird wesentlich zu dieser Sicht beigetragen haben. Wir vermuten, daß die Vorstellung von Petrus, dem Fels, in Antiochia, ausgebildet wurde. Klassischen Ausdruck hat sie in Mt 16, 17–19 gefunden. Er ist der Fels, der die Kirche des Messias trägt und sie vor den schädigenden Mächten der Unterwelt bewahrt. Als Garant und Bürge des Evangeliums trägt er die Schlüssel der Himmelsherrschaft und hat die Vollmacht, zu binden und zu lösen, ist er der maßgebliche Lehrer.

Nach Lk 22, 31 f. hat er die Aufgabe, die Brüder und Schwestern im Glauben zu stärken. Die universale Leitungsgewalt kleidet Joh 21, 15–17 in das Bild von Hirt und Herde. Es ist wiederum die Herde des Messias, der sich selbst als der gute Hirt bezeichnete. Die Sorge um die Einheit, die gerade das vierte Evangelium prägt, darf man abgebildet sehen in dem von Petrus ans Land gezogenen, prall mit einhundertunddreiundfünfzig (universale Zahl) Fischen gefüllten Netz, das nicht zerreißt (Joh 21, 11).

Beachtung verdient das in den beiden nach Petrus benannten Briefen ausgeprägte Petrusbild. Der Autor und die hinter ihm stehende Gemeinde/Gruppe berufen sich auf die Autorität des Apostels, um einem weit gespannten Adressatenkreis Trost und Halt und Weisung zu geben. Im ersten Brief sind es die Gemeinden Kleinasiens, im zweiten die universale Kirche. In beiden Briefen ist der Tod des Petrus vorausgesetzt, wenn er als Zeuge der Leiden Christi vorgestellt wird (1 Petr) oder das gesamte Schreiben als Vermächtnis des Apostels konzipiert ist (2 Petr). Wir haben mit der Mehrheit der Interpreten die Auffassung vertreten, daß beide Briefe in Rom entstanden. Wichtig für eine spätere Entwicklung ist dann der Befund, daß die römische Gemeinde oder ein Teil von ihr sich im Namen des Petrus an die Kirche wendet. Die Berufung auf Petrus legte sich nahe, weil der Apostel in Rom gestorben war und dort sein Grab gefunden hatte.

Was ergibt sich aus dem neutestamentlichen Befund für die Möglichkeit einer Nachfolge im Petrusdienst? Kommt eine Nachfolge schon in den Blick? Hinsichtlich einer persönlichen Nachfolge ist das zu verneinen. Es gibt aber zahlreiche Hinweise, die anzeigen, daß man die Fortsetzung der dem Petrus zugedachten Dienste für notwendig erachtete. Da haben wir zunächst im Matthäusevangelium die Vollmachtsübertragung zu binden und zu lösen auch an die Jünger (18, 18). Diese Vollmacht, die im Kontext der Gemeinderede stärker die Bedeutung erhält, Sünden zu vergeben oder zu behalten, soll in der Gemeinde weiter ausgeübt werden (vgl. Joh 20, 23). In Mt 16, 19 ruhte der Akzent auf der Bedeutung, eine Lehre oder Interpretation für verbindlich oder unverbindlich zu erklären. Doch ist zuzugeben, daß beide Bedeutungen ineinandergreifen.

Im Johannesevangelium ist das wiederholte gemeinsame, fast rivalisierend zu nennende Auftreten von Petrus und dem Lieblingsjünger nicht zu übersehen. Dem Petrus kommt die größere Bedeutung zu – er soll die universale Herde Christi weiden –, der Lieblingsjünger ist der für die johanneische Gemeinde Wichtigere. Doch repräsentieren beide auch ein über sie hinausweisendes symbolisches Verständnis. Petrus repräsentiert das Amt, der Lieblingsjünger die Christusunmittelbarkeit. Beides hat bleibende Relevanz. Wie sich das vierte Evangelium die Fortsetzung des Amtes vorgestellt hat, bleibt ungesagt. Überließ es das der durch Petrus eingeholten Großkirche, um deren Anerkennung sich die johanneische Gemeinde als elitäre Randgemeinde bemühte?

Vielleicht tritt in den beiden Petrusbriefen das Fortleben der Autorität des Petrus noch klarer hervor. In seinem Namen wird Weisung gegeben, werden Pseudolehrer korrigiert und zurechtgewiesen. Die Autorität des Petrus, die sich in diesen recht konkreten Belehrungen äußert, ist voll anerkannt. Man empfindet auch, daß die Fortexistenz einer solchen Autorität hilfreich sein kann. Freilich muß man fragen, ob man sich in der rechten Weise auf sie berufen und die Liebe nicht verletzt hat.

Mitzuberücksichtigen ist die Tatsache, daß mit der Zerstörung Jerusalems im Jüdisch-Römischen Krieg im Jahre 70 der Vorort Jerusalem seine Bedeutung für die christliche Kirche faktisch verlor. Er wurde zum Ort der Erinnerung. Im Bemühen um die Wiedergewinnung eines Vorortes hatte die römische Gemeinde als Ort des Martyriums von Petrus und Paulus, die in frühchristlichen Schriften (2 Petr, 1 Clem, Ignatius) nebeneinanderrücken, und als Gemeinde in der Hauptstadt des Imperium Romanum von vornherein Chancen. Sie wurden von der römischen Gemeinde genutzt, blieben jedoch keinesfalls unwidersprochen. Diese Entwicklung wollen wir noch ein wenig weiterverfolgen.

Im Blick auf den neutestamentlichen Befund muß aber noch folgende wichtige Beobachtung miteingeschlossen werden. Zwar ist nach Mt 16, 18 Simon Petrus allein der Fels der Kirche des Messias, doch sind es nach anderen neutestamentlichen Zusammenhängen die Apostel (und Propheten). Die Jerusalemer Gemeinde besitzt – wie wir schon hörten – mit Jakobus, Kephas und Johannes ihre Säulen (Gal 2, 9). Die Fundamente der Mauern des himmlischen Jerusalem tragen die Namen der zwölf Apostel (Apk 21, 14). Nach Eph 2, 20 ist die Kirche auferbaut auf dem Fundament der Apostel und Propheten.

Vor allem aber wird immer wieder Christus als das tragende Fundament bezeichnet. Christus ist nach 1 Kor 3, 10 das Fundament, das der Apostel bei der Gründung der Gemeinde legte und das durch kein anderes ersetzt werden kann. Christus ist der Stein, den die Bauleute verworfen haben, der aber zum Eckstein geworden ist (Mk 12, 10 f.). Es handelt sich um ein Zitat von Ps 118, 22, das auf Christus bezogen wird (vgl. Apg 4, 11; 1 Petr 2, 7). Im Hirten des Hermas wird die Kirche mit einem Turmbau verglichen, der auf dem Felsen Christus ruht (v 2, 3 ff.).

Diese Bezüge, die die Qualität der Kirche als apostolischer und ihre Verwurzelung in Christus betreffen, sind für die Beurteilung des Petrusdienstes auf jeden Fall zu berücksichtigen. Sie haben auch in der an das Neue Testament anschließenden Diskussion – wie wir sehen werden – eine Rolle gespielt.

Achtes Kapitel

Die Bedeutung von Petrus und Rom in der frühen nachneutestamentlichen Zeit

Mit den beiden Petrusbriefen ist schon ein entscheidender Schritt in eine neue Situation hinein getan. Wichtig und kennzeichnend ist, daß wir es mit Briefen zu tun haben, die an ein allgemeines bzw. universal kirchliches Publikum gerichtet sind, der erste Petrusbrief an die Provinzen Kleinasiens, der zweite an „alle, die mit uns denselben teuren Glauben empfangen haben."

Diese Beobachtung dürfen wir mit folgendem Problem verknüpfen, daß mehr und mehr ins Bewußtsein kam. Es ist das Problem der Zusammengehörigkeit und Einheit der über das Mittelmeergebiet verstreuten Gemeinden. Je größer deren Zahl wurde, desto mehr nahmen auch auseinanderstrebende, zentrifugale Tendenzen zu. Wir brauchen nur die Vielfalt der in den neutestamentlichen Schriften enthaltenen Theologien bedenken, um die Möglichkeiten einer divergierenden Entwicklung zu erfassen.[1] Bereits innerhalb des Neuen Testaments gibt es beschwörende Stimmen, die zur Einheit aufrufen (etwa Joh 17; Eph 4, 1–6). Es ist aufschlußreich, daß es Spätschriften sind. Auch die beiden Petrusbriefe gehören der neutestamentlichen Spätzeit an. Als allgemeine „enzyklische" Briefe suchen sie, einen möglichst breiten Adressatenkreis zu erreichen. Innerhalb des Neuen Testaments gibt es auch noch andere „enzyklische" Briefe, die ebenfalls der Spätzeit zugehören und ähnliche Anliegen erkennen lassen. Enzyklischen Charakter hat der sogenannte Epheserbrief,[2] die Apokalypse, der man einen gewissen Briefcharakter zusprechen kann.[3] Der Jakobusbrief wendet sich, indem er an die „zwölf Stämme in der Zerstreuung" (1, 1) gerichtet ist, an ein universales christliches Publikum.

[1] Gnilka, Theologie des NT 454–464.

[2] Zum Adressenproblem vgl. Gnilka, Eph 1–7.

[3] Vgl. M. Karrer, Die Johannesoffenbarung als Brief (FRLANT 140) (Göttingen 1986).

Die beiden Petrusbriefe aber unterscheiden sich von den anderen genannten, daß sie eben Petrus als Verfasser für sich in Anspruch nehmen und – wie wir oben darlegten – Rom als ihr Abfassungsort gelten kann. Der Epheserbrief und die Apokalypse sind im Osten des Reichs entstanden, am ehesten in Kleinasien, auch für den Jakobusbrief wird man den Entstehungsort im Osten zu suchen haben, auf eine nähere Angabe verzichten die meisten Autoren.[4] Enzyklische Briefe wollen zusammenführend wirken. Indem man sich auf eine Autorität des Anfangs beruft – Petrus, Jakobus, Paulus – soll die Einheit und das Zusammengehörigkeitsgefühl gestärkt werden. Es dürften Zentren gewesen sein, wo sich die Sorge um die Einheit ausbildete und man sich des Problems annahm. Rom kann sicherlich von vornherein als ein solches Zentrum gelten. Als andere Zentren kommen vor allem solche Gemeinden in Frage, in denen einst Apostel gewirkt haben. Wir werden auf solche Gemeinden stoßen. Wenn wir feststellen konnten, daß enzyklische Briefe sowohl im Westen als auch im Osten entstanden, Bemühungen um Zusammenführung also in beiden Teilen des Reiches auszumachen sind, deutet sich zumindest von fern die Spur eines Auseinanderdriftens an. Beides läßt sich in einem dramatischen Prozeß beobachten, der Wille zur Einheit und die Tendenz zum Auseinandergehen.

Wir wollen im Blick auf Rom diesen Prozeß etwas verfolgen. Dabei soll im wesentlichen die Zeit bis zum Ende des zweiten und Beginn des dritten Jahrhunderts ins Auge gefaßt werden. Die Quellen sind nicht üppig. Nicht weniges ist verlorengegangen. Von manchen Briefen, deren genaue Kenntnis für uns wichtig wäre, wissen wir nur, daß sie einmal geschrieben wurden, oder wir besitzen eine knappe Inhaltsangabe oder ein paar Zitate. Das meiste verdanken wir Eusebios von Kaisareia.[5] Wir befragen zunächst den ältesten uns erhaltenen nachneutestamentlichen Brief, was er uns über die Stellung und das Ansehen der römischen Gemeinde (und des Petrus) zu sagen hat.

---

[4] Vg. Frankemölle, Jak I 46; Schnelle, Einleitung 443, der für Alexandria plädiert. Rom wurde auch gelegentlich vorgeschlagen (S. Laws), ist aber in hohem Grad unwahrscheinlich.

[5] Hist. eccl. VI 20, 3 (Gaius); V 23, 3 (Viktor); IV 23, 11 (Soter); V 3, 4 (gallische Märtyrer an Eleutherus); IV 23 (die zahlreichen Briefe des Bischofs Dionysius von Korinth).

1. Der erste Clemensbrief

Beim ersten Clemensbrief handelt es sich nicht um einen enzyklischen Brief – zumindest nicht prima vista –, sondern um einen Brief an eine konkrete Gemeinde, die von Korinth. Für unsere Zusammenhänge ist der Brief interessant, weil der Absender die römische Gemeinde ist und Petrus und Paulus – wie schon besprochen[6] – in ihm an nicht unwichtiger Stelle erwähnt werden. Die römische Gemeinde schreibt an die korinthische. Die Veränderung oder der Fortschritt, wenn man dies so sehen will, gegenüber den Petrusbriefen besteht darin, daß nicht mehr die Autorität des Apostels in Anspruch genommen wird, sondern die römische Gemeinde in eigener Autorität spricht. Absender- und Adressenangabe lauten wie folgt: „Die Gemeinde Gottes, die in Rom in der Fremde wohnt, an die Gemeinde Gottes, die in Korinth in der Fremde wohnt, den Berufenen, nach dem Willen Gottes durch unseren Herrn Jesus Christus Geheiligten."[7] Es fehlt ein persönlicher Name. Die beiden Gemeinden, die von Rom und Korinth, treten im Brief als „Wir" und „Ihr" einander gegenüber. Der Brief spricht auch kein Gemeindemitglied von Korinth namentlich an.

Wer steckt hinter dem „Wir"? Ein individueller Verfasser? Das ist keinesfalls auszuschließen. Wenn er völlig zurücktritt, muß es ihm darauf angekommen sein, daß ein Austausch zwischen den Gemeinden und nicht bloß zwischen einzelnen Personen hier und dort stattfindet. Der Austausch erfolgt durch Boten. Sie überbringen den Brief und werden als „zuverlässige und verständige Männer" empfohlen, die durch einen untadeligen Lebenswandel ausgezeichnet sind (63, 3). Wenn am Schluß ihre Namen genannt werden – Claudius Ephebus, Valerius Biton, Fortunatus – erfolgt das, um sie zu legitimieren (65, 1). Die Namen der ersten beiden deuten einen höheren sozialen Status an. Die nomina Gentilicia weisen sie als claudische bzw. valerische Freigelassene aus, die griechischen Cognomina als Männer unfreier Herkunft. Der kaiserliche Freigelassene wird an erster Stelle genannt.[8] Solche Freigelassene kamen nicht selten zu Amt und Wür-

---

[6] Vgl. oben S. 114–118.

[7] „In der Fremde" enthält den Gedanken, daß die christliche Gemeinde auf Erden nicht beheimatet ist (vgl. 1 Petr 1, 1 und 17, Phil 3, 20). Peterson, Praescriptum 129, versteht „in der Fremde" im Sinn von „außerhalb Palästinas" und sieht darin ein Erbe des jüdischen Briefes.

[8] Vgl. Lampe, Die stadtrömischen Christen 153 f.

den. Einen kirchlichen Amtstitel (Episkopos, Presbyter) tragen sie nicht. Offenkundig üben sie ein solches Amt auch nicht aus. Daß man gerade diese Männer aussendet, wird man für die Beurteilung der Situation nicht unberücksichtigt lassen dürfen. Ihr öffentliches Ansehen wird ins Spiel gebracht. Sie waren durchaus mehr als nur die Überbringer des Briefes. Sie sollen „Zeugen zwischen euch und uns“ sein (63, 3). Das bedeutet, daß sie den Brief erläutern und seine Anliegen in Korinth durchsetzen sollten. Ihnen mutete man diese Aufgabe zu und hoffte, daß durch sie eine positive Lösung zustande kommt.

Später wird die Nachricht überliefert, daß Clemens von Rom den Brief abgefaßt habe. Während Irenäus noch die Tradition aufbewahrt hat, daß die Gemeinde in Rom den Korinthern einen sehr bedeutenden Brief geschrieben habe, als es unter Clemens unter den dortigen Brüdern zu einer schweren Meinungsverschiedenheit gekommen war (haer. III 3, 3), ist Bischof Dionysius von Korinth (um 170) der erste, der den Brief dem Clemens zuschreibt.[9] Diese Auffassung setzt sich durch. Doch bleibt der Unterschied in den Überlieferungen zu beachten. Ist am Anfang der Autor ganz in die Gemeinde hinein aufgehoben, so tritt er allmählich namentlich hervor. Es erfolgt eine Akzentverschiebung von der Verantwortlichkeit der Gemeinde auf die eines einzelnen. Als der Brief abgefaßt wurde – nach weitgehender Übereinstimmung in den neunziger Jahren des ersten Jahrhunderts[10] –, hatte diese Akzentverschiebung noch nicht stattgefunden.

Der uns aus den besagten Gründen seinen Namen nicht nennende Clemens ist dem Kreis der römischen Episkopen/Presbyter zuzurechnen und kann als einer der führenden Männer in der Gemeinde gelten.[11] Eine Identifizierung mit dem in Pastor Hermae, visio II 4, 3, erwähnten Clemens, der dort als eine Art Korrespondenzverteiler in der römischen Gemeinde fungiert, ist aus chronologischen Gründen sehr unwahrscheinlich.[12]

Der unmittelbare und primäre Anlaß für die Abfassung des Briefes ist ein in der korinthischen Gemeinde ausgebrochener Streit. Er

[9] Bei Eusebios, hist. eccl. IV 23, 11.

[10] Es ist die Zeit des Endes der Regierung des Domitian oder des Anfangs der Regierung des Nerva. Domitian wurde im September 96 ermordet.

[11] Vgl. A. Stuiber: RAC III 189.

[12] Mit Lona, 1 Clem 66. Anders etwa Campenhausen, Kirchliches Amt 103. Ebenso fragwürdig ist die Identifizierung mit dem Clemens von Phil 4, 3. Unter dem Namen des Clemens entwickelt sich später eine umfangreiche pseudoclementinische Literatur. Vgl. Döpp-Geerlings, Lexikon der antiken christlichen Literatur 132 f.

bedroht nicht nur die dortige Gemeinde, sondern ist darüber hinaus auch eine Gefahr und Belastung für andere Gemeinden. Mit unmißverständlich scharfen Worten wird dies gleich am Anfang des Briefes festgestellt. Von einem „für die Auserwählten Gottes befremdlichen und unpassenden, schmutzigen und unseligen Aufruhr" ist die Rede, den ein paar verwegene und rücksichtslose Leute – Gemeindemitglieder – entfesselt haben, daß er geeignet ist, daß „euer ehrbarer, gerühmter und bei allen Menschen beliebter Name heftig gelästert wird" (1, 1). Obwohl begreiflicherweise immer wieder auf diesen Streit zurückgelenkt wird und der Autor sich über diese Entwicklung empört – „eine Schande, Geliebte, eine große Schande und eines Lebens in Christus unwürdig" (47, 6) –, wird nicht ganz klar, was in Korinth sich ereignete. Sicher ist nur, daß sich einige gegen ihre Episkopen und Presbyter auflehnten und sie sogar absetzten (42, 4; 44, 3–5; 47, 6). Wieviele sich an diesem Aufruhr beteiligten, ist ebenfalls nicht deutlich erkennbar. Einmal wird von wenigen (1, 1) oder sogar nur von ein oder zwei Personen gesprochen (47, 6), im gleichen Atemzug aber heißt es, daß die Gemeinde von Korinth sich erhebt gegen die Presbyter. Vermutlich sind die wenigen die Anstifter der Empörung. Es war ein Aufruhr der Jungen gegen die Alten. Dabei ist nicht auszuschließen, daß sie das Amt in der Gemeinde als solches ablehnten. Es erhoben sich „die Unbeachteten gegen die Geachteten (vgl. Jes 3, 5), die Unangesehenen gegen die Angesehenen, die Unverständigen gegen die Verständigen, die Jungen gegen die Alten" (3, 3).

Neben diesem unmittelbaren Anlaß des Aufruhrs wird man aber nicht übersehen dürfen, daß der Brief nach einer allgemeinen, weiterreichenden Geltung strebt. Dies geht schon aus seiner Länge und Ausführlichkeit hervor. Ganze Partien des Briefes wie auch lange alttestamentliche Zitate, vorab aus den Psalmen, haben mit dem korinthischen Streit nichts zu tun, sondern sind weisende Worte, die an jede Gemeinde gerichtet sein können. Der abschließende Segenswunsch gilt dann auch sowohl den Korinthern als auch „allen überall, die berufen sind von Gott und durch Ihn" (unseren Herrn Jesus Christus) (65, 2). Man hat von katholischen Tendenzen gesprochen und damit diese über die Anbindung an ein konkretes Problem hinausgehende Ausrichtung gemeint. Dies mag zum großen Ansehen, das der Brief alsbald erreichte, beigetragen haben.

Die Frage aber, die uns insbesondere interessiert, ist die: Wie kam die römische Gemeinde dazu, sich in die Angelegenheiten einer fremden Gemeinde einzumischen, dazu noch einer Gemeinde, die wie sie auf das Wirken von Aposteln in ihr zurückblicken konnte? Es handelt sich nicht um einen Dissens in der Lehre, sondern um eine Angelegenheit, die das Ansehen der Christen betrifft (1, 1). Auch sind die Römer offenkundig nicht um ein Eingreifen gebeten worden. Ihre Einmischung, die schriftlich und mündlich, durch Brief und Delegaten erfolgt, ist zunächst im Rahmen des gegenseitigen Austausches und der Gastfreundschaft, die man einander gewährte, zu sehen.[13] Diese Gepflogenheiten, die ja schon zur Zeit des Apostels Paulus bestanden, haben das Zusammengehörigkeitsgefühl gestärkt.

Die Einmischung ist Ausdruck ihrer Sorge und Verantwortung, die gegenseitig bestehen. Sie wird behutsam vorgetragen: „Dies, Geliebte, schreiben wir nicht nur zu eurer Ermahnung, sondern auch zu unserer eigenen Beherzigung. Denn wir befinden uns auf demselben Kampfplatz" (7, 1). „Wir wollen die Zurechtweisung annehmen, über die sich keiner ärgern darf, Geliebte. Die Ermahnung, die wir einander geben, ist gut und überaus nützlich. Denn sie verbindet uns mit dem Willen Gottes" (56, 2). „Nehmt unseren Rat an" (58, 2). „Wir werden keine Schuld haben an dieser Sünde …" (59, 2).

Wichtig ist die Bemerkung, daß die gegenseitige Ermahnung gut und überaus nützlich sei. Wir können voraussetzen, daß die verschiedenen Gemeinden einander im Auge behielten, einander halfen und sich gegenseitig stärkten. Man hatte zur Zeit der Abfassung des ersten Clemensbriefes, also gegen Ende des ersten Jahrhunderts, längst erkannt, daß dieser geistige und materielle Zusammenschluß für das Überleben notwendig ist. Im gegenseitigen Austausch richtete man sich auf und spornte sich an. Dabei bleibt die schwierige juristische Lage der Christen zu beachten, in der das Christsein an sich, das nomen ipsum, als strafwürdiges Vergehen jederzeit an den Pranger gestellt werden konnte. In diesem Geist und in dieser Situation ist auch die römische Gemeinde willens und bereit, Ermunterung, Anregung und Kritik entgegenzunehmen. Der dargestellte Zusammenschluß der Gemeinden bedeutet eine echte Communio-Praxis, der das Einheitsbewußtsein zu pflegen und auszubauen in der Lage war.

Eine eindeutige Spitze der römischen Gemeinde ist im Brief nicht auszumachen. Der Verfasser, mit dem wir rechneten, bleibt ganz eingebunden in die Gemeinde. Die Gemeinde Gottes, die in Rom in der Fremde wohnt, wendet sich an die korinthischen Brüder und Schwestern. Die Ämterstruktur, die der Brief voraussetzt, besteht aus Episkopen, Presbytern und Diakonen. Der Brief setzt sich für die Wiederanerkennung der Amtsträger in Korinth ein. Offenkundig sieht

13 In 1, 2 wird die Gastfreundschaft der Korinther gerühmt.

er in ihnen Garanten für die sich auflösende Ordnung. Ein monarchischer Episkopat ist noch nicht auszumachen. Es fällt auf, daß die Diakone den Episkopen zugeordnet werden (42, 4 f.), während die Presbyter stets für sich stehen (1, 3; 3, 3; 21, 6; 44, 5; 47, 6; 54, 2; 57, 1) und weit häufiger vorkommen. Diese Trennung hängt mit der Entwicklung zusammen. Episkopen und Diakone sind erstmals in den heidenchristlich-paulinischen Gemeinden nachweisbar (vgl. Phil 1, 1), während die Presbyter in judenchristlichen Gemeinden verwurzelt sind. Die Vermischung beider Ordnungen haben wir auch in den Pastoralbriefen. Bedeutet es etwas, daß die Einsetzung der Episkopen und Diakone auf die Apostel zurückgeführt wird (42, 4 f.)? Weiß der Clemensbrief noch, daß diese Ordnung in den Gemeinden des Apostels Paulus aufkam? Die Vielzahl von Amtsträgern, gerade auch für Rom, wird man im Zusammenhang mit den zahlreichen Hausgemeinden sehen müssen.[14] Freilich wird man nicht vergessen dürfen, daß die Presbyter/Episkopen vom Ursprung her ein Kollegium sind. Doch erscheint es logisch, daß man – wenn man schon den Zusammenschluß mit stadtfremden Gemeinden wie der korinthischen suchte – diesen auch innerhalb der eigenen Stadt anstrebte.

Die Berufung auf die Apostel Petrus und Paulus und die mit ihnen gesetzte apostolische Tradition spielt im Zusammenhang mit der von der römischen Gemeinde in Anspruch genommenen Autorität im Brief – man möchte sagen: erstaunlicherweise – keine Rolle. Sie wird explizit nicht in die Argumentation eingebracht. Im 5. Kapitel, in dem die beiden Apostel erwähnt werden, steht ihr Martyrium im Zentrum. In 42, 1–3 hingegen wird die Bedeutung der Apostel im allgemeinen behandelt. Sie haben uns das Evangelium verkündigt, das sie von Christus empfingen. Beauftragt durch Christus seien sie durch seine Auferstehung mit Gewißheit erfüllt worden. Im Vertrauen auf das Wort Gottes seien sie mit der Fülle des heiligen Geistes ausgezogen und hätten die Ankunft des Reiches Gottes verkündigt in Ländern und Städten. Die besondere Inanspruchnahme von Petrus und Paulus erfolgt durch das Martyrium, das eine „große Menge von Auserwählten" in Rom mit ihnen teilte (Kapitel 6). Man darf sich dabei in Erinnerung rufen, daß die Neronische Verfolgung die erste große Verfolgung war, von der die Christen heimgesucht wurden. Sie traf die römische Gemeinde. Diese hatten sich in der großen Anfechtung bewährt und so eine besondere Verbindung

[14] Lampe, Die stadtrömischen Christen 301–349, hat von Fraktionierung gesprochen.

mit den beiden Aposteln gewonnen. Nachdem Petrus und Paulus den Märtyrertod gestorben waren, wurde „diesen Männern, die ein heiliges Leben geführt hatten“ eben jene „große Menge von Auserwählten zugesellt“ (συνηϑροίσϑη), die „unter uns zum schönsten Vorbild geworden sind“. Man wird darum sagen können: das sich herausbildende besondere Ansehen der römischen Gemeinde gründet im Martyrium, in dem von Petrus und Paulus und dem der ersten römischen Märtyrer.

Der Grundtenor der Ratschläge und Mahnungen, die die römische Gemeinde an die korinthische weitergibt, ist bestimmt von den Erfahrungen der Verfolgungszeit oder genauer: von der Sorge, ein Ansehen, das vielleicht mühsam erworben wurde, wieder zu verlieren. Selbstverständlich liegen die wesentlichen Begründungen im christlichen und biblischen Bereich. Doch fragt man nach den erkennbaren gesellschaftlichen Bezügen, so ist diese Sorge kaum zu übersehen. Das wird damit zusammenhängen, daß die römische Gemeinde sich am Ort des Kaisers befindet, im Mittelpunkt des Reiches. Die folgenden Beobachtungen, die sich noch vermehren ließen, weisen in diese Richtung: Sie sollen um ihren Namen besorgt sein (1, 1). Der entstandene Zwist stürzt die Kirche in große Gefahr (14, 2). Die Kunde von diesem Streit ist zu den Andersgesinnten (= den heidnischen Nachbarn) gedrungen, so daß der Name des Herrn gelästert wird und für sie selbst Gefahr entsteht (47, 7). In diesem Rahmen sind auch die wiederholten Verweise auf die bestehende Ordnung zu sehen, zu der sich der Brief bekennt.[15] Diese Ordnung besteht in der Schöpfung (besonders Kap. 20).[16] Sie spiegelt sich aber ebenso wider in der von Gott gesetzten Ordnung in der Kirche, wie auch schon in der auf Mose zurückgehenden Ordnung im Alten Buch (Kap. 42 f.). Hier erwähnt der Verfasser die Einsetzung der Apostel durch Christus und die Einsetzung von Episkopen und Diakonen durch die Apostel. Das abschließende große Gebet (59, 2–61, 3), das übrigens zu den besten Teilen des Briefes gehört, enthält eine umfängliche Fürbitte für die ebenfalls von Gott gesetzte weltliche Obrigkeit (Kap. 61). Auch das fügt sich in das Anliegen ein.

Als Bezeichnung für die unguten Zustände in der korinthischen Gemeinde verwendet der Brief stereotyp das Wort „Aufruhr“

---

[15] Campenhausen, Kirchliches Amt 95, betont die Verselbständigung des Gedankens der Ordnung im ersten Clemensbrief.

[16] Von Gott wird immer wieder als Schöpfer gesprochen: 19, 2; 20, 11; 59, 3; 62, 2; vgl. 14, 3; 19, 2.

(στάσις), kombiniert mit „Spaltung", „Eifersucht", „Neid", „Streit".[17] Das Wort ist auch politisch bedrohlich und wohl bewußt eingesetzt, um diese Assoziation zu wecken. Die politische Gefahr verdichtet sich, wenn wir 54, 2 hinzunehmen. Hier wird dem Aufrührer in der Gemeinde der Rat gegeben auszuwandern: „Er soll sprechen: Wenn es meinethalben Aufruhr und Streit und Spaltungen gibt, wandere ich aus. Ich entferne mich, wohin ihr wollt und tue, was die Mehrheit (der Gemeinde) vorschreibt." Deportation, Exil, Relegation waren als schwere Strafen im römischen Recht vorgesehen. Daneben gab es die freiwillige Übernahme des Exils, um einer Verurteilung zuvorzukommen. Natürlich war es in Korinth noch nicht so weit gekommen. Aber in Rom schließt man diese Möglichkeit nicht aus, vielleicht eingedenk der Judenvertreibung durch Kaiser Claudius in den vierziger Jahren, der auch Judenchristen zum Opfer gefallen waren. Die Gemeinde soll möglichen staatlichen Eingriffen vorgreifen.[18]

Obwohl es im Text des Briefes nicht explizit zum Ausdruck kommt, wird man für das Ansehen der römischen Gemeinde berücksichtigen dürfen, daß sie am Ansehen der Stadt Rom, der Hauptstadt des Imperiums, partizipierte. Dieses Ansehen wird weniger von den Mitgliedern der römischen Gemeinde selbst zur Geltung gebracht worden sein. Eher kann man es sich so vorstellen, daß andere Gemeinden mit einem gewissen Respekt nach Rom blickten. Für die korinthische Gemeinde hat man auch in Anschlag gebracht, daß Korinth zur Zeit der Abfassung des Briefes römische Kolonie war.[19] Gerade hier aber zeigt sich schon, daß der bezeichnete Einfluß, mit dem wir rechnen können, für uns nur schwer konkret faßbar ist. Auch darf man fragen, wie weit dieser sich bis in den Osten des Reiches hinein erstreckte.

Fassen wir rückblickend die uns durch den ersten Clemensbrief gewährten Einsichten zusammen, so ist als Hauptgrund für das Ansehen der römischen Gemeinde das von ihr abgegebene Zeugnis des Martyriums auszumachen. Dieses Zeugnis setzt sie zu Petrus und Paulus in eine besondere Beziehung, weil diese nicht nur bis Rom gekommen

---

[17] 1, 1; 2, 6; 3, 2; 14, 2; 46, 9; 51, 1; 54, 2; 57, 1; 63, 1.

[18] Vgl. Lona, 1 Clem 554–556; Mikat, Stasis 34. Zum Claudius-Edikt vgl. R. Riesner, Die Frühzeit des Apostels Paulus (WUNT 71) (Tübingen 1994) 139–180; Gnilka, Paulus von Tarsus 68–71. Th. Mommsen, Römisches Strafrecht (Leipzig 1899, Nachdruck 1961) 578 f. und Anm. 4, erwähnt religiöse Mißbräuche, gegen die polizeilich vorgegangen wurde (superstitio externa). Die Ausweisung erfolgte in Rom durch den Peregrinenpraetor.

[19] Vgl. Cauwelaert: RHE 31 (1935) besonders 283–302.

sind, sondern auch in dieser Stadt für Christus ihr Leben hingegeben haben. Auf diese Weise haben sie den apostolischen Charakter der Gemeinde begründet und besiegelt. Der erste Clemensbrief weiß um die ausgezeichnete Stellung der Apostel, die darin besteht, daß sie von Christus eingesetzt wurden. Ihrerseits haben sie Episkopen und Diakone eingesetzt und so eine Ordnung gestiftet (42, 1–44, 2). Wenn der Brief hier allgemein von den Aposteln spricht, bestätigt er die Begründung von apostolischen Traditionen und Gemeinden auch an anderen Orten. Die Gemeinden tauschen sich gegenseitig aus, helfen, unterstützen und ermahnen einander. In dieser Communio wachsen das Zusammengehörigkeitsbewußtsein und die Einheit, ohne daß ein monarchischer Bischof seine Stimme erheben würde. Die Leitung der Gemeinde liegt in den Händen von Bischofs- bzw. Presbyterkollegien, für deren Stärkung sich der Brief energisch einsetzt.

LITERATUR:

R. van Cauwelaert, L'intervention de l'Église de Rome à Corinthe vers l'an 96: RHE 31 (1935) 267–306.765–768.

E. Peterson, Das Preascriptum des 1. Clemens-Briefes: Frühkirche, Judentum und Gnosis (Rom u. a. 1959) 129–136.

P. Mikat, Die Bedeutung der Begriffe Stasis und Aponoia für das Verständnis des 1. Clemensbriefes (VAFLNW 155) (Köln 1969).

A. Faivre, La „système normatif" dans la lettre de Clément de Rome aux Corinthiens: RevSR 54 (1980) 129–152.

O. Knoch, Im Namen des Petrus und Paulus. Der Brief des Clemens Romanus und die Eigenart des römischen Christentums: ANRW II Bd. 27, 1 (Berlin 1983) 3–54.

A. W. Ziegler/G. Brunner, Die Frage nach einer politischen Absicht des Ersten Klemensbriefes: ANRW II Bd. 27, 1 (Berlin 1983) 55–76.

R. M. Hübner, Die Anfänge von Diakonat, Presbyterat und Episkopat in der frühen Kirche: A. Rauch/P. Imhof (Hrsg.), Das Priesteramt in der Einen Kirche (Aschaffenburg 1987).

B. E. Bowe, Church in Crisis. Ecclesiology and Paraenesis in Clement of Rome (Minneapolis 1988).

A. Lindemann, Die Apostolischen Väter I. Die Clemensbriefe (HNT 17) (Tübingen 1992).

H. E. Lona, Der erste Clemensbrief (KAV 2) (Göttingen 1998).

2. Der Römerbrief des Ignatius von Antiochia

Wir haben den Brief des Ignatius an die römische Gemeinde schon einmal kurz zu Rate gezogen im Zusammenhang mit der Frage nach dem Aufenthalt des Petrus in Rom. Wir sind dort zu einem positiven Ergebnis gekommen, haben aber die Vermutung geäußert, daß das problemlose Nebeneinander in der Erwähnung von Petrus und Paulus zeitlich ein späteres Stadium andeutet als etwa der erste Clemensbrief.[20] Wir fragen jetzt nach der Bedeutung der römischen Gemeinde aus der Sicht des Ignatius. Dabei kann dieser durchaus als Repräsentant der Kirchen des Ostens angesehen werden bezüglich seines Verhältnisses zu Rom.

Bekanntlich hat Ignatius anläßlich seines Transportes als Gefangener von Antiochia nach Rom sieben Briefe abgefaßt. Fünf davon gehen an kleinasiatische Gemeinden, einer geht an Bischof Polykarp von Smyrna und einer an die Gemeinde von Rom.[21] Der Römerbrief weicht in mancherlei Hinsicht von den anderen Briefen ab. Er ist ganz

---

[20] Vgl. oben S. 124 f.

[21] Die Siebenzahl erinnert an die sieben Sendschreiben der Apk. Ephesus, Philadelphia und Smyrna sind Empfänger von Sendschreiben der Apk und von Ignatiusbriefen. Ignatius scheint die Apk nicht zu kennen. – Neuerdings ist die Frage nach der Echtheit und Chronologie der Ignatiusbriefe wieder in die Diskussion gekommen durch Hübner, Thesen, und seinen Schüler Lechner, Ignatius. Beide plädieren für eine Abfassung der Ignatiusbriefe zwischen 165–175 und für eine Fälschung. Beide stützen sich auf innere Kriterien, vornehmlich den Nachweis, daß die Briefe sich mit den gnostischen Valentinianern auseinandersetzen würden, deren Wirken in die zweite Hälfte des zweiten Jahrhunderts fällt. Die Diskussion ist in vollem Gang und noch keinesfalls abgeschlossen. Unbefriedigend ist der historische Rekonstruktionsversuch Hübners. Ignatius, der Bischof von Antiochien, der in Rom gestorben ist, sei eine Fiktion, die an den im Polykarpbrief Kap. 9 erwähnten Ignatius anschließen würde. Der Fälscher der Ignatiusbriefe habe seinen Ignatius von den wilden Tieren verzehren lassen, damit man in Rom nicht nach seinem Grab sucht, das man doch nie gefunden hätte (69). Dagegen ist zu sagen, daß das Vorhandensein der Ignatiusbriefe ohne die Existenz des Märtyrerbischofs Ignatius von Antiochia nicht denkbar ist. Eine solche massive historische Fälschung mußte in Kleinasien und Rom erkannt und entlarvt werden. Auch muß man fragen, ob die Durchsetzung des „monarchischen Bischofsamtes“ (zu welchen Zwecken auch immer) das Ziel der Ignatiusbriefe ist (67). Hierzu vgl. G. Schöllgen, Die Ignatianen als pseudepigraphisches Briefcorpus: ZAC 2 (1998) 16–25. Ist mit einer chronologischen Verschiebung der Ignatiusbriefe auch die Existenz des Märtyrerbischofs Ignatius von Antiochien erledigt? Sind nicht auch andere Lösungen denkbar? Zur Auseinandersetzung vgl. auch H. J. Vogt, Bemerkungen zur Echtheit der Ignatiusbriefe: ZAC 3 (1999) 50–63; M. J. Edwards, Ignatius and the Second Century: An Answer to R. Hübner: ZAC 3 (1999) 214–226.

bestimmt und geprägt von der Erwartung des Martyriums, mit dem Ignatius in Rom rechnet. Vermutlich hätte er nicht nach Rom geschrieben, wenn man ihm etwa in Ephesos den Prozeß gemacht hätte. Sein Schicksal erinnert an das des Paulus. Man darf darüber spekulieren, ob er wie dieser das römische Bürgerrecht besaß und an das kaiserliche Gericht in Rom appelliert hatte.[22] Bei seiner Martyriumssehnsucht könnte er das nur getan haben, um eine möglichst große Aufmerksamkeit auf sich zu lenken. Es könnte aber auch sein, daß er einfach nach Rom befördert wurde.

Ignatius sendet nicht nur Briefe ab, er empfängt auch auf seinem Gefangenentransport Abordnungen der verschiedenen Gemeinden. Diese kommen mit ihrem Bischof. So empfängt er in Smyrna Abordnungen aus Ephesos mit Bischof Onesimos an der Spitze, aus Magnesia mit Bischof Damas, aus Tralles mit Bischof Polybios,[23] und übergibt ihnen Briefe an ihre Heimatgemeinden. Aus Troas versendet er Schreiben nach Philadelphia und Smyrna und deren Bischof Polykarp. Auch hier zeigt er sich über den Stand der Gemeinden wohl unterrichtet und lobt den Bischof von Philadelphia, wenn er auch dessen Namen nicht nennt: „Über diesen Bischof habe ich erfahren ...“ (Phld 1, 1). Ignatius hat auch Begleiter, die ihm von den Gemeinden zur Verfügung gestellt worden sind und die – wohl streckenweise – mit ihm gingen oder in seiner Nähe zu bleiben trachteten, wie der Diakon Philo aus Kilikien oder Rheus Agathopus, der ihm von Syrien her gefolgt war, vor allem aber Burrus, den ihm die Epheser zur Verfügung gestellt hatten und der ihm als Schreiber diente.[24] Sein Transport muß ein gewisses Aufsehen erregt haben, was durchaus in der Intention des Ignatius gelegen haben mag. Ob die Soldaten, die für seinen Transport verantwortlich waren bestochen worden waren, so daß christliche Besucher zu ihm gelangen konnten, kann durchaus erwogen werden.[25] Freilich gibt er selbst die Unberechenbarkeit und Grausamkeit seiner Bewacher zu verstehen: „Von Syrien bis Rom kämpfe ich mit wilden Tieren, zu Lande und zu Wasser, bei Nacht und Tag, gefesselt an zehn Leoparden, daß heißt, eine Abteilung Sol-

[22] Vgl. Gnilka, Paulus von Tarsus 25 f. Auch Plinius d. J. respektiert als Statthalter von Bithynien das römische Bürgerrecht. Während er die cives Romani vormerkt zur Überführung nach Rom, macht er mit den Christen, die das römische Bürgerrecht nicht besagen, kurzen Prozeß. Vgl. Plinius, ep. 10, 96.

[23] IgnEph 1, 3; Magn 2, 1; Trall 1, 1.

[24] Phld 11, 1 f.; Sm 10, 1; 12, 1; Eph 2, 1.

[25] So W. R. Schoedel: TRE 16, 40.

daten. Wenn sie Wohltaten empfangen, werden sie noch schlimmer" (Rom 5, 1).

Enthalten die Briefe an die kleinasiatischen Adressaten in erster Linie Mahnungen zur Einheit unter dem Bischof und seinen Mitarbeitern angesichts einer drohenden oder bereits übergreifenden Häresie, so ist im Römerbrief davon nichts zu verspüren. Ignatius scheint über den gegenwärtigen Stand der römischen Gemeinde nicht informiert zu sein oder er hält ihn für gut. Der Brief dient allein dem Zweck, seine Ankunft in Rom und damit sein Martyrium vorzubereiten. Christen von Syrien sind bereits vor ihm in Rom angekommen (Rom 10, 2). Es ist nicht angedeutet, daß auch sie einen Prozeß zu gewärtigen haben. Ignatius ist nicht sicher, ob er das Ziel – Rom! – erreichen wird (1, 1).

Seine Hauptsorge aber geht dahin – so befremdlich es für unsere Ohren klingen mag –, daß die Römer sein Martyrium verhindern könnten. Auf welche Weise? Offenbar, daß sie sich für ihn einsetzen könnten. Dieses Anliegen durchzieht wie ein cantus firmus den ganzen Brief. Lassen wir ihn selber sprechen: „Ich fürchte mich nämlich vor eurer Liebe, sie könnte mir zum Schaden sein" (1, 2). „Gewährt mir den Gefallen, Gott geopfert zu werden, solange der Altar noch bereitsteht" (2, 2). „Hindert mich nicht, das Leben zu gewinnen" (6, 2). „Wenn ich leide, habt ihr es gut mit mir gemeint" (8, 3).

Seine Martyriumssehnsucht hat mit seiner Auffassung vom Martyrium zu tun. Und diese steht wiederum in Beziehung zu seinem Verhältnis zur römischen Gemeinde. Ignatius weiß um den Aufenthalt der Apostel Petrus und Paulus in Rom und auch um deren Martyrium in dieser Stadt.[26] Das Wirken von Aposteln, das er auch für Ephesos bestätigt – Eph 12, 2: hier bezogen auf Paulus –, verbindet sich also mit der Erinnerung, daß beide Apostel den Martertod gestorben sind. In der Verbindung von Apostel- und Märtyrersein liegt ihre besondere Größe, die auch auf die Gemeinde fällt, in der sie wirkten und starben.

Von hier aus fällt Licht auf das Initium des Briefes. Deutlich tritt hier die Hochschätzung der römischen Gemeinde hervor. Wir haben es mit dem ausführlichsten und feierlichsten Initium seiner sieben Briefe zu tun, gefolgt vom Epheserbrief. Letzterer geht eben auch an eine apostolische Gemeinde. Der Römerbrief richtet sich wie alle Gemeindebriefe des Ignatius an die gesamte Ortsgemeinde. Irgendwelche Amtsträger werden hier – wie auch im gesamten Brief – nicht er-

[26] Vgl. oben S. 124 f.

wähnt. Die Benennung des Ortes freilich weicht von den anderen Briefen ab. Während es in den anderen Briefen heißt: Ignatius der Kirche in Ephesos, in Tralles, in Philadelphia, oder: ich grüße die Kirche in Magnesia, heißt es im Römerbrief: Ignatius der Kirche, die am Ort des Gebietes der Römer den Vorsitz hat.[27] Am Schluß werden nochmals die einzelnen Mitglieder der Gemeinde plerophorisch begrüßt als die „Geeinten", „von der Gnade Gottes Erfüllten", „Geläuterten".

Was bedeutet es, wenn über die Gemeinde gesagt wird, daß sie „am Ort des Gebietes der Römer den Vorsitz führt" (προκάθηται ἐν τόπῳ χωρίου Ῥωμαίων)? Die Formulierung erscheint unpräzise und hat zu manchem Mißverständnis Anlaß gegeben.[28] Das hängt mit der Sprache des Ignatius zusammen, die oft unnötig wortreich ist und zum Pathos neigt. Das mag seine Seelenlage in der Erwartung des Martyriums widerspiegeln. „Den Vorsitz führen" ist ein amtlicher Begriff, den Ignatius an anderer Stelle in diesem Sinn verwendet, wenn er vom Bischof als dem redet, der an Gottes Stelle den Vorsitz führt (Magn 6, 1), oder die Amtsträger – hier vermutlich die Presbyter – einfach als jene bezeichnet, die den Vorsitz haben: „Seid eins mit dem Bischof und mit denen, die den Vorsitz haben" (6, 2: τοῖς προκαθημένοις). Das Gebiet der Römer muß größer sein als die Stadt Rom. Sonst hätte es keinen Sinn zu sagen, daß die Gemeinde, die im Brief angesprochen wird, den Vorsitz führt. Wie weit darf man das Gebiet der Römer ausdehnen?[29] Gewiß nicht auf das ganze Imperium Romanum, so daß wir hier schon eine ökumenische Führungsrolle der römischen Gemeinde vor uns hätten. Oder weiß Ignatius um die Fraktionierung der römischen Christen und wendet sich an jene Stadt- oder Hausgemeinde, die innerhalb der Stadt Rom einen geschäftsführenden Vorsitz einnimmt?[30] Wäre dem Ignatius eine solche Kenntnis und Präzision zuzutrauen?

---

[27] Dazwischen geschaltet sind jeweils schmückende Attribute und Relativsätze. Im Initium des Römerbriefes sind es besonders viel. Auf drei Attribute folgen zwei Relativsätze und erneut drei Attribute. Im ersten Relativsatz finden sich sechs Eigenschaften mit ἀξιο-: gotteswürdig, ehrwürdig, preiswürdig usw.

[28] „Am Ort des Gebietes" ist kaum ein Pleonasmus. So Staats: ZThK 73 (1976) 463.

[29] Bauer-Paulsen, Die Briefe des Ignatius 68 f., weisen darauf hin, daß die Ausdrücke „Kirche von Antiochia in Syrien" (Phld 10, 1; Sm 11, 1; Pol 7, 1) und „Kirche Syriens" (Eph 21, 2; Magn 14; Trall 13, 1; Rom 9, 1) zum Vergleich herangezogen werden könnten. Letztere sei größer. Ähnlich übergreife das „Gebiet der Römer" die Stadt Rom. Freilich gewinnen wir so auch keine klare Abgrenzung des Gebietes der Römer. Ein Ausdruck wie „Kirche Italiens" fehlt (vgl. Hebr 13, 24).

[30] Bei der Erwägung einer solchen Möglichkeit müßte man natürlich davon ausgehen, daß der Brief in allen römischen Gemeinden bekanntgemacht werden soll.

Daß sich Ignatius mit seinem Brief an alle Christen in Rom wendet, geht auf jeden Fall aus jener Formulierung hervor, die im Initium des Briefes nochmals den Vorsitz aufgreift. Ebenso aus den zahlreichen Lobesprädikaten, die er an die römischen Christen austeilt. Nachdem er sie adressierte als die Kirche, die am Ort des Gebietes der Römer den Vorsitz führt, und nach sechs Würdeprädikaten – gotteswürdig, ehrwürdig, preiswürdig usw. – nennt er sie (die Kirche), die den Vorsitz der Liebe hat (προκαθημένη τῆς ἀγάπης). Dieser „Vorsitz" reicht über den „Vorsitz am Ort des Gebietes der Römer" hinaus. Er gilt allen römischen Christen und erstreckt sich auf die anderen Christengemeinden. Eine Begrenzung ist nicht erkennbar. Es ist erstaunlich, daß Ignatius, der Bischof des Ostens, der römischen Gemeinde eine solche Bedeutung zuschreibt. Sicherlich ist das Ausdruck seiner Bewunderung, die auch aus seiner Martyriumssehnsucht erwächst. Allerdings ist zu beachten, daß der Ausdruck „Vorsitz", der das erstemal amtlich gemeint war (am Ort des Gebietes der Römer), jetzt als „Vorsitz der Liebe" einen geistig-theologischen Sinn erhält.

Um diesen Sinn zu erfassen, ist es nützlich, es sich anzuschauen, wie Ignatius den Ausdruck „Liebe" verwendet. Sicherlich ist er für ihn von zentraler Bedeutung und besitzt er verschiedene Nuancen. Zunächst stellt er mit Dankbarkeit fest, daß sich die christlichen Gemeinden Liebe erweisen und daß auch er gerade auf seinem Leidensweg diese Liebe erfahren darf. So kann er überschwenglich sagen: „Es grüßt euch die Liebe der Brüder" (Phld 11, 2; Sm 12, 1). „Es grüßt euch mein Geist und die Liebe der Gemeinden, die mich aufgenommen haben auf den Namen Jesu Christi hin, nicht wie einen Durchreisenden" (Rom 9, 3). Der Bischof Polybios von Tralles, den die Gemeinde zu Ignatius gesandt hat, ist ihm Beispiel ihrer Liebe (Trall 3, 2).[31] Er fürchtet sich sogar vor der Liebe der Römer, die sich für ihn einsetzen könnten, so daß er das Ziel des Martyriums nicht erreicht (Rom 1, 2). Von diesen Beispielen her könnte man der Meinung sein, daß der „Vorsitz der Liebe" die römische Gemeinde als jene auszeichnet, die in der karitativen und helfenden Tätigkeit an der Spitze steht. Doch reichte das für das Verständnis nicht aus.

Die Liebe ist es, die Ignatius nicht schweigen läßt, sondern ihn drängt, die Gemeinden zu ermahnen (Eph 2, 2). Sie wirkt die Eintracht in der Gemeinde. Ignatius gebraucht gern Beispiele aus dem Bereich der Musik und so spricht der davon, daß sie Jesus Christus mit zusammenklingender Liebe besingen sollen (Eph 4, 1). Wesent-

[31] Vgl. auch Eph 2, 1; Trall 13, 1.

lich aber werden die Aussagen über die Liebe dort, wo ihre Verbindung mit Christus zum Thema wird. Hier stellt er gern Glaube und Liebe zusammen. Glaube und Liebe sollen auf Jesus Christus gerichtet sein (Eph 14, 1). In Liebe sollen sie glauben (Phld 9, 2). Umstritten ist, ob die Wendung in Eph 20, 1 „in seinem Glauben und in seiner Liebe" auf Glaube und Liebe gerichtet ist, die Jesus Christus zu uns hat, oder ob von unserem Glauben und unserer Liebe zu Jesus Christus die Rede ist. Weil anschließend von „seinem Leiden und seiner Auferstehung" gesprochen wird, wird man das erste bevorzugen.[32] Die Liebe, die wir zu ihm haben, ist auf jeden Fall eine ermöglichte, geschenkte Liebe (vgl. Eph 1, 1). Es ist letztlich die Liebe Jesu Christi, die der Mensch empfängt und weitergeben soll. So kann Ignatius sagen: „Nicht ich ermahne euch, sondern die Liebe Jesu Christi" (Trall 6, 1).

Das Verhältnis von Glaube und Liebe kann Ignatius so beschreiben, daß er den Glauben an den Anfang, die Liebe aber an das Ende der christlichen Existenz stellt: „Davon bleibt euch nichts verborgen, wenn ihr vollkommen seid in Glaube und Liebe zu Jesus Christus. Das ist Anfang und Ende des Lebens, der Anfang der Glaube, die Liebe aber das Ende" (τέλος). „Ende" hat hier die Bedeutung von Vollendung (Eph 14, 1). „Das Ganze ist Glaube und Liebe. Sie werden von nichts übertroffen" (Sm 6, 1).

Liebe als Vollendung des christlichen Lebens ist in vollkommener Weise im Martyrium gegeben. Ignatius kann der Liebe und dem Martyrium die gleiche Wirkung zuschreiben. Beide vollenden. Beide führen zu Gott. Die Liebe ist der Weg zu Gott (Eph 9, 1). Das Martyrium läßt Gottes teilhaftig werden (Rom 1, 2), läßt von der Welt untergehen hin zu Gott (2, 2). Die Aussagen über das Martyrium sind sehr persönlich gehalten und finden sich fast ausschließlich im Römerbrief. In dieser persönlichen Zuspitzung kann Ignatius von sich bekennen, daß er im Martyrium erst wahrhaftig Jesu Christi Jünger sein wird (4, 2). Dann wird er Nachahmer seines Gottes sein (6, 3). Gemeint ist Christus.[33]

---

[32] Mit Th. Zahn, Ignatius von Antiochien (Gotha 1873) 457 Anm. 1. Anders Bauer-Paulsen, Die Briefe des Ignatius 45.

[33] Bestechend und gewagt erscheint es, wie Ignatius sein Martyrium in Parallele setzt zum Tod Christi, besonders Rom 2, 2, auch zur Eucharistie in 4, 1. Ignatius kann die Eucharistie als Agape bezeichnen. Vgl. Rom 7, 3; Trall 8, 1; Sm 8, 2. Auch Wehr, Arznei 130–141.166–173; Campenhausen, Idee 67–78.

Was ergibt sich aus diesen Darlegungen über die Liebe bei Ignatius für den „Vorsitz der Liebe", den die römische Gemeinde nach dem Initium des Römerbriefes innehat? Man wird ihn auf das Martyrium beziehen dürfen, durch das diese Gemeinde von Anfang an ausgezeichnet gewesen ist. Das Jüngertum gewinnt durch das Martyrium seine letzte Glaubwürdigkeit. Als Vollendung von Glaube und Liebe setzt es das gültige Beispiel. Es besteht eine Verbindung zwischen den den Römerbrief bestimmenden Ausführungen über das Martyrium, das Ignatius erwartet, und der Adressierung der römischen Gemeinde als jene, die den Vorsitz der Liebe hat. Rom ist für Ignatius der angemessene Ort seines Martyriums: „Gott hat den Bischof von Syrien gewürdigt, nachdem er vom Osten herbeigeholt wurde, sich im Westen zu befinden" (Rom 2, 2).

Die Hochschätzung, die Ignatius der römischen Gemeinde entgegenbringt, ist ganz ähnlich begründet wie im ersten Clemensbrief. Ihre Autorität sehen beide in der Bewährung des Glaubens und der Liebe grundgelegt, das die Römer in den Zeiten der Verfolgung gegeben haben. An der Spitze dieses Zeugnisses stehen Petrus und Paulus, die nach Rom kamen, um dort zu sterben.

Es bleibt noch ein Wort zum Verhältnis zu diesen Aposteln zu sagen. Es ist zunächst ein ganz persönliches Verhältnis. Wie Ignatius Jesus Christus nachahmt (Rom 6, 3), so bewegt er sich auf seinem Weg zum Martyrium in Rom auf den Spuren dieser beiden Apostel. So kann er den Ephesern schreiben: „Bei euch ziehen die hindurch, die durch den Tod zu Gott gelangen. Ihr seid Miteingeweihte des Paulus, des Geheiligten, des Wohlbezeugten und im höchsten Maß zu Lobenden. Auf seinen Spuren möchte ich erfunden werden, wenn ich zu Gott komme" (12, 2).[34] Diese Assoziation lag nahe, denn auch für Petrus und Paulus führte die Reise nach Rom in den Tod. Er möchte wie diese durch das Martyrium die endgültige Freiheit gewinnen. „Nicht wie Petrus und Paulus befehle ich euch. Jene waren Apostel, ich bin ein Verurteilter. Jene waren frei, ich bin bis jetzt ein Sklave. Aber wenn ich gelitten habe, werde ich ein Freigelassener Jesu Christi sein und in ihm auferstehen, ein Freier" (Rom 4, 3).

In seiner apostolischen Nachahmung weiß er sich doch nicht mit derselben Autorität ausgestattet wie diese beiden Apostel. Er vermag nicht, wie diese beiden Aposteln zu befehlen (Rom 4, 3: διατάσσομαι). Seine gegenwärtige Lage ist – äußerlich betrachtet – nicht respektein-

[34] In Rom 9, 3 bezeichnet Ignatius auch sich als einen „Durchreisenden", bezogen auf die kleinasiatischen Gemeinden. Das Ziel der Reise ist Rom.

flößend. „Nicht so weit glaubte ich, gehen zu können, daß ich, ein Verurteilter, euch wie ein Apostel befehle“ (Trall 3, 3). Freilich wird sich seine Lage bald ändern, wenn er durch den Tod die wahre Freiheit gewinnen wird. Sein in den Briefen schriftlich hinterlegtes Wort wird dann ein noch größeres Ansehen genießen. Dennoch besteht ein grundlegender Unterschied zwischen ihm, dem Bischof, und den Aposteln. Auf die Apostel gehen die maßgeblichen Weisungen zurück (Trall 7, 1: τῶν διαταγμάτων τῶν ἀποστόλων), die sie aus ihrem Zusammensein mit Jesus empfangen haben. Wenn Ignatius zu wiederholten Malen das Verhältnis der Apostel zu Jesus Christus mit dem Verhältnis der Presbyter zum Bischof in Parallele setzen kann,[35] so unterstreicht dies zwar das Ansehen der letzteren, gibt aber auch deutlich zu erkennen, daß sie erheblich unter den Aposteln stehen. Es kommt darauf an, in den „Lehrsätzen des Herrn und der Apostel“ fest zu stehen (Magn 13, 1). Den Ephesern sagt Ignatius rühmend nach, daß sie – als apostolische Gemeinde – immer mit den Aposteln übereinstimmten (Eph 11, 2). Man darf vermuten, daß er für die Römer ähnliches voraussetzt.

Obwohl Ignatius den Monepiskopat voraussetzt und verteidigt,[36] das heißt, die Leitung der Gemeinde durch einen einzigen Bischof, und neben diesem die Presbyter und Diakone weiß, kennt er den Sukzessionsgedanken nicht. Er versteht Bischof und Presbyter nicht als Nachfolger der Apostel, sondern sieht Bischof und Presbyter in einem Verhältnis zueinander, das dem von Christus und den Aposteln entspricht.

Was er ebenfalls forciert, ist der gegenseitige Austausch und die gegenseitige Hilfestellung der verschiedenen Gemeinden. Aus diesem Grund schreibt er seine Briefe – „Ich schreibe allen Gemeinden“ (Rom 4, 1) –, aus diesem Grund fordert er die Gemeinden auf, für die Kirche in Syrien zu beten (Rom 9, 1; Eph 21, 2) oder Abordnungen dahin zu senden (Sm 11, 2; Polyk 8, 1; Phld 10, 1). Damit greift er auf den Communio-Gedanken zurück, der schon in der ältesten Christenheit vorhanden war und durch den die verstreuten Gemeinden danach trachteten, aktive Gemeinschaft untereinander zu entfalten. Er bezieht die römische Gemeinde in diese Communio mit ein, schreibt ihr vermutlich sogar eine bevorzugte Rolle in ihr zu, wenn er den Römern im Blick auf seine jetzt verwaiste syrische Kirche

---

[35] Magn 6, 1; Trall 2, 2; 3, 1; Phld 5, 1; Sm 8, 1.

[36] Schöllgen: ZNW 77 (1986) 146–151 empfiehlt zutreffend, daß man für Ignatius statt von monarchischem Episkopat von Monepiskopat sprechen sollte.

schreibt: „Allein Jesus Christus wird ihr Bischof sein (επισκοπήσει) und eure Liebe" (Rom 9, 1). Soll das eine indirekte Aufforderung an die Römer sein, auch eine Abordnung nach Syrien zu schicken?[37] Man wird die Äußerung in Verbindung mit der Qualifizierung der römischen Gemeinde als jene, die den Vorsitz in der Liebe hat, sehen dürfen. Die Kirche von Syrien hat unruhevolle Zeiten hinter sich, die auch eine äußere Bedrohung miteinbeziehen dürfte (vgl. Phld 10, 1).[38]

In allen Briefen stellt sich Ignatius auch mit seinem zweiten Namen Theophorus vor. Dieser ist symbolträchtig und drückt sein Selbstverständnis aus: Gottesträger im aktivischen Sinn. Er wird diesen Namen auch im Blick auf sein Schicksal verstanden haben, so daß der Name die bestimmende Ausrichtung seiner Existenz in dieser Endphase erneut bestätigt. Auffallend ist, daß Ignatius sich in keinem Initium seiner Briefe „Bischof" nennt. Nur in Rom 2, 2 bezeichnet er sich beiläufig als „den Bischof Syriens". Vermutlich war er den Römern bis zu seiner Aburteilung nach Rom nicht bekannt. In den Gemeinden Syriens und Kleinasiens war er inzwischen eine angesehene Persönlichkeit. Man kann auch daran denken, daß sein Sprengel als des Bischofs Syriens über die Stadt Antiochia hinausreichte. Er mußte gewußt haben, daß Petrus und Paulus auch in seiner Stadt gewirkt hatten. Warum erwähnt er das nicht, so wie er im Epheserbrief 12, 2 auf die Anwesenheit des Apostels Paulus in Ephesos hinweist? Wichtiger war ihm das Martyrium der Apostel in Rom, wo der Vorsitz der Liebe sich befand. Er war im Begriff, das Beispiel der Apostel nachzuvollziehen.

Fassen wir die Erkenntnisse zusammen, die wir aus der Beschäftigung mit Ignatius von Antiochien für seine Bewertung der römischen Gemeinde gewonnen haben, so spricht er ihr den Vorsitz im römischen Gebiet zu, der über das stadtrömische Gebiet hinausreicht, und daneben einen nicht begrenzten Vorsitz der Liebe. Dieser Vorsitz steht in Verbindung mit dem Martyrium als dem vorbildlichen Beispiel der Liebe und des Glaubens, das die Römer in beeindruckender Weise aus der Sicht des syrischen Bischofs gegeben haben, und unter ihnen an erster Stelle die beiden Apostel Petrus und Paulus. Rom wurde damit auf einzigartige Weise als apostolische Gründung bestä-

[37] Vgl. Perler, Ignatius 446 f.

[38] Die Stelle ist umstritten, insbesondere auch in bezug auf die Frage, ob der gewonnene Friede, von dem hier gesprochen wird, eine Verfolgung miteinbezieht. Vgl. Bauer-Paulsen, Die Briefe des Ignatius 87.

tigt. Ignatius strebt seinerseits das Martyrium an. Dabei ist es ihm eine hohe Auszeichnung, in Rom zu sterben. Möglicherweise steckt in dem unterwürfigen Satz, daß Gott den Bischof von Syrien gewürdigt hat, ihn von Osten nach Westen, das heißt, nach Rom, herbeizuholen (Rom 2, 2), auch die Hochschätzung der Stadt Rom als der Metropole des Imperium Romanum. Man wird in den Äußerungen des Bischofs beides sehen dürfen: den Blick auf Rom als den Vorsitz der Liebe und das Bemühen, in seiner Person die Bedeutung der Kirche des Ostens miteinzubringen.

Der universale Vorrang der römischen Gemeinde ist die Liebe.[39] Daneben hat der andere Vorsitz, nämlich der am „Ort des Gebietes der Römer", amtliche Bedeutung. Freilich ist er ein recht begrenzter. Die Betonung der amtlichen Struktur der Ortsgemeinden mit dem Bischof an der Spitze führt noch nicht zum Sukzessionsgedanken. Auch nennt Ignatius für Rom nicht einen aus den verschiedenen städtischen Gemeinden herausragenden Bischof. Sein Römerbrief wendet sich an die römische Kirche insgesamt. Er kennt weder den Namen eines Amtsträgers, noch eine Amtsbezeichnung. Das bedeutet aber nicht, daß es in Rom zu seiner Zeit keine Bischöfe, Presbyter und Diakone gab. Bereits der erste Clemensbrief hat uns diese für Rom bezeugt. Ignatius will die ganze römische Christenheit ansprechen und für die Teilnahme an seinem Los gewinnen.[40] Bezüglich der weiteren Entwicklung darf man nur spekulieren. Vielleicht hat die Anwesenheit des Bischofs von Syrien in Rom und die Kenntnisnahme seiner Briefe mit ihrer Akzentuierung des Monepiskopus als des einzigen Leiters einer Gemeinde diesen Gedanken auch bei den römischen Christen befördert.

Literatur:

O. Perler, Ignatius von Antiochien und die römische Christengemeinde: DT 22 (1944) 413–451.

K. Heussi, Die römische Petrustradition in kritischer Sicht (Tübingen 1955).

V. Corwin, St. Ignatius and Christianity in Antioch (YPR 1) (New Haven 1960).

H. von Campenhausen, Die Idee des Martyriums in der alten Kirche (Göttingen 1964).

---

[39] Man ist versucht, an die R. Sohm'sche Differenzierung von Liebes- und Rechtskirche zu denken.

[40] Vgl. besonders Rom 2, 2: „Gewährt mir nicht mehr, als Gott geopfert zu werden, solange der Altar noch bereitsteht, damit ihr in Liebe einen Chor bildet und dem Vater in Christus Jesus lobsinget ...".

K. Bommes, Weizen Gottes (Theoph 27) (Köln-Bonn 1976).
R. Staats, Die martyrologische Begründung des Romprimats bei Ignatius von Antiochien: ZThK 73 (1976) 461–470.
R. Joly, Le dossier d'Ignace d'Antioche (Bruxelles 1979).
Th. Baumeister, Die Anfänge der Theologie des Martyriums (MBTh 45) (Münster 1980).
E. Lohse, Die Entstehung des Bischofsamtes in der frühen Christenheit: ZNW 71 (1980) 58–73
C. P. H. Bammel, Ignatian Problems: JThS 33 (1982) 62–97.
W. Bauer/H. Paulsen, Die Briefe des Ignatius (HNT 18, Die Apostolischen Väter II) (Tübingen 1985).
G. Schöllgen, Monepiskopat und monardischer Episkopat: ZNW 77 (1986) 146–151.
L. Wehr, Arznei der Unsterblichkeit (NTA 18) (Münster 1987).
W. R. Schoedel, Ignatius (München 1990).
C. Munier, Ou en est la question d'Ignace d'Antioche: ANRW II 27/1 (1992) 359–484.
C. Trevett, Ignatius of Antioch (New York 1992).
R. M. Hübner, Thesen zur Echtheit und Datierung der sieben Briefe des Ignatius: ZAC 1 (1997) 44–72.
Th. Lechner, Ignatius adversus Valentinianos? (VigChr. S 47) (Leiden 1999).

3. Der Osterfeststreit und andere Streitigkeiten

Wiederholt haben im Laufe der Kirchengeschichte äußere Einflüsse innere Entwicklungen gefördert. Oder es brachen in der Kirche Schwierigkeiten auf, die zu Stellungnahmen herausforderten. Das gilt gerade auch für die römische Gemeinde im zweiten Jahrhundert, mit der wir uns beschäftigen. Die alte These W. Bauers,[41] daß Rom bis tief in das zweite Jahrhundert hinein von schweren inneren Störungen frei gewesen sei, wird heute mit Skepsis betrachtet. Markion und sein Vorläufer Kerdon, Valentin und Blastus, dessen Name mit dem Osterfeststreit verknüpft ist, haben in Rom gewirkt. Es ist bemerkenswert, daß manche Neuerer nach Rom kamen, um dort ihre Meinungen zu propagieren. Daß sie Rom als Betätigungsfeld wählten, bestätigt seine kirchenpolitische Bedeutung.

Doch bevor wir uns den Streitigkeiten zuwenden, sollten wir es uns nicht entgehen lassen, in kurzen Strichen ein Bild der römischen Gemeinden zu zeichnen, wie es sich uns um die Mitte des zweiten

[41] Rechtgläubigkeit 132.

Jahrhunderts darbietet. Wir sind dazu in der Lage mit Hilfe einer Schrift, die in dieser Zeit in Rom entstanden ist, der sogenannte Hirt des Hermas (Herm).[42] Es ist gut zu sehen, in welchem Umfeld wir uns bewegen. Wenn wir auch damit rechnen müssen, daß manches nur pauschal gesagt ist, ergibt sich doch manche aufschlußreiche Einsicht.

Die Gemeinde hat Verfolgungen hinter sich und befindet sich noch in ihnen. Manche Gemeindemitglieder haben sich außerordentlich bewährt. Sie haben „Auspeitschung, Gefängnis, große Bedrängnis, Kreuzigung und Tierkämpfe um des Namens willen" erduldet (v 3, 2, 1). Sie haben den Tod erlitten (v 3, 1, 9; s 9, 28, 2) oder sie blieben standhaft, ohne getötet zu werden (s 8, 3, 7). In zuverlässig erscheinender Wiedergabe wird von solchen berichtet, die vor die Behörde geführt wurden, aber Angst bekamen und in Zweifel gerieten. Sie fragten sich in ihrem Herzen, ob sie verleugnen oder bekennen sollten, haben dann aber doch Leiden erduldet (s 9, 28, 4). Wieder andere haben den Herrn verleugnet und sind nicht zurückgekehrt (s 9, 26, 3; v 2, 2, 8). Manche haben den Herrn gelästert und ihre Eltern denunziert und wußten sich durch ihren Verrat Vorteil zu verschaffen (v 2, 2, 2).[43]

Auch an den Klerus der Stadt verteilt die Schrift Lob und Tadel. Gelobt werden jene Bischöfe, Lehrer und Diakone, die in „Gottes Heiligkeit gelebt" und ihr Amt lauter und ehrlich zum Besten der Auserwählten Gottes verwaltet haben (v 3, 5, 1). Bischöfe und Gastfreie nahmen freudig und ohne Falsch die Knechte Gottes in ihr Haus auf und versorgten Bedürftige und Witwen mit ihrem Dienst (s 9, 27, 2). Giftmischer aber sind die, welche keinen Frieden untereinander halten, auf Ämter versessen sind und eifersüchtig um den Vorrang streiten (v 3, 9, 7–10; s 8, 7, 4).[44] Auch von wahren und falschen Propheten weiß die Schrift zu erzählen. Die einen reden sanft und ruhig aus dem Geist Gottes, während die anderen unverschämt und keck schwätzen und für ihr Geschwätz sogar noch Bezahlung verlangen (m 11, 7–16).

---

[42] Nach Brox, Hirt des Hermas 23, ist es breiter Konsens, daß die Schrift ca. 140–155 zu datieren ist.

[43] Die Übersetzung ist umstritten. Vgl. Dibelius, Hirt des Hermas 444. Brox, Hirt des Hermas 93, übersetzt: „und hatten von dem Verrat doch keinen Vorteil."

[44] Nach Brox, Hirt des Hermas 534, muß der Rangstreit im römischen Klerus beachtlich gewesen sein.

Betrachten wir die verwendeten Ämternamen, so gibt es Bischöfe (Episkopen), Presbyter, Diakone, Lehrer. Manchmal wird von Vorstehern der Kirche (v 3, 9, 7; 2, 2, 6; 2, 4, 2 f.; 3, 1, 8), von den Inhabern der ersten Plätze (v 3, 9, 7),[45] oder von Hirten (s 9, 31, 5 f.) gesprochen. Nach v 2, 4, 3 stehen die Presbyter an der Spitze der Kirche. Auffällig ist, daß Episkopen und Presbyter nie nebeneinander genannt werden, eine Beobachtung, die wir auch im ersten Clemensbrief machen konnten.[46] Dies wird auch hier damit zu tun haben, daß Episkopen (und Diakone) einerseits und Presbyter anderseits entstehungsgeschichtlich eine andere Wurzel haben. Wie das Verhältnis der Episkopen zu den Presbytern zu bestimmen ist, gibt die Schrift nicht klar zu erkennen. Da beide Gruppen ein Kollegium bilden, wird man davon ausgehen können, daß es Überschneidungen gab. War der Episkopos der primus inter pares? Auch das charismatisch-prophetische Element scheint noch nicht völlig ausgestorben zu sein. Eine monarchische Spitze in der Gesamtgemeindeleitung ist nicht auszumachen. Auch nicht in s 9, 31, 6, wo vom Gericht über die Hirten gehandelt wird, denen es zuzuschreiben sein könnte, daß ein Teil der Herde versprengt wurde. Die Hirten (Plural!) wehren sich mit dem Argument, daß sie von den Schafen versprengt worden seien. Es folgt der Satz: „Es ist ganz unglaubhaft, daß dem Hirten (Singular!) von den Schafen etwas angetan wird“ (pastorem pati posse). Der Singular kann schwerlich auf den Monepiskopos gedeutet werden, weil er als generischer Singular aufzufassen ist und sich im Rahmen des Bildes versteht.

Die Autoritätsfrage bricht auf im Osterfeststreit. Diese Streitfrage erschütterte die gesamte Kirche im Westen und im Osten. In diesem Zusammenhang wird zum erstenmal für uns greifbar ein römischer Presbyter, der beansprucht, nicht nur für die römische Kirche, sondern auch für die Kirchen des Ostens maßgebliche Weisung zu geben. Es ist Viktor, dessen Amtszeit man in die Jahre 189–198 verlegt. Uns interessiert insbesondere die Argumentationsweise, mit der er seine Autorität begründet und näherhin die Frage, ob er sich hierbei auf die Apostel Petrus und Paulus beruft. Es werden dabei manche Konstellationen zum Vorschein kommen, die auch die kirchenpolitische Zukunft bestimmen sollten. Wir informieren zunächst über den Verlauf des Geschehens.

---

[45] In m 11, 12 wird das Streben nach dem ersten Platz gerügt.

[46] Vgl. oben S. 212.

Leider fließen die Informationsquellen für die Beurteilung dieser wichtigen Auseinandersetzung nur spärlich. Im Grunde genommen haben wir nur einen einzigen Informanten, nämlich die Kirchengeschichte des Eusebios von Kaisareia, Buch V 23–25. Es nimmt nicht wunder, wenn dieser relativ knappe Text recht unterschiedliche Interpretationen und Auswertungen erfahren hat. Zum Glück können wir für unsere Zwecke manche mit diesem Text verbundenen Probleme zurückstellen bzw. können uns damit begnügen, sie nur anzuschneiden, wie die so intensiv diskutierte Frage nach der Entstehung des Osterfestes. Gemäß seiner Art der „Geschichtsschreibung" bietet Eusebios neben komprimierten Geschichtsschilderungen immer wieder Zitate aus den ihm zur Verfügung stehenden Quellen. So zitiert er in unserem Kontext aus einem Brief des Irenäus von Lyon an Viktor von Rom, der für uns von besonderer Bedeutung ist. Man hat den Eindruck, daß Eusebios durchaus mehr weiß als das, was er uns mitteilt – und dies aus dem Blickwinkel seiner Zeit –, und auch der Brief des Irenäus nur auszugsweise zitiert wird.

Eusebios beginnt mit der Darlegung des Streitpunktes. Es mag von Bedeutung sein, daß er die ganze Angelegenheit in einen universalkirchlichen Horizont hineinstellt. „Die Gemeinden von ganz Asien" stehen den „Kirchen auf dem ganzen übrigen Erdkreis" gegenüber (23, 1).[47] Am Schluß heißt es: „Die ganze Kirche hatte Frieden" (24, 17). Diese universale Sicht erstarkte in seiner Zeit.[48]

Als Streitpunkt umschreibt Eusebios den Termin des „Paschafestes der Erlösung", und damit verbunden die Beendigung des Fastens. Während die Gemeinden Asiens das Fest am vierzehnten Tag des Monats, das ist der Frühlingsmonat Nisan, feiern, an dem die Juden das Lamm opfern, feiern es die übrigen Kirchen am Tag der Auferstehung unseres Erlösers, das heißt, immer an einem Sonntag (23, 1). Es ist interessant zu sehen, daß eine Kalenderfrage die Christenheit zu spalten droht. Doch wurden Kalenderfragen in den Religionen oft sehr ernstgenommen.[49] Ob der Festinhalt unterschiedlich bestimmt wurde, braucht hier nicht verfolgt zu werden. Wesentliche Unterschiede gab es nicht. Vielleicht läßt sich sagen, daß die asiatische Kir-

---

[47] Die Zahlen beziehen sich jeweils auf das 5. Buch der Kirchengeschichte des Eusebios. Asien bezieht sich auf die römische Provinz Asia.

[48] Eusebios, geboren vor 264/265, gestorben vermutlich 339/340, lebte und wirkte zur Zeit des Kaisers Konstantin.

[49] Zu erinnern ist an einen Streit zwischen der Qumrangemeinde und dem Jerusalemer Tempel bezüglich des Kalenders. In Qumran richtete man sich nach dem Sonnenkalender, im Tempel nach dem Mondkalender.

che mehr den Erlösungstod, die anderen mehr die Auferstehung des Herrn betonten.[50] Wegen des Festhaltens am vierzehnten Nisan spricht man von Quartodezimanern.[51]

Eusebios berichtet davon, daß in verschiedenen Kirchenprovinzen Synoden stattgefunden haben, die das Problem aufgegriffen und sich für den Sonntag entschieden haben, unter anderem in Rom unter Vorsitz des Bischofs Viktor, in Gallien unter Vorsitz des Bischofs Irenäus und so weiter (23, 3 f.). Man tauscht Briefe aus. Da meldet sich Polykrates in einem Brief an Viktor zu Wort. Als Bischof von Ephesos stand Polykrates „an der Spitze der Bischöfe Asiens", die am quartodezimanischen Brauch festhalten. Auch Polykrates beruft sich auf eine Reihe von Bischöfen (24, 1–8).

Die Reaktion Viktors ist der Versuch, die Kirchen Asiens als heterodox von der kirchlichen Gemeinschaft auszuschließen. In einem öffentlichen Schreiben rügt er die Brüder und erklärt sie als außerhalb der Gemeinschaft stehend (24, 9). Dieses erstaunliche Eingreifen Viktors ist von B. Lohse[52] bestritten worden. Er möchte die Maßnahme Viktors auf Rom beschränken, wo es Gemeinden gab, die sich nach der quartodezimanischen Praxis richteten (Einwanderer aus der Provinz Asia?). Die kleinasiatische Kirche, die sich mit Polykrates zu Wort meldet, sei nur insofern betroffen gewesen, als sie ihren römischen Gesinnungsgenossen zu Hilfe gekommen sei.

Gegen die Initiative Viktors wenden sich in Briefen nicht wenige Bischöfe – „doch nicht alle Bischöfe fanden Gefallen daran" – und mahnen den Römer, sich besser um Frieden, Einheit und Liebe zu kümmern (24, 10). Dies spricht doch eher dafür, daß Viktors Vorgehen über Rom hinausreichte. In diesem Zusammenhang zitiert Eusebios, der vermutlich das Schreiben Viktors und auch die Gegenbriefe der Bischöfe kannte, ausführlicher den Brief des Irenäus von Lyon, den dieser an Viktor gerichtet hatte (24, 12–17).

Der Tenor dieses Briefes ist eindeutig die Sorge um den Frieden in der Kirche. Die Argumentation des Irenäus besteht darin, daß er aufzuweisen versucht: die Verschiedenheit (ποικιλία) in der Osterfestpraxis ist alt (24, 13), bzw. das Begehen des vierzehnten des Monats in der Kirche Asiens reicht bis auf die Vorfahren zurück. Dennoch

---

[50] Vgl. J. Quasten: LThK ^{2}VIII 924. Nach B. Lohse, Passafest 120, begingen die Quartodezimaner das Pascha durch Fasten, stellvertretend für die Juden.

[51] Das Wort Quartadezimaner wird nur noch wenig gebraucht und sollte fallengelassen werden.

[52] Passafest 62.

lebten alle in Frieden. Auch die Vorgänger des Viktor in der Leitung der römischen Gemeinde verhielten sich anders als dieser.[53] Sie ließen zwar die quartodezimanische Praxis in ihren Gemeinden nicht zu, duldeten sie aber von dem Zeitpunkt an, als Quartodezimaner – vermutlich von Kleinasien – nach Rom kamen für deren Gemeinden. Sie hielten mit ihnen Frieden und sogar eucharistische Gemeinschaft (24, 14 f.).[54] Als letztes Beispiel friedlicher Gesinnung nennt Irenäus den Besuch des Bischofs und späteren Märtyrers Polykarp von Smyrna beim Presbyter Anicet in Rom, der wenige Jahrzehnte vor Viktor stattfand (etwa um 150). Sie trugen einige Differenzen friedlich aus, konnten sich aber in der quartodezimanischen Frage nicht einigen. Dennoch übten sie die eucharistische Gemeinschaft und schieden in Frieden (24, 16 f.).

Nachdem wir Einblick in den Streit gewonnen haben, fragen wir nach den theologischen Argumenten, die die Kontrahenten vortrugen. Maßgeblich ist das Argument der apostolischen Tradition. Am deutlichsten tritt dieses im Brief des Bischofs Polykrates von Ephesos an Viktor zutage. Er spricht für die Kirche von Asien. Mit erkennbarem Stolz nimmt er die Apostel Philippus und Johannes in Anspruch,[55] aber auch Märtyrer, die in Asien ihr Blut vergossen haben, an der Spitze Bischof Polykarp von Smyrna. Neben dem Zeugnis der Apostel ist auch das der Blutzeugen von Gewicht. Wichtig dürfte für Polykrates auch gewesen sein, daß diese „großen Sterne" – wie er sie nennt – in Asien ihr Grab haben und hier den Tag ihrer Auferwekkung erwarten. Und er fährt fort: „Diese alle hielten den Tag des Pascha am vierzehnten (des Monats) gemäß dem Evangelium. Sie sind nicht vom Weg abgewichen, sondern der Glaubensregel gefolgt" (24, 2–6). Dann spricht Polykrates noch von der Überlieferung, an die er sich selbst gehalten hat und die er „Überlieferung meiner Verwandten" nennt mit Berufung darauf, daß sieben seiner Verwandten eben-

---

[53] In 24, 14 werden Namen von sechs Presbytern genannt, mit denen wir uns noch werden beschäftigen müssen.

[54] In diesem Zusammenhang wird das Problem der Entstehung des Osterfestes am Sonntag diskutiert. Hierzu vgl. Huber, Passa und Ostern; Brox: ZKG 83 (1972) 302–308; Visona: EL 102 (1988) 259–315. Es ist klar, daß die quartodezimanische Praxis in Rom neben einer bestehenden Osterfestfeier besonders auffallen mußte. Was ist zu dem wiederholt vorkommenden objektlosen τηρεῖν zu ergänzen (24, 13.14.15.16.17)? Was „halten" die einen und die anderen nicht? „Den Tag des Pascha" (K. Holl), „den vierzehnten" (N. Brox), „das Fasten" (Th. Zahn)? „Den vierzehnten" ist zu bevorzugen. Dieses Objekt findet sich im Brief des Polykrates von Ephesos, den Eusebios V 24, 6 zitiert und der die streitbare Reaktion Viktors auslöst.

[55] Das entspricht Lokaltraditionen der kleinasiatischen Kirche.

falls Bischöfe waren. Das Traditionsverständnis der alten Kirche kommt damit voll zum Zuge. Danach liegt der Ursprung einer gültigen Tradition bei Jesus (gemäß dem Evangelium), sind ihre Zeugen die Apostel und Presbyter/Bischöfe und Märtyrer und ihre Garanten schließlich die ältesten apostolischen Kirchen.[56]

Leider überliefert Eusebios nicht den Text des Schreibens Viktors von Rom, so daß wir bezüglich seiner Argumentation nur Spekulationen anstellen können. Er nennt ihn „Vorsteher (der Kirche) der Römer" (24, 9), Bischof/Episkopos (23, 3). Im Brief des Irenäus wird er Presbyter genannt (24, 15: „die vor dir Presbyter waren"), „der sie (die Kirche von Rom) jetzt anführt" (24, 14). Klar ist seine führende Stellung. Interessant ist der noch vorhandene alte Austausch von Episkopos und Presbyter. Zahlreiche Autoren vertreten die Meinung, daß auch Viktor im Blick auf den in der Westkirche bestehenden Brauch, das Pascha-/Osterfest an einem Sonntag zu feiern, sich auf eine apostolische Tradition berief und das heißt letztlich, auf Petrus (und Paulus).[57] Anknüpfungspunkt hierfür ist eine Stelle im Brief des Bischofs Polykrates an Viktor: „Denn *auch* in Asien sind große Sterne (Apostel und Märtyrer) entschlafen" (24, 2). Polykrates bezöge sich mit diesem „auch" auf das von Viktor ins Feld geführte Argument, daß in Rom Petrus und Paulus gewirkt haben und gestorben sind.[58] Man muß tatsächlich mit N. Brox fragen: „Wie anders konnte die kleinasiatische Argumentation im römischen Sinn aufgefangen werden?"[59] Es stellt sich allerdings die kritische Frage, wie alt die Praxis der Feier des Osterfestes am Sonntag ist. War sie zur Zeit Viktors erst ein paar Jahrzehnte alt, konnte sie nicht überzeugend als apostolische Tradition ausgegeben werden. Sehr wahrscheinlich ist sie älter. Doch hatten Polykrates und die kleinasiatischen Gemeinden die besseren Karten.[60]

---

[56] Vgl. U. Wickert: RGG ^{3}VI 974–976, hier 975. – Polykrates geht vermutlich davon aus, daß Jesus nach Mk 14, 12 ff. mit seinen Jüngern das Pascha gefeiert hat. Er rühmt sich, „die ganze heilige Schrift" gelesen zu haben (Eusebios V 24, 7). Er beruft sich auf die Apostolizität der Kirche Asiens, nicht die einer Stadt. Warum erwähnt er den Apostel Paulus nicht, der doch in seiner Bischofsstadt Ephesos gewirkt hat? Wohl deshalb nicht, weil Paulus erst nach Ostern zum Apostel berufen wurde.

[57] Darunter A. Ehrhardt, H. Chadwick, C. Andresen.

[58] Zur grammatischen Frage vgl. Koch: ZNW 19 (1919/20) 175 f.

[59] ZKG 83 (1972) 294.

[60] In der Frage nach der Entstehung und dem Alter des christlichen Pascha- bzw. Osterfestes gibt es eine verwirrende Vielfalt von Lösungen. Vgl. die hilfreiche Übersicht bei G. Visionà: TRE 25, 517–520. Vereinfachend gesagt, geht es um folgendes Problem: Stellen das christliche Paschafest, das sich aus dem jüdischen Pascha herausbildete, und das Osterfest, das eine jährliche Verdichtung der Sonntagsfeier be-

Der Streit, in dem eine apostolische Tradition gegen die andere ausgespielt wird, stellt ein unlösbares Problem dar. In diesem Fall bietet sich Irenäus von Lyon in seinem Brief an Viktor als Vermittler an, der auch unserer Not zu Hilfe kommt.[61] Er war ein kluger, theologisch gebildeter Bischof. In der ersten Hälfte des zweiten Jahrhunderts in Kleinasien geboren, übersiedelte er als junger Mann in den Westen nach Lyon. Mit der Ost- und Westkirche vertraut, war er in besonderer Weise zur Vermittlung geeignet. Nachdem wir oben schon die Grundtendenz seines Briefes – Aufruf zu Frieden, Einheit und Versöhnung – herausgestellt haben, wollen wir jetzt versuchen festzustellen, wie er die beiderseitigen Traditionen, die römische und die kleinasiatische, beurteilt und was für Folgerungen er zieht.

Es ist ersichtlich, daß er nicht die eine Tradition gegen die andere ausspielt. Er tut aber mit unmißverständlichen Worten kund, daß er die quartodezimanische Praxis für die ältere und bereits von Johannes, dem Jünger des Herrn, und den übrigen Aposteln geübte hält.[62] Damit greift er die Meinung seiner kleinasiatischen Heimatkirche auf, in der er geistig verwurzelt ist.[63] Die römische Praxis hingegen beruft sich (nur) auf die (dem Viktor und) Anicet voraufgegangenen Presbyter (24, 16), das heißt, eine nach seiner Meinung erst nach Jahrzehnten zählende Übung. Darüber hinaus deutet er an, daß diese Verschiedenheit (διαφωνία) durch Unachtsamkeit entstanden sei (24, 13). Freilich beurteilt er die Lage mit versöhnlichen Worten, die nicht so ohne weiteres verletzen können. Die eindeutige Höherschätzung der quartodezimanischen Praxis ist umso erstaunlicher, als wir mit Sicherheit davon ausgehen können, daß Irenäus als Bischof von Lyon sich nach der römischen Praxis richtete, also das Osterfest nicht am vierzehnten des Monats, sondern an einem Sonntag feierte. Dabei stellte er nicht in Frage, daß die Gemeinden in der Provinz Asien bei ihrer quartodezimanischen Praxis bleiben.[64]

---

deutete, zwei Entwicklungen dar, die nebeneinander herlaufen, oder löste das letztere das erstere ab? Oder gibt es eine dritte Lösung?

[61] Viktor scheint eine unnachgiebige Natur gewesen zu sein, dessen Unnachgiebigkeit dem Polykrates den Hilferuf entlockt: „Ich lasse mich durch Drohungen nicht in Schrecken jagen … Man muß Gott mehr gehorchen als den Menschen" (Eusebios V 24, 7; vgl. Apg 5, 29).

[62] Wenn Irenäus auch die übrigen Apostel in die Praxis miteinbezieht, geht er noch weiter als Polykrates, der nur Philippus und Johannes erwähnte. Freilich bezog dieser sich auf deren Gräber in Asien (V 24, 2 f.).

[63] Vgl. Brox: ZKG 83 (1972) 299 f.

[64] Dies wird von Eusebios V 24, 11 zu Unrecht bestritten. Eusebios urteilt hier vom

Wie ist dieses Verhalten zu erklären? Sicher hat es mit seiner Wertung der römischen Kirche zu tun, der er sich als Bischof von Lyon jetzt mehr verpflichtet fühlt als den Kirchen seiner kleinasiatischen Heimat. Doch ist zunächst zu sagen, daß es ihm darauf ankommt, den Streitfall niedriger zu hängen. Die Verschiedenheit des Fastens, also einer äußeren Beobachtung, kann die Einmütigkeit des Glaubens nicht beeinträchtigen, im Gegenteil: sie richtet sie auf (24, 13: ἡ διαφωνία ... τὴν ὁμόνοιαν τῆς πίστεως συνίστησιν). Einheit des Glaubens in der Verschiedenheit der Lebensformen, das ist ein ganz aktueller Standpunkt. Vielleicht wußte er, daß es einfältige Geister sind, die dazu neigen, das Periphere in das Zentrum zu rücken und mit ihm zu verwechseln. Polykrates von Ephesus hatte in seinem Brief an Viktor im Blick auf die quartodezimanische Praxis nicht nur von einer uralten Überlieferung, sondern auch von einer Richtschnur des Glaubens (24, 6: Κατὰ τὸν κανόνα τῆς πίστεως) gesprochen und damit einen theologischen Begriff von höchstem Rang in die Debatte eingeführt. Irenäus verwendet den Begriff συνήδεια (24, 13: Gewohnheit) nicht nur für den römischen, sondern auch den quartodezimanischen Brauch (24, 16), und läßt den Streit damit in einem Rahmen erscheinen, in dem sicher kein Kompromiß angestrebt werden soll, aber ein friedliches Nebeneinander möglich ist.

Welchen Stellenwert gab Irenäus der römischen Gemeinde? In seiner Auseinandersetzung mit Viktor, dem Vorsteher dieser Gemeinde, nimmt er eine vermittelnde Stellung ein. Klar ist, daß Friede und Versöhnung zwischen Viktor und Polykrates von Ephesos, zwischen der römischen und kleinasiatischen Kirche, sein Hauptanliegen ist. Ein ausführlicheres, ausdrückliches Urteil gibt er in seiner Schrift Adversus haereses ab (3, 3, 2). Im Verständnis dieses Textes ist vieles umstritten. Erschwerend kommt hinzu, daß die ursprünglich in griechischer Sprache verfaßte Schrift nur fragmentarisch im Original erhalten blieb. Wir sind auf die lateinische Übersetzung angewiesen, die bis in das vierte Jahrhundert zurückgeht und allerdings als sehr wörtlich gilt.

Für unsere Belange ist von besonderem Interessen, daß Irenäus erstmalig die Gründung der römischen Gemeinde mit Petrus und Paulus explizit in Verbindung bringt. Er bezeichnet sie als „sehr große und alte und allen bekannte von den ruhmreichen zwei Aposteln Petrus und Paulus begründete und konstituierte“ (maximae et antiquis-

---

Standpunkt des 4. Jahrhunderts aus, in dem die Quartodezimaner bereits als Häretiker galten.

simae et omnibus cognitae, a gloriosissimis duobus apostolis Petro et Paulo Romae fundatae et constitutae ecclesiae), die Tradition und Glaube von den Aposteln empfangen hat in der Sukzession der Bischöfe. Im näheren Kontext gibt Irenäus zu verstehen, daß sich die Gründung und Konstituierung der Gemeinde in zwei Schritten vollzog, zunächst durch die Predigt der Apostel – „Petrus und Paulus verkündigten in Rom das Evangelium und gründeten eine Gemeinde" (3, 1, 1) –, dann durch die Einsetzung eines Bischofs: „Als die seligen Apostel nun die Gemeinde gegründet und aufgebaut hatten, übertrugen sie dem Linus das bischöfliche Amt" (3, 3, 3).[65] Ihr Martyrium, das ja auch als mit der Gemeindegründung im Zusammenhang stehend gesehen werden kann, wird nicht erwähnt. Auf es könnte aber mit dem Beiwort „die ruhmreichen" verwiesen sein.

In seiner Darstellung der historischen Dinge verfolgt Irenäus primär theologische Ziele. Im Zuge der Ketzerbekämpfung will er zeigen, daß die Wahrheit des Evangeliums ausschließlich bei den Aposteln und den von ihnen eingesetzten Bischöfen zu finden ist. Er dürfte gewußt haben, daß die römische Gemeinde schon existierte, bevor Paulus nach Rom kam. Wie hätte dieser sonst den Römerbrief schreiben können? Aber er dürfte die Auffassung vertreten haben, daß erst durch das Auftreten der Apostel in Rom die eigentliche Existenz der Gemeinde begründet wurde. Zu beachten bleibt, daß beide Apostel das Fundament legten und für die zukünftige Leitung der Gemeinde sorgten. Petrus wird zwar an erster Stelle, aber zusammen mit Paulus genannt. Die Vorstellung vom „Nachfolger Petri" hat eine veränderte Sicht zur Voraussetzung. Petrus und Paulus stehen nebeneinander.

Ist der Satz über die Gründung der römischen Gemeinde durch Petrus und Paulus in seinem Verständnis noch im wesentlichen unbestritten, so ist die Interpretation des Folgenden sehr kontrovers. Nach einer Bemerkung über die Absicht seiner Ausführungen – er will die Irrlehrer zerstreuen und verwirren (confundimus omnes) – sagt Irenäus:

> ad hanc enim ecclesiam propter potentiorem principalitatem necesse est omnem convenire ecclesiam.

Wir übersetzen zunächst so: „Mit dieser Kirche nämlich muß wegen ihrer größeren Vorzüglichkeit jede Kirche übereinstimmen".

Aber schon erheben sich Fragen und Einwände. Ist hier die römische Gemeinde als die maßgebliche bezeichnet? In einem universalen

[65] Dieser Text ist griechisch erhalten bei Eusebios, hist. eccl. 5, 6, 1.

Sinn? Ist diese Position für die Zeit des Irenäus nicht anachronistisch und undenkbar?[66] Ist die Aussage teilkirchlich zu verstehen und nur auf den Westen des Imperiums zu beziehen? Oder bezieht sich „diese Kirche" gar nicht auf die römische Gemeinde, sondern auf die Kirche insgesamt?[67] Oder auf noch etwas anderes, etwa alle apostolischen Kirchen, das heißt, jede Kirche, die apostolischen Ursprungs und darum maßgeblich ist?[68] Wie ist das Wort „principalitas", das wir mit Vorzüglichkeit, Vorzug übersetzten, wiederzugeben?[69] Auf wen bezieht sich der Vergleich, wenn „diese Kirche" als die vorzüglichere, vorrangige gilt? In weitere Schwierigkeiten stößt man vor, wenn man sich darum bemüht, den griechischen Originaltext zu rekonstruieren. Alle diese Fragen sind lange beantwortet worden, freilich – wie wir andeuteten – ohne Einigkeit zu erzielen. Immer wieder waren auch Voreingenommenheiten im Spiel, in dem einen und dem anderen Sinn.

Es empfiehlt sich, einmal von dem überstrapazierten Text und seinen philologischen Fallstricken abzusehen und einen anderen Weg zu gehen. Er bestünde darin, nach dem ekklesiologischen Gesamtmodell des Irenäus zu fragen und dabei insbesondere das Verhältnis der einzelnen Kirchen zueinander im Auge zu behalten. Nur dieses Interesse soll uns letztlich bei der Darlegung der folgenden Beobachtungen leiten. Vielleicht geben sie uns die Möglichkeit an die Hand, am Ende den zentralen Text in 3, 3, 2 etwas besser in den Griff zu bekommen.

Eine Besonderheit im Kirchenbild des Irenäus ist bei Durchsicht der einschlägigen Stellen unübersehbar. Es ist die Universalität und umspannende Einheit. Er kann hierfür eindrückliche Bilder verwenden. Er spricht von der über die ganze Welt ausgebreiteten Kirche und vergleicht sie mit einem Haus. Hier bewahrt sie das Kerygma, das sie empfangen hat, und den Glauben, mit dem sie glaubt, als habe sie nur eine Seele, ein Herz, einen Mund (1, 10, 2). Für die Wahl seiner Bilder zeigt sich Irenäus, der eine große Bibelkenntnis besitzt, immer wieder von der biblischen Bildersprache inspiriert.[70] Oder er vergleicht die Kirche mit einer reichen Vorratskammer (de-

---

[66] Vgl. Brox: AHC 7 (1975) 51.

[67] Vgl. Nautin: RHR 151 (1957) 77.

[68] Etwa Stockmeier: MThZ 38 (1987) 23. Dann gewinnt „ad hanc enim ecclesiam" die Bedeutung von „ad talem enim ecclesiam."

[69] Andere Vorschläge: autorité (Sagnard), Gründungsautorität (Brox). H.-J. Jaschke: TRE 16, 261 setzt als griechisches Äquivalent ἀρχή voraus. Damit entsteht die Frage, ob principalitas im zeitlichen oder im sachlichen Sinn zu verstehen ist.

[70] Zu „ein Herz, eine Seele" vgl. Apg 4, 32. Zur Kirche als Haus 1 Tim 3, 15. Der Text in 1, 10, 2 ist griechisch erhalten.

positorium),[71] in dem die Apostel die Wahrheit vollständigst zusammengetragen haben (3, 4, 1). Die Apostel hatten alle gemeinsam dasselbe Evangelium Gottes (3, 1, 1: omnes pariter et singuli eorum).[72]

Irenäus sieht neben der Kirche in der Welt, die von den Aposteln mit dem einen Evangelium betraut wurde, ebenso die vielen Ortskirchen und Kirchen in den verschiedenen Provinzen. Er erwähnt neben der Kirche von Rom (3, 3, 2) die Kirche von Smyrna, Ephesos und die Kirchen Asiens (3, 3, 4), Germaniens, Iberiens, Galliens, Ägyptens, Libyens, die „in der Mitte der Welt" (wohl Jerusalem) und noch manche andere (1, 10, 2). Das Nebeneinander von der Kirche im allgemeinen, umfassenden Sinn und den zahlreichen Ortskirchen ist zu beachten. Der Singular steht neben dem Plural. In den Ortskirchen findet sich die eine Kirche wieder. Man könnte auch umgekehrt sagen: Die umfassende Kirche prägt sich in den Ortskirchen aus.

Ein paar Beispiele sollen das Nebeneinander von Singular (die Kirche) und Plural (die Kirchen) veranschaulichen.

3, 3, 4: „Dieses lehrte er (Polykarp) immer, was er bei den Aposteln gelernt hatte, und das, was die Kirche (Singular) überliefert. Das allein ist wahr. Es bezeugen dies alle Kirchen (Plural) Asiens ..."[73]

1, 10, 2: „Dieses Kerygma und diesen Glauben hat die Kirche (Singular) empfangen und bewahrt sie sorgfältig, obwohl sie über die ganze Welt ausgebreitet ist ... Und wenn auch die Sprachen in der Welt verschieden sind, ist die Dynamis der Überlieferung ein und dieselbe. Und die Kirchen (Plural, jetzt werden verschiedene Ortskirchen angeführt) überliefern nichts anderes."[74]

3, 4, 1: „Es ziemt sich nicht, die Wahrheit bei anderen zu suchen, die bei der Kirche (Singular) leicht zu erhalten ist ... Und wenn über irgendeine Frage ein Streit entstanden ist, ist es da nicht ratsam, bei den ältesten Kirchen (Plural) zu rekurrieren, in denen die Apostel ein- und ausgingen ...?"

In der umfassenden Kirche, die die Wahrheit abstrakt zu bewahren scheint, gewinnen bestimmte einzelne Kirchen herausragende Bedeutung. Es sind die apostolischen Kirchen, die von Aposteln des Herrn gegründete Kirchen, in denen das gültige Evangelium aufbewahrt

---

[71] Depositorium dürfte veranlaßt sein vom Wort παραθήκη = depositum, der in den Pastoralbriefen die apostolische Überlieferung bezeichnet (1 Tim 6, 20; 2 Tim 1, 12.14).

[72] Hierzu vgl. 1 Kor 15, 11.

[73] Dieser Text ist griechisch erhalten. Vgl. Eusebios, hist. eccl. 4, 14, 4 f.

[74] Griechisch erhalten. Die Bedeutung von Dynamis ist umstritten (= Inhalt?).

und erhalten geblieben und in der Sukzession der Bischöfe/Presbyter bis in die Gegenwart hinein weitergereicht worden ist. In ihnen wird die abstrakte Wahrheit konkret und greifbar.

Wenn wir nach der Einordnung der Kirche von Rom fragen, kann die universalkirchliche Perspektive nicht außer Acht gelassen werden. Teilkirchliche Einschätzungen würden der Grundauffassung des Irenäus nicht entsprechen. Auch die Kirche von Rom steht weder für sich noch ist sie einer Provinz zugeordnet, sondern sie ist eingefügt in die umfassende Weltkirche.[75]

Damit müssen wir noch einmal auf den klassischen Text 3, 3, 2 zurückkommen: „Mit dieser Kirche nämlich muß wegen ihrer größeren Vorzüglichkeit jede Kirche übereinstimmen." Die universale Ausrichtung ist mit „jeder Kirche" gegeben. Eine Einschränkung auf die Kirchen des Westens ist nicht zu erkennen. „Diese Kirche", die nach diesem Text den Maßstab setzt, ist die römische, oder genauer: jene Kirche, von der Irenäus wenige Zeilen vorher sagte, daß sie von den ruhmreichen Aposteln Petrus und Paulus in Rom gegründet worden sei.[76]

Die universale Perspektive setzt sich fort, wenn der Text abschließt: „muß jede Kirche übereinstimmen, das ist, die Gläubigen von überall her. In ihr ist von denen, die von überall her (sind), das bewahrt worden, was die Überlieferung von den Aposteln ist."

> ... hoc est eos qui sunt undique fideles, in qua semper ab his qui sunt undique conservata est ea quae est ab apostolis traditio.

Die Kirche, die die apostolische Überlieferung bewahrte, ist die römische. Jede Kirche als Hort der Überlieferung zu sehen, bräche dem Sinn die Spitze ab. Das Anliegen besteht doch darin, die hervorragende Kirche, die die apostolische Überlieferung bewahrte, als maßgeblich zu kennzeichnen.[77]

Die universale Spannweite ist mit dem doppelten „die Gläubigen von überall her" und „die von überall her" angezeigt.[78] Die „Gläubi-

---

[75] Brox: AHC 7 (1975) 57–64 entfaltet eine teilkirchliche Perspektive.

[76] Mit Brox: AHC 7 (1975) 55. – „Diese Kirche" als die Weltkirche zu verstehen, ergäbe eine Tautologie. Unter „dieser Kirche" jede apostolische Kirche zu verstehen, wäre zwar sinnvoll, ist aber im (lateinischen) Text nicht angezeigt. Stockmeier: MThZ 38 (1987) 23 postuliert für diesen Vorschlag im griechischen Text τοιαύτην: mit einer solchen Kirche ... Die Schwierigkeit aber besteht darin, daß unmittelbar vorausgehend nur von der römischen Kirche die Rede ist.

[77] Das heißt, grammatisch ist „in qua" auf „hanc enim ecclesiam", nicht auf „omnem ecclesiam" zu beziehen.

[78] Undique bedeutet: „es sei, woher es wolle, von allen Seiten od. Orten, von nah

gen von überall her" leben in den Gemeinden der weltweiten Kirche. Die apostolische Kirche setzt Maßstäbe für alle Gläubigen. Wenn es weiter heißt, daß Menschen von überall her in der römischen Gemeinde die apostolische Tradition bewahrt haben, ist dies am besten als Hinweis auf die Zusammensetzung dieser Gemeinde zu verstehen. In Rom haben sich Christen aus allen Weltteilen zusammengefunden.

Den apostolischen Vorrang, den Irenäus der römischen Kirche zuschreibt, mißt er aber auch anderen apostolischen, das heißt, allen von Aposteln gegründeten Gemeinden zu. So sagt er: „Wir können die Bischöfe aufzählen, die in den Kirchen von den Aposteln bestellt wurden und ihre Nachfolger bis zu uns" (3, 3, 1). Er empfiehlt für den Fall, daß Streitigkeiten auftreten, auf die ältesten Kirchen zu rekurrieren, in denen die Apostel ein- und ausgegangen sind, um von ihnen Sicherheit und wirkliche Klarheit zu gewinnen in der anstehenden Frage (3, 4, 1). Und der oben erörterte Text über die hervorragende Stellung der römischen Kirche wird eingeleitet mit der Bemerkung, daß es zu weit führen würde, alle Kirchen aufzuführen, die in apostolischer Sukzession stehen (3, 3, 2). Im weiteren Verlauf erwähnt er zumindest die Kirchen von Smyrna mit dem Bischof Polykarp und Ephesos als apostolische Gründungen (3, 3, 4). Demnach wird man sagen müssen, daß er für die römische Kirche einen besonderen Akzent setzt. Ihr „größerer Vorzug" (3, 3, 2: propter potentiorem principalitatum) besteht darin, daß sie von den ruhmreichen Aposteln Petrus und Paulus gegründet worden ist. Vielleicht wird man es so umschreiben können, daß er sie als prima inter pares, als erste unter den apostolischen Kirchen ansieht.

Es kann nicht übersehen werden, daß Irenäus kleinasiatische Gemeinden (Smyrna, Ephesos) Rom gegenüberstellt, nicht Jerusalem. Das hängt mit seiner kleinasiatischen Herkunft zusammen. Jerusalem ist zwar die Kirche, in der jede Kirche ihren Anfang genommen hat (3, 12, 5: initium). Aber die Bedeutung Jerusalems liegt in der Vergangenheit.[79]

Die Bedeutung der kleinasiatischen Kirchen liegt durchaus in der Gegenwart. Im Osterfeststreit haben wir dies feststellen können. Man ist weit davon entfernt, von Rom Befehle entgegenzunehmen.

---

und fern, von überall her, überall" nach K. E. Georges, Ausführliches lateinisch-deutsches Handwörterbuch (Nachdruck Darmstadt 1988) II 3301. Wer „ringsum" übersetzt, postuliert vermutlich griechisches πανταχόθεν.

[79] Vgl. Vogt: ThQ 164 (1984) 55.

Man bringt die eigene apostolische Tradition zur Geltung. Irenäus vermag im Streit zu vermitteln, indem er zwar die kleinasiatische Ostertradition als die ältere ansieht, die Kalenderfrage aber für nicht so entscheidend hält, sondern als gewohnheitsmäßigen Brauch einstuft. Bischof Polykarp von Smyrna verhandelte mit Bischof Anicet in Rom über die Osterfestfrage, freilich ohne zu einem Ergebnis zu kommen. Er bekehrte anläßlich seines Rombesuches viele Anhänger des Valentin und Markion zur Kirche Gottes, indem er ihnen diese eine und einzige Wahrheit verkündigte, die er von den Aposteln empfangen hatte und von der Kirche überliefert worden war (3, 3, 4).[80] Hier haben wir vielleicht ein klassisches konkretes Beispiel dafür, wie die apostolische Tradition zur Geltung gebracht wurde, nicht durch Sanktionen, sondern in der Form der Verkündigung und Auseinandersetzung durch einen Bischof, der sich in der apostolischen Sukzession weiß. Auf Sanktionen reagierte man allergisch. Dies veranschaulicht uns die Reaktion des Bischofs Polykrates von Ephesos auf die Sanktionsmaßnahme des Bischofs Viktor von Rom, die eine der ersten Maßnahmen dieser Art darstellt.

Theologische Diskussionen wurden in Rom in den Schulen ausgetragen, die sich schon früh gebildet hatten. So ist uns die Schule Justin des Märtyrers († um 165) bekannt, der sich mit den Lehren des Gnostikers Valentin auseinandersetzte.[81] Auch Markion stand einer Schule vor. Er disputierte mit Presbytern und Lehrern der Stadt. Vermutlich ist er von sich aus an diese herangetreten. Er wurde nicht ausgeschlossen, sondern zog sich von sich aus zurück, um eine neue Kirche zu gründen.[82] Das wirft ebenso ein bezeichnendes Licht auf die Situation in Rom im zweiten Jahrhundert, wie der Umstand, daß Viktor, der so forsch gegen die Quartodezimaner vorging, von außen angestoßen werden mußte, um etwas gegen den Valentinianer Florinus und gegen die Montanisten zu unternehmen.[83]

Vom Ende des zweiten Jahrhunderts haben wir ein Zeugnis, das aus der Zeit des Bischofs Zephyrinus (198–217), des Nachfolgers Viktors als Leiter der römischen Gemeinde, herrührt. Wir hatten es bereits im Zusammenhang mit der Frage nach dem Petrusgrab zu

---

[80] Griechischer Text bei Eusebios, hist. eccl. 4, 14, 5.

[81] Vgl. Lampe, Die stadtrömischen Christen 328 f.

[82] Vgl. A. von Harnack, Marcion (Nachdruck Darmstadt 1960 = ^{2}1924) 153; Lüdemann: ZNW 70 (1979) 96.

[83] Im einen Fall war es Irenäus, im anderen Praxeas, der wie Irenäus aus Asien nach dem Westen gekommen war. Vgl. Lampe, Die stadtrömischen Christen 327 und 332.

Rate gezogen.[84] Gaius, ein Mitglied der römischen Gemeinde, der sich mit Proclus, einem Haupt der phrygischen Sekte (= Montanisten) auseinandersetzt, schreibt an diesen: „Ich kann die Siegeszeichen (τροπαία) der Apostel zeigen. Wenn du nämlich auf den Vatikan oder auf die Straße nach Ostia gehst, wirst du die Siegeszeichen derer finden, die diese Kirche gegründet haben.“[85] Leider ist von Gaius Schrift Adversus Proclum kaum etwas erhalten geblieben. Doch dürfte klar sein, daß er den Hinweis auf die Tropäen des Petrus und Paulus als Beleg dafür verwendet, daß die römische Gemeinde auf die apostolische Tradition der beiden Apostel gegründet wurde. Denn auch Proclus beruft sich auf ehrwürdige Gräber in seiner Heimat Hierapolis.[86] Wichtig ist für uns, daß nicht nur Wert gelegt wird auf die Gründung der Gemeinde durch die Apostel, sondern auch auf ihren Martertod in der Stadt, der durch ihre Tropäen ausgewiesen wird. In der schon früh feststellbaren Rivalität zwischen Rom und Kleinasien darf man vielleicht von Ferne ein erstes Zeichen der späteren Trennung sehen.

Literatur:

H. Koch, Zur Geschichte des monarchischen Episkopates: ZNW 19 (1919/20) 81–85.

M. Dibelius, Der Hirt des Hermas (HNT Die apostolischen Väter 4) (Tübingen 1923).

F. Sagnard, Contre les hérésies. Livre III (SC 34) (Paris/Lyon 1952).

B. Lohse, Das Passafest der Quartadecimaner (BFChTh II/54) (Gütersloh 1953).

P. Nautin, Irenée, Adv. haer. III 3, 2: Église de Rome ou Église universelle?: RHR 151 (1957) 37–78.

P. Nautin, La lettre d'Irenée à Victor de Rome: Lettres et écrivains chrétiens des 2ᵉ et 3ᵉ siècle (Patr2) (Paris 1961) 74–85.

H. Chadwick, The Early Church (London 1967).

W. Huber, Passa und Ostern (Berlin 1969).

N. Brox, Tendenzen und Parteilichkeiten im Osterfeststreit des zweiten Jahrhunderts: ZKG 83 (1972) 291–324.

G. Kretschmar, Christliches Passa im 2. Jahrhundert und die Ausbildung der christlichen Theologie: RSR 60 (1972) 287–323.

N. Afanassieff, The church which presides in love: J. Meyendorff u. a. (Hrsg.), The primacy of Peter (Leighton Buzzard ^{2}1973) 57–100.

---

[84] Vgl. oben S. 127 f.

[85] Bei Eusebios, hist eccl. 2, 25, 7.

[86] Bei Eusebios, hist. eccl. 3, 31, 4. Zuvor zitiert Eusebios das Schreiben des Bischofs Polykrates von Ephesos, wo dieser auf die Gräber der Apostel Johannes und Philippus in Asien hinweist (3, 31, 2 f.).

H. von Campenhausen, Ostertermin oder Osterfasten? Zum Verständnis des Irenäusbriefes an Viktor: VigChr 28 (1974) 114–138.

N. Brox, Rom und „jede Kirche" im 2. Jahrhundert. Zu Irenäus, adv. haer. III 3, 2: AHC 7 (1975) 42–78.

H. Grotz, Die Stellung der römischen Kirche anhand frühchristlicher Quellen: ArchHistPont 13 (1975) 7–64.

E. Lanne, L'Église Rome. Adv.haer. III 3,2: Irén 49 (1976) 275–322.

L. Abramowski, Irenäus, Adv. haer. III 3, 2: JThS 28 (1977) 101–104.

A. Strobel, Ursprung und Geschichte des frühchristlichen Osterkalenders (TU 121) (Berlin 1977).

G. Lüdemann, Zur Geschichte des ältesten Christentums in Rom: ZNW 70 (1979) 86–114.

W. Rordorf, Was heißt: Petrus und Paulus haben die Kirche in Rom „gegründet"? Zu Irenäus, Adv. haer. III, 1, 1; 3, 2.3, in: Unterwegs zur Einheit (Festschrift H. Steinimann (Freiburg i. Ue. u. a. 1980) 609–616.

M. Guerra, Análisis filológico de S. Ireneo Adv. haer. 3, 3, 2b: ScrTh 14 (1982) 9–57.

H. J. Vogt, Teilkirchen – Perspektive bei Irenäus?: ThQ 164 (1984) 52–58.

P. Stockmeier, Papsttum und Petrus-Dienst in der frühen Kirche: MThZ 38 (1987) 19–29.

N. Brox, Der Hirt des Hermas (Kommentar zu den Apostolischen Vätern) (Göttingen 1991).

4. Römische Bischofs-/Presbyterlisten

Diese Listen enthalten die Reihung von Namen von Bischöfen bestimmter Ortsgemeinden. Dabei sucht man den Anschluß an den Gemeindegründer. Es ist leicht einzusehen, daß Gemeinden, die auf Apostel zurückgehen, von besonderem Interesse sind. Römische Bischofslisten reichen bis in das zweite Jahrhundert zurück. Sind sie künstliche Gebilde? Welchen historischen Wert haben sie? Welche theologischen Ziele verknüpfte man mit ihrer Aufstellung? Uns interessiert wiederum die älteste Zeit – die ersten zwei Jahrhunderte –, die wir im Auge behalten wollen.

Es gibt zahlreiche Analogien und Vergleichsmöglichkeiten zu diesen Listen.[87] Vor allem findet man sie im biblischen Judentum, wo sie mit bestimmten Intentionen verbunden sind. Wir haben hier Genealogien, die die Anteilhabe an den göttlichen Verheißungen absichern wollen (etwa Gn 5; 1 Chr 1–9). Das Priestertum war an die leibliche Abstammung von Aaron gebunden. Entsprechende Listen stellen

[87] Vgl. L. Koep: RAC 2, 408.

dies fest (etwa Nm 3, 1–4; vgl. 1 Sm 2, 27 f.). Nach der Rückkehr aus dem babylonischen Exil werden Priesterlisten aufgestellt, um zu verhindern, daß Nichtaaroniten in das Priestertum eindringen (etwa Neh 12, 1–7). Wer nicht in den Geschlechterlisten eingetragen ist, wird vom Priesterdienst ausgeschlossen (vgl. Esr 2, 61–63). Von besonderer Bedeutung waren die Listen der Nachkommen der Hohenpriester (etwa Neh 12, 10, 1 Chr 6, 27–41).

Sind die genannten Listen abstammungsmäßig begründet, so entwickelt sich in der rabbinischen Theologie die Vorstellung, daß die Gesetzesüberlieferung in einer ununterbrochenen Kette bis auf Mose zurückgeführt werden kann. Die letzten Glieder dieser Reihe sind Hillel und Schammaj, sowie Jochanan ben Zakkai und dessen fünf Schüler.[88] Der künstliche Charakter dieser Kette kann leicht erkannt werden. Man beabsichtigt, mit ihrer Hilfe die Legitimität und Gültigkeit der Gesetzesüberlieferung unter Beweis zu stellen. Was bis auf die älteste Zeit zurückgeführt werden kann, verdient Zustimmung.

Es ist offenkundig eine im religiösen und institutionellen Denken verwurzelte Idee, durch Altersbeweise die eigene Sache und Lehre glaubwürdig erscheinen zu lassen. Wir treffen das Traditions- und Sukzessionsprinzip auch im Islam an, wo man sich bestrebt zeigt, das überkommene Lehrgut durch namentlich bekannte Gewährsmänner in einer Zeugenreihe, isnad genannt, bis auf den Propheten zurückzuleiten. Auch in griechischen Philosophenschulen werden Schulhäupter etabliert, deren Lehren in Traditionsreihen, den Διαδοχαί τῶν φιλοσόφων, weitergegeben wurden.[89]

Haben wir damit den allgemeinen zeitgeschichtlichen Hintergrund angedeutet, vor dem ein Traditionsbewußtsein sich entwickeln konnte, so ist doch noch nicht der eigentliche Anlaß bestimmt, der zur Ausbildung von Bischofslisten im christlichen Bereich führte, die den Anschluß an die Apostel herzustellen sich bemühen. Dieser Anlaß liegt in der Auseinandersetzung mit der Irrlehre. Es ist kein Zu-

---

[88] Vgl. W. Bousset/H. Gressmann, Die Religion des Judentums im späthellenistischen Zeitalter (HNT 21) (Tübingen ^{4}1966) 157, die vermuten, daß diese Traditionskette in der Schule Jochanan ben Zakkaís, also nach der Zerstörung Jerusalems, geschmiedet wurde. Man findet sie in den ersten beiden Kapiteln der Pirke Aboth.

[89] Es ist interessant, daß der Begriff der διαδοχή, der im christlichen Bereich als theologischer Begriff die Sukzession bezeichnet, auch bei den Philosophen vorkommt. L. Koep: RAC 2, 409 verweist u. a. auf die „Sukzession der Philosophen" bei Antisthenes von Rhodos, Sotion von Alexandria (beide 2. Jahrhundert v. Chr.) und Alexander von Milet (ca. 70–60 v. Chr.).

fall, daß die ersten Listen in der zweiten Hälfte des zweiten Jahrhunderts nachgewiesen werden können, einer Zeit, in der der Kampf gegen die Gnosis christliche Lehrer und Theologen ganz in Anspruch nahm. Denn es waren gnostische Schulhäupter und Lehrer, die sich auf apostolische Überlieferungen beriefen, auf Überlieferungen freilich, von denen sie behaupteten, daß sie ihnen auf dem Weg geheimer Offenbarungen zugekommen seien, Überlieferungen eines Inhalts, der bislang nicht in der Unterweisung der Gläubigen anzutreffen war. Mittelsmänner, die die Kette zu den Aposteln herstellen, hätten diese Überlieferungen tradiert. Valentin, der seine gnostischen Lehren in Rom verbreitete, berief sich auf Theodas, einen angeblichen Schüler des Apostels Paulus, Basilides auf Glaukias, der Dolmetscher des Petrus gewesen sein soll. Die Naassener stützten sich auf Mariamne, der der Herrenbruder Jakobus die Geheimlehre übergeben haben soll.[90]

Christliche Lehrer, Vertreter der „Orthodoxie", in dieser verwirrenden Lage in die Defensive gedrängt, sahen sich nunmehr veranlaßt, ihrerseits das Kerygma und Evangelium der Apostel durch Listen abzusichern. Die Verlegenheit eines solchen Unterfangens zeigt sich im Folgenden: Während die Gnostiker ihre neuen Lehren als alte zu beglaubigen suchten, ging es den Verteidigern darum, den alten Glauben zu retten. H. von Campenhausen bringt es auf den Punkt, wenn er die Frage stellt: „Wie sollte eine gläubige und geisterfüllte Gemeinde, die sich mit anderen, gleichgesinnten Gemeinden von jeher verbunden wußte, daran zweifeln, daß das, was in ihrer Mitte gelehrt wurde, die ursprüngliche, von den Aposteln verkündigte Wahrheit sei?"[91]

Die Ausbildung von Traditionen, die Begriffe des Empfangens und Überlieferns haben gewiß nicht erst die Gnostiker geschaffen. Wir treffen sie bereits in den Briefen des Apostels Paulus an, der ihm wichtig erscheinende Traditionen als solche markiert (1 Kor 15, 1–3; 11, 23). Aber schon in den Pastoralbriefen verdichtet und verdinglicht sich die Überlieferung zur παραθήκη, zum unverrückbaren Glaubensgut, dem depositum fidei, das in der Kirche den Trägern des Amtes, den Episkopen und Presbytern, zur treuen Bewahrung anvertraut wird. Schon diese Entwicklung erfolgt in der Abwehr irriger Lehrmeinungen. Die enge Verknüpfung von Glaubensgut und Amt führt in den Pastoralbriefen zur Absicherung und Kontinuität des apostoli-

---

[90] Diese und weitere Beispiele bei Campenhausen, Kirchliches Amt 172–174.

[91] Kirchliches Amt 174.

schen Ursprungs mit der Gegenwart. Wenn man von Sukzession, das heißt, von Übertragung und Abfolge von Generation zu Generation sprechen will, wird man hier den Akzent auf die Übertragung des Lehrgutes legen müssen. Wenn man den soziologischen Aspekt miteinblenden will, wird man sich von dieser Seite belehren lassen, daß der so skizzierte Vorgang einer Institutionalisierung sich dort als notwendig erweist, wo eine Gemeinschaft ihren eigenen Ursprung überdauern will. Auf die Kirche übertragen bedeutet dies, daß sie angesichts dieser sich abzeichnenden Entwicklung sorgfältig darauf zu achten hat, ihre Grundlegung und Begründung im Wirken des Geistes Gottes nicht zu vergessen und diesem Raum zu geben. Die Gefahr der Erstarrung war von Anfang an gegeben.[92]

Die Sorge, die Kontinuität mit dem apostolischen Ursprung zu verlieren, verschärft sich im zweiten Jahrhundert im Kampf gegen Valentin, Markion und andere Irrlehrer. Weil auch diese sich auf angebliche apostolische Überlieferungen beriefen, stand Tradition gegen Tradition. Das Altersargument spielt eine entscheidende Rolle. „Valentin war nämlich damals nicht dabei, auch Markion nicht und die anderen“, sagt Irenäus im Blick auf das Pfingstereignis (Adv. haer. 3, 12, 5). „Die wahre Erkenntnis (Gnosis) ist die Lehre der Apostel und von altersher der Status der Kirche in der ganzen Welt und der Charakter des Leibes Christi gemäß den Sukzessionen der Bischöfe, denen sie (die Apostel) die Kirche an jeglichem Ort übergeben haben. Diese Bewahrung reicht bis auf uns ohne Fälschung der Schriften, in vollstem Umfang, ohne etwas hinzuzufügen oder wegzulassen. Die Lesung erfolgt ohne Verfälschung und die gültige Auslegung gemäß den Schriften und sorgfältig und ohne Gefahr oder Lästerung. Herausragend aber ist die Gabe der Liebe, die wertvoller ist als die Erkenntnis, ruhmvoller aber auch als die Prophetie und die übrigen Charismen überragend“ (4, 33, 8). Immer wieder stellt Irenäus diese Zusammenhänge dar. Dabei kann er auch die Presbyter ins Spiel bringen: die Überlieferung der Apostel wurde in den Kirchen durch die Sukzessionen der Presbyter bewahrt (3, 2, 2). Alle, die von dieser ursprünglichen Sukzession nichts wissen wollen und sich beliebig versammeln, sind der Irrlehre verdächtig (4, 26, 2). Wo die Charismen Gottes hinterlegt sind, dort muß man die Wahrheit lernen, nämlich bei denen, die die Sukzession in der Kirche von den Aposteln haben und einen gesunden und unverdorbenen Lebenswandel und die unverfälschte und unverdorbene Predigt (4, 26, 5).

---

[92] Zu den Pastoralbriefen vgl. J. Roloff, 1 Tim 211–217.

In dem mit diesen Äußerungen gekennzeichneten Milieu ist das Bemühen, Bischofslisten aufzustellen, verständlich. Wer dies für Rom als erster tat, ist nicht mehr sicher auszumachen. Hegesipp, der aus dem Osten (Syrien?) kommend, um 160 in Rom eintraf, scheidet hierfür wohl aus. Man nahm ihn früher dafür in Anspruch auf Grund einer von Eusebios überlieferten Bemerkung Hegesipps, die in ihrem Verständnis sehr umstritten ist. „In Rom angekommen, stellte ich eine Bischofsliste auf bis hin zu Anicet" (διαδοχὴν ἐποιησάμην μέχρις Ἀνικήτου), übersetzt noch H. Kraft.[93] Die neuere Forschung tendiert zu der Auffassung, daß Hegesipp nicht eine formelle Liste erstellt, sondern sich anhand der ununterbrochenen Abfolge der römischen Bischöfe von der zuverlässigen Weitergabe der apostolischen Überlieferung überzeugt habe.[94] Im Anschluß an diese Stelle sagt Hegesipp: „Auf Anicet folgte Soter und auf diesen Eleutherus." Dies kann als Hinweis darauf gewertet werden, daß er die Vorgänger des Anicet, zu dessen Amtszeit er nach Rom kam, festzustellen suchte.

Die älteste, für uns zugängliche römische Bischofsliste finden wir bei Irenäus, der etwa zwanzig Jahre später, zur Amtszeit des Eleutherus, diesen in Rom aufsuchte. Ob Irenäus diese Liste selbst zusammenstellte oder bereits vorfand, ist ungewiß. Wahrscheinlicher ist doch das letztere. Denn es ist zu vermuten, daß er eine vorfindliche Liste übernahm und mit zusätzlichen Bemerkungen versah. Er zählt nach den Aposteln zwölf Bischöfe auf, nämlich: Linos, Anenkletos, Klemens, Evaristos, Alexander, Xystos, Telesphoros, Hyginos, Pios, Aniketos, Soter, Eleutheros.[95]

Die Reihung wird eingeleitet mit den Worten: „Als die seligen Apostel die Kirche gegründet und auferbaut hatten, legten sie Linus das Amt des Bischofs in die Hände." Dieser Linus wird mit dem in 2 Tim 4, 21 genannten Linus identifiziert. Über Anenkletos weiß Irenäus nichts zu berichten. Es heißt einfach: διαδέχεται δὲ αὐτὸν Ἀνέγκλητος: „auf ihn (Linus) folgte Anenkletos". Die folgenden Bischöfe werden gezählt. Clemens ist der dritte. Über ihn wird viel erzählt; daß er noch Kontakt zu den Aposteln und ihre Predigt gehört

[93] In seiner Ausgabe der Kirchengeschichte des Eusebios (München 1967). Ähnlich G. del Ton (Rom 1964): Eusebios, hist. eccl. 4, 22, 3.

[94] Vgl. M. Durst in: Döpp-Geerlings, Lexikon der antiken christlichen Literatur 278.

[95] Adv. haer. 3, 3, 3. In griechischer Fassung bei Eusebios, hist. eccl. 5, 6, 1–5. Wir haben oben die griechische Namensfassung gewählt, obwohl natürlich Linus Clemens, Sixtus (Xystos), Pius lateinische Namen sind.

hatte, daß er einen Brief an die korinthische Gemeinde geschrieben habe. Über Telesphorus erfahren wir, daß er den Martertod gestorben sei. Für die übrigen bis Eleutheros begnügt sich Irenäus mit der Aufzählung, um mit der Feststellung abzuschließen, daß diese Reihung von Namen uns die Wahrheit, die von den Aposteln her auf uns gekommen ist, verbürgt.

Was Irenäus vorgegeben gewesen sein könnte, war einfach die Reihung der Namen. Diese waren verbunden durch Verben, vornehmlich durch διαδέχεται, das die Nachfolge, die διαδοχή bezeichnete.[96] Dieses Wort wurde zum Fachausdruck, der die Sukzession, die legitime Aufeinanderfolge der Bischöfe benannte. Am Anfang der Namensreihe standen die Apostel Petrus und Paulus. Die Kette zu ihnen herzustellen, war ja das eigentliche Anliegen.

Ein Amtstitel fehlte. Im Kontext bei Irenäus erscheint der Titel Bischof, aber auch Presbyter. Wir erinnern daran, daß Irenäus in seinem Schreiben an Viktor, den Leiter der römischen Gemeinde nach Eleutheros, diesen mit „Presbyter" anredet: „Auch die vor Soter lebenden Presbyter, die der Kirche vorstanden, an deren Spitze jetzt du stehst ... die vor dir Presbyter waren" (Eusebios, hist. eccl. 5, 24, 14 f.). Darum haben wir die Wahl zwischen Bischofs- und Presbyterlisten offen gelassen.

Es bleibt zu berücksichtigen, daß Irenäus die Presbyter ausdrücklich in die Sukzession miteinbezieht. Er spricht von den Sukzessionen der Presbyter in den Kirchen (Adv. haer. 3, 2, 2), von den Presbytern, die ihre Sukzession von den Aposteln haben (4, 26, 2), von den Presbytern, die als Vorsteher und Aufseher tätig sind (4, 26, 5). Diese Beobachtung ist in die jetzt zu stellende Frage nach dem historischen Wert der Liste miteinzubeziehen.

Wenn wir bedenken, daß diese Liste nur Namen enthielt, kann der Hinweis darauf, daß der Monepiskopat für Rom erst für die zweite Hälfte des zweiten Jahrhunderts nachgewiesen werden kann, kein unumstößliches Argument gegen die Historizität der Namen sein. Von Anicet, Soter, Eleutheros und vor allem Viktor, der sich im Osterfeststreit hervortat, sind uns Aktivitäten bekannt, die ihre führende Stellung anzeigen.[97] Auch wissen wir nicht, wie sich die Leitung

---

[96] Klauser: JAC. E 3, 133, weist darauf hin, daß vergleichbare antike Listen am Anfang bloße Namenslisten gewesen seien. Neben διαδέχεται erscheint κληροῦται, vgl. Eusebios, hist. eccl. 5, 6, 2. Wir dürfen vermuten, daß die Liste, die Irenäus vorgegeben war, im Präsens abgefaßt war. Die Zählung dürfte später hinzugetreten sein.

[97] Vgl. Lampe, Die stadtrömischen Christen 334.

der römischen Gemeinde in dieser Zeit konkret gestaltete. Von der kollegialen Leitung dürfte vieles erhalten geblieben sein und weiterwirken. Letztlich werden alle Namen herausragende Presbyter bezeichnen, die ab Anicet innerhalb des Presbyterkollegiums und im Rahmen der Fraktionierung der Gesamtgemeinde eine eindeutigere Führungsposition anstrebten und beanspruchten. Seit dem Martyrium des Petrus in der Mitte der sechziger Jahre des ersten Jahrhunderts waren knapp hundert Jahre verstrichen.[98] Im Rückblick auf diese noch überschaubare Zeitspanne dürfte es Hegesipp, der zur Zeit des Anicet, und Irenäus, der zur Zeit des Eleutheros nach Rom kam, möglich gewesen sein, die genannten Namen zu erfahren und bestätigt zu bekommen. Sie genügten, um den Anschluß an das Wirken der Apostel herzustellen.

In sekundären kommentierenden Bemerkungen, die möglicherweise von Irenäus stammen, werden zwei der Genannten noch näher an die Apostel herangeführt. Clemens wird als Schüler der Apostel bezeichnet und Linus mit dem Linus von 2 Tim 4, 21 gleichgesetzt. Irenäus, der über gute Schriftkenntnisse verfügt, mag diesen Namen ausfindig gemacht und im besagten Sinn ausgewertet haben.[99] Damit aber wird die Intention der Liste anders akzentuiert.

Um dies aufzuzeigen, betrachten wir jetzt noch kurz eine andere Bischofsliste. Es geht dabei nur darum, den sich abzeichnenden Strukturwandel zu kennzeichnen, nicht darum, die historischen Angaben zu verifizieren oder zu falsifizieren. Die Liste ist rekonstruiert aus den Angaben, die der Kirchengeschichte des Eusebios entnommen sind.[100] Die ersten zwölf Namen, die uns hier allein interessieren, stimmen mit der Liste des Irenäus überein.[101] Neben die Zählung, in die die Apostel noch nicht aufgenommen werden, treten die Angabe der Amtsjahre – zum Beispiel für Linus zwölf Jahre – und die Kaisersynchronisation – zum Beispiel: „im zweiten Jahr des Titus übergab Linus, Bischof der Kirche von Rom, dem Anenkletos diesen Dienst".[102] Ganz ähnliche Bearbeitungen erfuhren vergleichbare Kö-

[98] Wir vermuteten oben S. 121 das Jahr 64 als das Todesjahr des Petrus.

[99] Diese Tendenz führt später dazu, Clemens mit dem Clemens von Phil 4, 3 zu identifizieren. Vgl. Origenes, In Joann. 6, 36.

[100] Vgl. Klauser: JAC.E 3, 127; Harnack, Geschichte der altchristlichen Literatur II/1, 87–91.

[101] Die Liste reicht bis Marcellinus, der als 28. Bischof in Rom gezählt wird.

[102] Vgl. Eusebios, hist. eccl. 3, 13. Anenkletos (= der Unbescholtene) ist übrigens Sklavenname.

nigslisten, etwa die des Eratosthenes und Kastor.[103] Die chronologischen Angaben in der römischen Liste wurden künstlich berechnet.[104] Als erstes gesichertes Datum der Papstgeschichte gilt erst der Todestag Pontians am 28. September 235.[105] Das veränderte Anliegen aber, das sich mit der historischen Überarbeitung anmeldet, ist folgendes: Die bloße Namenreihung ohne Zählung und historische Bemerkungen, die am Anfang stand, interessierte sich weder für die jeweilige Zeit noch für die einzelnen genannten Personen. Wichtig war die Liste als Ganze, die die apostolische Sukzession für die römische Kirche aufweisen wollte. Die Namen in ihrem Zusammenhang, ihre Aufreihung als Kette lieferten das Ergebnis. Von Bedeutung waren die Namen der Apostel am Anfang, die wegen ihrer Besonderheit auch noch nicht in die Zählung mit aufgenommen wurden. Sie bezeichnen den Quellort, aus dem die zuverlässige Überlieferung und Verkündigung geflossen ist. Wenn sich dann später das „historische" Interesse anmeldet – für uns zum erstenmal greifbar bei Irenäus –, werden die einzelnen Persönlichkeiten als Träger der Überlieferung, ihre Zeit und Geschichte bedeutsam. Der Zeitabstand wird bewußtgemacht. Kirchengeschichte entsteht, eingebettet in die Geschichte der Zeit, repräsentiert durch den Kaiser.

In einer weiteren Entwicklung wird Petrus akzentuiert. Neben die römische Bischofsliste treten Listen für Jerusalem, Antiochien und Alexandrien. Petrus begründet auch die Kirche von Antiochien (Eusebios, hist. eccl. 3, 36, 2). Unter Kaiser Claudius sei er nach Rom gekommen (2, 14, 5 f.). Markus, den Petrus in 1 Petr 5, 13 „mein Sohn" nennt, predigt in Alexandrien und gründet dort Kirchen (2, 15, 2; 2, 16). In Jerusalem wird der Herrenbruder Jakobus als der erste Bischof gesehen. Er sei von Petrus, Jakobus (dem Apostel) und Johannes gleich nach der Himmelfahrt des Herrn zum Bischof von Jerusalem gewählt worden (2, 1, 3). Nach der armenischen Version der Chronik des Eusebios hat Petrus nicht nur in Rom das Evangelium gepredigt, sondern sei hier auch der erste Bischof gewesen.[106] Es ist zu vermuten, daß Eusebios, der bereits nach der konstantinischen Wende wirkt, den universalen Anspruch Petri intensiv gefördert hat.

103 Vgl. E. Schwartz, Die Königslisten des Eratosthenes und Kastor: AAWG 40 (1894) 1–96.

104 Vgl. dazu bereits L. Duchesne, Le Liber pontificalis I (Paris 1894) IX.

105 Vgl. L. Koep: RAC 2, 411.

106 Text bei Harnack, Geschichte der altchristlichen Literatur II/1, 70.

LITERATUR:

E. Caspar, Die älteste römische Bischofsliste (SKG.G II/4) (Halle 1926).

V. L. Kennedy, The Saints of the Canon of the Mass (SAC 14) (Città del Vaticano 1938).

L. Koep, Art. Bischofsliste: RAC II 407–415.

A. M. Javierre, El „diadochen epoiesamen" de Hegesipp y la primera lista papal: Sal 21 (1959) 237–253.

G. G. Blum, Tradition und Sukzession (Berlin 1963).

H. Kemler, Hegesipps römische Bischofsliste: VigChr 25 (1971) 182–196.

E. Dassmann, Zur Entstehung des Monepiskopats: JAC 17 (1974) 74–90.

Th. Klauser, Die Anfänge der römischen Bischofsliste: JAC.E 3 (1974) 121–138.

M. Plathow, Successio apostolica. KuD 24 (1978) 53–76.

5. Schriftargumente und -reflexionen

In diesem Kapitel wollen wir uns die Frage stellen, ob und auf welche Weise man im zweiten Jahrhundert über die einschlägigen Stellen in den Evangelien nachdachte und sie in Beziehung zu Simon Petrus und den Bischof von Rom setzte. Um es vorwegzunehmen, die Ausbeute im quantitativen Sinn ist gering. Für das johanneische Petruswort Joh 21, 15–17 fanden wir keinen Beleg. Mt 16, 16–19 wird in Anspruch genommen und reflektiert. Obwohl die Beispiele wenige sind, ist der Umgang mit dem Schriftwort für uns von hohem Interesse.

Doch um das Folgende verständlich zu machen, ist es notwendig, ein Wort über den Umgang mit der Schrift in dieser Zeit im allgemeinen zu sagen. Weil wir es gewohnt sind, die Schriften mit dem Raffinement und der Vielfalt unserer Methoden zu behandeln, könnten wir zu schnell ein ungerechtes Urteil fällen.[107] Kommentare zu biblischen Büchern wurden in jener Zeit noch nicht verfaßt. Als erster Autor von Kommentaren gilt Hippolyt († 235). Berühmt ist sein Danielkommentar. Das Fehlen von Bibelkommentaren bedeutet aber keinesfalls, daß man kein Interesse an der heiligen Schrift gehabt hätte. Im Gegenteil, die Bibelkenntnis war erstaunlich groß, wenn wir uns die erschwerten Möglichkeiten des Zugangs zu Büchern überhaupt vor Augen halten. Wenn wir uns an den ersten Clemensbrief

---

[107] Vgl. das schwankende Urteil von Kuss, Zur Hermeneutik Tertullians. Einerseits bezeichnet er ihn als Mann von „ungewöhnlicher Intelligenz" (138), anderseits bediente er sich einer „ungemein schlechten Exegese" (144). Vgl. auch Gessel, Ternar.

erinnern oder an die umfangreiche Schrift Adversus haereses des Irenäus von Lyon, so ist man erstaunt über die umfangreiche Auswertung der Bibel, auch des Alten Testaments. Diese Schlußfolgerung kann man ohne weiteres ziehen, daß die Bibel als ganzes, das heißt, das Alte und das Neue Testament, als Einheit gesehen wurde. Je weiter man zurückgeht, etwa in die Zeit des ersten Clemensbriefes, desto stärker tritt das Alte Testament gegenüber neutestamentlichen Schriften hervor. Der Grund dafür liegt weitgehend darin, daß die Schriften des Neuen Testaments sich noch erst durchsetzen und verbreitet werden mußten.

Die Auslegung war ausgerichtet auf das praktische Leben, den Glauben der Gemeinden und des einzelnen. Dabei treten zwei Anliegen in den Vordergrund, die Paränese und die Abwehr von Irrlehren. Um ein Beispiel für das erste zu nennen, sei auf Tertullians Schrift über die Geduld (De patientia) verwiesen. Er will zum Ertragen von Mühsal und Leiden ermuntern. Hierfür zeigt er eine Fülle von biblischen Beispielen auf, die von der Geduld Gottes und der Menschen, aber auch von der Ungeduld des Gottesvolkes erzählen. Die typologische und allegorische Schriftauslegung hat große Bedeutung. War es eine „falsche" Exegese? Gewiß war es noch keine „wissenschaftliche" Exegese. Diese kommt erst über ein Jahrtausend später mit der Aufklärung auf.[108] Dennoch werden wir den Interpretationsbemühungen im zweiten und auf der Schwelle vom zweiten zum dritten Jahrhundert nur gerecht, wenn wir ihre Möglichkeiten bedenken und ernstnehmen. Und die Orientierung der Ausleger auf das Glaubensleben der Adressaten hin bleibt ein grundsätzlich zu bejahendes Anliegen, wenn es auch später mit anderen Mitteln betrieben und in der durch die Aufklärung bestimmten Epoche nicht selten sträflich vernachlässigt wurde.

Ein besonderes Problem macht die Erfahrung aus, daß in der Auseinandersetzung mit den Irrlehren Schriftauslegung zu verschiedenen Ergebnissen kommt. Man streitet über den Umfang der Schrift als Ganze und ihrer einzelnen Teile (mit Markion). Die Unsicherheit in bezug auf die Ergebnisse der Schriftinterpretation geißelt wiederum Tertullian mit ätzenden Worten: „Törichter Wahnglaube weigert sich naturnotwendig, das anzuerkennen, wodurch er seine Widerlegung findet, und wird sich auf das zu stützen suchen, was er sich fälschlich zurechtgelegt und aus einem mehrdeutigen Ausdruck zu

[108] Vgl. Kümmel, Das NT 3.

seinen Gunsten entnommen hat."[109] „Was wirst du nun erreichen, du so schriftkundiger Mann, wenn das, was du bejahst, von der Gegenseite verneint, und das, was du verneinst, bejaht wird? Nun, du wirst wohl nichts weiter dabei verlieren als etwas Atem beim Diskutieren und nichts gewinnen als Galle infolge der Blasphemien, die du zu hören bekommst ... Der dritte aber, in dessen Interesse du dich vielleicht in diesen Bibelstreit eingelassen hast in der Absicht, um ihm, dem Zweifelnden einen Halt zu geben, ... wird er, da der Stand augenscheinlich der gleiche ist, durch die Disputation in noch größerer Ungewißheit nach Hause gehen und nicht wissen, welche Partei er für die Häresie halten soll?"[110]

Als Orientierung für die „richtige" Schriftinterpretation gilt die regula fidei. Das ist eine Zusammenfassung der zentralen Inhalte des Glaubens, dem Glaubensbekenntnis oder Glaubenssymbol vergleichbar und mit ihm in Zusammenhang stehend, aber in bezug auf den Wortlaut noch nicht festgelegt.[111] Wesentliche Erkenntnis sind der Glaube an den einen Gott und Weltschöpfer, die Inkarnation des Sohnes, seinen Tod, seine Auferstehung, Parusie und sein Gericht, den heiligen Geist. Wir haben diese Zusammenfassungen schon bei Irenäus, der sie den Glauben, das Kerygma, die Überlieferung der Apostel nennt.[112] Vorbereitet ist diese Entwicklung bereits in der παραθήκη, dem depositum fidei der Pastoralbriefe. Die Verhältnisbestimmung dieser regula oder Überlieferung zur Schrift ist schwierig. Sie wurde aus ihr heraus gewonnen, steht ihr aber dann in gewisser Weise gegenüber.

Wir brauchen und können diese Entwicklung, die verschiedene Facetten besitzt, nicht weiter verfolgen, wenn wir uns mit Mt 16, 16 ff. beschäftigen wollen. Nur der bestimmende Hintergrund für die theologische Disputation in jener Zeit sollte angerissen werden.

---

[109] De praescrip. haer. 17. Übs. nach Kuss, Zur Hermeneutik Tertullians 140 f.

[110] De praescrip. haer. 17 f. Übs. nach Kuss, Zur Hermeneutik Tertullians 141.

[111] Die umfangreichste Glaubensregel bei Tertullian findet sich in de praescrip. haer. 13. Tertullian bringt in seiner Auseinandersetzung mit den Häretikern die praescriptio als formelles Recht zur Geltung. Mit ihr will er die Bedingungen des Streites festlegen. Tertullian war Jurist. Die praescriptio besagt, daß eine Sache nur benutzen darf, der ihr rechtmäßiger Eigentümer ist. Die Häretiker haben kein Recht, sich auf die Schriften zu berufen. Denn rechtmäßige Besitzerin der heiligen Schriften ist die katholische Kirche. Nachdem Tertullian sich dem Montanismus anschloß, steht er sich mit seiner Position selbst im Wege.

[112] Vgl. etwa Adv. haer. 10, 1 f.

Was Mt 16, 16 ff. betrifft, so wird die Inanspruchnahme der Stelle von Fragen beherrscht, die von außen herangetragen werden. Nicht ist es wie bei unserem Umgang mit der Schrift in Exegese und Predigt so, daß der Inhalt der Bibelstelle ausgelegt wird. Vielmehr befragt man die Stelle, ausgehend von aufgekommenen Problemen, oder benutzt sie für die eigene Argumentation. Vielleicht setzt sich mit diesem Umgang mit der Schrift etwas von dem fort, was sich innerhalb der Schriften des Neuen Testaments bereits beobachten läßt. Man denke etwa daran, wie Paulus in seinen Briefen alttestamentliche Schriftstellen als Argumentationswaffe benutzt und sich sogar losgelöst von ihrem Kontext in Anspruch nimmt. Oder darf man auch daran erinnern, daß wir ein quadruplex evangelium, ein viergestaltiges Evangelium haben, das unter anderem auch dadurch entstanden ist, daß die evangeliare Überlieferung jeweils in neue Situationen, neue Anliegen und Fragestellungen berücksichtigend, hinein ausgesagt werden mußte? Freilich haben wir sicherlich nur einen eingegrenzten Einblick in den Umgang mit der Schrift im zweiten Jahrhundert. Beispiele aus Predigt und Katechese fehlen uns. Vieles dürfte nicht schriftlich festgehalten worden sein.

Die älteste nachweisbare Verwendung der Petrusstelle in Mt 16 haben wir bei Justin dem Märtyrer († ca. 165) im Dialog mit dem Juden Tryphon (100, 4). Für Justin ist nur das Bekenntnis des Jüngers von Interesse, daß Jesus der Christus, der Sohn Gottes, sei, und daß er dieses Bekenntnis auf Grund einer Offenbarung des Vaters abgelegt habe, das heißt, nur Mt 16, 16 f. Simon, der Offenbarungsträger, der den Beinamen Petrus erhielt, ist im Kontext von Belang, in dem es um den Nachweis geht, daß Jesus Gottessohn ist. Mt 16, 16 f. ist eine Belegstelle neben anderen wie Mt 11, 27; Kol 1, 15.17. Petrus als Fels kommt nicht vor (Mt 16, 18 f.). Das ekklesiologische Anliegen des Matthäus tritt vollständig zurück und wäre im Kontext Justins auch gar nicht zu gebrauchen. Petrus der Offenbarungsträger und Offenbarungsempfänger ist eine Sicht, die in der späteren Literatur, besonders der apokryphen und christlich-gnostischen, fortlebt.[113]

Wie Justin greift auch Irenäus nur die christologische Seite der Petrusstelle in Mt 16 auf, und zwar an mehreren Stellen von Adversus haereses.[114] Wie jener verteidigt auch Irenäus die Gottessohnschaft Jesu, die er im Petrusbekenntnis bestätigt sieht, gegen gnostische Be-

[113] Vg. Berger, Unfehlbare Offenbarung 307–313.
[114] 3, 13, 2; 3, 18, 4–6; 3, 19, 2; 3, 21, 8.

streitungen. Obwohl er in 3, 18, 4–6 auch auf Mt 16, 22-25 eingeht,[115] also fast eine Art fortlaufender Exegese bietet, läßt er das Felsenwort und die Auftragsworte 16, 18 f. aus. Petrus hat, wie sein Bekenntnis zeigt, die Wahrheit durch Offenbarung erkannt (3, 13, 2). Dies festzustellen, ist Irenäus wichtig gegenüber solchen, die sagen, daß nur Paulus das Geheimnis durch eine Offenbarung bekannt gemacht worden sei (3, 13, 1). Gemeint sind die Anhänger Markions. Freilich stellt Irenäus neben Petrus die anderen Apostel. Das Bild von Petrus, dem Offenbarungsempfänger haben wir also auch bei Irenäus.

In 3, 3, 2 spricht Irenäus von der größeren Vorzüglichkeit (propter potentiorem principalitatem) der römischen Kirche gegenüber den anderen apostolischen Kirchen. Wir haben den Text bereits oben interpretiert[116] und sind zu dem Ergebnis gekommen, daß die potentior principalitas darin zu sehen ist, daß diese Gemeinde von den „ruhmreichen zwei Aposteln Petrus und Paulus" begründet worden ist, eine Auszeichnung, deren sich keine andere Gemeinde rühmen kann. Hat Irenäus bei dieser Aussage auch an das Felsenwort Mt 16, 18 gedacht? Und noch weiter gefragt: Hat Bischof Viktor von Rom, von dessen massivem Eingreifen im Osterfeststreit wir gesprochen haben,[117] sich auf das Felsenwort berufen? Obwohl dies wiederholt vermutet oder für möglich gehalten worden ist,[118] einen eindeutigen Beleg besitzen wir nicht. Für adv. haer. 3, 3, 2 wäre zu bedenken, daß Irenäus die Gründung der römischen Gemeinde Petrus und Paulus zuschreibt. Das Felsenwort ist nur zu Petrus gesagt.

An dieser Stelle sei wenigstens angezeigt, daß das Bild von Petrus, dem Offenbarungsträger und Einsichtigen bei Origenes fortlebt, und zwar in einer Weise, daß Origenes versucht, mit Hilfe des Vorbildes, das Petrus abgibt, zu zeigen, daß jedem diese Einsicht zuteil werden kann. Eine innere Erleuchtung bewirkt, daß er in Jesus die göttliche Würde schaut. Er wird dann wie Petrus. Diese in der Philosophie Platons wurzelnden Gedanken verfolgen nicht die Absicht, eine besondere Stellung des Jüngers herauszuarbeiten. Vielmehr geht es ihnen darum, das Besondere als ein Geschenk zu erschließen, nach dem je-

---

[115] Das Anliegen ist, Leidensfähigkeit und -willigkeit Jesu gegenüber gnostischen Auffassungen sicherzustellen.

[116] Vgl. S. 234–239.

[117] Vgl. oben S. 228–234.

[118] Schon von A. von Harnack, B. Altaner. Belege bei Ludwig, Primatworte 10. Ludwig, Primatworte 9, erwägt, ob in adv. haer. 3, 3, 3 eine Anspielung auf Mt 16, 18 vorliegt. Dort heißt es: „Als die seligen Apostel die Kirche gegründet und *erbaut* hatten …" Nach Mt 16, 18 aber erbaut Christus die Kirche.

der Christ streben kann und soll. Origenes unterscheidet in diesem Zusammenhang zwischen den Wissenden und Erleuchteten einerseits und den Nur-Glaubenden, den Pistikern anderseits, die noch nicht in der Lage sind, Christus auf den hohen Berg nachzufolgen.[119]

Zündstoff für heftige Diskussionen bietet nicht das Offenbarungswort Mt 16, 17, sondern das Auftragswort 16, 18 f. Das Schlüsselwort und die Vollmacht, zu binden und zu lösen, treten in das Zentrum des Interesses in Zusammenhang mit dem Problem, wie man mit Sündern in der Kirche umgehen soll, näherhin mit solchen, die in Zeiten harter Verfolgungen sich vom Glauben öffentlich losgesagt haben oder sonst sich schwerer öffentlicher Verfehlungen schuldig gemacht haben. Neben dem Glaubensabfall rechnet man Mord und Ehebruch insbesondere dazu. Das Problem ist nicht neu, lesen wir doch schon im Neuen Testament von unvergebbaren Sünden (Mk 3, 28 f. parr; Hebr 6, 4; 10, 26–31). Es kann hier nicht darum gehen, die sich entwickelnde Bußlehre und -praxis nachzuzeichnen.[120] Uns interessiert nur die Einbindung von Mt 16, 18 f. in die Problematik. „Binden" und „lösen" werden dabei im Sinn von „die Sünden behalten" und „die Sünden vergeben" verstanden. Die Möglichkeit, die Sünden zu behalten, das heißt konkret: nicht zu vergeben, die Vergebung zu verweigern, ist dabei von erheblicher Relevanz. Man muß fragen, warum Mt 16, 18 f. zur Grundlage der Diskussion wurde und Mt 18, 18, wo auch von der Vollmacht, zu binden und zu lösen, gesprochen wird, nicht vorkommt. Man wird darauf hinweisen können, daß die Kirche, der letztlich die Vollmacht gegeben ist, zumindest im Kontext von Mt 18, 18 auch erwähnt wird (Vers 17). Mt 16, 18 f. zog die Aufmerksamkeit auf sich, weil hier die Vollmacht mit einem konkreten Namen, eben dem des Petrus, verbunden ist.

Eine Bestätigung hierfür liefert Tertullian († ca. 220), dessen Wirken noch zu einem beträchtlichen Teil in das zweite Jahrhundert fällt und bei dem – zum erstenmal für uns nachweisbar – Mt 16, 18 f. zitiert und auf Petrus angewendet wird. Für die Beurteilung der Schriften Tertullians ist zu berücksichtigen, daß er sich im ersten Jahrzehnt des dritten Jahrhunderts dem Montanismus zuwandte, einer christlichen Lehre, die – von der Großkirche als Irrlehre gebrandmarkt – in der Behandlung öffentlicher Sünder besondere Strenge walten ließ.

---

[119] Vgl. C. Celsum 6, 77 und den Matthäuskommentar: GCS Origenes Werke X 80–100. Auch Ludwig, Primatworte 37–43.

[120] Vgl. K. Rahner, Die Bußlehre Tertullians, in: Festschrift K. Adam (Düsseldorf 1952) 139–167; B. Poschmann, Poenitentia secunda (Bonn 1940).

Das Zitat von Mt 16, 18 f. findet sich in De praescriptione haereticorum, jener Schrift, die wir bereits oben im Zusammenhang mit der regula fidei erwähnten und die noch aus der vormontanistischen Zeit Tertullians stammt. Wie schon Irenäus stellt er sich angesichts einer Überbetonung des Paulus auf die Seite des Petrus und stellt fest: „Ist dem Petrus etwas verborgen geblieben, ihm, der Fels zum Aufbau der Kirche genannt wurde, der die Schlüssel des Himmelreiches erhielt und die Gewalt, im Himmel und auf Erden zu binden und zu lösen?“[121] Im Hintergrund steht auch hier die dem Petrus zuteil gewordene Offenbarung des Messias und Gottessohnes. Aber sie wird verknüpft mit der ihm übertragenen Vollmacht und Aufgabe. Wie diese sich des näheren auswirkt, wird nicht gesagt. Aber sie hat mit Rom zu tun. Denn in der gleichen Schrift preist Tertullian die römische Kirche glücklich, in die „die Apostel die Fülle der Lehre überströmen ließen mit ihrem Blut“, wo Petrus und Paulus den Märtyrertod starben und auch Johannes leiden mußte.[122] Rom als apostolische Gründung ist Garant der apostolischen Lehre. „Schauen wir auf das, was sie gelernt hat, was sie gelehrt hat und zusammen mit den afrikanischen Kirchen bezeugt.“[123] Diese apostolischen Gemeinden gibt es auch anderswo. Korinth, Philippi, Ephesos werden genannt und die dazu gehörigen Provinzen Achaja, Makedonien und Asia.[124] Rom aber zeichnet sich aus durch ein dreifaches apostolisches Zeugnis. Diese bereits von Irenäus her vertrauten Gedanken werden von Tertullian nur ausdrücklich auf Afrika bezogen. Die afrikanische Kirche hat von Rom gelernt und legt jetzt zusammen mit der römischen Kirche Zeugnis ab.

In De pudicitia – die Schrift ist jünger und stammt aus der montanistischen Zeit Tertullians – wird Mt 16, 18 f. explizit auf die Vollmacht, Sünden zu behalten und zu vergeben, hin ausgelegt. Tertullian unterscheidet zwischen einer Geisteskirche und einer Amtskirche. Damit kommt das montanistische Kirchenbild zum Vorschein, dem sich Tertullian verschreibt. Denn die Geisteskirche wird repräsentiert durch die neuen Propheten, an der Spitze Montanus, die Amtskirche durch die Bischöfe: ecclesia numerus episcoporum.[125] Konkreter Streitpunkt ist die Frage des Nachlasses von schweren Sünden und

121 Praescr. haer. 22, 4. Anschließend weist Tertullian noch auf Johannes hin.

122 36, 3.

123 36, 4. Es folgt eine Variante der regula fidei.

124 36, 2.

125 21, 17.

der Wiederannahme von solchen, die ihrem Glauben in der Verfolgung abgeschworen haben. Tertullian ändert seinen Standpunkt. Während er in De poenitentia noch eine zweite Buße nach der Taufe zuließ, verweigert er diese jetzt unnachgiebig. Er polemisiert mit scharfen Worten gegen jene, die sich versöhnlicher zeigen und Vergebung gewähren.

Als Schriftargument wird von beiden Seiten Mt 16, 18 f. angeführt. Wir haben zwar nur die Argumentation Tertullians, aber aus ihr geht die Auffassung der Gegenseite klar hervor. Woher nimmst du, fragt er seinen Gegner, für die Kirche das Recht in Anspruch, die Sünde zu vergeben, etwa weil der Herr zu Petrus gesagt hat: „Auf diesen Felsen will ich meine Kirche bauen, dir habe ich die Schlüssel des Himmelreiches gegeben, oder: Was du binden und lösen wirst auf Erden, das soll auch im Himmel gebunden und gelöst sein?“[126] Die Fronten sind deutlich zu erkennen. Während die eine Seite, die Amtsseite, mit Berufung auf Mt 16, 18 f. die Vollmacht der Sündenvergebung ausübt, bestreitet ihr das die „Geist“-Seite, vertreten durch Tertullian. Hier tritt zum erstenmal in Erscheinung, welch' grundlegende Bedeutung Mt 16, 18 f. für die Ausbildung des bischöflichen Selbstverständnisses und Selbstbewußtseins besitzt.[127] Tertullian bestreitet nicht, daß dem Petrus die Binde- und Lösegewalt übertragen worden sei: „Auf dich, heißt es, will ich meine Kirche bauen und dir will ich die Schlüssel geben, nicht der Kirche ... In ihm ist die Kirche erbaut worden.“ Aber diese Gewalt wurde dem Petrus nur persönlich übertragen. Sie geht nicht auf andere über, wörtlich: „auf dich, das heißt, auf jede Kirche, die mit Petrus verwandt ist.“[128]

Läßt sich ausmachen, welcher Bischof oder welche Bischöfe es sind, mit denen sich Tertullian auseinandersetzt? Oder könnte es sogar sein, daß der römische Bischof gemeint ist, der sich dann schon in dieser relativ frühen Zeit explizit auf Mt 16, 18 f. berufen hätte? Zu dieser Auffassung könnte man sich hinführen lassen durch die Worte, mit denen Tertullian sein Gegenüber beschreibt: „Auch höre ich, daß ein Erlaß vorgelegt wurde und zwar ein definitiver. Der Pontifex ma-

---

[126] 21, 9.

[127] Vgl. Campenhausen, Kirchliches Amt 259.

[128] 21, 10. Hier findet sich das umstrittene: ad omnem ecclesiam Petri propinquam. Oder heißt es: Petri provinciam? Auf jeden Fall dürften die afrikanischen Kirchen gemeint sein, von denen es in De praescript. haer. 36,4 heißt, daß sie den Glauben von der römischen Kirche gelernt haben und zusammen mit ihr bezeugen.

ximus nämlich, der Bischof der Bischöfe erklärt." Und dann ist davon die Rede, daß dieser die Sünde des Ehebruchs und der Hurerei vergeben hat, nachdem die Sünder Buße getan haben.[129] Doch steckt der Text voller bissiger Ironie. Es wäre verfehlt und ein Anachronismus, wollte man mit diesen Titulaturen den Papst in Rom angesprochen sehen. Man wird als Adressaten das bischöfliche Amt als solches, das die Sündenvergebungsvollmacht ausübt, anzusehen haben, wenn man nicht Agrippinus, den Bischof von Karthago, in besonderer Weise berücksichtigt wissen will.[130]

Es ist interessant zu beobachten, daß der Streit um Mt 16, 18 f. in der nordafrikanischen Kirche ausbricht. Damit scheint eine Besonderheit hervorzutreten, die allmählich und in der ferneren Zukunft die westliche Kirche prägt. Während die östliche Kirche, wie wir es wenigstens ansatzweise bei Origenes sehen konnten, die spirituelle und jedem Christen eröffnete Dimension in den Gedanken von Offenbarung und Erleuchtung auszubilden sich bemühte, verfällt die westliche in juridische Kategorien. Tertullian, der Jurist und Laientheologe, der am Beginn dieser Entwicklung steht, hat an ihr beträchtlichen Anteil.[131] Und noch ein Zweites ist an dieser Stelle erwähnenswert. Tertullian, der das Kirchenrecht befördert, aber sich der „Geist"-Kirche des Montanus anschließt, wird zum Verfechter strenger rigoristischer Positionen. Das Amt tritt für die reuigen Sünder ein und gewährt ihnen Vergebung. Nordafrika gehört zu jenen kirchlichen Gebieten, in denen die Stellung des Bischofs als Leiter der Gemeinde früh präzise Konturen gewinnt: ecclesia numerus episcoporum, sehr wahrscheinlich einige Zeit bevor das in Rom der Fall war. Tertullian geht gegen diese Entwicklung an. Aber die Art und Weise, wie er es tat, hat eher dazu beigetragen, das Ansehen und die Bedeutung des Amtes zu fördern und zu stärken. Dem Laienelement in der Kirche hat er keinen guten Dienst erwiesen.

Wir wollen – wenigstens ansatzweise – Cyprian, Bischof von Karthago, († 258) hinzunehmen, der manche schon vorhandene Gedanken weiterdenkt und in der Lage ist, sie in ein theologisches System zu integrieren. Mt 16,18 f. ist für ihn von herausragender Bedeutung.

---

[129] 1, 6.

[130] Schon Ludwig, Primatworte 12, 13. Episcopus episcoporum könnte eine Anspielung auf 1 Petr 2, 25 sein.

[131] Tertullian hat nicht nur die juristische Praescriptio in die Theologie eingebracht, er ist vermutlich auch der erste, der den Begriff ius theologisch verwendet. Vgl. auch den Aufsatz von Gessel.

Er hat sich vor allem in seiner Schrift De ecclesiae catholicae unitate zur Stelle geäußert. Die Schwierigkeit liegt darin, daß die Interpretation von Mt 16, 18 f., die im vierten Kapitel dieser Schrift gegeben ist, in zwei Versionen überliefert wurde. Die eine Version ist kürzer und wird Primacy Text genannt, die andere, längere Textus receptus.[132] Bevor wir uns der Zuordnung der beiden Versionen widmen, wollen wir uns mit ihrem Inhalt beschäftigen.

Das Anliegen der gesamten Schrift ist die Begründung der Einheit der Kirche. Diese wird am meisten bedroht durch Häresien und Schismata.[133] Diese kommen zustande, weil man weder die Quellen aufsucht noch die Lehre der himmlischen Unterweisung beachtet. In Mt 16, 18 f. – die Verse werden zitiert – sieht Cyprian die Zusammenfassung der Wahrheit (compendio veritatis).[134]

Im Primacy Text (P. T.) wird die Sonderstellung des Petrus betont. Dabei wird Joh 21, 17 miteingebracht: Der auferweckte Herr hat dem Petrus den Auftrag gegeben, seine Schafe zu weiden. Auf ihm hat er die Kirche erbaut. Gleichzeitig aber wird die Gleichrangigkeit der anderen Apostel behauptet: „Allen Aposteln hat er die gleiche Vollmacht verliehen.“ Was Petrus war, waren auch sie. Sie sind wie er Hirten der einen Herde. Worin besteht dann die Sonderstellung des Petrus? Sie kommt zum Ausdruck in den vielverhandelten Worten: „Obwohl er allen Aposteln die gleiche Vollmacht gab, hat er dennoch *eine* Kathedra errichtet und den Ursprung und die Beschaffenheit der Einheit kraft seiner Autorität verfügt. Auch die übrigen waren das, was Petrus war, aber der Vorrang wurde dem Petrus gegeben und *eine* Kirche und *eine* Kathedra zeigten sich.“[135]

Der Text sagt zunächst unmißverständlich, daß die Einheit der Kirche vom Herrn verfügt worden ist. Er ist der Ausgangspunkt und die eigentliche Begründung der Einheit. Er hat, als er die Kirche gründete, diese als *eine* Kirche gewollt. Sichtbares Zeichen, die Darstellung dieser Einheit, sind Petrus und die eine Kathedra. Die Kathedra ist der Bischofsstuhl. Die eine Kathedra und Petrus gehören zusammen. Sie dürfen nicht in dem Sinn getrennt werden, daß man alle Bischöfe auf dieser Kathedra sitzen läßt. Das wäre schon vom Bild her

---

132 Vgl. M. Bévenot, in: CChr Series Latina III Cypriani Opera I (Turnholt 1972) 244.

133 Bévenot 250, 54.

134 251, 1 ff.

135 251, 83–93: quamvis apostolis omnibus parem tribuat potestatem, unam tamen cathedram constituit et unitatis originem adque rationem sua auctoritate disposuit. Hoc erant utique et ceteri quod fuit Petrus, sed primatus Petro datur et una ecclesia et cathedra una monstratur.

nicht gut möglich. Es handelt sich um die Kathedra Petri. Christus hat ihn zum Bischof eingesetzt, zum Bischof von Rom. Die Bedeutung dieser durch Petrus garantierten Einheit wird noch verstärkt durch die suggestiven Fragen: „Wer an dieser Einheit Petri[136] nicht festhält, wie kann er meinen, den Glauben festzuhalten? Wer die Kathedra Petri verläßt, auf dem die Kirche gegründet ist, wie kann er vertrauen, in der Kirche zu sein?" Demnach spricht Cyprian dem Petrus keine universale Jurisdiktionsvollmacht zu, auch nach dem P.T. nicht. Dieser stellt nämlich zuvor fest, daß die eine Herde „von allen Aposteln einmütigen Sinnes geweidet wird". Wie wirkt sich der Vorrang Petri nach Cyprian aus? Bevor wir diese Frage beantworten, schauen wir uns den Textus receptus (T.R.) an.

Auch nach dem T.R. ist Petrus jener, auf dem die Kirche gegründet wurde. Er ist der Ursprung der Einheit. Dieser Gedanke wird vielleicht noch stärker als im P.T. betont. Obwohl der auferweckte Herr allen Aposteln die Sündenvergebungsvollmacht übertrug – zitiert wird Joh 20, 21–23 –, „hat er dennoch, um die Einheit zu bekunden, durch seine Autorität es verfügt, daß der Ursprung dieser Einheit von einem (= Petrus) sich herleitet ... Der Anfang geht von der Einheit aus, damit die Kirche Christi als die eine sich zeige." Man mag den Unterschied, der das Verhältnis Petri zu den übrigen Aposteln betrifft, so beschreiben, daß im P.T. die Argumentation von Petrus ausgeht, während sie im T.R. bei den Aposteln ansetzt. Wichtig aber ist, daß im T.R. die Begriffe Kathedra Petri und Vorrang (primatus) Petri nicht mehr verwendet werden.

Dies gibt uns Anlaß, der verbreiteten These zuzustimmen, daß beide Versionen, P.T. und T.R., von Cyprian stammen und der T.R. der jüngere ist.[137] Cyprian korrigiert, beziehungsweise präzisiert seine Formulierungen, weil er auf Grund inzwischen gemachter Erfahrungen verhindern will, daß die gleiche Vollmacht aller Bischöfe in Frage gestellt wird. Meinungsverschiedenheiten mit Stephan, dem Bischof von Rom, werden ihn dazu veranlaßt haben. Darauf ist noch zurückzukommen. Die Begriffe primatus Petri, den Cyprian chronologisch verstand, und Kathedra Petri konnten auch in einem Sinn verstanden werden, der dem Bischof von Rom größere Vollmacht einräumte.

---

136 Die Lesart „Petri und Pauli" ist sekundär. Mit Bévenot.

137 Vgl. Bévenot (Anm. 132) 244 f., der verschiedene Auffassungen benennt und das Fortleben beider Versionen beschreibt. Die genannte These ist überzeugender als mit einer Interpolation zu rechnen.

Wie die Apostel aber gleichrangig waren und einmütig die eine Herde Christ weideten, so ist jetzt allen Bischöfen gemeinsam die Leitung der Kirche anvertraut. „Diese Einheit müssen wir unerschütterlich festhalten und verteidigen, am meisten wir Bischöfe, die wir in der Kirche den Vorsitz führen, damit wir das Bischofsamt selbst als eines und ungeteiltes erweisen“, ruft der T.R. am Beginn des fünften Kapitels von De unitate in Erinnerung. Ein Bischofsamt – eine Kirche wird im folgenden wiederholt als ein dem Cyprian wichtiges Anliegen.[138]

Die Vorrangstellung des Petrus wirkt sich darin aus, daß er der Ursprung der Einheit der Kirche ist (origo unitatis). Cyprian kann diesen Gedanken in ein Bild fassen: Wie die Sonne viele Strahlen hat, aber nur ein Licht, wie der Baum viele Zweige besitzt, aber nur eine Wurzel, wie aus einer Quelle zahlreiche Bäche entspringen, bleibt die Einheit dennoch im Ursprung gewahrt.[139] Hat diese herausragende Bedeutung des Petrus – Cyprian sieht Petrus auch als ersten Bischof von Rom – auch Nachwirkungen für seine Nachfolger, die römischen Bischöfe? An manchen Stellen möchte man diesen Eindruck gewinnen. Er bezeichnet einmal die römische Kirche als Hauptkirche (ecclesia principalis). In ihr ist die Kathedra Petri: „Sie wagen es ..., das Schiff zu besteigen und zur Kathedra Petri und zur Hauptkirche, von der die priesterliche Einheit ausgegangen ist, Briefe von Schismatikern und Unheiligen zu überbringen, ohne zu bedenken, daß es die Römer sind, deren Glauben die Ruhmrede des Apostels lobte, zu denen Glaubensfälschung keinen Zutritt haben könne.“[140] Cornelius, Bischof von Rom, hat „die Stelle des Petrus und den Posten der priesterlichen Kathedra eingenommen.“[141]

Dennoch ist nach der Meinung Cyprianus der Nachfolger Petri in Rom nicht Träger einer universalen Jurisdiktionsvollmacht, sondern Bischof wie die anderen Bischöfe auch, die gemeinsam die Schlüsselgewalt und die Vollmacht, zu binden und zu lösen, ausüben und die Einheit der Kirche in der Folge garantieren.[142] Getrübt wurde Cyprians positiver Blick nach Rom durch seinen Streit mit Bischof Stephan von Rom (254–257) in der Frage der Zulassung der Ketzertaufe.

---

138 Bévenot 252, 127 f. Damit beginnt der Text nach der Aufspaltung in zwei Versionen.

139 Bévenot 253, 129–133.

140 Ep. 59, 14.

141 Ep. 55, 8, 4: locus Petri et gradus cathedrae sacerdotalis.

142 Vgl. Ep. 33, 1: „jede kirchliche Handlung wird durch diese Vorsteher geleitet.“ De unit. 5. Zur Diskussion vgl. vor allem Adolph, Theologie der Einheit 33–71.

Dieser scheint seine Meinung, die Ketzertaufe als gültig zu bezeichnen, rigoros vertreten zu haben. Hat er sich auf Mt 16, 18 f. berufen?[143] Cyprian hat nicht minder heftig reagiert.[144]

Cyprians Auffassung steht am Ende fest. Die Bischöfe führen in ihrer Gesamtheit das Werk des Petrus fort. Es wird sich freilich nicht bestreiten lassen, daß es manche Äußerungen bei ihm gibt, die sich einer Primatialdoktrin annähern. Mt 16, 18 f. wurde auf jeden Fall in Nordafrika heftig diskutiert. So wird man feststellen können, daß die Elemente, die schließlich zu einer Primatialdoktrin führen, nicht in Rom, sondern in Nordafrika zusammengesetzt wurden.

Literatur:

H. Koch, Cathedra Petri (BZNW 11) (Gießen 1930).

J. Ludwig, Die Primatworte Mt 16, 18.19 in der altkirchlichen Exegese (NTA XIX/4) (Münster 1952).

J. Colson, L'évêque, lien de l'unité et de la charité chez saint Cyprien de Carthage (Paris 1961).

O. Kuss, Zur Hermeneutik Tertullians, in: J. Blinzler u. a. (Hrsg.), Ntl. Aufsätze (Festschrift J. Schmid) (Regensburg 1963) 138–160.

A. Demoustier, Episcopat et union à Rome selon saint Cyprien: RSR 52 (1964) 554–588.

M. Bévenot, Episcopat et primauté chez saint Cyprien: EThL 42 (1966) 176–195.

M. A. Fahey, Cyprian and the Bible (BGBH 9) (Tübingen 1971).

W. Marschall, Karthago und Rom. Die Stellung der nordafrikanischen Kirche zum Apostolischen Stuhl in Rom (Päpste und Papsttum 1) (Stuttgart 1971).

K. Berger, Unfehlbare Offenbarung, in: Kontinuität und Einheit (Festschrift F. Mußner) (Freiburg 1981) 261–326.

H. J. Vogt, Cyprian – Hindernis für die Ökumene?: ThQ 164 (1984) 1–15.

W. M. Gessel, Der Ternar: Glaubensregel, Tradition und Sukzession nach De praescriptione haereticorum Tertullians, in: Sendung und Dienst im bischöflichen Amt (Festschrift Bischof J. Stimpfle) (St. Ottilien 1991) 139–154.

A. Adolph, Die Theologie der Einheit der Kirche bei Cyprian (EHS.T 460) (Frankfurt/M u. a. 1993).

[143] Vgl. Ludwig, Primatworte 33 f., der zu weit gehen dürfte.

[144] Vgl. besonders Ep. 74.

Neuntes Kapitel

Petrus-Apokryphen

Es soll nicht unterlassen werden, an dieser Stelle wenigstens einen Einblick in die apokryphe Petrus-Literatur zu bieten. In protestantischen Kreisen nennt man die Apokryphen Pseudepigraphen.[1] Es handelt sich um nichtkanonische Schriften, die unter dem Namen einer neutestamentlichen Autorität abgefaßt worden sind. Wir beschränken uns auf die Apokryphen, die den Namen des Petrus tragen und konzentrieren uns – wie auch im Vorausgegangenen – auf das zweite Jahrhundert. Es wird alsbald deutlich werden, daß man den hier vorzustellenden Schriften zu Recht den kanonischen Rang verwehrte. Sie sind von anderer Art. Dennoch muß man sagen, daß zumindest einige von ihnen die Volksfrömmigkeit nicht unbedeutend beeinflußten, aus der heraus sie wenigstens zum Teil auch entstanden. Erstaunlich ist, daß schon früh solche Schriften in relativ großer Zahl verfaßt wurden. Es kann hier nicht die Aufgabe sein, die Fülle der literarischen, entstehungsgeschichtlichen und exegetischen Probleme, die mit diesen Schriften verbunden sind, zu erörtern. Wir interessieren uns nur für das jeweilige Petrusbild, das uns in den verschiedenen Schriften entgegentritt.

Um eine Bestandsaufnahme vorwegzunehmen, wir haben entsprechend den neutestamentlichen Schriften apokryphe Evangelien, Apostelgeschichten, Apokalypsen.[2] Hier wird schon deutlich, daß das Neue Testament die Muster abgab. Für das zweite Jahrhundert besitzen wir – um die Bestände auf die Petrus-Apokryphen anzuwenden – ein Petrusevangelium, zwei Petrus-Acten und zwei Petrus-Apokalypsen.[3] Von den beiden Acten und Apokalypsen stammt je eine aus dem Handschriftenfund der Jahre 1945/46 von Nag Hammadi in Mittel-

[1] Die unterschiedliche Benennung ist mißlich, muß aber hingenommen werden. Faktisch ist der Begriff Pseudepigraphie weitreichender.

[2] Die apokryphe Briefliteratur tritt stark zurück.

[3] Hinzu tritt das sogenannte Kerygma Petri. Es sind aber nur noch wenige Fragmente erhalten. Eine Rekonstruktion ist unmöglich. Vgl. Schneemelcher, Ntl Apokryphen II 34–41.

ägypten. Sie sind uns also erst seit einigen Jahren bekannt. Wir wollen sie entsprechend kennzeichnen: ActPt NH und ApkPt NH, um sie von ActPt und ApkPt abzuheben. Die chronologische Einweisung aller genannten Schriften in das zweite Jahrhundert ist weitgehend unbestritten, vielleicht mit Ausnahme von ApkPt, die noch A. von Harnack[4] etwas später einordnen wollte. Über die Entstehungsorte besteht große Uneinigkeit. Doch neigt man dazu, sie im Osten des Reiches, mit Vorzug in Syrien, entstanden sein zu lassen. Dabei verweist man auf Antiochia als den Ort, wo Petrus eine Zeitlang gewirkt hat, wo er in besonderer Erinnerung geblieben ist und man diese Erinnerung gepflegt hat. Es werden aber auch andere Orte in Erwägung gezogen.[5] Man rechnet auch damit, daß die apokryphen petrinischen Schriften in einer bestimmten geographischen Zone entstanden sind,[6] eventuell in einer petrinischen Schule. Wir möchten die Auffassung bevorzugen, daß man die Frage nach dem Entstehungsort für jede einzelne Schrift gesondert stellen muß.[7]

Damit deuten wir bereits an, daß wir einem Zusammenschluß bestimmter apokrypher Schriften, sowie auch einer Abhängigkeit vom ersten oder zweiten Petrusbrief skeptisch gegenüberstehen. Wir haben uns die Verwandtschaften eher so vorzustellen, daß man auf die Petrustraditionen zurückgriff, die in den Evangelien, der Apostelgeschichte oder auch sonst vorhanden waren, sie in die eigene Schrift einbaute und weiter verwertete. Aus den Evangelien sind dies die Verklärung Jesu, das Messiasbekenntnis und die Verleugnung Petri. Die aus Apg 8, 9–25 stammende Geschichte von Simon dem Zauberer wird zum Angelpunkt der Petrus-Akten. Die Tradition vom Martyrium des Petrus hatte sich gleichfalls ausgebreitet. Weil die Verklärung Jesu auch in 2 Petr 1, 16–18 ein wichtiges Argument bildete, hat man wiederholt eine Abhängigkeit von diesem Brief behauptet. Doch reicht es vollständig aus, Ähnlichkeiten über gemeinsame Traditionen zu erklären.

---

[4] Geschichte der altchristlichen Literatur II/1, 353: 3. Jahrhundert, nach 230/50.

[5] So bevorzugt etwa Smith, Petrine Controversies 63, für ApkPt Ägypten, Schneemelcher. Ntl Apokryphen II 255, eventuell Kleinasien („Aber über Vermutungen kommt man vorläufig nicht hinaus") für ActPt, Harnack, Geschichte der altchristlichen Literatur II/1, 559, erwog für ActPt Rom („nicht absolut auszuschliessen"). Die Liste ließe sich fortsetzen.

[6] Man schlug Westsyrien, Rom, Ägypten, Kleinasien vor. Vgl. die Auflistung bei Smith, Petrine Controversies 63 f.

[7] Vgl. Schmidt, Peter Writings 200.

Die apokryphen Petrusschriften sind antiken Kirchenschriftstellern durchaus bekannt. Interessant ist das Zeugnis des Eusebios von Kaisareia.[8] Während er den ersten Petrusbrief als allgemein anerkannten wertet, den zweiten zwar nicht zur Bibel rechnet, aber als einen lehrreichen einschätzt, äußert er sich den übrigen Schriften gegenüber skeptisch: „Jedoch die Petrus-Akten, das Petrus-Evangelium, das Kerygma Petri und die Petrus-Apokalypse sind, soviel wir wissen, nie zu den katholischen Schriften gezählt worden. Kein Kirchenschriftsteller der älteren oder neueren Zeit verwertet sie als Zeugen." Andere Stimmen sind freundlicher. Die Petrus-Apokalypse erfreute sich streckenweise quasikanonischen Ranges. Nach Sozomenos (um 200) sei eine Petrus-Apokalypse einmal im Jahr am Karfreitag in den Kirchen Palästinas verlesen worden.[9] Das Petrus-Evangelium hat heute an Ansehen sehr gewonnen. Allerdings hat es schon A. von Harnack als „Quelle ersten Ranges" bezeichnet.[10] Anderseits ist die Textüberlieferung mancher apokrypher Petrusschriften dürftig, fragmentarisch und ist die sichere Rekonstruktion des Textes schwierig. Dies gilt für das Petrusevangelium oder die Petrusapokalypse, für die man auf die äthiopische, freilich ziemlich fehlerhafte Übersetzung zurückgreift. Diese dürftige Textüberlieferung läßt darauf schließen, daß die Schriften verdrängt wurden.

Es gibt Züge im Petrusbild dieser verschiedenen Schriften, die öfter wiederkehren. Daneben hat jede einzelne Schrift Besonderheiten. Wir sprechen zunächst von den ersteren. Verbreitet ist die Vorstellung von Petrus, dem Missionar. Sie kann mit der Überlieferung verknüpft sein, daß der Herr dem Petrus geboten hatte, zunächst zwölf Jahre in Jerusalem zu wirken. So lesen wir im Kerygma Petri: „Wenn nun einer aus Israel Buße tun und durch meinen Namen an Gott glauben will, so werden ihm die Sünden vergeben werden. Nach zwölf Jahren aber geht hinaus in die Welt, damit nicht jemand sage: Wir haben es nicht gehört."[11] Während hier diese Weisung offenbar an die zwölf Apostel gerichtet ist, gilt sie nach ActPt 5 dem Petrus. Diese Überlieferung von den zwölf Jahren des Jerusalem-Aufenthaltes begegnet häufig.[12] In den Petrus-Akten wird romanhaft

---

[8] Hist. eccl. 3, 3, 1 f.

[9] Berger, Unfehlbare Offenbarung 274 Anm. 33, hält es für möglich, daß Sozomenos die ApkPt mit dem EvPt verwechselt.

[10] Geschichte der altchristlichen Literatur II/1, 624.

[11] Dieses Wort überliefert Clemens von Alexandrien, Strom. 6, 5, 43. Vgl. Schneemelcher, Ntl Apokryphen II 40 (Fragment 3a).

[12] Noch bei Apollonius, in der Pistis Sophia, im koptischen Papyrus Bruce. Belege

ausgebreitet, wie Petrus nach den zwölf Jahren allein die Schiffsreise über Puteoli direkt nach Rom antritt, wo er predigt und staunenerregende Wunder tut. Er löst auf irgendeine Weise das Wirken des Paulus ab, der schon vor ihm in Rom war und inzwischen nach Spanien abgereist ist.[13] Die Petrus-Apokalypse enthält im sogenannten Erzherzog-Rainer-Fragment diese Aufforderung des Herrn an Petrus: „Gehe in die Stadt, welche herrscht über den Westen (oder: zu gehen in die Stadt der Hurerei) und trinke den Kelch, den ich dir verheißen habe aus den Händen des Sohnes dessen, der im Hades ist, damit seine Vernichtung den Anfang nehme und du der Verheißung würdig seist."[14] Mit der Stadt ist klar Rom gemeint, gleich welche Übersetzung man bevorzugt.[15] Mit dem Sohn, der im Hades ist, kann nur auf Kaiser Nero angespielt sein. Hier ist also mit dem Aufbruch nach Rom gleich das Martyrium mit in den Blick genommen. In den Petrus-Akten von Nag Hammadi – vollständiger Titel: „Die Taten des Petrus und der zwölf Apostel" – ist das Thema Mission ebenfalls zentral, wird aber nicht in einen romanhaften Bericht, sondern in eine Ereignisfolge, die halb Traum, halb Wirklichkeit ist, gekleidet.[16] Petrus und die anderen Apostel reisen zu einer Insel im Weltmeer – Aufbruch zur Weltmission – und erfahren dort im Voraus etwas über die Erfolge oder Mißerfolge ihres Wirkens. Wenn sie mit einem Arzneikästchen ausgerüstet werden, bezieht sich das auf die Vollmacht, Krankheiten der Seele und des Leibes zu heilen.

In den Petrus-Akten wird die Tätigkeit des Apostels in Rom vorrangig als Auseinandersetzung mit Simon Magus dargestellt. Warum gerade diese Person gewählt wurde, ist etwas schleierhaft. Auf jeden Fall war damit eine Anknüpfung an die Apostelgeschichte ermöglicht. In der Forschung wird eine Auseinandersetzung mit der simo-

---

bei Harnack, Geschichte der altchristlichen Literatur II/1, 243 f., der diese Überlieferung sogar für historisch hält, natürlich nicht im Sinn eines Herrenwortes (244 und Anm. 1). Mit ihr hängt auch der spätere zeitliche Ansatz zusammen, daß Maria im elften Jahr nach der Auferstehung gestorben sei.

[13] Die Spanienreise des Paulus dürfte aus Röm 15, 24 erschlossen sein.

[14] Zum Erzherzog-Rainer-Fragment vgl. Peterson, Martyrium, und Schneemelcher, Ntl Apokryphen II 575 Anm. 43. Erzherzog Rainer, ein Verwandter Kaiser Franz Josephs, hat das großartige Wiener Papyrus-Museum begründet.

[15] Die Alternative lautet ὀπύσεως (Hurerei, wohl in Anlehnung an Apk 17) oder δύσεως (Westen, Konjekturvorschlag von M. R. James: JThS 32 (1931) 270–279.

[16] Vgl. H.-M. Schenke, in: Schneemelcher, Ntl Apokryphen II 370 f. Die Bestimmung der Textsorte ist wegen des diffusen Charakters der Schrift kaum möglich. Wegen dieser Andersartigkeit kann sie nie ein Teil von ActPt gewesen sein.

nianischen Gnosis mit Recht für unwahrscheinlich gehalten, eher eine grundsätzliche Auseinandersetzung mit dem Bösen, das Simon Magus repräsentiert. Sollte das Wissen darum, daß es in Rom ein Standbild Simons gab mit der Aufschrift: Simoni Deo Sancto eine Rolle gespielt haben?[17] Dann könnte das als ein Indiz für die Entstehung der Petrus-Akten in Rom gewertet werden. Doch die Frage muß offen bleiben.

Den Petrus-Akten ist daran gelegen, ausführlicher vom Martyrium des Petrus zu erzählen. Vermutlich war diese Tradition, die mit zahlreichen ausschmückenden Elementen ausgestattet ist, einmal selbständig. Sie ist nur mühsam mit der Simon-Magus-Geschichte verknüpft. In ihr lesen wir auch die Quo-vadis-Legende (ActPt 35), die durch den gleichnamigen Roman von H. Sienkiewicz berühmt wurde. Dem sich aus Rom entfernenden Petrus begegnet Christus vor dem Stadttor, der sich erneut kreuzigen lassen will. Petrus kehrt daraufhin in die Stadt zurück. Er wird mit dem Kopf nach unten gekreuzigt, auf seine eigene Bitte hin.[18] Die ihm vorgeworfene Schuld ist Gottlosigkeit (ἐπ᾽ αἰτίᾳ ἀθεότητος).[19] Der Vorwurf des Atheismus traf die Christen, die sich weigerten, die alten Götter zu verehren, in einem umfassenden Sinn.[20] Auch Nero wird erwähnt (41).

Von ganz anderer Art sind die beiden Petrus-Apokalypsen. Hier erscheint Petrus (ApkPt NH) beziehungsweise Petrus zusammen mit den anderen Jüngern (ApkPt) als Empfänger von göttlichen Geheimnissen und Offenbarungen. Ort der Offenbarung ist der Tempel. Die Anlehnung an die eschatologische Rede Jesu in Mk 13 parr ist offenkundig. Petrus als Offenbarungsempfänger entspricht einem Petrusbild, das wir schon oben kennengelernt haben.[21] Es ist in der Kirche des Ostens verbreitet. Im Unterschied zu Mk 13 wird aber nicht eschatologische Weisung, sondern Jenseitsbelehrung geboten. Dem

---

[17] Von diesem Standbild und der Aufschrift spricht Justin, apol. 26, 2.

[18] Die hierfür gegebene Erklärung, nach der man im Kreuz das Geheimnis der ganzen Schöpfung und den Anfang aller Dinge erkennen soll (38), mutet gnostisch an. Die Quo-vadis-Legende hat sich so sehr dem Gedächtnis des frommen Volkes eingeprägt, daß man heute noch auf der Via Appia die Stelle zeigt (Quo-vadis-Kapelle), wo der Herr dem Petrus begegnet sein soll.

[19] Textausgabe von R. A. Lipsius, Acta Apostolorum Apocrypha I (Nachdruck Darmstadt 1959) 90 Zeile 3.

[20] Vgl. J. Gnilka, Der Epheserbrief (HThK) (Freiburg ⁴1990) 136 f. (zu Eph 2, 12). Dem Bischof Polykarp von Smyrna, der im 2. Jahrhundert den Martertod stirbt, rufen die Heiden zu: „Weg mit den Gottlosen!“ (Mart Pol 3, 2; 9, 2).

[21] Vgl. oben S. 253 f.

Petrus eröffnen sich Einblicke in Himmel und Hölle. Dies gilt für ApkPt. In ApkPtNH ist es anders. Hier erkennt man auch die Bedeutung, die man diesen Offenbarungen, die Informationen bieten, die über das Neue Testament hinausreichen, zumaß. Der Kern der Belehrung ist christologisch. Das Leiden Jesu wird gnostisch gedeutet. Nicht der lebendige Jesus, nur sein fleischliches Abbild hat gelitten. Wir brauchen diese Christologie hier nicht weiter auszubreiten. Wichtig für uns ist nur zu sehen, daß Petrus als Begründer einer gnostisch-christlichen Tradition in Anspruch genommen wird. Dabei wird mit scharfen Worten gegen die „Großkirche" polemisiert. Die „wahrhaft existierende Bruderschaft", die „geistliche Gemeinschaft", die „Hochzeit der Unvergänglichkeit" wird gegen das Amt gestellt. Bischöfe und Diakone sind nur „Gräben ohne Wasser", in Wirklichkeit haben sie keine Vollmacht (p. 79). Petrus aber steht auf seiten der Bruderschaft. Ihm wurde es gegeben, die Geheimnisse unverhüllt zu vermitteln (p. 82).[22]

In ApkPtNH und in ActPt haben wir Deutungen des Petrusnamens, die mit der ihm übertragenen Aufgabe zu tun haben. „Du aber, Petrus, bleib als Vollkommener entsprechend deinem Namen allein bei mir, der ich dich erwählt habe, denn durch dich habe ich einen Anfang gemacht für die übrigen, die ich zur Erkenntnis berufen habe" (ApkPt NH p. 72). Im Kontext wird erwähnt, daß Petrus der Erstberufene ist. Als Vollkommener aber wird er gesehen als der Empfänger und Begründer gnostischer Offenbarungen. In ActPt 23 sagt Petrus von sich: „Mein Name ist Petrus, weil der Herr Christus mich gewürdigt hat, mich ‚bereit zu allen Dingen' zu nennen." Dies bezieht sich vermutlich auf das Martyrium und ein Wort, das wir nicht mehr kennen.[23] Eine etymologische Verbindung dieser Deutungen zum Petrusnamen ist nicht gegeben.

Das Petrusevangelium ist uns nur fragmentarisch überliefert. Wie umfangreich es war, und das heißt, wieviel verlorengegangen ist, wissen wir nicht. Was wir haben, ist die Passions- und Ostergeschichte von der Verurteilung Jesu durch Herodes (!) bis zur Auferweckung aus dem Grab. Möglicherweise wurde am Schluß eine Ostererschein-

---

[22] Zum Offenbarungsgedanken vgl. Berger, Unfehlbare Offenbarung 261–280. Es ist umstritten, ob ApkPt NH nicht nur gegen die Großkirche, sondern auch gegen andere gnostische Gruppen polemisiert. Vgl. Koschorke, Polemik; A. Werner, in: Schneemelcher, Ntl Apokryphen II 635 f.

[23] Vgl. die Christusvision in ActPt 16 („Du aber wirst einen Glaubenskampf haben") und 2 Petr 1, 14 (Voraussage des Todes).

ungsgeschichte erzählt, die Simon Petrus, seinen Bruder Andreas und Levi, dem Sohn des Alphäus, betraf (vgl. Mk 2, 14). Das Fragment endet mit den Worten: „Ich aber, Simon Petrus, und mein Bruder Andreas nahmen unsere Netze und gingen ans Meer. Und es war bei uns Levi, der Sohn des Alphäus, ..." (59 f.). Daß das Evangelium nach Petrus benannt wurde, bestätigen uns nur antike Kirchenschriftsteller.[24] Wahrscheinlich stand am Anfang einmal der Petrusname.[25] Die handschriftliche Überlieferung ist dürftig.[26] Auch das spricht – neben der fragmentarischen Überlieferung des Textes – dafür, daß es keine großkirchliche Anerkennung fand und seine Verbreitung regional sehr begrenzt war. Die meisten Autoren plädieren für Syrien.

Petrus redet in der Ich-Form: „Ich aber, Simon Petrus" (60.26) oder schließt sich mit seinem Bruder Andreas (60), mit den zwölf Jüngern des Herrn (59), mit seinen Genossen im „Wir" zusammen (26). Das ist neu gegenüber den kanonischen Evangelien. Im Prolog des Lukasevangeliums vernehmen wir zwar das Ich des Autors (1, 3), im Johannesevangelium das Wir einer Gruppe (21, 24) neben dem Ich (21, 25), es wird aber kein Name genannt. Das Versagen des Petrus und der Jünger wird abgemildert, wenn man die Nichterwähnung der Frauen unter dem Kreuz so deuten will.[27] Die Beteiligung der jüdischen Seite am Tod Jesu wird forciert, aber auch ihre Umkehrbereitschaft (25), jüdische Gebräuche fließen ein.[28] Die Tradition vom descensus ad inferos (1 Petr 3, 19) ist einbezogen (41 f.). Die christologischen Vorstellungen überschreiten die Grenze zur Heterodoxie, so wenn es heißt, daß er bei der Kreuzigung keinen Schmerz empfunden hätte (10) oder – noch deutlicher in diese Richtung weisend – daß sein letzter Schrei gewesen sei: „Meine Kraft, o Kraft, du hast mich verlassen" (19).[29] Phantastisch ist die Schilderung der Auferstehung Jesu, die breit ausgemalt wird. Das Petrusevangelium erzählt nicht nur wie das Matthäusevangelium von den Grabeswächtern, sondern läßt diese auch zu Zeugen des himmlischen Vorgangs der Auferwekkung Jesu aus dem Grabe werden.

---

24 Vgl. Eusebios, hist. eccl. 3, 3, 2; 6, 12.

25 Vgl. den Beginn des Thomasevangeliums: „Dies sind die geheimen Worte, die Jesus, der Lebendige, sagte und die Didymus Judas Thomas aufgeschrieben hat."

26 Vgl. C. Maurer/W. Schneemelcher, in: Schneemelcher, Ntl Apokryphen I 181.

27 Vgl. Smith, Petrine Controversies 41.

28 Jesus stirbt am Vortag des Pascha (5), sein Leichnam wird vor Sonnenuntergang beerdigt (21–24), gewaschen (24).

29 Zur Beurteilung vgl. N. Brox, „Doketismus" – eine Problemanzeige: ZKG 95 (1984) 301–314.

Damit kommen wir abschließend zu der wichtigen Frage, warum man apokryphe Schriften verfaßte und unter den Namen des Simon Petrus stellte. Man wird hierfür verschiedene Gründe angeben können. Auch dürften verschiedene Überlegungen maßgeblich gewesen sein, je nachdem, ob man ein Evangelium, eine Petrus-Akte oder Apokalypse verfaßte. Ganz allgemein wird man für alle Textsorten sagen, daß die Inanspruchnahme des Petrusnamens der jeweiligen Schrift besondere Autorität verleihen wollte. So werden diese apokryphen Schriften indirekt auch Ausdruck für das Ansehen, das Simon Petrus genoß. Freilich muß man sogleich hinzufügen, daß gleichzeitig oder in späterer Zeit die Namen anderer Apostel wie Andreas, Johannes, Paulus, Thomas im gleichen Sinn in Anspruch genommen worden sind. Auch vermittelt die Ich-Form, in der diese Schriften – abwechselnd mit dem Wir – abgefaßt wurden, für den Leser den Eindruck, unmittelbar beteiligt zu sein.

Stellen wir die Frage zunächst für das Petrusevangelium. Dieses Evangelium geht mit dem „Ich, Simon Petrus" über die kanonischen Evangelien – wie wir gesehen haben – hinaus. Weil es die kanonischen Evangelien voraussetzt, wird man mutmaßen können, daß es sich mit deren anonymer Verfasserschaft nicht mehr zufrieden gab. Daß sie der Ausdruck des Glaubens der hinter ihnen stehenden Gemeinden waren, war dem Verfasser des Petrusevangeliums zu wenig, oder verstand er die Zusammenhänge nicht mehr? Er nimmt den Petrusnamen in Anspruch, um sein Evangelium in einer relativ späten Zeit[30] neben die anderen Evangelien zu stellen, sie zu überbieten oder gegen sie zu schreiben? Wir müssen uns freilich vergegenwärtigen, daß der Begriff des kanonischen Evangeliums noch nicht geprägt war. Die Inanspruchnahme des Ich läßt das Subjekt des Autors, der sich hinter Petrus verbirgt, und seine subjektiven Anliegen stärker hervortreten, als das in den kanonischen Evangelien der Fall ist, für die wir freilich zwischen Tradent, Redaktor, Autor zu unterscheiden gelernt haben. Die Beurteilung ist aber dadurch erheblich erschwert, daß uns das Petrusevangelium nur recht fragmentarisch erhalten geblieben ist. War es das Anliegen, Neues zu bieten? Sicher war er in neue Auseinandersetzungen – etwa mit den Juden – hineingeraten. Vermutlich war sein Hauptanliegen ein gewandeltes christologisches Konzept, das sich an der Bewältigung des Leidens Christi entzündete und das sich uns nur andeutungsweise erschließt. Wir können dies

[30] Harnack, Geschichte der altchristlichen Literatur II/1, 622 f., vertritt die Auffassung, daß nach etwa 140 keine Evangelien mehr verfaßt wurden.

hier nicht weiter verfolgen, stellen aber fest, daß Petrus, von den jüdischen Gegnern als Übeltäter beschimpft (26), als Garant und Gewährsmann zu fungieren hat.

In den Petrus-Akten liegen andere Interessen vor. Ganz klar steht die Persönlichkeit des Apostels im Vordergrund. Wundersame Geschichten werden ihm nachgesagt, die erbauen wollen. Sie entsprechen einer naiven Volksfrömmigkeit mit enkratitischen Tendenzen und einem großen Wunderglauben. Die Akten wollen nicht in Konkurrenz zur Apostelgeschichte treten, sondern sie teilweise ergänzen, teilweise fortsetzen. Die Ergänzung betrifft das weitere Schicksal des Petrus, der dort nach dem Apostelkonvent in Jerusalem (Apg 15) von der Bildfläche verschwindet. Die Petrus-Geschichte wird fortgesetzt. Historische Detailkenntnisse sind nicht zu erwarten. Der Verfasser weiß um das Martyrium in Rom. Dieses füllt er erzählerisch auf. Die erkennbare Lust, das Publikum zu unterhalten, produziert sich nicht um ihrer selbst willen. Die Geschichten werden ad majorem Petri gloriam feilgeboten. Theologisch abweichende Auffassungen sind in der Erklärung des Kreuzes Christi greifbar, die Petrus bei seinem Kreuzestod gibt (38). Interessant ist, daß eine schon größere und verfaßte Kirche vorausgesetzt wird mit Bischöfen und Diakonen (27), Witwen und Jungfrauen (20–22), in der sich Petrus bewegt. Die Frage, ob man Hurengeld annehmen kann, steht im Hintergrund von Kapitel 30. Man kann davon ausgehen, daß dieses Petrusbild – Petrus in einer lebendigen, florierenden Kirche lehrend, Wunder wirkend, streitend, sterbend – für folgende Zeiten bestimmend wurde.

In den beiden Petrus-Apokalypsen tritt die apostolische Autorität des Petrus am schärfsten hervor. Dies gilt vorrangig sogar für die heterodoxe Petrus-Apokalypse von Nag Hammadi. Während in ApkPt sich Petrus mit den anderen Jüngern vereint, im „Ich"- und im „Wir"-Stil redet, steht er in ApkPt NH allein im Zentrum: „Als der Erlöser im Tempel saß, … sprach er zu mir: Petrus! Heil den (Kindern) des Vaters …" (p. 70). Petrus ist der Empfänger von geheimem Wissen und Offenbarungen. Anknüpfungspunkte sind drei Begebenheiten im Leben des Apostels: die ihm geschenkte Offenbarung, daß Jesus der Messias und Sohn des lebendigen Gottes ist (Mt 16, 16 f.), die Verklärung Jesu auf dem Berg und die Endzeitrede Jesu. Bemerkenswerterweise spricht das Felsenwort in diesem Zusammenhang keine Rolle. Der Autor, der sich das Ich des Apostels ausleiht, vermittelt verbindliche (unfehlbare) Offenbarungen an seine Gemeinde. Diese sind in ApkPt NH von größerem Gewicht als in ApkPt. Dennoch muß nochmals in Erinnerung gerufen werden, daß letztere großes

Ansehen gewann. Während ApkPt gemäß jüdisch-apokalyptischer Manier Auskünfte gibt über das Schicksal der Verstorbenen in Himmel und Hölle, entwickelt ApkPt NH das heterodoxe gnostische christologische Konzept, das sorgsam zwischen dem sterblichen Menschen (p. 82: Haus der Dämonen) und dem lebendigen Erlöser unterscheidet. Für unsere Belange aber bleibt wichtig, daß gegen die „Großkirche", gegen Bischöfe und das Amt heftigst polemisiert wird. Es ist also zu beachten, daß die Autorität des Petrus hier von der Heterodoxie für die Durchsetzung ihres christologischen Konzeptes im Rückgriff auf dem Apostel zuteil gewordene Offenbarungen in Anspruch genommen wird. Diese Konstellation ist aber nur begreiflich, wenn mit diesem Rückgriff der Versuch verbunden ist, Petrus der „Großkirche" zu entwinden. Die Beschäftigung mit dem Petrusbild in den Apokryphen führt uns am Schluß hinein in einen Streit, in dem der Offenbarungsgeist gegen das Amt ausgespielt wird.

Literatur:

K. Prümm, De genuino apocalypsis Petri textu: Bib 10 (1929) 62–80.

R. Söder, Die apokryphen Apostelgeschichten und die romanhafte Literatur der Antike (Stuttgart 1932).

M. Krause, Die Petrusakten in Codex VI von Nag Hammadi, in: M. Krause (Hrsg.), Essays on the Nag Hammadi Texts (Festschrift A. Böhlig) (Leiden 1972) 36–58.

D. H. Schmidt, The Peter Writings (Diss. Univ. Evanston/USA 1972).

Ph. Perkins, Peter in Gnostic Revelation (SBL 110 Annual Meeting, Seminar Papers 2) (Cambridge 1974) 1–13.

J. Denker, Die theologiegeschichtliche Stellung des Petrusevangeliums (EHS.T 36) (Frankfurt/M. 1975).

K. Koschorke, Die Polemik der Gnostiker gegen das kirchliche Christentum (NHS 12) (Leiden 1978).

K. Berger, Unfehlbare Offenbarung, in: Kontinuität und Einheit (Festschrift F. Mußner) (Freiburg 1981) 261–326.

J. W. McCant, The Gospel of Peter: Docetism reconsidered; NTS 30 (1984) 258–273.

T. Baumeister, Die Rolle des Petrus in gnostischen Texten, in; T. Orlandi/F. Wisse (Hrsg.), Acts of the Second International Congress of Coptic Studies (Rom 1985) 3–12

T. V. Smith, Petrine Controversies in Early Christianity (WUNT II/15) (Tübingen 1985).

D. R. Cartlidge, Transfigurations of Metamorphosis Traditions in the Acts of John, Thomas and Peter: Semeia 38 (1986) 53–66.

G. Poupon, Les ‚Actes de Pierre' et leur remaniement: ANRW 2.25.6 (1988) 4363–4388.

W. Schneemelcher, Ntl Apokryphen, 2 Bde. (Tübingen 6. Aufl. 1990 und 1997).

H. Havelaar, An Intertextual Study of the Apocalypse of Peter, in: Actes du Congrès Copte 1988 (PJOL 41) (Louvain 1992) 388–394.
T. Nicklas, Die „Juden“ im Petrusevangelium; NTS 47 (2001) 206–221.

Zusammenfassung des nachneutestamentlichen Befundes

Die nachneutestamentliche Entwicklung – soweit wir sie verfolgt haben – verlagert den Schwerpunkt auf Rom. Selbstverständlich bleibt Petrus im Blick, aber die Linien, die sich aufzeigen lassen, führen hin zur Hauptstadt des Imperiums. Diese Besonderheit des uns beschäftigenden Materials war Anlaß dafür, der gesamten Untersuchung den Titel „Petrus und Rom“ zu geben. Der erste, neutestamentlich geprägte Teil, der den Lebensweg des Apostels miteinbezog, führte am Ende zu Tod und Martyrium in Rom. Für die beiden Petrusbriefe vermuteten wir als Entstehungsort diese Stadt.

So fanden wir uns am Beginn des zweiten, nachneutestamentlichen Teils dieses Buches gewissermaßen endgültig in Rom. Diese Stadt und ihre Gemeinde wollte und will diesen Apostel nicht mehr freigeben. Allerdings müssen wir – um dem anderen nichts von der ihm gewährten Ehre und Gleichrangigkeit zu nehmen – sofort hinzufügen, daß im zweiten Jahrhundert, das uns beschäftigte, Petrus und Paulus für Rom stets zusammen genannt werden. Obwohl sie sich in ihrem Leben nicht oft begegnet sind, im Tod sind sie für immer vereint, mögen sie in Rom auch nicht genau zur gleichen Zeit das Martyrium erlitten haben.

Für Rom gehören Petrus und Paulus zusammen. Das gilt für den ersten Clemensbrief, wo sie noch nebeneinander genannt werden, das gilt für Ignatius von Antiochien, wo sie schon zu einer Einheit verschmolzen sind („Nicht wie Petrus und Paulus befehle ich euch“), das gilt für Irenäus von Lyon, der das als gemeinsam aufgefaßte Wirken der beiden Apostel so beschrieben hatte: „Petrus und Paulus verkündigten in Rom das Evangelium und gründeten eine Gemeinde“ (Adv. haer. 3, 1, 1). Ihr gemeinsames Martyrium hat den einmaligen Vorrang der römischen Gemeinde begründet. Ignatius spricht vom „Vorsitz der Liebe“ (Rom, Init.). Wir sahen, daß diese Auszeichnung mit dem Martyrium zu tun hat, in das sich neben Petrus und Paulus zahlreiche römische Christen teilten. Irenäus schreibt dieser Gemeinde eine größere Vorzüglichkeit zu (Adv. haer. 3, 3, 2), die wiederum mit Wirken und Tod der beiden Apostel in Zusammenhang steht.

Obwohl die historische Betrachtung längst in eine dogmatische übergegangen ist, ist zunächst nur der Vorrang der römischen Gemeinde tangiert. Zwar ist die Gemeinde ämtermäßig verfaßt in Episkopen, Diakone, Presbyter, aber ein herausragender Gemeindeleiter ist bis in die zweite Hälfte des zweiten Jahrhunderts nicht auszumachen. Verschiedene Gemeinden stehen im Austausch miteinander, um sich gegenseitig zu stützen, zu ermuntern und ihre Einheit zu bekunden. Dieser Communio-Gedanke findet im ersten Clemensbrief einen schönen Ausdruck.

Das ändert sich mit dem Presbyter Viktor (189–198), der im Osterfeststreit als Leiter der römischen Gemeinde kraftvoll in Erscheinung tritt, es sich sogar herausnimmt, kleinasiatische Gemeinden zu exkommunizieren. Freilich trifft er auf heftigen Widerstand, zu dessen Sprecher sich Polykrates von Ephesos macht. Im Streit vermittelt Irenäus. In der Ostkirche geboren und groß geworden und dann nach dem Westen gegangen und zum Bischof von Lyon geworden, erschien er als der geborene Vermittler in einem Konflikt, der nicht ohne Nachwirkungen sein sollte. Ost- und Westkirche treffen hier sehr früh in scharfer Form aufeinander. Dabei sollte man im Auge behalten, daß die Ursache des Streites nicht eine Angelegenheit der Lehre, sondern des Kalenders gewesen ist.

Leider sind wir nicht informiert darüber, wie Viktor seine Maßnahme theologisch begründete. Sollte er sich auf Petrus und Paulus, auf die römische Gemeinde, der er vorstand, als apostolischer Gründung berufen haben? Es steht zu vermuten. Auf jeden Fall spielt ab jetzt das Argument der apostolischen Gemeindegründung eine wichtige Rolle. Es geht um die Bewahrung der apostolischen Tradition, des Evangeliums, eines Anliegens, das bereits in den neutestamentlichen Pastoralbriefen in Erscheinung trat, jetzt aber mit der Sukzession des Amtes verkettet wird. Bischofs-/Presbyterlisten entstehen, vor allem für Rom, aber auch für andere Gemeinden. Die apostolischen Gemeinden sind gleichrangig. Rom kann als prima inter pares gelten (propter potentiorem principalitatem). In den ältesten Listen zählen Petrus und Paulus noch nicht als Bischöfe. Aber nach Irenäus, adv. haer. 3, 3, 3, haben beide dem Linus das bischöfliche Amt übertragen. Die Bischofsliste beginnt mit ihm. Wichtig wird jetzt auch der Hinweis auf die Gräber der Apostel. Gaius, im Streit mit Proclus, verweist freilich nicht nur auf das Tropaion des Petrus, sondern auch das des Paulus.

Es bleibt zu bedenken, daß in diesen Auseinandersetzungen und Entwicklungen Mt 16, 18 f. und andere Petrus-Stellen des Neuen Testaments nicht in Anspruch genommen werden. Die Entwicklung eines Vorranges der römischen Gemeinde war eine faktische. Vermutlich war auch die Stadt Rom in ihrer Bedeutung als Hauptstadt des Imperiums von nicht unerheblichem Einfluß. Die Welt hatte sich daran gewöhnt, von Rom Recht und Gesetz zu erhalten.[31] Gewiß war Mt 16, 18 f. nicht vergessen. Im Osten (Origenes) deutete man Petrus auf Grund dieser Stelle als Empfänger göttlicher Offenbarungen, eine Auffassung, die auch in apokryphen Apokalypsen anzutreffen war. Theologisch bedeutungsvoll wurde die Stelle in der Theologie Nordafrikas, insbesondere war es das Wort vom Binden und Lösen. Die Frage nach der Vergebung schwerer Verfehlungen wurde brisant im Kontext der Verfolgungen, in denen manche ihrem Glauben abgeschworen hatten. Wenn man nicht Mt 18, 18, sondern 16, 18 f. zum Angelpunkt der Reflexionen machte, steht das im Zusammenhang mit Petrus, der Träger der Vollmacht des Bindens und Lösens ist. Die Frage spitzte sich zu der Überlegung zu, wer hier und heute diese Vollmacht ausübt. Es ist die Gesamtheit der Bischöfe, war die Antwort Cyprians. Doch finden wir bei ihm Äußerungen, die als Annäherung an eine Primatialdoktrin aufgefaßt werden können. Petrus ist Urgrund der Einheit. Cyprian gerät in Streit mit Rom. Mit der Andeutung der Lage in der Westkirche in der ersten Hälfte des dritten Jahrhunderts haben wir unsere Untersuchung beschlossen. In ihrer Offenheit ist sie als Anregung geeignet, das Problem neu zu bedenken.

Cyprians Anliegen war die Einheit der Kirche. Weil dieses Anliegen die Kirche von heute wie kein anderes bewegen muß, stelle ich im Rückblick auf die vorliegenden Untersuchungen noch drei Punkte heraus:

1. Wir haben die Einheit mit der Kirche des Ostens verloren. Es ist schockierend zu sehen, wie früh bereits diese Spaltung ihre Schatten vorauswirft. Der Osterfeststreit muß in diesem Zusammenhang gesehen werden. Rechthaberei und Sturheit vermögen den Konflikt nur zu vertiefen und Wunden zu hinterlassen, die schwer geheilt werden. Es bedarf der Feinfühligkeit eines Irenäus, die vermitteln kann, der Fähigkeit und auch des Wissens, um andere Gepflogenheiten und Mentalitäten zu beurteilen und zu tolerieren. Viktor hat in diesem Streit keine gute Figur gemacht.

---

[31] Vgl. A. von Harnack, Lehrbuch der Dogmengeschichte I (^{4}1909, Nachdruck Darmstadt 1964) 485.

2. Wir haben die Einheit mit den Kirchen der Reformation verloren. Die Reformatoren haben sich insbesondere auf Paulus berufen. Die Rechtfertigungslehre wurzelt in seinem Denken. Letztlich kann man die Spaltung, die durch die Reformation zustande kam, auch als eine Trennung von Petrus und Paulus sehen. Obwohl diese beiden Apostel Schwierigkeiten miteinander hatten, haben sie konsequent an der Einheit festgehalten. Im Martyrium wurden sie vereinigt. Im zweiten Jahrhundert berief sich die römische Kirche auf Petrus *und* Paulus. Nach Irenäus haben Petrus und Paulus die Gemeinde gegründet. Später erfolgte eine einseitige Verlagerung auf Petrus. Es ist an der Zeit, die durch die reformatorischen Kirchen aufgegriffenen Anliegen des Paulus im ökumenischen Sinn aufzugreifen und verstärkt zur Bereicherung der einen Kirche einzubringen.

3. Das Petrusbild der Ostkirche unterscheidet sich von dem der Westkirche bereits in dieser frühen Zeit. Im Osten erblickt man in Petrus den Charismatiker, den Empfänger von Offenbarungen und göttlichen Geheimnissen, der für alle nach Erkenntnis, Spiritualität und Weisheit strebenden Christinnen und Christen zum Vorbild werden kann. In der Westkirche – und dies geschieht insbesondere in Nordafrika – wird mit Berufung des an Petrus ergangenen Wortes Mt 16, 18 f. die Kirche auf das Amt konzentriert und auch juridisiert. Ecclesia numerus episcoporum. Der Jurist Tertullian hat an dieser Entwicklung beträchtlichen Anteil. Lassen sich beide Anliegen so zueinanderführen und verschränken, daß jedes unverkürzt zur vollen Entfaltung kommt? Es sollte möglich sein.

Anhang

Literatur

Der Leser findet weitere Literaturangaben jeweils am Ende eines Abschnittes. Er ist gebeten, sich zunächst dort zu informieren. Falls er dort Literatur abgekürzt zitiert findet, bedeutet das einen Verweis auf die hier vorliegende Literaturliste. Kommentare kommen nur in Anmerkungen vor und werden abgekürzt zitiert (z. B. Gnilka, Mt I).

Die Abkürzungen der Zeitschriften und monographischen Reihen entsprechen S. Schwertner, Internationales Abkürzungsverzeichnis für Theologie und Grenzgebiete (Berlin 1974).

Bauer, W., Griechisch-deutsches Wörterbuch zu den Schriften des NT und der übrigen urchristlichen Literatur (Berlin ^{6}1988, hg. von K. und B. Aland).

– Rechtgläubigkeit und Ketzerei im ältesten Christentum (BHTh 10) (Tübingen ^{2}1964).

Billerbeck, P./Strack, H., Kommentar zum NT aus Talmud und Midrasch, 6 Bde. (München 1926 ff.), zitiert: Billerbeck.

Brown, R. E., An Introduction to the NT (New York 1997).

Brown, R. E./Dornfried, K. P./Reumann, J., Der Petrus der Bibel. Eine ökumenische Untersuchung (Stuttgart 1976), Originaltitel: Peter in the NT (New York 1973).

Bultmann, R., Die Geschichte der synoptischen Tradition (FRLANT 29) (Göttingen ^{4}1971).

– Theologie des NT (Tübingen ^{5}1965).

Campenhausen, Hans Frhr. von, Kirchliches Amt und geistliche Vollmacht in den ersten drei Jahrhunderten (BHTh 14) (Tübingen 1953).

Conzelmann, H., Die Mitte der Zeit (BHTh 17) (Tübingen ^{5}1964).

Cullmann, O., Petrus. Jünger – Apostel – Märtyrer (Zürich-Stuttgart ^{2}1960).

Dalman, G., Arbeit und Sitte in Palästina, 7 Bde. (Gütersloh 1928 ff., Nachdruck Hildesheim ^{2}1987).

– Grammatik des jüdisch-palästinischen Aramäisch (Leipzig ^{2}1905, Nachdruck Darmstadt 1960).

– Aramäisch-neuhebräisches Handwörterbuch (Göttingen 1938).

– Jesus-Jeschua (Leipzig 1922).

– Orte und Wege Jesu (Gütersloh ^{3}1924).

Deissmann, A., Licht vom Osten (Tübingen ^{4}1923).

Dibelius, M., Die Formgeschichte des Evangeliums (Tübingen ^{3}1959).

Dinkler, E., Die Petrus-Rom-Frage: TRd 25 (1959) 189–203. 289–335.27 (1961) 33–64.

Döpp, S./Geerlings, W., Lexikon der antiken christlichen Literatur (Freiburg 1998).
Dschulnigg, P., Petrus im NT (Stuttgart 1996).
Gnilka, J., Die frühen Christen. Ursprünge und Anfang der Kirche (Freiburg 1999).
– Jesus von Nazaret (Freiburg Taschenbuchausgabe ^{6}2000).
– Paulus von Tarsus (Freiburg 1996).
– Theologie des NT (Freiburg Taschenbuchausgabe 1999).
Hahn, F., Christologische Hoheitstitel (UTB 1873) (Göttingen ^{5}1995).
Harnack, A., Geschichte der altchristlichen Literatur bis Eusebius, 2 Teile und 4 Bde. (Nachdruck der 2. Aufl. Leipzig 1958).
Hoffmann, P., Studien zur Theologie der Logienquelle (NTA 8) (Münster ^{3}1982).
Jeremias, J., Die Sprache des Lukasevangeliums (KEK Sonderband) (Göttingen 1980).
Köster, H., Einführung in das NT (Berlin-New York 1980).
Kümmel, W. G., Das NT. Die Geschichte der Erforschung seiner Probleme (OA) (Freiburg-München 1958).
Lampe, P., Die stadtrömischen Christen in den ersten beiden Jahrhunderten (WUNT II/18) (Tübingen 1987).
Meyer, E., Ursprung und Anfänge des Urchristentums, 3 Bde. (Stuttgart-Berlin) (^{3}1921 und 1923).
Michel, O./Bauernfeind, O., Flavius Josephus: De Bello Judaico, 3 Bde. (Darmstadt 1959–1960).
Passow, F., Handwörterbuch der griechischen Sprache, 2 Bde. (Leipzig ^{5}1841 ff., Nachdruck Darmstadt 1970).
Pesch, R., Simon-Petrus (Päpste und Papsttum, Bd. 15, hg. von G. Denzler) (Stuttgart 1980).
Pixner, B., Wege des Messias und Stätten der Urkirche, hg. von R. Riesner (Giessen-Basel 1991).
Polag, A., Die Christologie der Logienquelle (WMANT 45) (Neukirchen 1977).
Pottmeyer, H. J., Die Rolle des Papsttums im Dritten Jahrtausend (QD 179) (Freiburg 1999).
Ratzinger, J., Der Primat des Papstes und die Einheit des Gottesvolkes, in: Dienst an der Einheit (Düsseldorf 1978) 165–179.
Roloff, J., Apostolat – Verkündigung – Kirche (Gütersloh 1965).
Sato, M., Q und Prophetie (WUNT II/29) (Tübingen 1988).
Schnelle, U., Einleitung in das NT (UTB 1830) (Göttingen ^{2}1996).
Schulz, S., Q. Die Spruchquelle der Evangelien (Zürich 1972).
Smith, T. V., Petrine Controversies in Early Christianity (WUNT II/15) (Tübingen 1985).
Stegemann, E. W./Stegemann, W., Urchristliche Sozialgeschichte (Stuttgart ^{2}1997).
Theißen, G., Studien zur Soziologie des Urchristentums (WUNT 19) (Tübingen 1997).
– Urchristliche Wundergeschichten (Gütersloh 1974).
Thiede, C. P. (Hrsg.), Das Petrusbild in der neuen Forschung (Wuppertal 1967).
Wehr, L., Petrus und Paulus – Kontrahenten und Partner (NTA 30) (Münster 1996).
Wiarda, Peter in the Gospels (WUNT II/127) (Tübingen 2000).

Schriftstellenregister (in Auswahl)

I. Neues Testament

V. Griechische und lateinische Schriftsteller

VI. Apokryphe (pseudepigraphe) und Nag Hammadi-Schriften

Sach- und historisches Namenregister